2024－2025年版

Financial Planner Level 2 and AFP Highroad Textbook

フィナンシャル バンク インスティチュート編

うかる! FP2級・AFP 王道テキスト

日本経済新聞出版

はじめに

ファイナンシャル・プランニング（FP）技能士は、お客様のライフプランの設計・実行・見直しなどをアドバイスするための資格です。個人の価値観やライフスタイルが多様化し、社会情勢や経済動向が激変する今、年金や生命保険、金融資産運用、税金、不動産、贈与、相続などの幅広い知識を持つFP技能士が活躍する場が増えています。

２級FP技能士・AFPの試験は、３級に比べて出題範囲が広く、深い理解が求められます。本書は、試験対策の研修を数多く行ってきた弊社の経験を最大限に活かした“独学者用のテキスト”です。時間がない方でも効率よく学べるよう、以下のような工夫を盛り込みました。

- すっきり読みやすいオールカラー・レイアウト
- 間違えやすいポイントや頻出論点の解説
- 理解度アップにつながる例題・確認問題の充実
- 各章ごとの実技問題頻出パターン対策

同時発売の『うかる！ FP2級・AFP 王道問題集 2024-2025年版』の併用をおすすめします。本書で得た知識を練習問題や模擬試験で定着させることで、より実力を高めることができます。

なお、FP技能検定試験は、一般社団法人金融財政事情研究会（以下、金財）と特定非営利活動法人日本ファイナンシャル・プランナーズ協会（以下、FP協会）の２団体で実施され、金財の実技試験は科目選択制です。本書は金財の**「個人資産相談業務」**、**「生保顧客資産相談業務」**、FP協会の**「資産設計提案業務」**の実技試験に対応しています。

読者の皆様が、本書を使って合格を勝ち取られることを心から祈念しております。

2024年４月

フィナンシャル バンク インスティチュート株式会社
CEO　山田　明

目　次

4章 タックスプランニング

5章 不動産

6章 相続・事業承継

資格の概要

●ファイナンシャル・プランニング（FP）技能士とは？

FP技能士は国家資格で、FP技能検定試験に合格すると名乗ることができます。

顧客（個人や中小企業など）に対する資産管理などのアドバイスといったFPの業務は、FP技能士資格を持たなくても行えますが、FPを称する人は技能士資格を有している場合が一般的です（資格を持たずに「FP技能士」を称することはできません）。

●FP技能検定試験

FP技能士の検定試験は１級～３級に区分され、それぞれ学科試験と実技試験があります。３級は初めてFP技能検定を受検する人や、実務経験のない人が受けられる試験です。２級FP技能検定を受検するには、以下のいずれかに該当することが必要です。

1．日本FP協会が認定するAFP認定研修を修了した人

2．３級の技能検定または金融渉外技能審査３級に合格した人

3．２年以上の実務経験を有する人

試験は、金財と日本FP協会が実施しています。学科試験の内容は共通、実技試験は日本FP協会では１科目、金財では４科目から１つを選択して受検します。

●AFP資格・CFP®資格

FP協会が認定するFP資格に、「AFP（アフィリエイテッド ファイナンシャル プランナー）資格（普通資格）」と、「CFP®（サーティファイド ファイナンシャル プランナー®）資格（上級資格）」があります。AFPは、２級FP技能検定に合格した後、資格認定会員として入会するなど一定の条件を満たすことで登録できます（２年ごとの資格更新の際に所定の継続教育の受講が必要）。国際ライセンスとして認知度の高いCFP®資格は、FP協会が実施するCFP®資格審査試験に合格したうえで、いくつかの条件を満たすと取得できます。また、CFP®合格者は、１級FP技能検定の学科試験が免除されます。

実施機関		金財 （一般社団法人金融財政事情研究会）	FP協会 （特定非営利活動法人日本ファイナンシャル・プランナーズ協会）
ホームページ		https://www.kinzai.or.jp/	https://www.jafp.or.jp/
住　所		〒160-8529 東京都新宿区荒木町2-3 TEL：03-3358-0771	〒105-0001 東京都港区虎ノ門4-1-28 虎ノ門タワーズオフィス5F TEL：03-5403-9890
実施試験名	1級	１級FP技能士（国家資格）	１級FP技能士（国家資格） CFP®認定者（民間資格）
	2級	２級FP技能士（国家資格）	２級FP技能士（国家資格） AFP認定者（２級FP技能試験合格後、AFP認定者研修を修了）（民間資格）
	3級	３級FP技能士（国家資格）	３級FP技能士（国家資格）

試験の概要

1．試験の種類と内容

２級には学科試験と実技試験があり（同日実施）、合否判定はそれぞれ行われます。学科試験あるいは実技試験のみの合格者には一部合格証書が発行され、学科試験と実技試験の両方に合格すると、合格証書が発行されます。

	学科試験	実技試験	
		金財	FP協会
科目	共通	「個人資産相談業務」 「中小事業主資産相談業務」 「生保顧客資産相談業務」 「損保顧客資産相談業務」 の中から選択	「資産設計提案業務」
出題形式	マークシート方式	記述式	
合格基準	60点満点で36点以上	50点満点で30点以上	100点満点で60点以上

2．試験日程等（予定）

試験日		2024年９月８日（日）	2025年１月26日（日）
法令基準日		2024年４月１日	2024年10月１日
試験時間	学科	10:00～12:00（120分）	
	実技	13:30～15:00（90分）	
受検申請受付期間		2024年７月２日（火） ～７月23日（火）	2024年11月13日（水） ～12月３日（火）
合格発表日		2024年10月21日（月）	2025年３月７日（金）

2025年４月１日（火）の試験より、２級FP技能検定は全国で随時受検ができるCBT（Computer Based Testing）試験へ完全移行することになりました。

このことにより、試験の通年受験が可能となります（休止期間を除く）。これに伴い2級FP技能検定の一斉方式のペーパー試験は2025年１月試験をもって終了する予定です。

※各日程は変更されることがあります。詳細は、必ず実施機関のホームページ等を参照してください。

3．試験の免除制度

一部合格者には試験免除制度があり、学科試験あるいは実技試験の一部合格者はそれぞれの試験が免除されます。試験免除期限は、合格した試験実施日の翌々年度末までとなっています。

本書は2024年４月１日現在の法令に基づいて作成しています。刊行後の法改正情報は弊社ホームページに掲載します。2025年１月以降に受検する方は、法改正情報にも注意して学習してください。

本書の特長と使い方

本書は、金財の「個人資産相談業務」「生保顧客資産相談業務」、FP協会の「資産設計提案業務」の内容・出題傾向に沿って作成しています。

計画的学習に役立つ重要度

出題頻度に基づく重要度を3段階の★マークで表示。学習時間に余裕のない方は、最も重要な★★★の単元を中心に学習しましょう。

復習の前に学習項目

その単元の内容を簡潔に説明しています。確認・復習したい項目がすぐに見つかります。

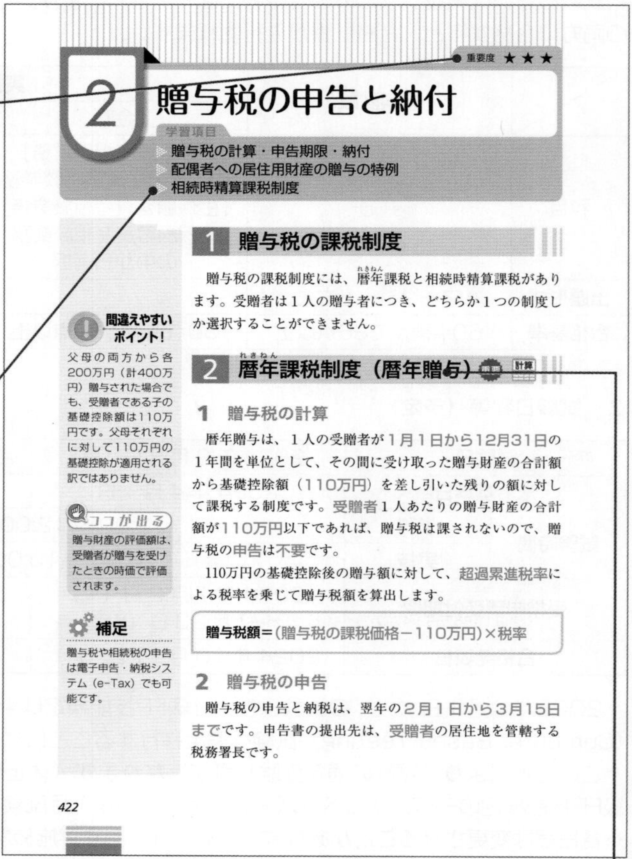

重要度 ★★★

2 贈与税の申告と納付

学習項目
- 贈与税の計算・申告期限・納付
- 配偶者への居住用財産の贈与の特例
- 相続時精算課税制度

1 贈与税の課税制度

贈与税の課税制度には、暦年(れきねん)課税と相続時精算課税があります。受贈者は1人の贈与者につき、どちらか1つの制度しか選択することができません。

2 暦年(れきねん)課税制度（暦年贈与） 重要 計算

1 贈与税の計算

暦年贈与は、1人の受贈者が1月1日から12月31日の1年間を単位として、その間に受け取った贈与財産の合計額から基礎控除額（110万円）を差し引いた残りの額に対して課税する制度です。受贈者1人あたりの贈与財産の合計額が110万円以下であれば、贈与税は課されないので、贈与税の申告は不要です。

110万円の基礎控除後の贈与額に対して、超過累進税率による税率を乗じて贈与税額を算出します。

贈与税額＝（贈与税の課税価格－110万円）×税率

2 贈与税の申告

贈与税の申告と納税は、翌年の2月1日から3月15日までです。申告書の提出先は、受贈者の居住地を管轄する税務署長です。

間違えやすいポイント！
父母の両方から各200万円（計400万円）贈与された場合でも、受贈者である子の基礎控除額は110万円です。父母それぞれに対して110万円の基礎控除が適用される訳ではありません。

ココが出る
贈与財産の評価額は、受贈者が贈与を受けたときの時価で評価されます。

補足
贈与税や相続税の申告は電子申告・納税システム（e-Tax）でも可能です。

422

試験直前期も使える！ ポイントがわかるアイコン

重要　重要な項目です。確実に理解しておきましょう。

計算　よく出題される計算式・計算パターンです。実際に計算できるようにしておきましょう。

わかりにくい用語を欄外で説明しています。

ＩＲＲ法 （内部 収益率法）	・不動産から得られる**内部収益率**と投資家が期待する収益率（期待収益率）を比較して、投資をすべきかどうかを判定する方法 ・内部収益率が投資家の期待収益率よりも上回れば採算が取れる有効な投資とみなされる

【ＤＣＦ法による不動産の評価額】

ケース

次の場合のＤＣＦ法による不動産の評価額はいくらか。

・不動産からの収入（毎期）　500万円
・所有期間（3年）経過後の不動産価格　6,000万円
・割引率　3%

解答

まず、1年目から3年目までの各期の収入と不動産価格を割引率で割って、現在価値に割り戻し、算出した金額を合計する。

投資期間	1年目	2年目	3年目	売却価格
収益	500万円	500万円	500万円	6,000万円
計算方法	500 ÷1.03	500 ÷$(1.03)^2$	500 ÷$(1.03)^3$	6,000 ÷$(1.03)^3$
現在価値	485万円	471万円	457万円	5,490万円

※現在価値は千円以下切り捨て

評価額＝485万円＋471万円＋457万円＋5,490万円
　　＝6,903万円

3　不動産の投資判断 計算

不動産事業の採算性をみる指標には、表面利回り（単純利回り）、NOI利回り（純利回り）、**キャッシュ・オン・キャッシュ**（自己資金に対する収益力）などがあります。

用語

内部収益率
投資期間中の収益の現在価値の合計と、保有期間終了後の不動産価格の現在価値の合計が、初期投資額と等しくなる割引率

ココが出る

投資家の不動産収益について、借入金の利子より投資家の期待する収益（不動産の収益率）の方が高ければ、借入金により投資を行うことで、自己資金に対する投資利回りをより上昇させることができます。このような効果をレバレッジ効果といいます。

用語

キャッシュ・オン・キャッシュ
投資した自己資金の額に対する費用を差し引いた手取額の割合を表したもの

5章　不動産■2 不動産の価格と投資分析

357

「ケース」で解き方を理解

理解を助けるための具体例、計算式を覚えるための例題などを紹介しています。

もちろん赤シート対応

必ず押さえておきたい箇所を赤文字にしています。付属の赤シートで覚えましょう。

安心の確認問題

各章末や単元ごとに確認問題を収録しました。該当するページも示してあるので、復習に便利です。

学習をサポートする欄外説明

間違えやすいポイント！　ひっかけ問題が出やすい箇所、誤解しやすい用語など、試験で間違えやすい注意事項です。

ココが出る　よく問われる論点、出題されやすいパターンを紹介しています。

補足　本文の理解を深めるための解説です。実務で役立つ情報も掲載しています。

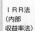

スマホ学習用ファイルのダウンロード方法

弊社ウェブサイトより、スマホ学習に適したPDFファイルをダウンロードできます。本書に掲載した重要な図表、頻出事項などを収録しています。

※スマートフォンでのPDFファイル閲覧には、各スマートフォンのOSに適合したアプリケーションのインストールや、アップデートなどが必要になる場合があります

1．ウェブサイトにアクセス

以下のQRコードから、本書のウェブページ［https://bookplus.nikkei.com/atcl/catalog/24/04/15/01352/］にアクセスできます。

QRコードを使わずにアクセスする場合は、カタログ［https://bookplus.nikkei.com/catalog/］で本書名を入力・検索ください。

2．PDFファイルをダウンロード

本書のページから、PDFファイルをダウンロードできます。

3．パスワードを入力

ダウンロードしたPDFファイルを閲覧する際に、パスワードの入力が必要です。

ファイルのパスワード　fpukr12006

1章 ライフプランニングと資金計画

学科試験対策

医療保険や雇用保険、労災保険などの**社会保険**関連、**国民年金**や**厚生年金**、および**企業年金**に関する出題が多く、これらの論点が本章の中心です。それ以外にも、ＦＰ業務の関連法規に関する問題、住宅ローン（フラット35など）や教育ローン、中小法人の資金計画からも、かなりの頻度で出題されています。

実技試験対策

学科試験同様、社会保険や公的年金、企業年金からの出題が中心です。老齢基礎年金や厚生年金、遺族厚生年金などの計算、**年金の受給額の考え方**はしっかり覚えておきましょう。それ以外では、6つの係数を使った金額の計算問題やキャッシュフロー表を用いた**ライフプランニングの考え方**についても多く出題されています。

重要度 ★★★

1 ＦＰの職業倫理

学習項目

▷ ＦＰに求められる職業倫理

1 ＦＰに求められる職業倫理

ファイナンシャル・プランナー（以下、ＦＰ）として顧客から信頼を得ながら業務を行うためには、高い職業倫理が求められます。

ＦＰに求められる職業倫理

①顧客利益の優先
ＦＰは顧客の立場で考え、提案することが求められます。ＦＰは顧客の利益を最も優先すべきです。

②顧客情報の守秘義務
ＦＰは顧客の情報を、顧客の同意を得ずに外部に漏らしてはいけません。

③顧客への説明義務（アカウンタビリティ）
ＦＰは業務を行うにあたって、顧客が適切な情報に基づいて意思決定できるよう、顧客の知識レベル等に応じて十分に説明する必要があります。

④法令遵守（コンプライアンス）
ＦＰは金融商品販売法や消費者契約法などの法令を遵守しながら、その業務を行うことが求められます。

重要度 ★★★

2 ＦＰの業務と関連法規

学習項目

▶ ＦＰの業務と関連法規との関係

1 ＦＰの業務と関連法規

ＦＰの業務は非常に広い範囲にわたるため、税理士法や弁護士法、その他金融商品取引法や保険業法などに触れる可能性があります。ＦＰはこれらの関連法に抵触しないようにすることが求められます。

2 税理士法 重要

税理士資格のないＦＰは、税理士の業務を行ってはいけません。有償の場合はもちろん、**無償の場合**や顧客から要望があった場合でも税理士法に触れる可能性があります。

ＦＰの業務と税理士法に関するポイント

- **有償・無償**を問わず、個別の**具体的**な「税務相談」、「税務代理行為」、「税務書類の作成（確定申告書の作成など）」は税理士法に抵触するため、税理士に依頼する必要がある
- **仮の事例**を用いての税金の計算や一般的な税金の説明を行うことは、税務相談にはあたらないので、ＦＰが行うことは可能である

ココが出る

有償無償を問わず、ＦＰは税理士業務や弁護士業務を行うことはできません。

ココが出る

司法書士等でないＦＰは、遺言書の作成や不動産登記に関する書類作成、申請を代行して行うことはできません。
また、社労士等でないＦＰは年金請求の手続きを行うことはできません。年金の受給要件や請求方法を説明することは可能です。

3 弁護士法 重要

弁護士の業務にあたる法律相談や**法律事務**（遺言書の作成など）は、ＦＰが受けてはなりません。

4 保険業法 重要

ＦＰは、保険商品の商品内容の説明を行うことはできますが、保険募集人の**登録**を受けていないＦＰは、保険の**募集**や**勧誘**・**販売**を行ってはいけません。なお、**保険募集人**は内閣総理大臣の**登録**を受けなければなりません。

5 金融商品取引法 重要

金融商品取引業者（証券会社など）の登録を受けていないＦＰが**具体的**な有価証券投資の助言を行うことや、顧客から投資判断の一任を受けて投資運用を行う（投資顧問契約の締結）ことは金融商品取引法に触れます。なお、ＦＰが新聞や雑誌、書籍などを用いて経済状況や景気動向、企業業績など、投資判断の前提となる**一般的な情報**を知らせることは可能です。

6 著作権法

他人の著作物（新聞の紙面なども含む）を承諾なしにコピーすることなどは禁止されています。ただし、以下のような場合は認められます。

- 法令や条例、判決などを引用すること
- 国や官公庁から発行されている資料や報告書を引用・転用すること

ココが出る

弁護士や司法書士等の資格を有していなくても、遺言者や相続人および公証人と**利害関係のない**ＦＰであれば、公正証書遺言などの**証人**になることができます。また、弁護士資格などの資格がなくても成年後見制度における**任意後見人**（任意後見受任者）になることは可能です（任意後見受任者とは、後見が開始したときに任意後見人になる人のことをいう）。

ココが出る

ＦＰが、年金受取額（見込み額）やライフプランに基づいて将来の必要保障額の計算および一般的な保険の見直しなどの相談に応じることは可能です。また、年金の仕組みや請求方法などの一般的な説明も可能です。

ココが出る

個人情報保護法では、個人情報は「生存する個人の情報」と定義されており、死者の情報は保護の対象ではありません。

重要度 ★★★

3 ライフプランニングの考え方

学習項目
- キャッシュフロー表の見方と計算、バランスシートの見方
- 可処分所得の考え方
- キャッシュフロー表に用いる6つの係数の意味と計算

1 ライフプランニング

1 ライフプランニングとは

ライフプランニングとは**ライフデザイン**に基づき経済的な面を中心に生涯設計を立てることをいいます。

ライフイベントには、結婚、出産、子どもの教育、マイホームの取得など様々ありますが、中でも特に金額の大きいのが「**教育資金**」、「**住宅取得資金**」、「**老後資金**」で、**人生の三大資金**といわれています。

なお、ライフプラン作成のために必要なものは、**ライフイベント表**、**キャッシュフロー表**、**個人のバランスシート**の3つです。

用語

ライフデザイン
一人一人の価値観に応じた生涯設計

2 ライフプランニングの手順 重要

ＦＰが顧客のライフプランを提案する場合、一般的には以下のような手順で行います。

①顧客との関係の確立（信頼関係をつくる、提供するサービスの内容や報酬体系などを説明する）
②顧客の情報収集と顧客の目標の明確化
③顧客のライフプランの現状分析（問題点の明確化）
④提案書の作成と提示
⑤プランの実行と支援
⑥プランの定期的な見直し

ココが出る

顧客についての情報には、定量的情報（数値化できるもの）と定性的情報（数値化できないもの）の2種類があります。
- 定量的情報→収入金額や預金残高など
- 定性的情報→顧客の性格や投資に対する考え方など

2 ライフイベント表

ライフイベント表とは、本人とその家族の将来の予定や希望など（ライフイベント）を時系列（年ごと）に表し、そのために必要となる資金を一覧表にしたものです。

3 キャッシュフロー表

1 キャッシュフロー表とは

キャッシュフロー表とは、「現在の収支状況」や「今後のライフイベント」をもとに、将来の収支状況や貯蓄残高を一覧表にしたものです。

キャッシュフロー表には以下の４項目が必要です。

キャッシュフロー表に必要な４項目

①年間収入　②年間支出　③年間収支　④貯蓄残高

なお、一般的に年間収入には、**可処分所得**を記入します。可処分所得とは、給与・賞与等の年収（総収入）から、税金や社会保険料を差し引いた手取り金額のことで、自分で自由に使うことができるお金のことです。

計算　重要

可処分所得＝
年収－(所得税＋住民税＋社会保険料※)

※社会保険料とは年金保険料や雇用保険料などのことで、生命保険料や損害保険料は含まない

間違えやすいポイント！

ライフイベント表の数値は**現在価値**、キャッシュフロー表の数値は**将来価値**で表記されます。なお、ＦＰ試験においては、現在価値とは将来の必要額を現在の金額に換算したもの（10年後の100万円は現在の価値ではいくらになるのか）を、また将来価値とは現在の金額の将来の価値（現在の100万円は10年後の価値ではいくらになっているのか）を表しています。

間違えやすいポイント！

可処分所得は収入額から消費額を差し引いた額ではありません。計算式をしっかり覚えておきましょう。

キャッシュフロー表

（万円）※1

	年次		基準年	1年目	2年目	3年目	4年目	5年目	6年目	7年目	8年目	9年目
年齢	世帯主		47	48	49	50	51	52	53	54	55	56
	配偶者		42	43	44	45	46	47	48	49	50	51
	第1子		15	16	17	18	19	20	21	22	23	24
	第2子		13	14	15	16	17	18	19	20	21	22
各イベント	世帯主		車							車		
	配偶者											
	第1子		中3	高入学			大入学				大卒業	
	第2子		中1			高入学			大入学			
	項目	変動率※3（運用利率）										
収入	世帯主の収入※2	1.0%	750	758	765	773	780	788	796	804	812	820
	配偶者の収入※2		90	90	90	90	90	90	90	90	90	90
	その他						300		300			
	収入合計		840	848	855	863	1170	878	1186	894	902	910
支出	基本生活費	1.0%	360	364	367	371	375	378	382	386	390	394
	教育費	2.0%	60	102	73	212	281	254	360	230	117	120
	保険料		72	72	72	72	54	54	36	36	36	36
	住宅ローン		170	170	170	170	170	170	170	170	170	170
	一時的支出	1.0%	150							161		
	イベント費			10		10	10		11		12	
	その他	1.0%	18	18	18	19	19	19	19	19	19	20
	支出合計		830	736	700	854	909	875	978	1002	744	740
	年間収支		10	112	155	9	261	3	208	−108	158	170
	貯蓄残高	1.0%	1000	1122	1288	1310	1584	1603	1827	1737	1912	2101

●360万円×$(1+0.01)^2$＝367万円：（基準年の基本生活費）×（1＋変動率）^{年数}

●1,288万円×（1＋0.01）＋9万円＝1,310万円：（前年末の貯蓄残高）×（1＋運用利率）±年間収支

※1　キャッシュフロー表の金額は**将来価値**で表記し、千円以下を四捨五入
※2　世帯主の収入と配偶者の収入は、可処分所得を用いる
※3　変動率は将来の見通しを記載

キャッシュフロー表で使用する主な計算式

基本生活費	現在の基本生活費×(1＋変動率)^{年数} ケース 3年目の基本生活費（371万円）の計算方法 基準年の基本生活費×(1＋変動率)^{年数} ＝360万円×(1＋0.01)^{3}＝371万円（千円以下四捨五入）
年間収支	年収(可処分所得)－年間支出
貯蓄残高	前年末の貯蓄残高×(1＋運用利率)±その年の年間収支 ケース 4年目の貯蓄残高（1,584万円）の計算方法 前年末の貯蓄残高×(1＋運用利率)±その年の年間収支 ＝1,310万円×(1＋0.01)+261万円 ＝1,584万円（千円以下四捨五入）

ココが出る

キャッシュフロー表では、年間収支がプラスの場合、貯蓄残高が増加します。

2 各係数の意味と活用方法 計算

キャッシュフロー表で記入する金額は、以下の6つの係数を使って算出します。

キャッシュフロー表で使う6つの係数

係数	係数の使い方
終価係数	現在の元本を運用した場合、元利（元金と利息）合計が将来いくらになるのかを計算する。 将来の目標額＝現在の数値(額)×終価係数 ケース 100万円を年利率2％で10年間複利運用したときの元利合計はいくらになるか？ 100万円×1.219(終価係数)＝121万9,000円
現価(げんか)係数	一定期間後に目標額を受け取るためには、現在いくら必要かを計算する。 現在の数値(額)＝将来の目標額×現価係数 ケース 年利率2％で複利運用し、10年後に100万円受け取るためには、現在いくらあればよいか？ 100万円×0.8203(現価係数)＝82万300円

年金終価係数	毎年一定金額を積み立てながら運用した場合、将来いくらになるかを計算する。 **将来の目標額＝毎年の積立額×年金終価係数** ケース 毎年５万円を積み立てながら、年利率２％で10年間運用したとき、10年後の元利合計はいくらか？ ５万円×10.950(年金終価係数)＝54万7,500円
年金現価係数	現在の元本を運用しながら、毎年一定金額を受け取るには、元本（用意すべき資金）がいくら必要かを計算する。 **現在の数値(額)＝希望する年金額×年金現価係数** ケース 元本を年利率２％で運用しながら、毎年100万円の年金を元本から10年間にわたって取り崩す場合、現在いくらの資金が必要か？ 100万円×8.983(年金現価係数)＝898万3,000円
資本回収係数	現在の元本を運用しながら一定金額を受け取る場合、毎年いくら受け取れるかを計算する。 ※借りたお金を一定期間で返済する（住宅ローンの返済など）には、毎年いくら返済すればよいか、および、貸したお金を一定期間内で回収するには、毎年いくら回収すればよいかの計算の際にも用いる **毎年の受取額＝現在の手持額(または借入額)×資本回収係数** ケース 100万円を年利率２％で運用しながら10年間にわたって年金として取り崩す場合、毎年受け取れる年金額はいくらか？ 100万円×0.11133(資本回収係数)＝11万1,330円
減債基金係数（げんさいききん）	一定期間後に目標額を受け取る場合、毎年いくらずつ積み立てればよいかを計算する。 **毎年の積立額＝将来の目標額×減債基金係数** ケース 年利率２％で運用して10年後に100万円貯めるには、毎年の積立額はいくら必要か？ 100万円×0.0913(減債基金係数)＝９万1,300円

ココが出る

試験では、どの係数を使うのかを判断することが重要です。特定の係数に基本となる金額を**掛ける**ことで計算できる問題が多く出題されています。

ケース

下記の係数表を使って、次の問いに答えなさい。

3,000万円を今から年利率１%で５年間複利運用した後、20年間年金として受け取る場合、毎年受け取れる年金額はいくらになるか。

（係数表：運用利率は１%）

年数	終価係数	減債基金係数	資本回収係数	年金現価係数
5年	1.0510	0.1960	0.2060	4.8534
20年	1.2202	0.0454	0.0554	18.0456

解　答

まず、3,000万円を１%で複利運用した場合、５年後にいくらになっているかを終価係数を用いて求める。５年間運用するので、５年の終価係数1.0510を元金の3,000万円に掛ける。

3,000万円×1.0510＝3,153万円

次に3,153万円を20年間１%で運用しながら、毎年いくら受け取れるかを求める。この場合、資本回収係数（20年の0.0554）を3,153万円に掛ける。

3,153万円×0.0554
＝174万6,762円

よって、毎年受け取れる年金額は174万6,762円。

4 個人のバランスシート

個人のバランスシート（貸借対照表）とは、一定時点の家計の資産と負債（借金）の状況を表したものです。資産、負債とも購入時の価格ではなく、作成時点での価格（**時価評価額**）で把握する必要があります。

個人のバランスシートの例

資産		負債	
預貯金	800万円	住宅ローン	2,400万円
株式	300万円	教育ローン	200万円
自宅マンション	2,200万円	（負債合計）	2,600万円
生命保険 （解約返戻金ベース）	500万円	（純資産） 純資産＝資産合計－負債合計	1,400万円
その他資産	200万円		
（資産合計）	4,000万円	（負債・純資産合計）	4,000万円

間違えやすいポイント！

バランスシートに記載する生命保険については保険金額や満期保険金の額ではなく、現時点で解約した場合に払い戻される**解約返戻金**の額を用います。

重要度 ★★★

4 個人の資金計画と中小企業の資金計画

学習項目
- 財形住宅貯蓄と財形住宅融資
- 住宅ローンの返済方法・フラット35
- 各種教育ローン
- 中小企業の資金計画

1 住宅取得資金のプランニング

住宅等の不動産を購入する場合、購入資金以外にも不動産登記に関する諸費用（印紙税、不動産取得税、登録免許税等）が必要です。これらの諸費用を踏まえて、自己資金（頭金）として物件価格の20%～30%程度を準備することが必要といわれています。なお、住宅ローンを組むときに重要となる要素は、**借入金額**、**借入金利**、**返済方法**の３つです。

1 財形住宅貯蓄（住宅財形）

自己資金を準備するための積立制度に**財形貯蓄**があり、代表的なものに**財形住宅貯蓄**があります。

財形住宅貯蓄のポイント

- 財形年金貯蓄と合算で元本合計**550万円**までの利子が非課税
- 契約申込み時の年齢が**55歳未満**の勤労者が対象
- 積立の目的は、自己の居住用住宅の取得や増改築のための費用であること（目的外に使用した場合は課税される）
- 積立期間は原則、**５年以上**（住宅の購入資金の場合は５年以内でも引出し可能）
- 一定の要件（残高**50万円**以上）を満たせば、**財形住宅融資**を利用することができる

用語

財形貯蓄
会社員や公務員が利用できる給与天引きの貯蓄で、「一般財形」、「財形年金貯蓄（年金財形）」、「財形住宅貯蓄（住宅財形）」がある。一般財形は年齢や金額に制限はないが、利子には20.315％（復興税込み）で課税される。財形年金貯蓄には**保険型**があり、払込保険料総額**385万円**までの利子が**非課税**

2 住宅ローン金利

固定金利型、変動金利型、固定金利選択型（固定期間選択型）の３種類があり、融資実行時点での金利が適用されます。

一般的に固定金利型を選択すると、返済の途中で変動金利型等に変更できませんが、**変動金利型**の場合は、手数料を支払うことで**固定金利選択型**に変更できます。

住宅ローン金利の種類

固定金利型	・ローンを組んだ時点での金利が返済終了時まで変わらないタイプ ・金利が低いときには有利
変動金利型	・市場金利の変動に応じて借入金利も変動するタイプで、原則、**半年**に一度見直しになる ・将来的に金利が低下すると見込まれるときには有利だが、金利が上昇すると不利になる
固定金利選択型	・当初の一定期間だけ金利が固定されるタイプ ・固定金利期間終了後は、通常、その時点の金利で再度、固定金利選択型か変動金利型を選択する ・固定金利の期間が長いほど、金利は高くなる

ココが出る

変動金利型の場合でも、初めの**５年間**は**返済額**は固定で、６年目以後の返済額は最大25％上下するのが一般的です。

3 住宅ローンの返済方法

住宅ローンの返済方法 重要

元利均等返済	・毎回の**返済額（元金と利息の合計）**を一定とする返済方法 ・返済当初は**利息部分**の割合が多くなる
元金均等返済	・毎回の返済額のうち、**元金部分**の返済額を一定とする返済方法 ・利息は元金の残高によって計算される ・当初の返済額は多くなるが、期間の経過とともに返済額は徐々に少なくなっていく

※借入金額、借入金利、返済期間等の条件が同じ場合、返済総額は元金均等返済の方が元利均等返済より**少なくなる**

ココが出る

元利均等返済と元金均等返済の違いが出題されます。次ページのイメージ図を頭に入れておきましょう。

【元利均等返済のイメージ】

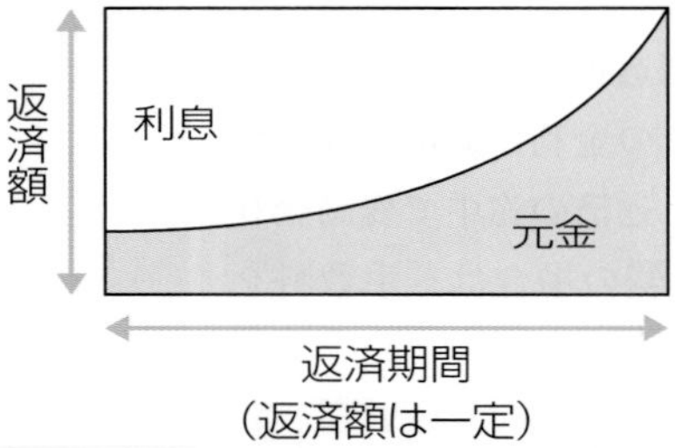

【元金均等返済のイメージ】

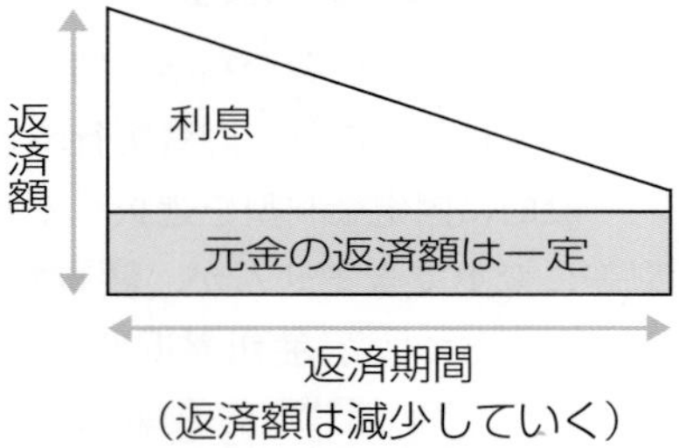

4　住宅ローンの種類

（1）財形住宅融資

主な住宅ローンには、財形住宅融資とフラット35があります。財形住宅融資は、財形貯蓄（一般財形・年金財形・住宅財形）を行っている者を対象にした公的な融資制度です。

財形住宅融資の概要

融資対象	・1年以上財形貯蓄をし、残高が50万円以上ある者（財形貯蓄の種類は問わない） ・原則、申込み時の年齢が70歳未満の者
融資額	財形貯蓄残高の10倍まで（最高4,000万円）で、住宅購入価額またはリフォーム費の90%以内の金額
金利	5年固定金利（5年経過ごとに金利は見直し）
収入基準	住宅ローンなどの返済総額の合計（総返済負担率）が、年収の一定割合以下であること ・年収400万円未満の場合は、30%以下 ・年収400万円以上の場合は、35%以下
保証料	不要（保証人も不要）

ココが出る

財形住宅融資やフラット35の申込み時の年齢は、原則70歳未満ですが、以下の場合は例外です。

- リフォーム融資の場合は、申込み時の年齢が79歳未満まで可能
- **親子リレー返済**を利用する場合は、70歳以上でも申し込める

用語

親子リレー返済
住宅ローンを親子で返済する方法。住宅ローンを申し込む際に、将来、親が高齢などにより返済が難しくなったときに、子などが残りの住宅ローンを引き継いで返済することが約束されている。親子リレー返済を利用すれば、財形住宅融資やフラット35の申し込みは70歳以上でも可能

(2) フラット35

フラット35は住宅金融支援機構と民間金融機関が連携して行う仕組みの住宅ローンです。

買取型と保証型の２種類があり、買取型が主流です。

フラット35　買取型の概要 重要

融資の主体	民間金融機関（住宅金融支援機構が民間金融機関の住宅ローン債権を買い取り、第１順位の抵当権者になる）
融資対象	本人や親族の居住用新築住宅の建設・購入資金（耐震性などの条件を満たす**中古住宅**の購入資金も借り入れ可能） ※床面積は戸建て**70㎡**以上、マンション**30㎡**以上 ※**店舗併用住宅**の場合、住宅部分の床面積が全体の**2分の1**以上あれば可能 ※購入物件の価格に上限はない
融資額	融資限度額は100万円以上、最高**8,000万円**（購入価額の**100%**以内）
金利	・**全期間固定金利** ・**融資実行時点**での金利が適用される ・融資金利は取扱い金融機関ごとに異なる ・借入期間が20年以下か21年以上かで金利が異なる ・融資率（借入額÷購入価額）が**90%**を超えると金利が高くなる
収入基準	総返済負担率が、年収の一定割合以下であること ・年収400万円未満の場合は、30%以下 ・年収400万円以上の場合は、35%以下
保証料	**不要**（保証人も不要）
返済期間と返済方法	・**15年以上35年以内**（完済時年齢は**80歳**まで） ・元利均等返済と元金均等返済の選択制
申込み時の年齢	原則、70歳未満
繰上げ返済	**100万円**以上から可能で**手数料は不要**

補足

フラット35には省エネ効果や耐震性がある住宅の場合、金利を引き下げるフラット35Sや子どもの人数等に応じて金利を引き下げる【フラット35子育てプラス】などがあります。

ココが出る

中古住宅がフラット35の融資対象となる場合、住宅支援機構が定める技術基準に適合していることを示す「適合証明書」が必要になります。

間違えやすいポイント！

フラット35と財形住宅融資は併用できますが、その場合は、同一金融機関の窓口に同時に申し込みます。また、購入物件は1億円が上限価格でしたが、この上限価格はなくなりました。

間違えやすいポイント！

フラット35では、Webサイト（住・My Note（すまい のーと））経由で返済する場合は、**10万円**以上から一部返済が可能です。

5 住宅ローンの借換え

住宅ローンの借換えとは、返済中の住宅ローンを別の金融機関の新たな住宅ローンに切り替えることをいいます。高い固定金利の住宅ローンを一括返済し、低金利の住宅ローンに借り換えることで、利息の負担の軽減をはかります。

借換えのポイント

- 民間のローンから財形住宅融資などの公的融資への借換えはできない（ただし、一般の住宅ローンからフラット35への借換えは可能）
- 借換えを行うことで、保証料や登録免許税などの諸費用が新たにかかる
- 担保の評価額や健康状態により新たに団体信用生命保険に加入できず、借換えできないケースもある

ココが出る
住宅ローンを別の金融機関で借り換えると、新たに抵当権の設定が必要なため、登録免許税がかかります。

用語
団体信用生命保険
住宅ローンを借りている者（債務者）が死亡したり高度障害になった場合に、ローン残高を一括返済する保険

6 住宅ローンの繰上げ返済

住宅ローンの繰上げ返済とは、返済期間を短縮したり毎月の返済額を減額するためにローン残高の全額または一部を予定より早く返済することです。繰上げ返済した資金は全額が元本の返済にあてられるため、繰り上げる時期が早いほど利息の軽減効果が大きくなります。

繰上げ返済の方法には、返済期間短縮型と返済額圧縮（軽減）型があります。

住宅ローンの繰上げ返済の方法

	毎月の返済額	残りの返済期間
返済期間短縮型	変更せず	短縮
返済額圧縮（軽減）型	減らす	変更せず

補足
繰上げ返済は、金利の高いもの、返済期間の長いもの、融資額が多いものから行うのが原則です。なお、最低返済額や繰上げ返済時の手数料は金融機関により、異なります。

ココが出る
一般に、同一条件なら、返済期間短縮型の方が返済額圧縮（軽減）型より利息が削減され、総返済額は少なくなります。

2 教育資金のプランニング

子どもの教育費は年々増加傾向にあり、30代から40代の家計に占める教育費の割合は非常に高くなってきています。そ

のため、できるだけ早いうちから準備する必要があります。

1 学資保険（こども保険）

教育資金の主な準備方法として、学資保険（こども保険）があります。

学資保険（こども保険）のポイント

- 18歳満期、20歳満期、22歳満期などの種類がある
- 満期金や入学祝金があり、**貯蓄性**がある
- 契約期間中に契約者（親）に万が一のことがあった場合や高度障害になった場合に、それ以後の**保険料の支払いが免除**されるものが一般的（満期金は支払われる）

ココが出る

学資保険の契約者は子の両親だけでなく、３親等内の親族や被保険者の扶養者であれば第三者でも可能です。支払った保険料は生命保険料控除の対象になります。

2 公的な教育ローン

公的な教育ローンには、国（日本政策金融公庫が窓口）が行う**教育一般貸付**があり、銀行やインターネットなどで申込みができます。

教育一般貸付の概要 重要

	教育一般貸付
融資限度	・**350万円**（海外の大学に3か月以上留学する場合や、自宅外通学、大学院に通学する場合などは、最高**450万円**）
使途	・入学金、授業料以外の受験料や通学費および**住居関連費用**（敷金など）、受験の交通費や国民年金保険料の支払いも融資の対象
融資条件	子どもの人数に応じて世帯ごとに年収制限がある
返済期間	**18年以内**
返済方法	元利均等返済
金利	固定金利（在学中は利息のみ返済も可能）

※ひとり親家庭や交通遺児家庭などに対しては金利優遇制度がある

間違えやすいポイント！

教育一般貸付の融資条件に、子どもの学力は関係ありません。

補足

教育一般貸付は中学校卒業以上の者を対象に融資が行われます。原則として親が申し込みます。また、受験前に申し込むことも可能です。

3　日本学生支援機構の奨学金制度

日本学生支援機構が行う奨学金制度には、貸与型と給付型があります。貸与型は返済義務があり、給付型は返済義務がありません。

（1）貸与型 重要

貸与型には、第一種奨学金と第二種奨学金の２つがあります。学生本人に資金を貸し付け、卒業後に本人が返済する制度です。

貸与型の概要

	第一種奨学金制度	第二種奨学金制度
貸付対象者	学生本人（卒業後に本人が返済）	
申込み先	学校（入学前であれば、学生支援機構に直接申込み可能）	
使途	教育関連費や学生の生活費、留学費用なども対象	
給付方法	毎月定額が支給される	
利子	無利子	有利子（上限金利は3%） ・ただし在学中は無利子
判定基準	親の年収や学生本人の学力も考慮する	
判定	厳しい	緩やか

※貸与型では、返済が困難になった場合、返済期限の延長や返済額の減額を申請できる制度がある
※第一種奨学金だけでは修学の維持が困難な場合には、第二種奨学金と併用して貸与を受けることも可能

（2）給付型

給付型は貸与型と異なり、返済義務がありません。一方、奨学金の交付開始後も適格認定があり、学業不振などの場合には交付を打ち切られたり、交付済みの奨学金を返還しなければならない場合もあります。申込みの窓口は、在籍している大学などです。なお、条件を満たせば貸与型もあわせて申込みできます。

また、住民税非課税世帯などを対象に、給付型の奨学金と、

ココが出る

教育一般貸付と日本学生支援機構の奨学金制度は同一世帯で重複して利用できます。

ココが出る

教育一般貸付の申込みは、原則、両親等の保護者が行います。ただし、20歳以上であれば学生本人が申し込むことも可能です。日本学生支援機構の奨学金の申込みは、原則、学生本人が行います。

間違えやすいポイント！

奨学金制度では、条件を満たせば、貸与型（第一種または第二種）と給付型を同時に申し込みできます。

授業料や入学金の免除や減額をあわせて受けることができる新制度が開始されました。

3 カードローン

1 カードの種類と概要

カードの種類と概要

	クレジットカード	デビットカード	電子マネー
概要	・カード会社から貸与されたカード（所有権はカード会社にある） ・申込み時に審査がある	金融機関のキャッシュカードに支払い機能を持たせたカード	ＩＣカードに現金情報を記録したカード（一種のプリペイドカード）
決済のタイミング	後払い	即時支払い	前払い・後払い
利用限度額	あらかじめ設定した利用限度額が上限	原則、預貯金残高が上限	チャージ可能金額が上限
キャッシングの有無	あり	なし	なし

2 クレジットカードの注意点

クレジットカードの注意点

- クレジットカードには紛失保険が自動的に付帯されているが、署名欄にサインしていない場合、カードの紛失などで不正使用されても、損害額が補償されない場合がある
- クレジットカードの所有権は、発行元であるクレジットカード会社に帰属しており、本人以外は親族であっても使用できない
- クレジットカードを紛失した場合、すみやかにカード会社等に届け出れば、届出日から**60日前以降**（届出日からさかのぼって60日以内）のカードの利用代金の支払いが免除される

間違えやすいポイント!

クレジットカードのキャッシングは貸金業法上の総量規制の対象です。一方、クレジットカードで商品を購入する場合は貸金業法における総量規制の対象外です。

- クレジットカードのリボ払い（リボルビング払い）とは、利用金額や利用件数にかかわらず、毎月一定金額を返済する方式。カード利用時には代金の支払回数を決めない（未返済残高に対して利息が発生する）

3 貸金業法の総量規制 重要

消費者金融などで個人が無担保で借金できる金額（クレジットカードのキャッシングを含む）は、原則、**年収の3分の1**までとなっています。例外として、銀行等のカードローン、**住宅ローン**や**自動車ローン**、個人が事業用資金として借り入れる場合は、総量規制の対象に含めません。

4 中小企業の資金計画

資金調達の方法は、大きく間接金融と直接金融に分けられます。中小企業は信用力や財務体質が弱い場合が多いので、金融機関からの借入による**間接金融**が中心となります。

1 間接金融と直接金融

（1）間接金融

間接金融とは、預貯金の形で資金を集めた金融機関が、その資金を企業などに貸し出す仕組みのことをいいます。日本では**間接金融**による資金調達の比率が多くなっています。

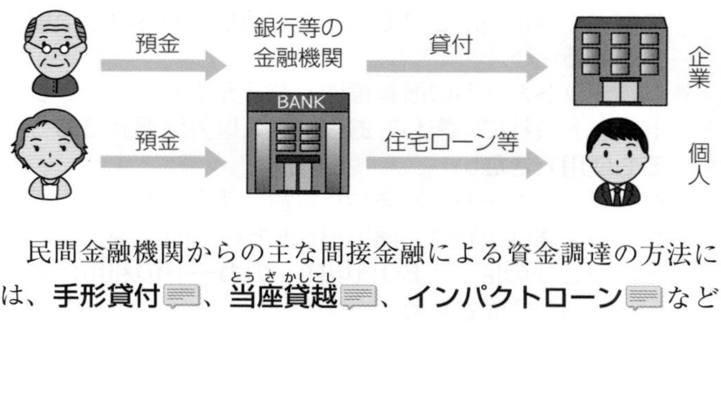

民間金融機関からの主な間接金融による資金調達の方法には、**手形貸付**、**当座貸越**（とうざかしこし）、**インパクトローン**など

用語

手形貸付
企業が、銀行を受取人とする約束手形を発行し、利息分を差引いた金額で銀行に買い取ってもらうことで資金を調達すること

用語

当座貸越（とうざかしこし）
企業の当座預金残高が不足していても、企業が振り出した手形等を金融機関が支払ってくれる制度。当座貸越をするためには、銀行に担保を差し出し、当座貸越契約を結ぶ必要がある

用語

インパクトローン
使用目的を**制限しない外貨**による貸付（借入れ）のこと

があります。

(2) 直接金融

直接金融とは、資金の借り手である企業などが証券市場で、株式や債券といった有価証券を発行して、貸し手から直接、**長期の資金**を調達する仕組みのことをいいます。

直接金融による主な資金調達には、社債の発行や株式の増資（**株主割当増資**、**第三者割当増資**、**公募増資**）による方法などがあります。

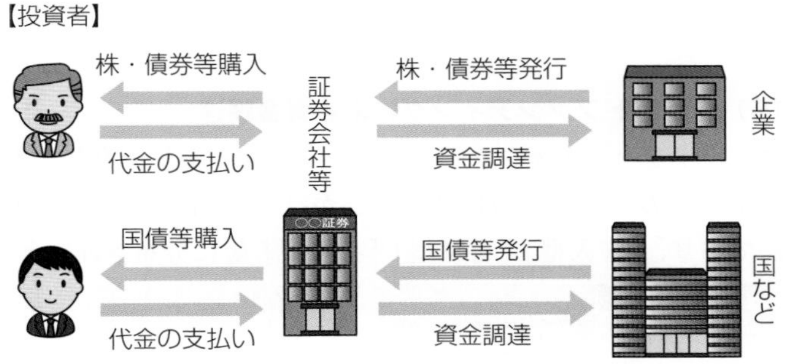

2 その他の資金調達方法

(1) 公的金融機関からの資金調達

日本政策金融公庫から借り入れる方法があります。

新規開業資金の貸付（新たに事業を始める者または事業開始後おおむね５年以内の者）や再チャレンジ支援融資（起業に再挑戦する者を支援する融資）などがあります。

(2) 私募債の発行による資金調達（直接金融の一つ）

特定の取引先や金融機関に債券を引き受けてもらい、資金を調達する方法です。50名未満の特定の取引先に引き受けてもらう場合を**少人数私募**、金融機関のみに引き受けてもらう場合を**プロ私募（適格機関投資家私募）**といいます。

用語

株主割当増資
既存の株主に対し、新株引受権（新株を引き受ける権利）を与えて資金を調達すること

用語

第三者割当増資
特定の第三者（取引先など）だけに、新株引受権を与えて資金を調達すること

用語

公募増資
広く一般に株主を募集して新しく株式を発行し、資金を調達すること

用語

売掛金
代金が未回収の売上のこと

(3) ファクタリングによる調達

ファクタリングとは、企業の**売掛金**を金融機関に期限前に買い取ってもらうことをいいます。

企業側は、予定より売掛金の回収を早く行うことが可能となり、キャッシュフローの改善が図れます。

(4) ABL(アセット・ベースト・レンディング)による調達

ＡＢＬとは、企業が不動産以外の在庫や機械設備等、債権(売掛金等)などの流動性の高い資産を担保として金融機関から融資を受ける方法です。

(5) クラウドファンディングによる資金調達

クラウドファンディングとは、インターネット等を介して不特定多数の者に資金の提供を呼びかけて 資金を調達する方法であり、「購入型」「寄付型」「投資型」等に分類されます。

クラウドファンディングの分類

購入型	資金を出してくれた支援者に、その対価として物やサービスを渡す形式のクラウドファンディング。一般的に「クラウドファンディング」と呼ばれるものは、「購入型クラウドファンディング」のことを指している
寄付型	寄附型のクラウドファンディングでは、支援者が個人の場合、要件を満たしていれば寄付金控除を受けることができる
投資型	一般的なクラウドファンディングの仕組みを利用して企業や個人に資金の貸し付けや出資を行い、見返りとして分配金や売却益を得る投資手法。株式投資型では、ベンチャー企業の株式に投資することも可能

重要度 ★★★

5 社会保険制度

学習項目

- 医療保険（健康保険と国民健康保険の比較）と退職後の医療保険
- 高額療養費の自己負担額の計算
- 後期高齢者医療制度
- 労災保険制度、介護保険制度と雇用保険制度の概要

1 社会保険の種類

社会保険には医療保険・介護保険・年金保険・労災保険・雇用保険の５つがあります。

社会保険の概要

広義の社会保険	狭義の社会保険	医療保険	業務外の病気やけが、出産・死亡等に対する給付を行う
		介護保険	要介護状態・要支援状態になった場合に給付を行う
		年金保険	老後・障害・死亡に対して給付を行う
	労働保険	労災保険 （労働者災害補償保険）	業務上の災害・通勤時の災害によるけが、病気、障害および死亡等に対する給付を行う
		雇用保険	失業者、雇用継続者、雇用促進、育児・介護による休業等に対する給付を行う

2 医療保険制度

1 国民皆保険制度（こくみんかいほけんせいど）

日本の医療保険制度は、**国民皆保険制度**となっており、国内に住所のある者は、いずれかの医療保険に加入することになっています。

ココが出る

健康保険や厚生年金の新規適用業者となった場合の届出の期限は、適用事業所となった日から5日以内です。なお、事業主が年金事務所に届出を行います。

2　医療保険の種類

医療保険制度は企業の従業員などを対象とする**健康保険**と、自営業者などを対象とする**国民健康保険**に分けられます。

また、これらとは別に、原則として75歳以上の高齢者等を対象とした**後期高齢者医療制度**があります。

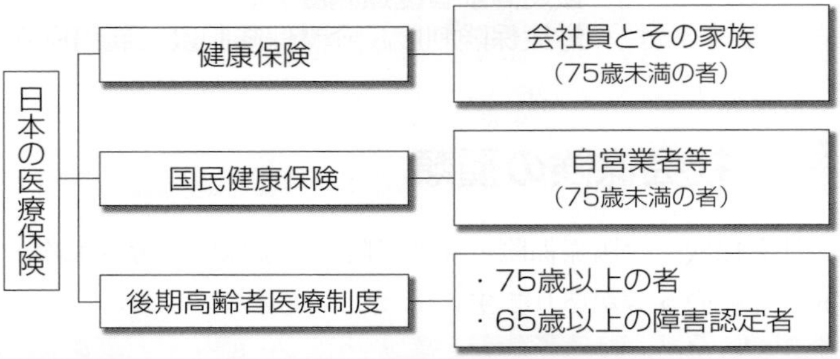

医療保険の概要 重要

保険の種類	保険者（運営者）	被保険者（対象者）	給付等の窓口	給付の内容
健康保険	**全国健康保険協会**（協会けんぽ）	主に中小企業の従業員	年金事務所	**業務外**の病気やけが、出産・死亡
	健康保険組合（組合健保）	主に大企業の従業員	各健康保険組合	
国民健康保険	**国民健康保険組合または市区町村**	自営業者やその家族	国民健康保険組合・市区町村	病気やけが、出産・死亡
後期高齢者医療制度	後期高齢者医療広域連合	75歳以上の者や65歳以上の障害認定者	市区町村	病気やけが、死亡

3　健康保険

（1）健康保険の種類

健康保険には、全国健康保険協会が運営する**全国健康保険協会管掌（かんしょう）健康保険（協会けんぽ）**と健康保険組合が運営する**組合管掌健康保険（組合健保）**があります。

(2) 健康保険の被保険者（対象者）と被扶養者

健康保険の対象者は、企業などの法人や**適用事業所**で働く**75歳未満**の役員や従業員、およびその**被扶養者**（3親等内の親族など）です。

原則として、以下の要件を満たした、国内に住所のある3親等内の親族等が被扶養者として認められます。

なお、一時的な海外留学生は被扶養者になります。

健康保険の被扶養者の要件

年収制限	・130万円未満 ・60歳以上の者や障害者の場合は180万円未満	同居の場合	被保険者の年収の2分の1未満であること
		別居の場合	被保険者からの仕送りまたは援助額より少ないこと

※上記の年収には年金も含む

●健康保険の被扶養者でなくなる場合

以下の①、②のどちらかの条件に該当する場合、被扶養者でなくなり、自ら**健康保険**や**厚生年金**に加入することになります。

被扶養者を外れる条件

①パートや派遣社員であるが、1週間の所定労働時間と1か月の所定労働日数が一般社員の**4分の3**以上ある者

②下記の5つの条件のすべてを満たしている者

- 月収が**8万8,000円**以上ある
- **2か月**以上雇用の見込みがある
- 週の労働時間が**20時間**以上ある
- 従業員数が**101**人以上の企業（特定適用事業所）で働いている（2024年10月以後は従業員数が51人以上の企業で働いていること）
- 学生でない

(3) 健康保険の目的

業務外の病気やけが、および出産・死亡に対して、保険

用語

適用事業所
健康保険の適用を受ける事業所（通常、常時使用する従業員が**5人**以上の事業所）

用語

被扶養者
被保険者に生計を維持されている配偶者や親族のことで、一般に世帯主が加入している健康保険の対象。なお、健康保険では被扶養者の保険料は支払う必要はない

間違えやすいポイント！

健康保険では、配偶者および親などの直系尊属、子などの直系卑属は同居でなくても収入要件を満たしていれば被扶養者となるが、それ以外の甥や姪、義理の父母などの3親等内の親族は被保険者と同一世帯（同居している）でないと被扶養者になれません。

補足

従業員数が100人以下の企業で働いている者が、130万円の年収制限を一時的に超えた場合でも、申請することで連続2回まで被扶養者にとどまることが可能になりました。

金の給付を行います。なお、業務上のけがについては、原則として労災保険の対象です。

健康保険の主な給付内容 重要

給付の種類	内容
療養の給付	・業務外の病気やけがに対して給付される ・被保険者・被扶養者とも外来・入院時の自己負担の割合は原則、治療費の3割 例外 ・小学校入学前の者は2割負担 ・70～74歳の者は2割負担 ・現役並み所得者は3割負担
高額療養費	・1か月の自己負担額が基準を超えた場合、超過額が高額療養費として払い戻される
傷病手当金（しょうびょうてあてきん）	〔支給要件〕 ・仕事を連続して3日以上休業し（入院でも自宅療養でも可）、給料が支給されない場合に、直前12か月間の標準報酬日額の3分の2が休業4日目から給付される 〔支給期間〕 ・最長支給期間は最初の支給開始日から通算して1年6か月(同じ疾病での休業の場合に限る)
出産育児一時金	・被保険者またはその配偶者が出産した場合に、被保険者に1児につき50万円支給される（産科医療補償制度未加入の医療機関で出産した場合は48万8,000円） ・原則として病院に直接支払われる（**直接支払い制度**） ・妊娠4か月以上の出産で支給され、流産や死産の場合も支給される
出産手当金	・被保険者が出産のために会社を休み、給与が支払われなくなる場合に支給される ・標準報酬日額の3分の2相当額が原則、出産日以前42日間〔双子以上を出産（多胎妊娠）した場合は98日間〕、出産日の翌日以後56日間、通常合計で98日間支

間違えやすいポイント!

派遣社員やパート等の非正規雇用労働者であっても、1週間の所定労働時間と1か月の所定労働日数が一般社員の4分の3以上であれば、健康保険や厚生年金に自ら加入します。

用語

現役並み所得者
通常、住民税の課税所得が145万円以上の者。ただし、70歳以上の1人暮らし（単身世帯）の場合、年収383万円以上、70歳以上の者が2人以上いる世帯（複数世帯）の場合、年収520万円以上の世帯となっている

用語

直接支払い制度
出産育児一時金の請求と受け取りを、医療機関が代わりに行う制度。出産育児一時金が医療機関等へ直接支給されるため、本人は退院時に窓口で不足分のみを支払う。なお、出産費用が50万円未満の場合、申請により差額が被保険者に支給される

	給される（出産が予定日より遅れた場合、その日数分も支給される）
埋葬料（まいそう）	・被保険者や被扶養者が死亡した場合に一律**5万円**の埋葬料が支給される

間違えやすいポイント！
双子を出産した場合、出産育児一時金は倍額の**100万円**が支給されます。

●傷病手当金の支給要件

【傷病手当金の支給】

○傷病手当金が支給されるケース

休	休	休	出勤	出勤	休	休	休

連続３日の休み
休みの4日目から支給開始

○傷病手当金が支給されないケース

休	休	出勤	休	休	出勤	休	出勤

※連続して3日以上休んでいないので、支給が開始されない

●傷病手当金の支給期間

傷病手当金の支給開始日から１年６か月以内に職場復帰し、傷病手当金が不支給となった期間があり、支給開始日から１年６か月経過後に再度同じ傷病で休んだ場合、支給開始から通算して１年６か月分を限度に支給されます。

傷病手当金支給開始

			支給開始から1年6か月	支給開始から通算1年6か月
休①（12か月間）	出勤（2か月間）	休②（4か月間）	休③（2か月間）	休④

※休業期間①と②および③の通算１年６か月間、傷病手当金が支給される（休業②から④は連続した休業だが、休業④の期間は支給されない）

（4）健康保険の保険料と保険料率

保険料は、以下の**標準報酬月額**と標準賞与額それぞれに一定の保険料率を掛けて合計します。

用語
標準報酬月額
被保険者の報酬月額に応じて等級を分けて、それに保険料率を掛けたものが保険料になる。通常、**4月、5月、6月の給与を平均**した額で9月から翌年8月まで適用される。なお、標準報酬月額÷30日＝標準報酬日額

健康保険の保険料＝標準報酬月額×保険料率＋標準賞与額×保険料率

標準報酬月額と標準賞与額

	標準報酬月額	標準賞与額
健康保険	第１等級（５万8,000円）から 第50等級（139万円）まで	上限573万円（年間）まで
厚生年金	第１等級（8万8,000円）から 第32等級（65万円）まで	1回あたり150万円まで （年3回までの賞与が対象）

※被保険者の給与の額に応じた等級や賞与の額に対する保険料率を乗じて、健康保険料や厚生年金保険料を算出する

協会けんぽの保険料率は、都道府県別になっていて、原則として保険料は労使折半（事業主と被保険者である従業員で半分ずつ）で負担します。

組合健保の場合も、原則、保険料は労使折半ですが、保険料率はそれぞれの組合の規約で決定します。ただし、従業員の負担割合を２分の１超にはできません。

ココが出る

40歳以上65歳未満の者の健康保険料は介護保険料とあわせて支払います。

(5) 高額療養費の自己負担限度額

高額療養費制度とは、１か月間（同一月）の医療費の自己負担額が一定基準を超えた場合、請求すれば超過額が高額療養費として支給される制度です。

ココが出る

入院費や外来医療費について「限度額適用認定証」の交付を受け、これを医療機関の窓口に提示すれば、窓口で支払う金額は自己負担限度額までになります。

高額療養費のポイント 重要

- 原則として、同一月に一定の傷病で診療を受け、自己負担限度額を超えた場合が対象（原則、外来の診療費と入院費、医科と歯科は別々に計算し、各自己負担額が２万1,000円を超えた場合、合算できる）
- 同一月に同一世帯で２万1,000円以上の自己負担額が複数あるときや一人が複数の医療機関で受診したときは、世帯でそれらを合算できる（69歳以下の家族で同一の医療保険に加入している場合）

（例）同一世帯で入院費と外来費の自己負担額がどちらも2万1,000円を超えている場合、その合計額が高額療養費の対象になる

- 差額ベッド代や食事代、先進医療の技術代など健康保険扱いの対象とならないものは、高額療養費の計算には含まれない（原則、全額自己負担となる）
- 1年間に同一世帯で3か月以上高額療養費の支給を受けた場合には、4か月目から自己負担限度額が下がる

用語

差額ベッド代
大部屋以外の部屋（個室等）に入院した際に自己負担しなければいけない金額

高額療養費の自己負担限度額（70歳未満の場合） 計算 暗記不要

所得区分	自己負担限度額	多数該当する場合
①区分ア　標準報酬月額83万円以上	25万2,600円＋（総医療費－84万2,000円）×1％	14万100円
②区分イ　標準報酬月額53万～79万円	16万7,400円＋（総医療費－55万8,000円）×1％	9万3,000円
③区分ウ　標準報酬月額28万～50万円	8万100円＋（総医療費－26万7,000円）×1％	4万4,400円
④区分エ　標準報酬月額26万円以下	5万7,600円	4万4,400円
⑤区分オ　低所得者（住民税非課税世帯）	3万5,400円	2万4,600円

※多数該当する場合とは、3か月以上高額療養費の支払いを受けている場合のこと。4か月目から自己負担限度額が軽減される

ケース

会社員であるAさん（52歳）が、本年7月に入院し、7月の医療費の総額（差額ベッド代等を除く）が78万円かかった。高額療養費として支給される金額を計算しなさい。

※介護費はなかったものとする
※Aさんの標準報酬月額は57万円とし、限度額適用認定証は提出していない

補足

70歳以上の者は、外来と入院、医科と歯科の自己負担額が2万1,000円未満であっても合算し、高額療養費の対象になります。

解　答

Aさんの月収は57万円で、区分イに該当する。したがって、Aさんの自己負担限度額は　16万7,400円＋（総

医療費－55万8,000円）×1%　で計算する。

【自己負担限度額】

＝16万7,400円＋(78万円－55万8,000円)×1%

＝16万9,620円

52歳のAさんの医療費の負担割合は3割なので、

実際の負担額＝78万円×30%(3割負担)

＝23万4,000円

よって、

【高額療養費として支給される額】

＝実際の負担額－自己負担限度額

＝23万4,000円－16万9,620円＝6万4,380円

補足

Aさんのケースの場合、限度額適用認定証を窓口で提示した場合は、当初から16万9,620円（自己負担限度額）のみの支払いとなります。

4　国民健康保険

（1）国民健康保険の種類

国民健康保険には、市町村（都道府県）が保険者になるものと国民健康保険組合（同業種の個人を対象とするもの）が保険者になるものの2種類があります。

間違えやすいポイント！

国民健康保険では健康保険のような被扶養者という制度はなく、加入者全員が被保険者となります。

（2）国民健康保険の被保険者（対象者）

国民健康保険は、自営業者や定年退職者など、会社員等の健康保険の加入者以外の者が対象です。国民健康保険の対象者となった日から14日以内に被保険者の届け出を行います。例えば、会社を退社して国民健康保険に加入する場合は、退職日の翌日から14日以内に届け出を行います。

（3）主な給付内容

給付内容は、療養の給付、高額療養費、出産育児一時金、埋葬費などがあり、自己負担割合は健康保険と同じです。

国民健康保険と健康保険の相違点

- 国民健康保険では**傷病手当金**や**出産手当金**については任意給付になっている
- 国民健康保険では、業務上の疾病やけがについても原則として、保険金が給付される

(4) 保険料

国民健康保険料は**所得割**・**均等割**等で計算されますが、上限が設けられています。また、保険料率は条例により市区町村で異なります。

なお、国民健康保険の場合は、原則、被扶養者という考え方がなく、**被保険者一人一人**が収入に応じて保険料を支払う必要があります。

また、40歳以上65歳未満の者は、健康保険と同様、**介護保険料**をあわせて支払います。

5 退職後の医療保険(任意継続被保険者制度) 重要

会社員は退職すると翌日から健康保険の被保険者の資格を失います。退職後、**任意継続被保険者**として引き続き勤めていた会社の健康保険の被保険者となる(任意継続被保険者制度)か、子や配偶者の**被扶養者**となるか、または、自ら**国民健康保険**に入るかを選択します。

用語

所得割
所得に応じて金額を決めること

用語

均等割
所得に関係なく一律の金額を決めること

ココが出る

任意継続被保険者になると原則として、**傷病手当金**や**出産手当金**は受けられなくなります。

間違えやすいポイント!

被保険者が任意継続被保険者となった場合、配偶者なども被扶養者のまま継続となります。

任意継続被保険者制度の加入要件と概要

加入資格	健康保険の被保険者期間(加入期間)が継続して**2か月**以上ある者
保険料	**全額自己負担**
申請期限と加入期間	・退職日の翌日(資格喪失日)から**20日以内**に住所地を管轄する健保組合か協会けんぽに申請する ・加入期間は最長**2年間**(途中で脱退し、国民健康保険等に加入することは可能)

6　後期高齢者医療制度 重要

75歳になると、これまで加入していた健康保険や国民健康保険からは脱退し、新たに後期高齢者医療制度に加入します。

ココが出る

健康保険の被保険者が後期高齢者医療制度に加入した場合、その者に扶養されていた75歳未満の者（配偶者など）は年収に関係なく自分で国民健康保険等に加入することになります。

後期高齢者医療制度の概要

対象者	75歳以上の者(65歳以上の障害認定者を含む)
保険料と納付方法	・保険料は均等割と所得割の合計（保険料率は都道府県により異なる） ・原則、すべての対象者が年金からの天引きとなる（特別徴収という） ・ただし、年金年額が18万円未満の場合は口座振替（口座引落し）も可能（普通徴収） ※保険料の徴収や給付の申請の窓口は各市町村
自己負担割合	原則、1割負担（現役並み所得者は3割負担） ※単身世帯では年収200万円以上の者、複数世帯（世帯に後期高齢者が2人以上いる場合）では年収合計が320万円以上の場合は2割負担
運営の主体	後期高齢者医療広域連合

※年収には年金収入が含まれる。ただし、遺族年金と障害年金は年収には含まれない

医療費の自己負担割合（まとめ）

年齢	負担割合（2023年4月現在）	
義務教育就学前	小学校に入るまでは2割負担	
小学校入学～70歳未満	3割負担	
70歳～74歳	2割負担	現役並み所得者は3割負担
75歳以上	原則、1割負担（所得により一部2割負担）	現役並み所得者は3割負担

3 介護保険制度 重要

1 介護保険制度の概要

介護保険は、老化や老化を原因とする病気などによって介護が必要となった者などに、給付や支援を行うものです。

介護保険の被保険者は、第１号被保険者（**65歳以上の者**）と第２号被保険者（**40歳以上65歳未満の公的医療保険加入者**）です。

間違えやすいポイント！

介護保険の第２号被保険者は、事故により要介護状態になった場合は、介護保険の受給対象者とはなりません。この点が第１号被保険者と異なります。

介護保険制度の概要

	第１号被保険者 （65歳以上の者）	第２号被保険者 （40歳以上65歳未満の公的医療保険加入者）
対象者 （認定基準）	**要介護**状態の者 （寝たきり、認知症の者） **要支援**状態の者 （虚弱などで在宅サービスが必要な者） } 原因は問わず	**老化を原因**とする特定疾病（脳血管疾患や末期がんなど16種類の疾病）により要介護状態または要支援状態となった場合
保険料と 納付方法	・市区町村が所得段階に応じて定めた保険料を徴収 ・年金額が**年18万円**以上の被保険者の場合は年金から天引き（特別徴収）、それ以外の場合は口座振替による普通徴収	・**医療保険**（健康保険や国民健康保険）の保険料とあわせて徴収される（会社員の場合、事業主が半分負担） ・協会けんぽの保険料率は**全国一律**
自己負担割合	原則、介護サービス料金の**1割負担**※	

※第１号被保険者の自己負担割合は、年間の年金収入等の所得金額が単身で280万円以上ある者は**2割**、340万円以上ある者は**3割**。第２号被保険者の自己負担割合は所得に関係なく**１割負担**

※65歳で第１号被保険者になると、**介護保険被保険者証**が市区町村から交付される

介護保険のポイント

- あらかじめ**要介護**認定（１～５段階）、**要支援**認定（１～２段階）を市区町村等より受け、その介護の度合いに応じて介護サービスを受けられる

ココが出る
要介護認定を受けた者が、手すりの取付けなどの住宅改修を行った場合、工事費用の20万円を上限に居宅介護住宅改修費が支給されます（ただし、被保険者に応じて工事費用の1〜3割は自己負担）。

- 介護サービスを受けるためにケアマネジャーに依頼するケアプラン作成費は**無料**（ケアプランは被保険者本人が作成することも**可能**）
- 介護施設での**食事**や**居住費用**は、原則、**全額自己負担**
- 同一月内に利用者の負担額が上限額を超えた場合、超えた分が**高額介護サービス費**として支給される
- 特別養護老人ホームへの入所は、原則、**要介護認定3以上の者**に限定される（要支援者は利用できない）

【介護保険制度の利用イメージ】

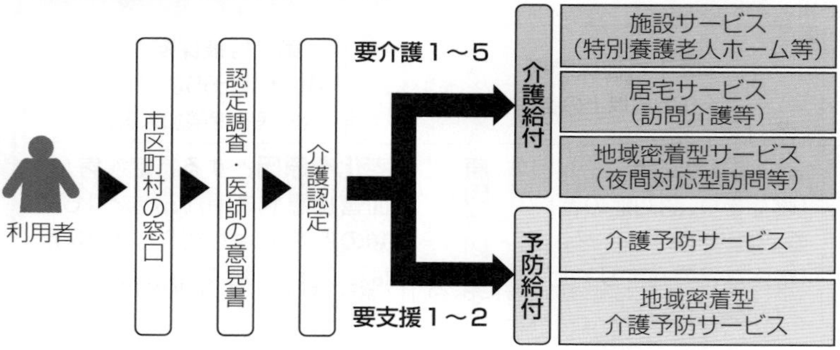

間違えやすいポイント！
生命保険会社等の民間の介護保険では、加入年齢に制限はなく、40歳未満でも加入できます。

2 高額介護合算療養費制度

同一世帯内で**同一の医療保険**の加入者について、毎年8月から翌年7月までの1年間にかかった医療保険と介護保険の自己負担額を合計し、基準額を超えた場合に、その超えた金額が支給されます。

4 労災保険制度

1 労災保険の概要

労災保険（労働者災害補償保険）は、労働者が**業務上**または**通勤途中**の、負傷・疾病・障害・死亡に対して保険給付を行うものです（**業務災害**と**通勤災害**が対象）。

用語
通勤災害
通常の経路（合理的な経路）で自宅と会社の間を往復する途中にあった災害

労災保険の概要

被保険者（対象者）	労働者は自動的に全員が被保険者となる（アルバイト、パートなど雇用形態や労働時間に関係なく外国人も含め加入が義務付けられる）
保険者	国（政府）
窓口	労働基準監督署
保険料	全額事業主負担 （保険料を計算する際の保険料率は業種により異なる）
特別加入制度	一定の中小企業の事業主や個人タクシー、大工、漁師などの一人親方、海外赴任者などに対する加入制度で任意に加入できる

※いわゆるフリーランスも特別加入の対象

2 労災保険の給付

労災保険の主な給付には、次のようなものがあります。

労災保険の給付 重要

種　類	支給要件	内　容
休業補償給付	業務災害または通勤災害による病気やけがで仕事ができず、賃金を受け取れない場合 ※通勤災害の場合は「休業給付」という	・給付基礎日額（平均賃金）の60%が、会社を休み、賃金が支払われなくなった日の4日目（休業4日目）から支給される ・別途、特別支給金が給付基礎日額の20%支給される
療養補償給付	業務災害または通勤災害による病気やけがの治療を労災指定病院などで受けたとき	治療費は全額、労災保険から支払われ、自己負担は発生しない
傷病補償給付	休業補償給付を受給してから1年6か月を経過しても、傷病による一定の障害（傷病等級1級～3級）が残っている場合	業務上の災害による場合には傷病補償年金、通勤災害による場合には傷病年金が給付される
遺族補償給付（年金または一時金の2種類）	労働者が業務災害または通勤災害で死亡した場合 ※業務災害の場合は遺族補償給付、通勤災害の場合は遺族給付という	労働者の死亡当時、労働者に生計を維持されていた配偶者、子、父母、孫、祖父母、兄弟姉妹の中で、優先順位の高い者に支給される（遺族の人数によって支

		給額が異なる）
障害補償給付	業務災害または通勤災害によるけがや、病気が治った（症状が固定したとき）後に一定の障害が残ったときに支給される	障害の等級に応じて支給額が異なる（障害が重度の場合、障害補償年金が支給される）
葬祭給付	業務災害または通勤災害で亡くなった者の葬祭を行う場合	葬祭を行った遺族や会社、友人などに一定額が支給される

※休業補償給付を受給してから**1年6か月**を経過した時点で、病気やけがが治ってはいないものの、傷病等級に該当しない場合は、休業補償給付が継続して支給される

※傷病補償給付は、まだ治療が続いている場合に支給され、障害補償給付は治療終了後に支払われる

※同一の事由により、労災保険の障害補償給付と障害基礎年金・障害厚生年金が支給される場合には、障害補償給付額は減額調整されるが、障害基礎年金・障害厚生年金は全額支給される

なお、給付金算出のもととなる基礎日額は、これまで事故が起きた勤務先の賃金額をもとに算出していましたが、副業などで複数の会社で働いている場合、すべての勤務先の賃金を合計した額をもとに算出されるようになりました。

労災保険のポイント

- 業務災害や通勤災害により労災指定病院などで治療を受ける場合、治療費は労災保険より全額支給され、**自己負担**は発生しない
- 通勤途中で寄り道し、事故にあった場合は原則、**対象外**だが、日用品を購入するなど、日常生活上必要なやむを得ない事由のために寄り道し、元の経路に戻って事故にあったケースは通勤災害と認められる
- 業務命令による**出張中の事故**（海外も含む）はすべて**業務災害**に該当
- 会社役員は被保険者ではないが、使用人兼務役員は被保険者の対象
- 障害厚生年金（または障害基礎年金）と労災保険の障害補償給付を同時に受給する場合、障害厚生年金は全額支給され、障害補償給付は減額される

5 雇用保険制度

雇用保険には失業時の失業給付や、失業を防ぐための雇用安定事業および能力開発事業などがあります。

1 雇用保険の概要

雇用保険の概要

被保険者（対象者）	原則、すべての雇用保険の適用事業所の労働者が対象（新たに雇用された**65歳**以上の労働者も雇用保険の対象） 例外 法人の**役員**や**個人事業主**と**その家族**は雇用保険の被保険者とはならない
非正規労働者に対する適用基準	**31日**以上働く見込みがあり、かつ、1週間の労働時間が**20時間**以上あること
運営	政府が保険者で、公共職業安定所（ハローワーク）が窓口
保険料	・失業給付に対する保険料は事業主と被保険者の両方が負担する（業種により保険料率は**異なる**） ・雇用安定事業（再就職支援や就労支援）や能力開発事業（職業訓練等の実施）の保険料は全額を事業主が負担する

ココが出る

短期労働者や派遣労働者などの非正規労働者に対して雇用保険が適用される基準は、**31日以上**の雇用の見込みがあり、かつ、1週間の所定労働時間が**20時間**以上あることとなっています。なお、要件を満たしていれば**外国国籍の者**も雇用保険の被保険者になります。

補足

雇用安定事業と能力開発事業を併せて、一般的に雇用保険二事業といいます。

2 雇用保険の給付

雇用保険の給付には、失業時の求職活動中に支給される**求職者給付**、早期に再就職したときに支給される**就職促進給付**、60歳以後に働く場合や育児や介護のため休業した場合に支給される**雇用継続給付**、労働者が職業訓練を受けた場合に支給される**教育訓練給付**があります。

雇用保険の給付の概要

- 給付の種類
  - 求職者給付
    - 一般被保険者 — 基本手当等
    - 高年齢被保険者 — 高年齢求職者給付金
  - 就業促進給付
    - 就業促進手当 — 就業手当／再就職手当／就業促進定着手当
    - 移転費
    - 広域求職活動費
  - 雇用継続給付
    - 高年齢雇用継続給付 — ・高年齢雇用継続基本給付金 ・高年齢再就職給付金
    - 育児休業給付
    - 介護休業給付
  - 教育訓練給付
    - 教育訓練給付金

3　求職者給付

（1）基本手当

失業時に支給される求職者給付のうち、ベースとなるのが基本手当（いわゆる失業保険）です。なお、雇用保険の一般被保険者とは、被保険者のうち高年齢継続被保険者・日雇労働被保険者等以外の65歳未満の者のことをいいます。

基本手当の概要 重要

受給要件	下記のどちらかに該当し、**働く意思**と**能力**はあるが仕事に就くことができない65歳未満の者（一般被保険者）に支給される ※65歳以上の者が失業した場合、基本手当に代えて**高年齢求職者給付金**が支給される 〈一般受給資格者（定年または自己都合による退職の場合）〉 原則として、離職の日以前**2年間**に被保険者期間が通算して**12か月以上**あること 〈特定受給資格者（倒産や解雇）、特定理由離職者（雇止め）の場合〉 被保険者期間が離職の日以前**1年間**に**6か月以上**あること
受給期間	・離職日の翌日から**1年間**（病気やけが、出産や育児などで就業できない場合は、最長で3年延長し、**4年間**まで受給可能）。この期間中であれば次ページの日数、基本手当が支給される ・受給期間（基本手当を受けることができる期間）を過ぎると、所定給付日数が残っていても、それ以後の基本手当は支給されない

待期期間	・受給に際し**7日間**の待期期間があり、この間は支給されない ・自己都合により退職した場合、7日間の待期期間後、さらに**2か月間**は基本手当は支給されない ※待期期間が2か月なのは「5年間のうち2回の離職まで」に限定され、5年以内に3回目の離職をした場合、3回目から待期期間は3か月間となる
手続き	・本人の住所を管轄する公共職業安定所に離職票を提出し、失業認定を受けて、求職手続きを行う ・4週間に1度は失業認定を受けなければならない

(2) 給付日数

退職理由（自己都合や倒産、雇止めなど）や被保険者期間、離職時の年齢により基本手当の給付日数は異なります。

特定受給資格者（倒産や解雇の場合）

被保険者期間 / 離職時の年齢	1年未満	1年以上5年未満	5年以上10年未満	10年以上20年未満	20年以上
30歳未満	90日	90日	120日	180日	—
30歳以上35歳未満		120日	180日	210日	240日
35歳以上45歳未満		150日		240日	270日
45歳以上60歳未満		**180日**	240日	270日	**330日**
60歳以上65歳未満		150日	180日	210日	240日

一般受給資格者（定年または自己都合による退職）

被保険者期間	1年未満	1年以上10年未満	10年以上20年未満	20年以上
年齢に関係なく	—	**90日**	120日	**150日**

※定年には早期退職者を含む

間違えやすいポイント！

雇用保険の基本手当の給付日数は、最大給付日数を覚えておきましょう。

・倒産や解雇等の場合は、被保険者期間が20年以上で、退職時の年齢が45歳以上60歳未満の場合に最長**330日間**

・自己都合退職や定年退職の場合は、退職時の年齢に関係なく20年以上被保険者期間があれば**150日間**

ココが出る

雇用保険の基本手当（いわゆる失業保険）は、45歳以上65歳未満の**就職困難者**（障害者等）については、最大**360日間**給付される場合があります。

4 雇用継続給付

雇用継続給付には、高年齢雇用継続給付、育児休業給付、介護休業給付があります。

(1) 高年齢雇用継続給付

高年齢雇用継続給付は60歳から65歳までの賃金の低下を補う制度で、「**高年齢雇用継続基本給付金**」と「**高年齢再就職給付金**」があります。

「高年齢雇用継続基本給付金」とは、雇用保険の被保険者期間が**5年**以上ある者が、60歳時に比べて賃金が**75%**未満に低下した場合に、60歳以後の賃金に一定率を乗じた額が支給される制度です。

高年齢雇用継続基本給付金の概要

支給要件	・基本手当を受給しないで60歳以後も勤めていること ・雇用保険の被保険者期間が通算して**5年**以上あること ・原則として60歳到達時の賃金に比べて**75%**未満の賃金で働いていること(60歳時点に比べ75%以上ある場合は支給されない) ・60歳時点の賃金の**61%以下**に低下した場合に60歳以後の賃金の最高**15%**相当額が支給される
支給期間	60歳に達した月から65歳に達する月まで

【高年齢雇用継続基本給付金のイメージ】

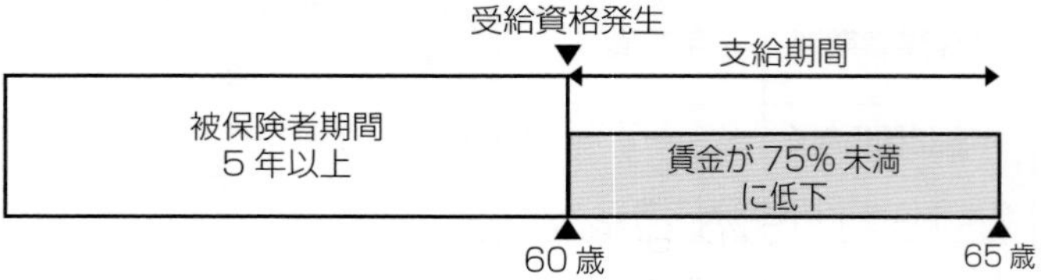

【高年齢雇用継続基本給付金の支給額の計算例】

> 60歳到達時の賃金月額が30万円で、60歳以降の賃金が15万円に下がった場合、賃金が半分になるので、低下率は50%。したがって、60歳以降の賃金の15%が支給される。支給額は15万円×15%＝22,500円

「高年齢再就職給付金」は、基本手当を受給していた60歳以上の者が対象になります。

高年齢再就職給付金の概要

支給要件	・雇用保険の被保険者期間が**5年**以上ある60歳以上の者が、基本手当の支給日数を**100日以上**残して再就職した場合に**65歳**になるまで支給される ・再就職したときの賃金が基本手当の基準になった賃金月額の**75%未満**であること
支給期間	基本手当の支給日数が**200日**以上残っている場合は再就職から**2年間**、**100日**以上残っている場合は**1年間**支給される
再就職手当との関係	高年齢再就職給付金と再就職手当は併給できず、どちらかを選択する

(2) 育児休業給付 重要

育児休業給付は子どもを養育するために育児休業を取り、給料が支払われなくなった場合に男女問わず支給されます。

育児休業給付の概要

支給要件	・原則、**満1歳未満**の子どもを養育するための育児休業であること 例外 ・父母ともに育児休業をとるパパ・ママ育休プラス制度を利用する場合は**1歳2か月**になるまで延長可能 ・保育所等が見つからない場合などは、**1歳6か月**（最長**2歳**）になるまで延長可能

間違えやすいポイント！

高年齢再就職給付金は、再就職先の賃金月額の**15%**を限度として給付されます。

補足

出産・育児については、健康保険から**出産育児一時金**と**出産手当金**が支給され、出産後、雇用保険から**育児休業給付金**が支払われます。

間違えやすいポイント！

65歳以上の者（高年齢被保険者）も要件を満たしていれば、育児休業給付、介護休業給付および教育訓練給付の対象になります。

	・原則、育児休業前２年間に賃金支払い基礎日数（賃金の支払いのもとになる労働日数）が11日以上ある月が**12か月**以上あること
支給額	・休業前の賃金の**50%**。ただし、当初の**６か月間**（180日間）に限り、休業前の賃金の**３分の２**（67%）相当額 例外 ・休業期間中に休業前の賃金の**80%以上**が支払われている場合は、支給されない

なお、育児休業期間中や産休中は、**健康保険料**や**厚生年金保険料**などの支払いが、**被保険者**および**事業主**ともに免除されます。賞与については原則、**１か月**を超える育児休業を取得した場合に保険料の支払いが免除されます。

●近年の育児・介護休業法の改正点

主な育児休業に関する改正点は以下のとおりです。

育児休業法の改正点

育児休業取得の働きかけの義務化	従業員に対して、制度の周知や育児休業を取得するかの意思確認および育児休業を取ることを働きかけることなどが企業に義務化された
育児休業の分割取得	２回に分けて分割取得することが可能に
男性に対する産休制度の創設（産後パパ育休）	男性に対する出生時育児休業制度（男性版の産休制度）が創設され、男性も子どもの出生後８週間以内に最長４週間まで取得可能に。また、２回に分けて分割取得することも可能に
休業中の就業	労使協定があれば、原則、育児休業期間中であっても就業することが可能に
育児休業の取得率の公表の義務付け	従業員数が1,000人を超えている企業は、男性労働者の育児休業の取得率を公表することが義務化された

(3) 介護休業給付 重要

介護休業給付は、配偶者、父母（**配偶者の父母**も含む）、子、兄弟姉妹や孫などを介護するために休業する場合に、**男女**を問わず支給されます。支給額は、休業前の賃金の**67%相当額**で、**3回に分割**して取得でき、通算で最高**93日間**支給されます。

ただし、休業期間中に休業前の賃金の**80%以上**が支払われている場合は支給されません。

ココが出る
配偶者の父母を介護する場合も、介護休業給付の対象となります。

5 高年齢求職者給付金

高年齢求職者給付金は、65歳以上の者が離職したときに基本手当の代わりに受け取ることができる失業保険のことです。退職月の直前1年間に雇用保険の加入期間が**6か月**あることが要件です。

6 教育訓練給付

教育訓練給付は、雇用保険の被保険者または離職後1年以内の者が、厚生労働大臣が指定する教育訓練の受講を終了した場合にその費用の一部を支給するものです。

教育訓練給付の概要

	支給要件	支給額
一般教育訓練給付	・雇用保険の被保険者期間が**3年**以上ある者（初めて受給する場合は原則、1年以上）	受講料の**20%**（上限は10万円）
専門実践教育訓練給付	・雇用保険の被保険者期間が**3年**以上ある45歳未満の離職者（初めて受給する場合は原則、2年以上） ・前回の教育訓練給付を受給してから原則、3年以上経過していること	受講料の**50%**（上限は1年あたり40万円） 専門的資格の取得など条件を満たした場合70%（上限は1年あたり56万円）

ココが出る
一般教育訓練給付と専門実践教育訓練給付の給付金は**4,000円**を超えない場合は支給されません。
また、現在、65歳以上の者も一般教育訓練給付の対象です。

短期訓練受講費	・公共職業安定所(ハローワーク）の職業指導によって教育訓練給付金の対象ではない1か月未満の教育訓練などを受講し修了した場合	受講料の**20%** （上限は10万円）

7　65歳以上の兼業者・副業者に対する雇用保険

65歳以上の者が、兼業や副業をすることで２つの事業所で働いている場合、以下の要件すべてを満たしていれば、本人が申し出ることで本業と副業の事業所で重複して雇用保険に加入することが可能です。

重複して雇用保険に加入する要件

- 65歳以上で、複数の事業所で雇用されている
- それぞれの事業所での週の所定労働時間が20時間未満である
- ２つの事業所の週の所定労働時間の合計が20時間以上ある

8　改正高年齢者雇用安定法

高年齢者雇用安定法の改正の目的は、雇用主に①定年廃止、②定年年齢を70歳に引上げ、③70歳までの継続雇用、の３つの努力義務を課すことで、高齢者の就業機会を確保することです。

これに「創業支援等の措置」が加わりました。労働者の同意を得たうえで a. 転職時の再就職支援、b. 65歳以上の者でフリーランスを希望する者への業務委託、c. 65歳以上で起業する者に対する起業支援、d. 社会貢献活動に参加する者への支援などが事業主に求められるようになりました。

重要度 ★★★

6 公的年金制度

学習項目
- 日本の公的年金の概要
- 国民年金・厚生年金の被保険者と保険料
- 保険料の免除制度と猶予制度

1 日本の年金制度

日本の年金体系は、以下のようになっています。

日本の年金体系のイメージ

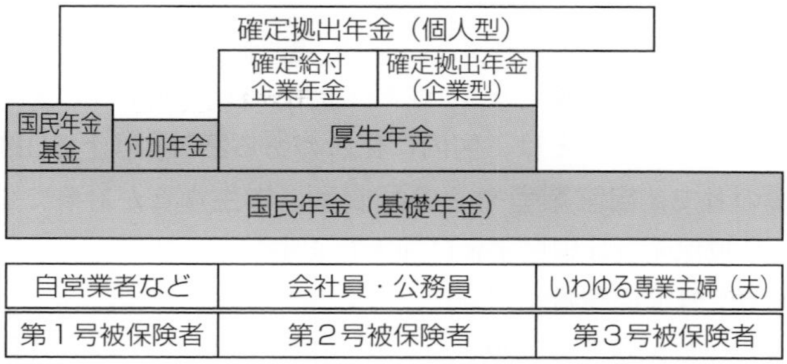

2 公的年金

1 公的年金の概要

公的年金は国民年金を基礎年金として位置付け、その上に２階部分として厚生年金があります。厚生年金には一般企業の会社員や公務員、私学教職員などが加入します。

なお、日本の公的年金制度は、現役世代（働いている者）が保険料を支払い、年金受給者に支給する「**世代間扶養方式（賦課方式）**」になっています。

2 公的年金の給付の種類

公的年金（国民年金、厚生年金など）の給付には、一定の

補足

国民年金制度の変遷
- 1961年（昭和36年）4月
  国民年金制度開始（主婦・学生は任意加入）
- 1986年（昭和61年）4月
  基礎年金制度開始（20歳以上60歳未満は全員加入。ただし、学生は任意）
- 1991年(平成3年)4月
  20歳以上の学生も基礎年金に強制加入となった

参照

公的年金制度は**5年**に一度、見直しが行われ、保険料や給付水準などが見直しになります。なお、厚生年金受給世帯の給付水準は、現役世代の平均収入の**50%**を上回ることが規定されています

年齢になった場合に支給される**老齢給付**、一定の障害の状態になった場合に支給される**障害給付**、被保険者が亡くなった場合に遺族に支給される**遺族給付**の３種類があります。

3 国民年金保険

1 国民皆年金制度

国民年金は、日本国内に住所がある**20歳以上60歳未満**のすべての人が加入する**国民皆年金制度**です。

2 被保険者 重要

被保険者は第１号被保険者、第２号被保険者、第３号被保険者に分けられます。

（1）第1号被保険者

第１号被保険者とは、国内に住所のある**20歳以上60歳未満**の者で、**自営業者やその配偶者、学生**などが対象です。第１号被保険者は国民年金に加入します。

（2）第2号被保険者

第２号被保険者は、原則として民間企業の**会社員**や**公務員**、私立学校の教職員などで、厚生年金に加入します。第２号被保険者は厚生年金に加入することで、基礎年金である**国民年金**にも自動的に加入していることになります。したがって、厚生年金の保険料を納めていれば国民年金保険料を納める必要はありません。

（3）第3号被保険者

第３号被保険者は、**第２号被保険者**に扶養されている**20歳以上60歳未満の配偶者**（**専業主婦・主夫**などで原則、年収**130万円**未満で国内に住所がある者）で、国民年金に加入します。ただし、保険料は第２号被保険者の納める保険料に含まれており、別途納める必要はありません。なお、結婚により第３号被保険者となる場合の手続きは、第２号被保険者の**勤務先**が行います。

補足

2022年4月以降に20歳になる者等については、年金手帳が廃止され「**基礎年金番号通知書**」が交付されます。

ココが出る

国民年金の加入者は**国籍は問わず**、日本に居住している外国人も含まれます。

ココが出る

厚生年金の加入者が退職により国民年金に加入する場合、本人およびその者に扶養されている第３号被保険者は、退職日の翌日から**14日以内**に第１号被保険者への変更を市区町村に届け出ることが必要です。

間違えやすいポイント！

第３号被保険者となる配偶者は**20歳以上60歳未満**で、原則として、**年収130万円未満**である者です。したがって、第２号被保険者に扶養されている18歳以上20歳未満や60歳以上の専業主婦は、第３号被保険者ではありません。

国民年金の被保険者の概要 重要

	第１号被保険者	第２号被保険者	第３号被保険者
加入年金	国民年金（基礎年金）	厚生年金	国民年金（基礎年金）
対象者	国内に住所のある20歳以上60歳未満の者（自営業者やその配偶者、学生など）	会社員や公務員、私立学校の教職員など（**20歳未満**で働いている者や**60歳以上65歳未満**で働いている者を含む）	第２号被保険者に扶養されている配偶者（国内に住所がある専業主婦・主夫など）で**20歳以上60歳未満の者**
保険料	**月額1万6,980円**	・保険料は**労使で折半**する ・保険料率は、18.3%で固定（半分は会社負担）	保険料負担は**不要**
手続き	市区町村	勤務先	配偶者の勤務先

3　任意加入制度

以下の者は、本人が届け出ることで国民年金に任意に加入することができます。

任意加入の要件

- 国民年金（老齢基礎年金）の年金額を増やしたい者は65歳まで、受給資格期間（10年）の要件を満たしていない者は70歳まで国民年金に任意に加入できる
- 外国に居住する日本国籍のある20歳以上65歳未満の者は国民年金に任意に加入できる

ココが出る

被保険者が保険料を納付できないときは、世帯主や配偶者は連帯して、保険料を納付する義務を負います。

4　保険料

2024年度の国民年金保険料は月額**１万6,980円**（前年度比＋460円）です。

補足

国民年金保険料はクレジットカードによる前納払いが可能です。

5　保険料の納付と追納制度

原則として、国民年金保険の第１号被保険者となった月の**翌月末**までに保険料を納付することとなっています。**前納**

払い（最大2年分の前払いが可能）や口座振替による**早割制度**（納付期限より早く納める）を利用すると、保険料が**割引**になります。なお、保険料が未納の場合は、過去**2年分**をさかのぼって追納できます。保険料は追納時点ではなく、追納等の承認を受けた時点のものです。

間違えやすいポイント！
障害厚生年金の障害等級3級に該当する者は法定免除の対象ではありません。

6 保険料の免除制度 重要

経済的に保険料を納めることが難しい第1号被保険者に対して、保険料免除制度（法定免除と申請免除）があります。

法定免除は**障害年金の受給権者**（障害等級**1級**または**2級**に該当する者）や**生活保護を受けている者**などが市区町村へ届出することで保険料が**全額免除**される制度です。

ココが出る
免除された保険料は年金を受給するまでであれば、**10年前**までさかのぼって追納することができます。

申請免除は前年の所得水準（本人、配偶者または世帯主の所得）に応じて保険料が免除される制度で、**全額免除**、**4分の3免除**、**半額免除**、**4分の1免除**の4つがあります。

年金額を計算する際、免除期間は**受給資格期間**（加入期間）に反映されます。つまり、保険料が免除されている期間も国民年金に加入している期間としてカウントされます。また、その間の**国庫負担分**（3分の1または2分の1）は年金額に反映されます。

ココが出る
所得が135万円以下の「ひとり親」に該当する場合、申請することで国民年金保険料が**全額免除**されます。

なお、年金額の計算に反映される割合は、年金保険料の**国庫負担割合**が**3分の1**であった2009年3月以前の期間と、**2分の1**になった2009年4月以後の期間で異なります。

用語
国庫負担割合
国民年金の給付金額のうち、税金等から国が補助している割合。2009年4月以後、その割合が3分の1から2分の1に引き上げられている

7 国民年金の第1号被保険者に対する産前産後の保険料免除制度

国民年金の第1号被保険者が出産する場合、出産予定日の**前月から4か月間**（双子以上の多胎妊娠（たたいにんしん）の場合、出産予定日または出産日が属する月の3か月前から6か月間）については保険料（国民年金保険料と国民健康保険料）が免除されます。なお、その間は保険料納付済みとみなされ、年金額は

減額されません。

8　学生納付特例制度と保険料納付猶予制度 重要

学生納付特例制度および保険料納付猶予制度とは、20歳以上の学生や**50歳**未満の者で前年の所得が一定以下であった場合に、申請により保険料の納付が猶予される制度です。

保険料の納付を猶予する制度

	要件	年金額への反映	受給資格期間への反映
学生納付特例制度	**20歳以上の学生** 本人の前年所得が所定額以下の場合 ※親の所得は関係なし	追納しなければ年金額への反映はなし（追納期間は**10年**）	反映される
保険料納付猶予制度（学生は除く）	**50歳未満**の者 被保険者および配偶者の前年所得が所定額以下の場合 ※親の所得は関係なし		

4　厚生年金保険

1　厚生年金保険の概要

厚生年金保険とは、厚生年金の適用事業所（常時５人以上従業員を使用している事業所）で働いている**70歳未満**の会社員や公務員等が、国民年金（基礎年金）に上乗せして加入する公的年金制度です。

2　厚生年金保険料

厚生年金の保険料率は現在、**18.3%**で固定されています。また、厚生年金保険料は、事業主と被保険者である会社員等が**折半**（せっぱん）で負担します。したがって、被保険者の負担割合は

間違えやすいポイント！

以下の２点を明確にしておきましょう。
- 保険料の免除期間は、年金額を計算するうえで受給資格期間としてカウントされ、国庫負担分は年金額にも反映される
- 保険料の猶予期間は、年金額を計算するうえで受給資格期間としてカウントされるが、追納しなければ保険料を全額納付した場合に比べて年金額は少額になる

間違えやすいポイント！

学生納付特例制度を利用することで、その間に一定の障害状態になった場合、保険料を納付していなくても障害基礎年金を受給することができます。

間違えやすいポイント！

老齢厚生年金を受給しながら厚生年金の適用事業所で働く70歳以上の者は、厚生年金の被保険者ではないので、厚生年金保険料を納める必要はありません。なお、健康保険料や介護保険料は納めなければなりません。

ココが出る

厚生年金の標準報酬月額は第1等級（8万8,000円）から第32等級（65万円）に区分されています。賞与については年3回までの賞与が標準賞与月額の対象です。
（p38参照）

9.15％になります。被保険者は毎月の給与から保険料を天引きされ、事業主は同額を負担して、事業主が厚生年金保険料の全額を納付します。

厚生年金保険料は、以下の方法で算出します。

厚生年金保険料の計算

保険料の種類	保険料の計算方法
毎月の給与に対する保険料	標準報酬月額×保険料率
賞与に対する保険料	標準賞与額（1回あたり150万円が上限）×保険料率

厚生年金保険料のポイント

- 厚生年金保険料は、事業主と被保険者である会社員等との労使折半（半々）で負担する
- 厚生年金保険料の額は、標準報酬月額と標準賞与額にそれぞれ保険料率を掛けた合計額となる
- 育児休業中や産休期間中の厚生年金保険料や健康保険料は、申請することで本人分と事業主分が免除される
  ※免除された期間分の保険料は納めたものとみなされる
- 国民年金同様、現役世代が保険料を納付し、年金受給者に支給する世代間扶養方式（賦課方式）になっている

間違えやすいポイント！

65歳以上70歳未満の者は、厚生年金の被保険者ですが、国民年金の第2号被保険者ではありません。

3　厚生年金の加入者（被保険者）

厚生年金の加入者（被保険者）の分類

強制加入被保険者	厚生年金の適用事業所に使用される70歳未満の者は、国籍や性別および本人の意思にかかわらず強制加入
任意加入被保険者	70歳以上の者で、老齢基礎年金の受給資格期間（10年）を満たしていないため、受給資格期間に達するまで任意で加入する者（保険料は全額自己負担だが、事業主が同意すれば労使折半）

重要度 ★★★

7 国民年金の老齢給付

学習項目
- 老齢基礎年金の受給要件
- 繰上げ受給、繰下げ受給
- 付加年金

1 老齢基礎年金

1 老齢基礎年金の概要

老齢基礎年金とは、原則として国民年金（基礎年金）に10年以上（受給資格期間という）加入することで、65歳になったときに支給される年金です。生きている限りもらえる終身年金です。

2 受給（支給）要件 重要

老齢基礎年金の受給（支給）要件は次のとおりです。

- 原則、65歳以上であること
- 受給資格期間（国民年金に加入している期間）が10年以上あること
  受給資格期間＝保険料納付済期間＋保険料免除期間＋合算対象期間(カラ期間)≧10年

合算対象期間（カラ期間）の例

- 1991年３月までに20歳以上の学生であった者で、国民年金に任意加入していなかった期間（20歳以上の学生は1991年４月より強制加入になった）
- 海外に居住していた期間のうち国民年金に任意加入しなかった期間　など

3 受給開始年齢

老齢基礎年金を受給できるのは、原則として、65歳から

補足

年金支給額（受給額）は新規裁定者（新しく受給権を取得した者）と既裁定者（既に受給権を持っている者）で異なりますが、ここでは新規裁定者について記載します。

用語

保険料納付済期間
第１号被保険者期間のうち保険料を納めた期間と、第２号被保険者期間のうち20歳以上60歳未満の期間と、第３号被保険者であった期間を合計した期間

用語

合算対象期間（カラ期間）
国民年金の加入が義務ではなかったので、加入しなかった期間など。この間は国民年金保険料を払っていないが受給資格期間に算入されるが、年金の受給額の計算にはカウントされない

です。ただし、60歳から64歳までに年金の受け取りを開始すること（繰上げ受給）や66歳以後75歳までに年金の受け取りを開始すること（繰下げ受給）も可能です。繰上げ受給する場合は年金額が減額になり、繰下げ受給する場合は増額になります。

（1）繰上げ受給の考え方 計算 重要

繰上げ受給（60歳～64歳）の場合、原則、年金額は繰り上げた月あたり0.4%減額されます。

ケース

5年間繰り上げた（60歳からの受け取り）場合、年金の減額割合はいくらか。

解　答

（12か月×５年）×0.4%＝60か月×0.4%＝24%

（この数値が最大減額率）

繰上げ受給のポイント

- 60歳から64歳までに受け取りを開始できる
- 一度繰上げ請求すると、取消しや変更はできず、一生涯、減額された老齢基礎年金が支給される
- 老齢厚生年金を受給できる者が、老齢基礎年金を繰上げ受給する場合、老齢基礎年金と老齢厚生年金は同時に繰り上げなければならない
- 繰上げ受給をすると65歳前に障害等級に該当する障害者になっても、原則、障害基礎年金は受給できない
- 繰上げ受給者が遺族厚生年金の受給権を取得した場合は、65歳になるまでは、どちらか一方のみを選択する。65歳以後は両方とも受給可能だが、金額は減額されたままとなる

(2) 繰下げ受給の考え方 計算 重要

繰下げ受給（66歳〜75歳）の場合、年金額は繰り下げた月あたり0.7%増額されます。

ケース

10年間繰り下げた（75歳からの受け取り）場合、年金の増額割合はいくらか。

解 答

（12か月×10年）×0.7%＝120か月×0.7%＝84%

（この数値が最大増額率）

繰下げ受給のポイント

- 66歳になるまでは繰下げの申し出はできない
- 一生涯、増額された老齢基礎年金（繰下げ月数×0.7%増額）が支給される
- 老齢基礎年金と老齢厚生年金は同時に繰り下げることも、どちらか一方のみを繰り下げることも可能

4 支給額（受給額）の計算

(1) 満額支給額

保険料納付期間が40年（480か月）を満たしていれば、老齢基礎年金は満額が支給されます。2024年度の満額支給額は年間81万6,000円です。保険料の免除期間がない場合、老齢基礎年金の支給額は下記の算式で計算されます。

- 老齢基礎年金の支給額＝満額支給額×$\frac{\text{保険料の納付済月数}}{\text{480月}}$

(2) 保険料免除期間がある場合の支給額

保険料免除期間がある場合、老齢基礎年金額は、「国庫負担割合（国が保険料を支払う割合）が３分の１であった

ココが出る

1941年４月１日以前生まれの者は、加入可能年数分（生年月日により25〜39年間）を納めていれば満額支給されます。1941年４月２日以後生まれの者の国民年金の加入可能期間は最大40年（480か月）です。

参照

国庫負担割合

☞P59

2009年３月以前の期間」と「国庫負担割合が**2分の1**となった2009年（平成21年）４月以後の期間」に分けて計算します。

ここでは新規裁定者の老齢基礎年金の計算式を見ていきましょう。

老齢基礎年金の計算式（2024年度額）

重要 計算

●老齢基礎年金の国庫負担割合２分の１の期間（2009年４月以後の期間に保険料全額免除期間があった場合）

老齢基礎年金の年金額

$$= 81万6{,}000円(満額) \times \frac{保険料の納付済期間の月数 + 全額免除期間の月数 \times 2分の1}{加入可能年数 \times 12(最大480か月)}$$

●老齢基礎年金の国庫負担割合３分の１の期間（2009年３月以前の期間に保険料全額免除期間があった場合）

老齢基礎年金の年金額

$$= 81万6{,}000円(満額) \times \frac{保険料の納付済期間の月数 + 全額免除期間の月数 \times 3分の1}{加入可能年数 \times 12(最大480か月)}$$

【老齢基礎年金の計算例】

Ａ氏は1962年10月５日生まれで、国民年金の保険料納付済期間が432月、2009年（平成21年）３月以前に保険料の全額免除期間（国庫負担割合は３分の１）が48月ある。

ケース

Ａ氏が65歳から年金を受け取る場合、老齢基礎年金額はいくらか。

解答

$$81万6{,}000円 \times \frac{\left(432月+48月\times\frac{1}{3}\right)}{40年\times12か月}$$

＝76万1,600円（円未満四捨五入）

※A氏は1941年4月2日以後生まれなので、加入可能月数は480月（40年×12か月）

ケース

A氏が63歳ちょうどで繰上げ受給（2年繰上げ）を行った場合、老齢基礎年金の支給額はいくらか。

解答

減額率は月あたり0.4%×24か月（2年）＝9.6%となるので、支給割合は90.4%

$$81万6{,}000円 \times \frac{\left(432月+48月\times\frac{1}{3}\right)}{40年\times12か月} \times 90.4\%$$

＝76万1,600円×90.4%

＝68万8,486円**（円未満四捨五入）**

補足

年金額を計算するときの端数処理については、試験問題文中の指示に従いましょう。

2 付加年金 重要

1 付加年金とは

付加年金とは、**第１号被保険者**（自営業者など）独自の年金で、老齢基礎年金に上乗せして支給されます。

保険料は毎月**400円**で、保険料納付月数×**200円**の額が付加年金として支給されます。

計算

付加年金の額（年額）＝付加年金保険料納付月数×200円

間違えやすいポイント！

以下の者は付加年金に加入できません。

- 第１号被保険者以外の者
- 国民年金の保険料を滞納している者
- 国民年金の保険料納付を免除や猶予されている者
- 国民年金基金の加入者

ケース

A氏が付加年金に15年間加入していた場合、65歳からの付加年金額はいくらか。

解　答

15年×12月×200円＝3万6,000円

付加年金は定額になっており、物価スライドの影響により増額や減額になることはありません。なお、付加保険料も国民年金保険料と同時に前払い（前納払い）すると、保険料が割引になります。なお、最大**2年分**、前納払いできます。

2　付加年金と繰上げ受給・繰下げ受給

付加年金に加入している場合、老齢基礎年金を繰上げ受給すると、付加年金も繰上げられ、同じ割合（繰り上げた月あたり0.4％）で減額されます。また、老齢基礎年金を繰下げ受給すると、付加年金も繰下げられ、同じ割合（繰り下げた月あたり0.7％）で増額されます。

重要度 ★★★

8 厚生年金の老齢給付

学習項目
- 特別支給の老齢厚生年金と老齢厚生年金の受給要件
- 加給年金の概要
- 在職老齢年金の仕組み

1 老齢厚生年金

1 老齢厚生年金の概要 重要

老齢厚生年金には、60歳から65歳に達するまでに支給される「**特別支給の老齢厚生年金**」と65歳から支給される「**老齢厚生年金**」があります。受給要件は、それぞれ異なります。

老齢厚生年金の種類

	特別支給の老齢厚生年金	老齢厚生年金
受給年齢	**60歳から65歳**に達するまで	**65歳**から
受給要件	老齢基礎年金の受給資格期間（**10年**以上）を満たしていること	
	厚生年金の加入期間が**1年**以上	厚生年金の加入期間が**1か月**以上

2 老齢厚生年金の仕組み

老齢厚生年金の仕組み

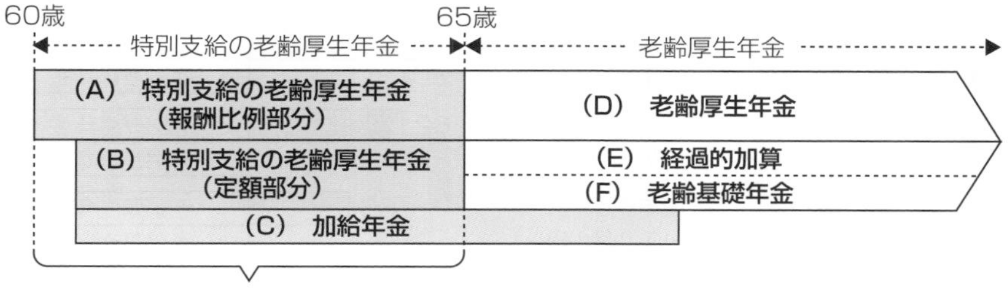

報酬比例部分＋定額部分（＋加給年金）＝特別支給の老齢厚生年金

ココが出る

- 特別支給の老齢厚生年金の受給要件は厚生年金の加入期間が1年以上
- 老齢厚生年金の受給要件は厚生年金の加入期間が1か月以上

特別支給の老齢厚生年金は、報酬比例部分・定額部分および加給年金で構成されています。

3　老齢厚生年金の受給開始年齢 重要

老齢厚生年金と老齢基礎年金は、原則として**65歳**から受給できます。以前は**60歳**から受給できましたが、現在は生年月日に応じて段階的に**65歳**からの受給に移行しています。**60歳**から**65歳**に達するまでに支給される老齢厚生年金を「**特別支給の老齢厚生年金**」と呼んでおり、生年月日により受給が開始される年齢が異なります。

特別支給の老齢厚生年金の生年月日による受給開始年齢

【生年月日】	〈特別支給の老齢厚生年金〉報酬比例部分（開始年齢）	〈特別支給の老齢厚生年金〉定額部分（開始年齢）	〈老齢厚生年金〉65
男性：1941年4月1日以前生まれ（昭和16年） **女性：1946年4月1日以前生まれ**	60 報酬比例部分	60 定額部分	老齢厚生年金 老齢基礎年金
男性：1941年4月2日～1943年4月1日 **女性：1946年4月2日～1948年4月1日**	60 報酬比例部分	61 定額部分	老齢厚生年金 老齢基礎年金
男性：1943年4月2日～1945年4月1日 女性：1948年4月2日～1950年4月1日	60 報酬比例部分	62 定額部分	老齢厚生年金 老齢基礎年金
男性：1945年4月2日～1947年4月1日 女性：1950年4月2日～1952年4月1日	60 報酬比例部分	63 定額部分	老齢厚生年金 老齢基礎年金
男性：1947年4月2日～1949年4月1日 女性：1952年4月2日～1954年4月1日	60 報酬比例部分	64	老齢厚生年金 老齢基礎年金
男性：1949年4月2日～1953年4月1日 **女性：1954年4月2日～1958年4月1日**	60 報酬比例部分		老齢厚生年金 老齢基礎年金
男性：1953年4月2日～1955年4月1日 **女性：1958年4月2日～1960年4月1日**	61 報酬比例部分		老齢厚生年金 老齢基礎年金
男性：1955年4月2日～1957年4月1日 女性：1960年4月2日～1962年4月1日	62 報酬比例部分		老齢厚生年金 老齢基礎年金
男性：1957年4月2日～1959年4月1日 女性：1962年4月2日～1964年4月1日	63		老齢厚生年金 老齢基礎年金
男性：1959年4月2日～1961年4月1日 女性：1964年4月2日～1966年4月1日	64		老齢厚生年金 老齢基礎年金
男性：1961年4月2日以後生まれ **女性：1966年4月2日以後生まれ（昭和41年）**			老齢厚生年金 老齢基礎年金

受給開始年齢のポイント 重要

- 1941年4月2日以後生まれの者（男性）は定額部分の受給開始が61歳となり、その後に生まれた者は受給年齢が2年ごとに1歳ずつ65歳まで引き上げられる。1949年4月2日以後生まれの者（男性）は定額部分は受給できない
- 1953年4月2日以後生まれの者（男性）は、報酬比例部分の受給開始が61歳となり、その後に生まれた者は受給年齢が2年ごとに1歳ずつ65歳まで引き上げられる
- 1961年4月2日以後に生まれた者（男性）は特別支給の老齢厚生年金は受給できない
- 女性の場合は上記生年月日の5年遅れ（＋5歳）となる（以前共済年金に加入していた公務員の受給開始年齢に男女の差はなく、同じ）

間違えやすいポイント！

特別支給の老齢厚生年金の受給開始年齢では、以下の生年月日を覚えておきましょう（男性の場合）。

- ・1941年4月1日以前生まれの男性は60歳から定額部分も報酬比例部分も受け取れる
- ・1949年4月2日以後生まれの男性は定額部分は受け取れない
- ・1961年4月2日以後生まれの男性は特別支給の老齢厚生年金は受け取れない

4 特別支給の老齢厚生年金の計算（65歳未満）

年金額＝報酬比例部分＋定額部分＋（加給年金）※

※加給年金は要件を満たした場合に支給される

2003年3月までは、賞与からは保険料を支払っていませんでしたが、2003年4月から総報酬制（給与と賞与から保険料を支払う）が導入されました。年金額は、総報酬制の導入前と導入後に分けて計算し、合算します。

用語（次ページ）

平均標準報酬月額

2003年3月までの平均標準報酬月額＝標準報酬月額の合計額 / 2003年3月以前の加入月数

老齢厚生年金の仕組み

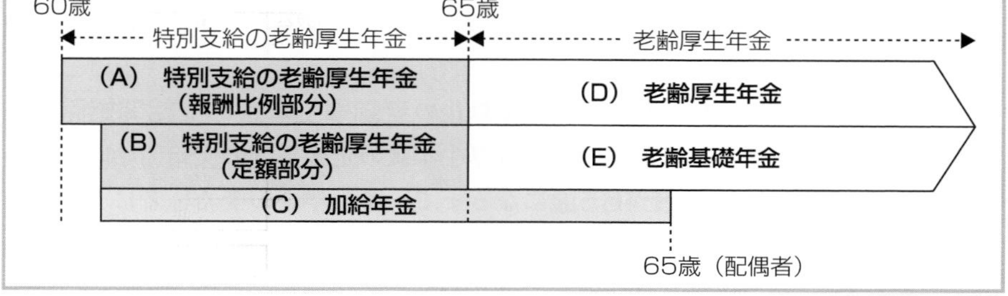

用語

平均標準報酬額
2003年４月以後の平均標準報酬額＝
$\frac{\text{標準報酬月額の合計額＋標準賞与額の合計額}}{\text{2003年4月以後の加入月数}}$

間違えやすいポイント！

報酬比例部分は被保険者期間の平均標準報酬月額および平均標準報酬額に応じて、定額部分は被保険期間の月数に応じて支給されます。

ココが出る

年金額の計算には「マクロ経済スライド」と「物価スライド」が導入されています。「マクロ経済スライド」とは、少子化による年金加入者の減少率と平均余命の伸び率を踏まえて年金額を調整することです。「物価スライド」とは、物価に連動して年金額を増減させる制度をいいます。

●報酬比例部分（A）重要（計算式は暗記不要）

報酬比例部分は年金額の計算の基礎となるもので、過去の報酬額等（**平均標準報酬月額**と**平均標準報酬額**）に応じて算出します。2003年３月（総報酬制前）までと2003年４月以後（総報酬制後）の期間を分けて計算します。

●報酬比例部分＝①＋②

①2003年3月以前
＝平均標準報酬月額×生年月日ごとの乗率
×2003年3月以前の加入期間

＋

②2003年4月以後
＝平均標準報酬額×生年月日ごとの乗率
×2003年４月以後の加入期間

●定額部分（B）

定額部分は保険の加入期間に応じて計算され、65歳以後の老齢基礎年金に相当します。

定額部分＝1,701円×生年月日に応じた乗率
×被保険者期間の月数（上限480か月）

※上記の計算式は試験では記載されているため暗記不要

●加給年金（C）重要

加給年金とは、厚生年金の加入期間が**20年以上**ある者に扶養している配偶者または子がいる場合、一定の条件を満たせば老齢厚生年金に加算されるもので、一種の扶養手当にあたります。

加給年金は、65歳以後の**老齢厚生年金の支給開始時期**または特別支給の老齢厚生年金の定額部分の支給開始時期から**配偶者**が**65歳**になるまで、厚生年金の受給権者に支給されます。なお、加給年金には特別加算額があり、**受給権者**の生年月日に応じて支払われます。

加給年金の受給要件（受給権者の要件）

- 厚生年金の加入期間（被保険者期間）が、20年以上ある者
- その者に扶養している「65歳未満の配偶者」や「子」がいる
- 扶養されている配偶者（夫または妻）や子の年収が、850万円未満であること

加給年金が支給されなくなる場合

- 扶養している配偶者（夫または妻）が、65歳になって自身の老齢基礎年金を受け取る場合や子が条件に該当しなくなった場合
- 配偶者の厚生年金の被保険者期間が20年以上ある場合（2022年3月時点ですでに加給年金を受給している場合は除く）

加給年金額

	2024年度
配偶者	23万4,800円 （受給権者の生年月日に応じて特別加算あり）
子2人まで	1人につき23万4,800円
子3人目以降	1人につき7万8,300円

※新規裁定者と既裁定者の加給年金額は同額

用語 重要

子

原則、18歳（18歳になった年度）の3月末日までの未婚の子、一般的には高校卒業までの未婚の子をいう。子が障害等級1級・2級に該当する場合は20歳未満までが子となる。年金制度上の「子」とは上記の要件に該当する者をいう

補足

配偶者の加給年金額は、特別加算額を含めて40万8,100円が上限です。

5 老齢厚生年金の計算（65歳以上）

65歳になると、特別支給の老齢厚生年金の定額部分が老齢基礎年金に、報酬比例部分が老齢厚生年金になります。

年金額
＝老齢厚生年金＋老齢基礎年金＋（経過的加算）＋（加給年金）

※老齢厚生年金の計算式は、特別支給の老齢厚生年金の報酬比例部分と同じ

※要件を満たした者に経過的加算と加給年金が支給される

老齢厚生年金の仕組み

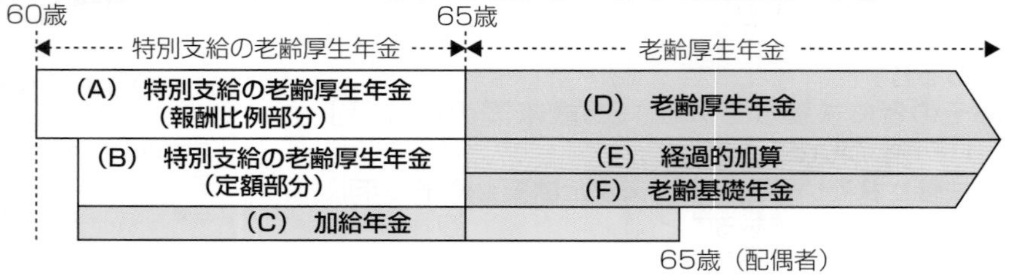

補足

現状、定額部分の受給資格がなくても、特例で経過的加算が支給されます（経過的加算の特例）。実技試験では問題の手順に従って経過的加算を計算しましょう。

ココが出る

振替加算の金額は、受給権者である配偶者の生年月日により異なりますが、一生涯支給されます。振替加算は1966年4月2日以後生まれの配偶者には支給されません。

●経過的加算（E）

経過的加算とは、65歳からの老齢基礎年金の額（F）が、64歳までの特別支給の老齢厚生年金の定額部分（B）の額より少ない場合に、その差額を支給し、65歳からの年金額が減らないようにするものです。

経過的加算の額（E）
＝特別支給の老齢厚生年金の定額部分（B）の額
－老齢基礎年金（F）の額

●振替加算（加給年金の代わりに支給されるもの）

夫の老齢厚生年金に加算される配偶者の加給年金は、配偶者が**65歳**に達すると支給がなくなり、配偶者は、自身の老齢基礎年金を受給することになります。この場合、妻（または夫）の老齢基礎年金が減らないように老齢基礎年金に加算（増額）されます。これを振替加算といいます。

振替加算と加給年金の仕組み

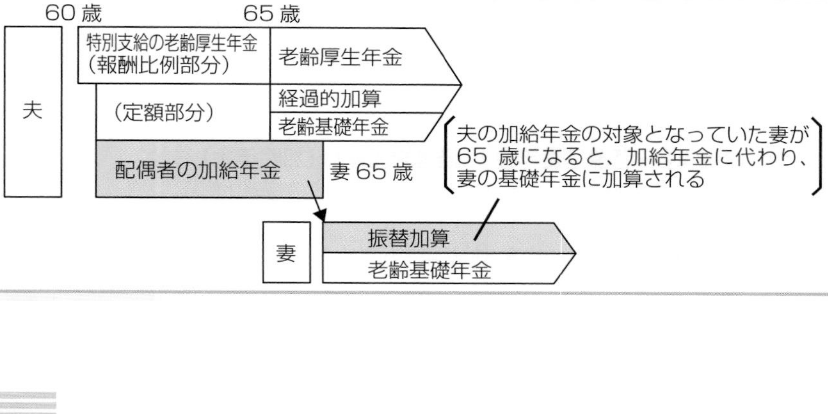

●老齢厚生年金の繰上げ受給と繰下げ受給

老齢基礎年金と同様に老齢厚生年金も繰上げや繰下げ受給が可能です。

老齢厚生年金の繰上げ受給と繰下げ受給

繰上げ受給	・老齢厚生年金を繰上げ受給する場合、**老齢基礎年金も同時に**繰上げ支給しなければならない ・加給年金は繰上げ受給することはできず、本来の受給時期（原則65歳）からの受給となる
繰下げ受給	・**66歳**以後に老齢厚生年金の繰下げ受給の申し出が可能になる ・老齢厚生年金と老齢基礎年金は同時に繰下げる必要はなく、片方を繰下げることも、同時に繰下げ受給することも可能（老齢厚生年金を繰下げて、老齢基礎年金は65歳から受給することも可能） ・老齢厚生金を繰下げ受給すると、繰下げ期間中は**加給年金**は受け取れない。 ・老齢基礎年金のみ繰り下げて、老齢厚生年金を繰り下げしなければ加給年金は受け取れる ・障害厚生年金や遺族厚生年金の受給権者は、繰下げの申し出はできない

なお、繰上げ受給・繰下げ受給した場合の年金の増減率は老齢基礎年金と同じです。

繰上げ受給と繰下げ受給の増減率

繰上げ受給 （60歳～64歳）	・**0.4%**×繰上げ月数 ・最大減額率は**24%**（0.4%×60か月）
繰下げ受給 （66歳～75歳）	・**0.7%**×繰下げ月数 ・最大増額率は**84%**（0.7%×120か月）

間違えやすいポイント！

・繰上げ受給する場合は、老齢基礎年金と老齢厚生年金は**同時**に行う
・繰下げ受給する場合は、同時に繰り下げることも、どちらか一方のみを繰下げることも可能
・特別支給の老齢厚生年金は繰上げ受給できるが、繰り下げ受給はできない

●老齢厚生年金の繰上げ・繰下げ受給と加給年金

老齢厚生年金の繰上げ受給・繰下げ受給と加給年金との関係は次の通りです。

老齢厚生年金の繰上げ受給・繰下げ受給と加給年金の関係

老齢厚生年金の受給	加給年金の支給
繰り上げた場合	繰上げにならず、本来の受給時期から支給される
繰り下げた場合	繰下げ期間中は加給年金を受け取れず、年金額は**増額**にならない

●繰下げ期間中に被保険者が亡くなった場合

繰下げ期間中に被保険者が亡くなった場合、原則、死亡した者が65歳時点で受け取る予定であった年金額が未支給年金として、遺族に支給されます。この場合、繰下げによる年金額の増額はありません。また、遺族が請求した時点より５年以上前の年金は、時効により受け取れません。

●特例的な繰下げみなし増額制度

70歳到達後に繰下げ受給の申請をしていなかった者が、さかのぼって年金を受け取ること（一括受給）を選択した場合でも、請求の５年前に繰下げの申請があったものとみなし、増額された年金（５年間分）を一括して受け取ることができるようになりました。これを「特例的な繰下げみなし増額制度」といいます。

間違えやすいポイント！

在職老齢年金はあくまでも厚生年金の加入者が対象なので、厚生年金に加入していない**自営業者**は在職老齢年金の対象とはならず、年金は全額支給されます。

2 在職老齢年金 重要

60歳以後（70歳以上の者を含む）に厚生年金の適用事業所で働きながら受給する老齢厚生年金のことを**在職老齢年金**といいます。**年金の額**と**給与（賞与を含む）**の合計額により、厚生年金の**一部**または**全部**が支給停止になります。年金の基本月額と給与等の合計額が**50万円**以下であれば**全額**支給され、50万円を超える場合は越える金額の**２分の１**（その金額が年金額を超える場合は、全額）が支給停止になります。なお、支給停止の対象となるのは**厚生年金**のみで、老齢基礎年金は**全額支給**されます。

支給停止額の算式

- 老齢厚生年金の基本月額と総報酬月額相当額の合計額が50万円以下の場合は、年金は全額支給
- 老齢厚生年金の基本月額と総報酬月額相当額の合計額が50万円超の場合は、50万円を超える金額の2分の1に相当する厚生年金額が支給停止

支給停止額＝〔(基本月額＋総報酬月額相当額)－50万円〕× $\frac{1}{2}$

年金支給額＝基本月額－支給停止額

ケース

老齢厚生年金の基本月額が18万円、総報酬月額相当額が60万円の場合

支給停止額＝(18万円＋60万円－50万円)× $\frac{1}{2}$
＝14万円

老齢厚生年金の18万円のうち、14万円が支給停止になるので、年金支給額は4万円

※総報酬月額相当額が多く、基本月額が少ない場合（例えば、総報酬月額相当額60万円、基本月額10万円）には、基本月額（厚生年金）は全額支給停止になる

在職定時改定制度の導入

65歳以降も働きながら老齢厚生年金を受給する場合、9月1日を基準日として、年金額を再計算し、毎年10月に年金額を上乗せする仕組みになっています。結果的に毎年1年分の「老齢厚生年金」が増額になり、年々年金額が増えます。

3 離婚時の年金分割制度

1 合意分割

2007年4月1日以後に離婚した場合に、婚姻期間中の厚生

用語

基本月額
老齢厚生年金（加給年金は除く）の年額を12で割った月平均額

用語

総報酬月額相当額
給与の平均月額と過去1年間の賞与を12で割った額との合計額

補足

在職定時改定制度が導入されるまでは、65歳以降に収めた保険料は、退職して厚生年金の資格を喪失したとき、または70歳になった時点で再計算されていました。

ココが出る

年金分割制度では、配偶者から分割された厚生年金の保険料納付済記録の期間は、分割を受けた者の**受給資格期間**には**算入できません。**

補足

年金分割制度により分割された年金は分割を受けた者の受給開始年齢から支給され、分割を受けた分、年金額も増えます。

ココが出る

3号分割の場合、夫婦間の合意は不要で、請求することで自動的に分割されます。

間違えやすいポイント！

合意分割と3号分割は同時に併用できます。

年金記録を分割することができる制度です。**夫婦間の合意**または**家庭裁判所の決定**があれば、どちらか一方からの請求により婚姻期間中の厚生年金記録の分割が可能です。

合意分割のポイント

- 分割割合は合意によるが、上限は婚姻期間中の厚生年金保険料の納付済記録（夫婦の合計）の**半分（2分の1）**までを報酬総額の多い方から少ない方へ分割する
- 分割の対象は、**厚生年金の報酬比例部分**のみで、**基礎年金**は対象外
- 離婚日の翌日から**2年以内**に日本年金機構（年金事務所）に請求する必要がある

2　3号分割

国民年金の第3号被保険者の請求により、2008年4月1日以後の第3号被保険者期間について、配偶者である第2号被保険者の厚生年金記録の**2分の1**を分割できます。

3号分割のポイント

- 分割の対象は、第2号被保険者の厚生年金の報酬比例部分のみで、老齢基礎年金は対象外
- 配偶者の**同意は必要なし**
- 請求期限は原則、離婚日の翌日から**2年以内**

重要度 ★★★

9 障害給付と遺族給付

学習項目
- 障害基礎年金・障害厚生年金の受給要件
- 遺族基礎年金・遺族厚生年金の受給要件
- 寡婦年金・中高齢寡婦加算・経過的寡婦加算のポイント

1 障害基礎年金 重要

ココが出る
障害等級1級に該当した場合、障害等級2級の額の1.25倍の年金が支給されます。

障害基礎年金とは、**国民年金加入者**が一定の障害状態になったときに支給される年金のことです。

障害基礎年金の概要

受給要件	・**障害認定日**に障害等級**1級**か**2級**に該当すること ・障害の原因となった傷病の初診日に国民年金の加入者であること、または60歳以上65歳未満で日本国内に住んでいる間に**初診日**があること ・初診日の前々月までの被保険者期間のうち**3分の2以上**の期間保険料を納付している、もしくは、免除されていること、または初診日の前々月までの**過去1年間**に保険料の未納がないこと
年金額（新規裁定者の場合）	障害等級2級： **81万6,000円**（**老齢基礎年金**の満額と同額）＋子の加算 障害等級1級：重要 **2級の額**（**81万6,000円**）×**1.25倍**＋子の加算
その他のポイント	・20歳未満で障害の状態にある場合は、原則、**20歳**からの支給となる（ただし、所得が一定以上ある場合、障害基礎年金は全額支給されない）。障害認定日が20歳以後の場合は、**認定日**以後から支給

なお、**障害認定日**とは障害認定の結果、障害等級1級または2級にあたると認められた日で、障害年金の受給権取得日にあたります。通常、傷病の初診日から**1年6か月**を経過した日、またはそれまでに傷病が治った場合はその治った日（症状が固定した日：治療を続けても効果が望めない状態となった日）のことです。

補足
子の加算額は遺族基礎年金と同じです。

ココが出る

障害厚生年金を計算する場合、被保険者期間が**300月**に満たない場合には、**300月**とみなして計算します。

2 障害厚生年金 重要

障害厚生年金とは、**厚生年金加入者**が一定の障害状態になったときに支給される年金のことです。なお、障害等級1級または2級に該当する厚生年金加入者は、**障害基礎年金**と**障害厚生年金**の両方の年金が支給されます。

障害厚生年金の概要

受給要件	・**障害認定日**に障害等級**1級**か**2級**または**3級**に該当すること ・障害の原因となった傷病の初診日に厚生年金の加入者であること ・障害基礎年金の受給要件を満たしていること
年金額	障害等級3級： **報酬比例部分**※1**のみ**（加給年金はない） 障害等級2級： **報酬比例部分**※1＋**配偶者の加給年金額**（特別加算あり） 障害等級1級： 報酬比例部分※1×**1.25倍**＋**配偶者の加給年金額**（特別加算あり）
その他のポイント	・障害の状態が3級より軽いが一定の障害に該当する場合は、**障害手当金**が支給される ・障害厚生年金に**子**の加算はない ・20歳未満で障害等級に該当した場合、厚生年金に加入していれば障害厚生年金は支給される

※1 報酬比例部分の計算は、老齢厚生年金の報酬比例部分に準じる

3 遺族基礎年金 重要

遺族基礎年金は、**国民年金加入者**が亡くなった場合に、子のある配偶者または子のどちらかに支給される年金です。

遺族基礎年金の概要

受給要件	・**国民年金**の加入者（被保険者）または老齢基礎年金の受給資格期間（**25年以上**）を満たした者が死亡したとき ・死亡した者の基礎年金の保険料納付済期間が加入期間の**3分の2**以上あること、または死亡した月の前々月までの**1年間**に保険料の滞納がないこと

受給対象者（遺族）	被保険者の死亡当時、生計を維持されていた次の遺族に支給される。 ・子のある年収850万円未満の**配偶者**（妻または**夫**） ※夫も遺族基礎年金は受給できる ・子（18歳になった年度の３月末日までの未婚の者、障害等級１級または２級の20歳未満の未婚の者） ※条件を満たす配偶者と子が同時にいる場合には、**配偶者**に遺族基礎年金の受給権があり、**子**には支給されない
年金額	「子のある配偶者」が受給する場合：**81万6,000円**＋子の加算※ ※子の加算額は、第２子までは子１人につき**23万4,800円**、第３子からは１人につき**7万8,300円** （条件を満たした配偶者と子が３人いる場合の年金額） 81万6,000円＋23万4,800円＋23万4,800円＋7万8,300円 ＝136万3,900円
その他のポイント	・遺族基礎年金は、「子がいない配偶者」または「条件を満たしていない子」には支給されない ・既婚の子は18歳未満でも遺族基礎年金を受給できない ・条件を満たしている妻や子が結婚したり、子が養子になったり、子の年齢が条件に該当しなくなったりした場合には、受給資格を失う

※遺族基礎年金は子が19歳になったときや結婚した場合、支給停止になります。

4 寡婦年金と死亡一時金

国民年金独自の遺族に対する給付制度として、遺族基礎年金以外に**寡婦年金**と**死亡一時金**があります。寡婦年金は、遺族年金がもらえない妻に対して、夫が受け取る予定であった年金の一部が支給されるものです。したがって、遺族年金が支給される場合、寡婦年金はもらえません。

寡婦年金のポイント

- 第１号被保険者として保険料納付済期間（10年以上）を満たした夫が**老齢基礎年金**や**障害基礎年金**を受給しないで死亡した場合、夫と**10年以上**婚姻期間がある妻が60歳から**65歳**になるまで支給される
- 寡婦年金の額は夫の第１号被保険者期間で計算した老齢基礎年金額の**４分の３**相当額
- 妻が老齢基礎年金の繰上げ受給をしていないこと

間違えやすいポイント！

障害厚生年金では、１級・２級の障害者に要件を満たした配偶者がいる場合、配偶者加給年金が支給されますが、障害基礎年金には配偶者加給年金はありません。

用語

寡婦
夫と死別または離婚し、再婚していない女性のこと

ココが出る

寡婦年金と死亡一時金の両方を受給することはできず、どちらかを選択することになります。

間違えやすいポイント！

老齢基礎年金の受給資格期間は10年に短縮されましたが、遺族基礎年金・遺族厚生年金では受給資格期間は25年のままです。

死亡一時金のポイント

- 第１号被保険者として保険料納付済期間等が３年以上あり、かつ次の２つの条件に該当する者が死亡したときに支給
  ①老齢基礎年金も障害基礎年金も受給したことがないこと
  ②その者の死亡によって遺族基礎年金を受けることができる遺族がいないこと（遺族に遺族基礎年金が支給されるときは、死亡一時金は支給されない）
- 支給される遺族は、死亡した者によって生計を維持されていた者（配偶者、子、父母、孫、祖父母、兄弟姉妹の順で優先順位が高い者のみ受給可能）
- 被保険者の死亡後２年以内に請求しなければならない

5 遺族厚生年金 重要

遺族厚生年金とは、**厚生年金加入者**が亡くなった場合に、一定の遺族に**遺族基礎年金**に上乗せして支給される年金です。

遺族厚生年金の概要

受給要件	・老齢厚生年金の受給資格期間（**25年**以上）を満たした者が死亡したとき ・厚生年金の加入者(被保険者)が死亡したとき（ただし、死亡した者の保険料納付済期間が加入期間の**３分の２**以上あること、過去１年間に保険料の滞納がないこと） ・被保険者であったときの傷病により、初診日から**５年**以内に死亡したとき ・障害厚生年金（１級・２級）の受給者が死亡したとき
受給対象者（遺族）	生計を維持されていた者の中で**優先順位が高い者のみ**が受給対象者となる ・第１順位：配偶者（夫の場合は55歳以上）、子（18歳になった年度の３月末日まで、障害者は20歳未満） ※条件を満たす配偶者と子が同時にいる場合には、**配偶者**に**受給権**があり、**子**には**支給されない** ・第２順位：父母（55歳以上） ・第３順位：孫（18歳到達年度の３月末日まで、障害者は20歳未満） ・第４順位：祖父母（55歳以上）

年金額 重要	被保険者の死亡時点での老齢厚生年金の**報酬比例部分**の額の**4分の3**相当額（最低保障として、被保険者期間が**300月**未満で亡くなった場合、被保険者期間を**300月**とみなして年金額を計算する）
その他のポイント	・夫が死亡した場合、**子のいない30歳未満の妻**の遺族厚生年金の支給期間は最長で**5年間**のみ ・受給者が55歳以上の夫、父母、祖父母の場合は**60歳**から受給（ただし、夫の場合、**遺族基礎年金を受給中の者**に限り遺族厚生年金をあわせて受給できる） ・受給対象者となる子には、被保険者が死亡したときに、胎児であった者も含まれる ・**兄弟姉妹**には遺族厚生年金は支給されない

6 中高齢寡婦加算と経過的寡婦加算

遺族厚生年金に加算されるものとして、中高齢寡婦加算と経過的寡婦加算があります。

1 中高齢寡婦加算（遺族基礎年金の代わりに支給されるもの）

夫の死亡時に（18歳到達年度の３月末日までの）子がいない妻には**遺族基礎年金**が支給されないため、その救済方法として、遺族厚生年金の受給権がある妻に遺族基礎年金の代わりに中高齢寡婦加算が上乗せされます。

ココが出る
遺族厚生年金は厚生年金の被保険者期間が300月に満たない場合、被保険者期間が**300月**あったものとして、年金額を計算します。

中高齢寡婦加算の受給要件と期間

受給要件	亡くなった夫	厚生年金加入中である、または受給資格期間を満たした夫が死亡した場合で、夫の厚生年金の加入期間が**20年以上**あること
	子がいない妻	夫が死亡したとき、妻は**40歳**以上**65歳**未満であること ※夫の死亡後、40歳以上になった妻も含む
	子がいる妻	子が18歳になった年度の３月末日を過ぎたため、遺族基礎年金を受給できないこと
受給期間		妻が40歳から65歳になるまで

2 経過的寡婦加算
（中高齢寡婦加算の代わりに支給されるもの）

遺族厚生年金を受給している妻が65歳になると、自分の老齢基礎年金を受給できるようになるため、中高齢寡婦加算を受給できなくなります。そこで年金水準を維持するために、**1956年（昭和31年）4月1日以前**に生まれた妻には65歳以後は中高齢寡婦加算に代えて、**経過的寡婦加算**が遺族厚生年金に加算されます。

中高齢寡婦加算と経過的寡婦加算のイメージ

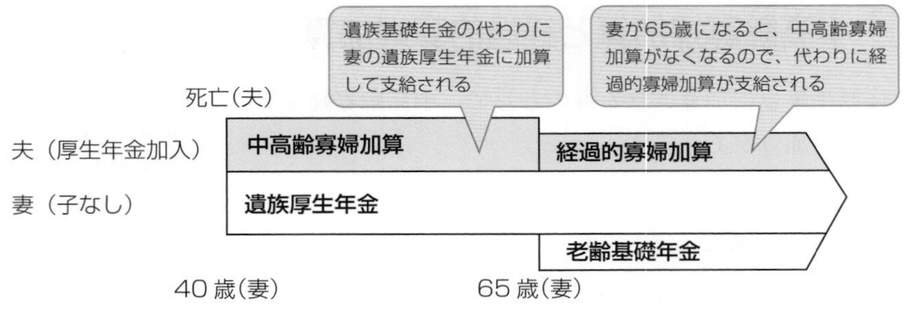

重要度 ★★

10 公的年金の併給調整

学習項目

▶ 併給調整のパターン

1 公的年金の併給調整

公的年金（国民年金、厚生年金など）は、原則として1人1つの年金しか受け取れません（1人1年金の原則）。支給事由が異なる2つの年金の受給要件を満たしていても、1つの年金しか受給できません。これを年金の併給調整といいます。

なお、老齢基礎年金と老齢厚生年金（ともに老齢給付）、障害基礎年金と障害厚生年金（ともに障害給付）のように支給事由が同一の場合は併給できます（両方とも受給可能）。

2 併給調整の具体例 重要

1 老齢厚生年金と遺族厚生年金の併給調整

遺族厚生年金を受給している配偶者が65歳になって自分の老齢厚生年金を受給できるようになった場合、自分の「**老齢基礎年金＋老齢厚生年金**」を受け取ることが優先されます（図の［a］）。

【併給調整のイメージ】

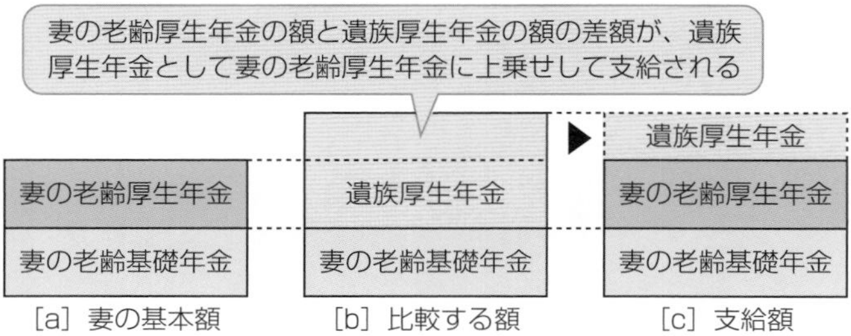

ただし、老齢厚生年金の額より遺族厚生年金の額が多い場合（図の［b］）は、その差額が**遺族厚生年金**として支給されます（図の［c］）。なお、妻の老齢厚生年金の額の方が遺族厚生年金の額より多い場合、遺族厚生年金は**全額支給停止**になります。

2　障害基礎年金と遺族厚生年金の併給調整

(1) 併給できる主なケース

【障害基礎年金の受給者が 65 歳になった場合、3 つの厚生年金と併給可能】

老齢厚生年金	障害厚生年金	遺族厚生年金
＋	＋	＋
障害基礎年金	障害基礎年金	障害基礎年金

【遺族厚生年金の受給者が一定の年齢になった場合、3 つの基礎年金と併給可能】

遺族厚生年金	遺族厚生年金	遺族厚生年金
＋	＋	＋
老齢基礎年金	障害基礎年金	遺族基礎年金

(2) 併給できない主なケース

障害厚生年金を受給している者が、65歳から**老齢基礎年金**をあわせて受給することはできません（どちらかを選択）。

3　雇用保険と老齢厚生年金との併給調整 重要

（1）雇用保険の基本手当と特別支給の老齢厚生年金の併給調整

特別支給の老齢厚生年金の受給権者が雇用保険の基本手当（失業保険）を受給する場合、雇用保険の受給が優先され、65歳未満の者は、雇用保険の基本手当を受給している間は、特別支給の老齢厚生年金が**全額支給停止**になります。

（2）雇用保険の高年齢雇用継続給付との併給調整

65歳になるまで老齢厚生年金等を受給しながら、雇用保険の高年齢雇用継続給付（高年齢雇用継続基本給付金と高年齢再就職給付金）を同時に受給する場合、在職老齢年金による支給停止に加えて、特別支給の老齢厚生年金等が標準報酬月額の**6％**を限度として支給停止となります（高年齢雇用継続基本給付金と高年齢再就職給付金は減額されない）。

60歳時と比較して
- **標準報酬月額（給与）の割合が60歳の時の賃金の61％未満の場合**
  →60歳以後の標準報酬月額の6％相当の年金が支給停止
- **標準報酬月額の割合が61％～75％未満の場合**
  →60歳以後の標準報酬月額に応じて、6％未満相当の年金が支給停止

【高年齢雇用継続基本給付金の仕組みと在職老齢年金の支給停止】

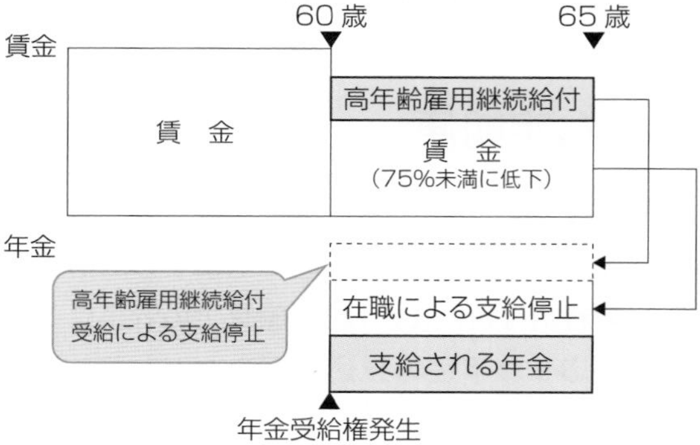

重要度 ★

11 年金の請求手続き

学習項目

▶ 裁定請求の手続き

1 裁定請求

公的年金は、受給要件を満たしても請求しなければ受給できません。また、受給要件を満たしているかどうかの確認をし、支払いの請求をすることを**裁定請求**といいます。

なお、請求し忘れた年金は、原則として裁定請求により**５年前**（時効期限）までさかのぼって受給できます。つまり、公的年金を受給する権利は、原則、受給権が発生してから**５年**で時効により消滅します。

また、裁定請求しないまま受給権者が死亡した場合などは、遺族（**３親等内**の親族）は受給権者が受け取ることができた年金額を請求できます。

2 年金の支給日 重要

年金（遺族年金等も含む）は、毎年の２、４、６、８、10、12月の偶数月にその前月までの**２か月分**が支給されます。支給日は原則15日です。例えば、10月15日に支払われる年金は、８月と９月の２か月分です。

3 ねんきん定期便

ねんきん定期便は、原則として毎年１回、誕生月に日本年金機構から送付されている通知書です。これまでの公的年金の加入期間や保険料納付額、または**50歳**以上の者にはこれまでの加入実績に応じた**年金の見込み額**などが記載されています。

ココが出る

特別支給の老齢厚生年金を受給している者が65歳になると老齢基礎年金と老齢厚生年金を受け取ることになりますが、この場合にも裁定請求が必要となります。

ココが出る

年金を受け取ることができる者が亡くなり、まだ受け取っていない年金がある場合、**3親等**内の親族であれば、請求して受け取ることができます。

ココが出る

年金を受給できるのは、受給要件を満たした月の**翌月**からです。

重要度 ★★

12 公的年金等の税金

学習項目
- 保険料に対する税制
- 障害給付や遺族給付として受け取った年金の税制

1 公的年金等に関する税制

公的年金等の保険料を支払った場合や年金を受け取った場合（老齢給付、障害給付、遺族給付）の税制は以下のとおりです。公的年金等とは、国民年金、厚生年金、障害年金、遺族年金、確定給付型年金、確定拠出型年金、国民年金基金等のことをいいます。

間違えやすいポイント！
老齢給付により受け取った年金は原則、**雑所得**となり**総合課税**の対象となりますが、公的年金等控除を差し引いた額に課税されます。

公的年金等に関する税制

支払い保険料	全額が**社会保険料控除**の対象
老齢給付により受け取った年金	・**雑所得**の対象 ・**公的年金等控除**の適用がある
障害給付・遺族給付として受け取った年金	障害年金、遺族年金は**非課税**

公的年金等控除額は、65歳未満か65歳以上か、公的年金等以外の所得が1,000万円以下なのか、2,000万円以下なのか、2,000万円超あるのか、によって異なります。

間違えやすいポイント！
亡くなった者に支払われる予定であった未支給年金を遺族が受け取った場合、相続税ではなく、所得税（**一時所得**）の対象となります。

公的年金等控除額の例（公的年等以外の所得が1,000万円以下の者）

	公的年金等の額	控除額
65歳未満	公的年金等の額が130万円未満の場合	60万円
65歳以上	公的年金等の額が330万円未満の場合	110万円

公的年金等の確定申告不要制度

年金受給者は、年金収入が**400万円**以下で、かつ、公的年金等の雑所得以外の所得が**20万円**以下の場合は、原則として確定申告は不要です。

重要度 ★

13 企業年金(確定給付型年金)

学習項目

▷ 確定給付企業年金（規約型・基金型）

1 企業年金

国が行う公的年金に対して、企業が従業員の退職後に支給する年金が企業年金です。

企業年金の全体像

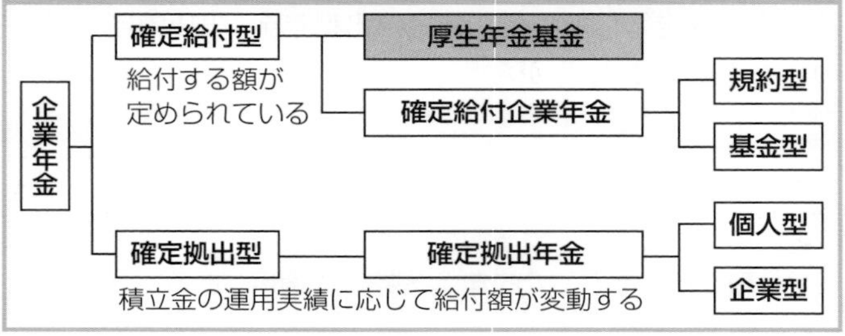

2 確定給付型の企業年金

確定給付型の企業年金は、従業員が受け取る年金額が確定している年金のことで、確定給付企業年金（DB：Defined Benefit Plan）と厚生年金基金があります。なお、現在、厚生年金基金を新設することはできません。

確定給付企業年金には、**規約型**と**基金型**の２種類があります。年金額はあらかじめ定めた額が支給されます。また、基金型では、積立額が最低積立基準額を下回った場合は、事業主が補てんします。

14 企業年金(確定拠出型年金)

学習項目

▶ 確定拠出年金（企業型・個人型）

1 確定拠出型の年金 重要

確定給付企業年金の場合、原則として、あらかじめ定められた年金額が給付されますが、確定拠出年金(DC：Defined Contribution Plan）では、運用の実績次第で年金の給付額が異なってきます。確定拠出年金には、**企業型DC**と**個人型DC**（iDeCo（イデコ）という）があります。

ココが出る
20歳未満でも厚生年金保険の被保険者であればiDeCoに加入可能です。

確定拠出年金の概要（企業型DCと個人型DC）

		企業型DC	個人型DC（iDeCo）
加入	対象者	原則、**70歳未満**の厚生年金の被保険者など（企業の規約により加入年齢は異なる）	自営業者・専業主婦（夫）など**60歳未満**の国民年金の被保険者および**65歳未満**の会社員などの第2号被保険者や任意加入者
加入	方法	原則、全員加入 規約で要件を定めた場合は、規約に基づく（加入にあたって、**年齢などの制限**を設けることも可能）	加入は任意 国民年金基金連合会に加入を申し出る
掛金の拠出	拠出者	事業主負担（規約に定めることで個人の追加拠出が可能）	・原則、加入者本人のみ（企業型がない場合、個人型に中小企業等の事業主が追加拠出可能） ・掛金は月額**5,000円**以上**1,000円**単位
掛金の拠出	限度額	○他の企業年金がある場合 年額**33万円**（月額2万7,500円） ○他の企業年金がない場合 年額**66万円**（月額5万5,000円）	年額 **81万6,000円**（月額6万8,000円） ※自営業者などが個人型DCと国民年金基金に加入している場合は、掛金は合算で月額6万8,000円まで
運営主体		会社（事業主）	国民年金基金連合会

確定拠出年金の概要（企業型DCと個人型DCの共通事項）

<table>
<tr><td colspan="2">運用指図</td><td colspan="2">加入者本人が行う（運用リスクは加入者本人が負う）</td></tr>
<tr><td colspan="2">給付</td><td colspan="2">老齢給付・障害給付・死亡一時金の３つ（一定の要件を満たせば脱退一時金を受け取れる）
※老齢給付の場合、年金として受け取るか、一時金として受け取るかの選択制（年金と一時金の併給も可能）</td></tr>
<tr><td colspan="2">受給開始時期
重要</td><td colspan="2">○老齢給付金の受取開始時期は、60歳から75歳の間で選択可能
○老齢給付金を60歳から受給するには、通算加入期間が10年以上あることが要件。加入年数が10年に満たない場合、加入年数に応じて受給開始時期は遅くなる
○確定拠出年金を年金受け取りする場合、原則、５年以上20年以下の期間で受け取る</td></tr>
<tr><td colspan="2">運用商品</td><td colspan="2">運営管理機関が複数のリスク・リターンの異なる金融商品を選定し、その中から加入者が商品を選択する（定期預金や保険などの元本確保型と株式投信や株式などから選択）</td></tr>
<tr><td colspan="2">運用商品の変更</td><td colspan="2">運用商品の変更（スイッチング）はいつでも可能（スイッチングの際、手数料はかからない）</td></tr>
<tr><td colspan="2">脱退一時金制度の対象
（個人型の場合）</td><td colspan="2">確定拠出年金から脱退したときに支給される一時金。原則、国民年金保険料を免除されている者で一定の要件を満たしている場合に支給される
［要件］過去の通算拠出年数が原則５年以下、または個人別管理資産が一定額以下であること　など</td></tr>
<tr><td rowspan="6">税制
重要</td><td rowspan="2">掛金</td><td>事業主負担分</td><td>全額損金算入</td></tr>
<tr><td>加入者負担分</td><td>全額小規模企業共済等掛金控除（追加拠出分を含む）</td></tr>
<tr><td rowspan="4">受給方法</td><td>老齢給付金</td><td>○年金受け取りの場合は雑所得
○一時金受け取りの場合は退職所得
○年金受け取りと一時金受け取りを組み合わせることも可能</td></tr>
<tr><td>障害給付金</td><td>一定の障害状態になった場合に支給されるもので、非課税</td></tr>
<tr><td>死亡一時金</td><td>加入者が亡くなった場合に遺族に支給されるもので、相続税の対象</td></tr>
<tr><td>脱退一時金</td><td>一時所得</td></tr>
</table>

確定拠出年金のメリットとデメリット

●メリット
・運用期間中の配当金や運用益は年金受け取り時まで非課税（課税が繰り延べとなる）
●デメリット
・運用リスクを加入者が負う
・老後に受け取る年金額が確定しない
・原則60歳まで引き出すことができない

2 個人型DC（iDeCo）の加入年齢

個人型DCの対象者の加入年齢

対象者	年齢
会社員・公務員 （第２号被保険者）	65歳未満
自営業者・専業主婦（夫） （第１号・第３号被保険者）	60歳未満 ※国民年金に任意加入している者は65歳未満
海外居住者	国民年金に任意加入していれば65歳未満まで加入可能

間違えやすいポイント！

個人が拠出した確定拠出年金の掛金は、生命保険料控除や社会保険料控除ではなく、小規模企業共済等掛金控除（所得控除の１つ）の対象です。

ココが出る

国民年金の第１号被保険者が個人型DCに加入する場合、その時点で国民年金保険料を納付していることが要件です。滞納者や保険料を免除されている者は原則として加入できません。障害基礎年金の受給者は国民年金保険料を免除されていますが、個人型（iDeCo）に加入できます。

参照

小規模企業共済
☞P98

間違えやすいポイント!

国民年金の第1号被保険者で、付加年金に加入している者でも、個人型（iDeCo）に加入できます。

ココが出る

掛金の支払い方法は、自営業者は国民年金基金連合会に直接払い込みます。会社員や公務員は給与から天引きすることも可能です。

補足

2024年12月より、公務員等の個人型DCの掛金の上限が年24万円に引き上げられます。

3 転職時の取扱い（ポータビリティ）

ポータビリティとは、転職して会社が変わった場合などに、それまでに積み立てた年金原資を転職先の年金制度等に持ち運べることをいいます。

転職時の取扱い（ポータビリティ）

企業型DCの加入者が転職等した場合	取扱い
企業型DCがある企業に転職した場合	転職先の企業型DCに移換できる
企業型DCのない企業に転職した場合	個人型DC（iDeCo）に移換し、引き続き掛金を拠出するか、運用指図者になるかを選択できる
離職や結婚により国民年金の第１号被保険者（自営業者）や第３号被保険者（専業主婦（夫））になった場合	個人型DC（iDeCo）に移換し、引き続き掛金を拠出するか、運用指図者になるかを選択できる

4 個人型DC（iDeCo）の掛金の拠出限度額 重要

個人型DCでは対象者ごとに拠出できる掛金の上限が決められています。

個人型DC（iDeCo）の拠出限度額

対象者	拠出限度額
国民年金の第1号被保険者（自営業者など）	月額6万8,000円 （年額81万6,000円）
国民年金の第2号被保険者	
①企業型確定拠出年金のみの加入者	年額24万円
②確定給付年金のみの加入者	年額14万4,000円
③企業年金未加入者	年額27万6,000円
④公務員・私立学校の教職員	年額14万4,000円

国民年金の第3号被保険者（いわゆる専業主婦（夫））	年額27万6,000円

5 マッチング（追加）拠出制度 重要

企業型確定拠出年金において、規約に定めることで、企業の掛金に従業員が掛金を上乗せできます。ただし、掛金の合計額が拠出限度額を超えてはいけません。

マッチング拠出のポイント

掛金の額	掛金の上限は企業型の限度額と同じ。ただし、従業員の拠出する掛金の額は、企業（事業主）の掛金の額以下でなければならない
税制	従業員が追加拠出した掛金は、全額小規模企業共済等掛金控除の対象

6 iDeCoプラス（中小事業主掛金納付）制度

企業型確定拠出年金がない中小企業（従業員数300人以下の企業）では、事業主が個人型年金（iDeCo）に加入している従業員の掛金に追加拠出できます。

加入者掛金と事業主掛金の合計額は、月額5,000円以上23,000円以下の範囲で、加入者と事業主がそれぞれ1,000円単位で設定できます。なお、事業主の掛金が加入者の掛金を上回ることは可能です。

補足

iDeCoプラス制度では、運用商品の本数など、通常の確定拠出年金と一部制度が異なります。

7 企業型DC加入者の個人型DC（iDeCo）への加入

企業型DCの加入者も、労使合意の上、以下の要件を満たしている場合、個人型DC（iDeCo）に加入できます。

企業型DC加入者の個人型DC（iDeCo）加入の要件

- 毎月、掛金を拠出すること
- 企業型DCのマッチング拠出を利用していないこと

間違えやすいポイント！

企業型DC加入者はマッチング拠出と個人型DC（iDeCo）への加入のどちらかを選択します（同時に加入することはできません）。

8 確定拠出年金制度の主なポイント 重要

確定拠出年金制度のポイント

- いわゆる専業主婦（夫）（国民年金の第3号被保険者）や公務員、条件を満たした私立学校の教職員、企業年金加入者などが個人型に加入可能
- 国民年金保険料の納付を免除されている者や保険料の未納者は個人型に加入できない。ただし、過去に国民年金保険料の未納期間があっても、加入時点で保険料を納付していれば加入することができる。また、障害基礎年金の受給権者で国民年金保険料を免除されている場合は、個人型DC（iDeCo）に加入できる
- 対象者は、個人型DC（iDeCo）と付加年金または国民年金基金に同時に加入できる
- 国民年金基金と個人型DC（iDeCo）に同時に加入している場合、掛金の上限は合算で月額6万8,000円
- 規約に定めることで掛金の拠出を月額あるいは年額や賞与時のみとすることが可能

重要度 ★★

15 自営業者の年金等

学習項目
- 国民年金基金
- 中小企業退職金共済
- 小規模企業共済

1 国民年金基金

国民年金の第１号被保険者（自営業者など）が加入する公的年金で、国民年金の上乗せを目的とするのが国民年金基金です。国民年金基金には地域型と職能型の２種類があります。

国民年金基金の概要 重要

加入対象者	国民年金の第１号被保険者（60歳未満の者および60歳から65歳未満の国民年金の任意加入者） 例外 国民年金保険料を免除されている者、保険料滞納者、付加年金の加入者などは加入できない	
加入の仕組み	加入は口数制で、１口目は終身年金（A型とB型）から選択しなければならない。２口目からは終身年金および確定年金の中から自由に組合せられる	
種類	地域型	同じ都道府県内の第１号被保険者で組織
	職能型	同種の事業に従事する第１号被保険者で組織
年金額	加入時の年齢等により年金額が異なる （ただし、積立金の運用状況で年金額が変動することはない）	
掛金	・給付の型、加入口数、加入時の年齢、性別等により掛金が決まる ・月額６万8,000円が上限（iDeCoにも加入している場合は合算して６万8,000円まで） ・個人型DC（iDeCo）の掛金とあわせて、国民年金基金連合会に払込む ・１年分を前納することで保険料は割引になる	

間違えやすいポイント！
国民年金基金には、国民年金の第2号および第3号被保険者は加入できません。

間違えやすいポイント！
国民年金基金の加入者が国民年金の保険料の未納期間が一定期間あった場合、その未納期間に国民年金基金に加入していても、その期間については国民年金基金の給付の対象になりません。

間違えやすいポイント！
過去に国民年金保険料の滞納期間があった場合でも、加入しようとする時点で国民年金保険料を納めていれば、国民年金基金に加入できます。

受給方法	・65歳から老齢年金として支給される（一時金受取は不可） ・年金受給開始前や保証期間満了前に死亡した場合、遺族に一時金が支払われる
税制	・掛金は全額、**社会保険料控除**の対象 ・給付金は、老齢年金として受け取る場合は、**公的年金等控除**の対象
その他	・国民年金基金に加入すると**付加年金**には加入できない（国民年金基金の保険料には付加年金が含まれているので、国民年金基金の加入者は、重複して付加年金に加入できない） ・国民年金基金は自己都合で**任意に脱退はできない** ・加入資格を喪失した場合、支払った掛金は引き出すことや払い戻しは行われず、将来、年金として支給される

間違えやすいポイント！

「国民年金基金の掛金は**全額社会保険料控除**の対象となること」、「老齢年金として受け取る場合は、公的年金等控除が適用されること」の2点を押さえておきましょう。なお、国民年金基金は加入者が**一時金**として受け取ることはできません（遺族一時金は可能）。

補足

中小企業退職金共済加入事業者が中小企業者でなくなった場合、資産を確定給付企業年金に移換できますが、新たに確定拠出年金にも移換できるようになりました。

2 中小企業退職金共済

中小企業退職金共済（中退共）は、単独で退職金制度を持つことができない中小企業のための退職金の準備制度で、事業主が勤労者退職金共済機構と退職金共済契約を結びます。

従業員が退職したときは、その従業員の請求にもとづいて中退共から退職金が直接支払われます。

ココが出る

中小企業退職金共済の加入者が退職し、他の企業の中小企業退職金共済に加入した場合、退職前の勤務期間や掛金納付月数を通算できます。

中小企業退職金共済の概要

加入対象事業所	中小企業（加入するためには業種ごとに資本金や従業員数などについて基準がある）
加入対象者	従業員は原則、**全員加入**（会社役員や個人事業主は加入できないが、使用人兼務役員や従業員である親族は加入可）
掛金	**全額事業主（会社）負担**

掛金の額		・月額**5,000円～３万円**の16種類で、**増額**はいつでも可 ・新規加入の場合、加入後**４か月目から１年間**国の**助成金制度**（掛金月額の２分の１（従業員１人5,000円が上限）がある
共済金の受け取り方法		・退職金の一括受け取り（一時金受け取り）が原則。条件を満たしていれば分割受け取りも可能 ・一時金受け取りと分割受け取りを組み合わせることも可能
税制	掛金	・会社が掛金を拠出する場合：全額損金算入となる ・事業主が掛金を拠出する場合：全額必要経費となる
税制	受取方法	・年金受け取り（分割受け取り）の場合、**雑所得**となり公的年金等控除の対象 ・一時金受け取りする場合、**退職所得**となり退職所得控除の対象 ・一時金受け取りと分割受け取りを組み合わせた場合、一時金受け取りした部分は**退職所得**、分割受け取りした部分は**雑所得**となる

なお、中小企業退職金共済の加入者は国民年金基金や確定拠出年金に同時加入できます（それぞれ上限まで加入可能）。

補足

小規模企業共済等掛金控除は**所得控除**の1つです。

ココが出る

小規模企業共済の共済金を一括受け取りと分割受け取り（年6回に分けて年金として受け取る）の併用で受け取る場合、一括受け取りの分は**退職所得**、分割受け取りの分は**雑所得**の対象となります。

間違えやすいポイント！

小規模企業共済は国民年金基金と同時に加入できます。掛金の上限額は国民年金基金が6万8,000円、小規模企業共済が7万円です。両方合わせて6万8,000円ではありません。

3 小規模企業共済 重要

小規模企業共済は、小規模の企業の事業主や会社役員の退職金や事業の再建を目的とした共済制度です。したがって、小規模企業であっても一般の**従業員**は加入できません。

小規模企業共済の概要

加入対象者		一般業種の場合、従業員**20名**以下の小規模企業の個人事業主や役員（サービス業や商業の場合は従業員５名以下）
掛金		・月額**1,000円～7万円**で、**500円**刻みで加入者が選択可能（月払い、半年払い、年払いから選択） ・加入後は、掛金の増額や減額、前払いも可能 ※国からの助成はない
共済金の受け取り方法		「**一括受け取り**」、「**分割受け取り**」、「**一括受け取りと分割受け取りの併用**」の３種類
税制	掛金	掛金の全額が**小規模企業共済等掛金控除**の対象
	受取方法	・分割受け取りの場合、**雑所得**となり公的年金等控除の対象 ・一括受け取りする場合、**退職所得**となり退職所得控除の対象 ・一括受け取りと分割受け取りを組み合わせた場合、一括受け取りした部分は**退職所得**、分割受け取りした部分は**雑所得**となる

実技試験対策①老齢基礎年金の計算

実技試験（金財・個人資産相談業務、生保顧客資産相談業務）では、老齢基礎年金、厚生年金、遺族厚生年金の年金額を算出する問題が出題されます。ここでは、過去に出題された形式をもとに、出題のポイントを解説します。

〈Aさんに関する資料〉

Aさん（事業主）
生年月日：1975年4月10日
〔公的年金の加入歴（見込みを含む）〕

国民年金	国民年金	厚生年金
学生納付特例期間 26月	64月	納付済期間　：429月 全額免除期間：21月 （2005年1月～2006年9月）

20歳　22歳　65歳

〈65歳から受け取る老齢基礎年金を求めるポイント〉

①受給資格期間を満たしているかどうか

老齢基礎年金の受給要件は原則、65歳以上であること、国民年金の加入期間が10年（120月）以上あること。

Aさんの加入期間＝64月（国民年金加入期間）
＋429月（厚生年金加入期間は国民年金にも加入している）
＋26月（学生納付特例期間は受給資格期間にカウントされる）
＋21月（全額免除期間は受給資格期間にカウントされる）
＝540月 となり、10年（120月）を満たしている。

②年金額の計算式

$$\text{老齢基礎年金}=\text{満額の老齢基礎年金額}\times\frac{\text{保険料納付済期間}+\begin{array}{c}\text{国庫負担分調整後}\\\text{の保険料免除期間}\end{array}}{\text{加入可能年数}\times 12\text{（最大480月）}}$$

・2024年度の老齢基礎年金の満額支給額は81万6,000円
・保険料の全額免除期間は以下の割合で年金額に反映される

2009年３月以前の免除期間……３分の１

2009年４月以後の免除期間……２分の１

Ａさんの場合、2009年３月以前に全額免除期間が21月あるので、年金額に反映される期間は、21月×$\frac{1}{3}$＝７月となる。

・学生納付特例期間は、受給資格期間にはカウントされるが、保険料を追納しないと保険料納付済み期間にはカウントされない
・Ａさんの保険料納付済期間は　64月＋429月＋７月＝500月

Ａさんの保険料納付済期間は、65歳までの納付予定も含めて、500月になるが、老齢基礎年金の加入期間は20歳以上60歳未満までなので、厚生年金加入期間のうち、20歳未満と60歳以降の期間は年金額を計算する上で除外される。したがって、Ａさんの場合、60歳から65歳になるまでの５年間（60月）の期間は除外され、Ａさんの加入期間は440月（500月－60月）となる。

・Ａさんの加入可能年数

1941年４月２日以後に生まれた者の場合、最大40年（480月）なので、Ａさんは480月

③Ａさんの老齢基礎年金の額は　81万6,000円×$\frac{440月}{480月}$＝74万8,000円(円未満四捨五入)

④Ａさんが63歳からの受給を選択した場合の年金額（繰上げ受給）

繰上げ受給の場合、繰り上げた月あたり0.4％年金額が減額となる。63歳からの受給の場合、２年（24月）繰上げとなるので、減額割合は0.4％×24月＝9.6％

Ａさんの老齢基礎年金の受給額＝74万8,000円×(１－0.096)

＝67万6,192円（円未満四捨五入）

⑤Ａさんが68歳からの受給を選択した場合の年金額（繰下げ受給）

繰下げ受給の場合、繰り下げた月あたり0.7％年金額が増額となる。68歳からの受給の場合、３年（36月）繰下げとなるので、増額割合は0.7％×36月＝25.2％

Ａさんの老齢基礎年金の受給額＝74万8,000円×(１＋0.252)

＝93万6,496円（円未満四捨五入）

実技試験対策②老齢厚生年金の計算

会社員のＡさんは、妻Ｂさんと２人暮らしである。Ａさんは大学卒業後、継続してＺ社に勤務している。Ｚ社の定年は、満60歳である。なお、希望により60歳以降も継続勤務は可能である。なお、Ａさんには子はいない。

Ａさんが60歳で定年退職し、その後再就職しない場合に、65歳から受給できる老齢厚生年金の額はいくらか。下記の計算手順にしたがって計算しなさい。なお、年金額は2024年4月1日時点での本来水準の価額に基づいて計算するものとする。

〈Ａさんおよび妻Ｂさんに関する資料〉

（1）Ａさん

生年月日：1970年2月15日

厚生年金、健康保険、雇用保険に加入中

「公的年金の加入歴」

国民年金 未加入 （26月）	厚生年金保険 被保険者期間：514月
20歳	22歳　　　　　　　　　　65歳

・2003年3月以前の平均標準報酬月額　50万円（120月）

・2003年4月以後の平均標準報酬額　60万円（394月）

（2）妻Ｂさん

生年月日：1973年4月10日

22歳から結婚するまでの5年間厚生年金に加入、27歳以後は国民年金の第3号被保険者

＜計算手順＞

1．報酬比例部分の額（円未満四捨五入）

2．経過的加算額（円未満四捨五入）

3．基本年金額（上記の１＋２）

4．加給年金額（要件を満たしているかどうか確認）

5．老齢厚生年金の年金額

＜年金関係の資料＞

●老齢厚生年金の年金額（本来水準による価額）

○報酬比例部分（①＋②）

①2003年３月以前の期間（円未満四捨五入）

$$\text{平均標準報酬月額} \times \frac{7.125}{1000} \times \text{2003年３月以前の被保険者であった月数}$$

②2003年４月以後の期間（円未満四捨五入）

$$\text{平均標準報酬額} \times \frac{5.481}{1000} \times \text{2003年４月以後の被保険者であった月数}$$

●経過的加算額

$$= \left(1{,}701\text{円} \times \underset{\text{(上限480月)}}{\text{厚生年金の被保険者期間の月数}}\right) - 81\text{万}6{,}000\text{円} \times \frac{\text{1961年４月以後の20歳以上60歳未満の厚生年金の被保険者であった月数}}{\text{加入可能年数} \times 12\text{月}}$$

●加給年金額＝40万8,100円（要件を満たしていれば加算される）

〈厚生年金計算のポイント〉

老齢厚生年金や遺族厚生年金の計算問題では、問題文中に計算式や計算の手順が与えられます。問題文中から必要な数字を拾ってくることがポイントです。

65歳以後の厚生年金の年金額は、老齢厚生年金 ＋ 経過的加算 ＋ 加給年金額で計算します。なお、老齢厚生年金の額は65歳未満での報酬比例部分に該当します。資料より、2003年３月以前の平均標準報酬月額は50万円で120月、2003年４月以後の平均標準報酬額は60万円で394月となっています。

１．報酬比例部分（①＋②）

$$= 50\text{万円} \times \frac{7.125}{1000} \times 120\text{月} + 60\text{万円} \times \frac{5.481}{1000} \times 394\text{月}$$

$$= 172\text{万}3{,}208\text{円}\ \text{（円未満四捨五入）}$$

２．経過的加算額

経過的加算額は、64歳までの特別支給の老齢厚生年金（定額部分）の方が65歳からの老齢基礎年金より多い場合に、65歳以後の年金が減らないように、その差額を支給するものです。

※なお、試験では、経過的加算額は支給されるものとして出題されています

Ａさんの厚生年金の加入期間は514月ありますが、上限は480月なので被保険者期間は480月。

Ａさんの20歳以上60歳未満の厚生年金の被保険者期間は514月から60歳から65歳までの60月を除いた454月。

計算式に当てはめると、

$$経過的加算額 = (1{,}701円 \times 480月) - (81万6{,}000円 \times \frac{454月}{480月}) = 4万4{,}680円$$

（円未満四捨五入）

3．基本年金額（１＋２）

報酬比例部分＋経過的加算額＝基本年金額なので、

基本年金額＝172万3,208円＋４万4,680円＝176万7,888円

4．加給年金額

Ａさんの厚生年金の加入期間が20年以上あり、65歳未満の配偶者または、18歳の年度末日までの子（障害者の場合は20歳未満の子）がいる場合、老齢厚生年金に加給年金が加算されます。Ａさんの加入期間は65歳時点で20年以上あり、妻のＢさんはその時点で65歳未満なので、２つの条件を満たしており、加給年金が40万8,100円加算されます。

5．老齢厚生年金の年金額

以上より、老齢厚生年金の額は、176万7,888円＋40万8,100円＝217万5,988円となります。

《解答》 217万5,988円

〈遺族厚生年金の額を算出する場合の考え方〉

《Aさんが60歳時点で亡くなった場合》

遺族厚生年金は、厚生年金の被保険者または老齢厚生年金の受給資格期間が**25年以上**ある人が死亡した場合に支給されます。Aさんは厚生年金に454月加入しており、老齢厚生年金の受給資格期間の25年（300月）以上を満たしています。遺族厚生年金の額は、Aさんが亡くなった時点で計算した老齢厚生年金の報酬比例部分の**4分の3**相当額となっています。なお、被保険者期間が300月未満で亡くなった場合は、**300月**とみなして下記の算式で計算します。

※遺族厚生年金＝(報酬比例部分の金額×300月÷亡くなるまでの厚生年金の加入期間)×４分の３

〈遺族厚生年金の年金額＝基本額（本来水準の額）＋中高齢寡婦加算額〉

基本額（本来水準の額）は、老齢厚生年金の報酬比例部分の算式と同じです。

①報酬比例部分（2003年３月以前の期間と４月以降の期間の合計額）を計算します。

②上記の金額の**４分の３**が遺族厚生年金の基本額です。

③さらに中高齢寡婦加算がある場合は、上記の金額に中高齢寡婦加算額を加えます。なお、中高齢寡婦加算は夫が亡くなったときに、18歳到達年度の３月末日までの子がいない妻には遺族基礎年金が支給されないため、遺族基礎年金の代わりに支給されます。

※中高齢寡婦加算の金額は通常、問題に記載されています

したがって、この事例において、Aさんが60歳で亡くなり、妻Bさんが遺族厚生年金の受給権を取得した場合、以下のような計算ができます。

《遺族厚生年金の基本額》

報酬比例部分(172万3,208円)×４分の３＝129万2,406円

《遺族厚生年金の年金額》

Aさんには子がいないので、中高齢寡婦加算（61万2,000円）が加えられます。遺族厚生年金の年金額は、129万2,406円＋61万2,000円＝190万4,406円

確認問題　本番レベルの問題にチャレンジしましょう。

□□□問1　社会保険労務士の登録を受けていないFPのAさんは、ライフプランの相談に来た顧客に対して、老齢基礎年金や老齢厚生年金の受給要件や請求方法の概要を有償で説明した。
p13

□□□問2　減債基金係数は、元本を一定利率で一定期間運用した場合に、毎年受け取れる金額を計算する場合などに使用される。
p19

□□□問3　住宅ローンの返済方法である元金均等返済は、毎回の返済額のうち、元金部分の返済額を一定とする返済方法で、当初の返済額は多くなるが、期間の経過とともに返済額は徐々に少なくなる。
p23

□□□問4　フラット35は、新築住宅の建設・購入資金や一定の条件を満たした中古住宅の購入資金として利用することができる。
p25

□□□問5　店舗付き住宅などの併用住宅を建築する場合、住宅部分・非住宅部分の床面積の割合に関係なく、フラット35を利用することができる。
p25

□□□問6　日本政策金融公庫の教育一般貸付（国の教育ローン）の資金使途には、入学金・授業料等の学校納付金や教材費だけではなく、自宅外から通学する学生の住居費用や通学費用も含まれる。
p27

□□□問7　健康保険の被保険者の３親等内の親族（直系尊属、配偶者、子、孫および兄弟姉妹を除く）が被扶養者になるためには、被保険者と同一世帯に属していることが必要である。
p35

□□□問8　退職により健康保険の被保険者資格を喪失した者が、健康保険の任意継続被保険者となるためには、資格喪失日の前日までの被保険者期間が継続して１年以上なければならない。
p41

□□□問9　健康保険や国民健康保険の被保険者が70歳になると、原則として、その被保険者資格を喪失して後期高齢者医療制度の被保険者となる。
p41

□□□問10 公的介護保険の保険給付は、保険者から要介護状態または要支援状態にある旨の認定を受けた被保険者に対して行われるが、第2号被保険者については、要介護状態または要支援状態となった原因は問われない。
p43

□□□問11 労災保険の保険料は、全額事業主負担であるが、保険料率は、業種により異なる。
p44

□□□問12 雇用保険では、一般被保険者の配偶者の父母は、介護休業給付金の支給対象となる家族に該当する。
p53

□□□問13 雇用保険では、一般被保険者や高年齢被保険者が1歳に満たない子（最大で2歳未満の子）を養育するために休業する場合、育児休業給付金が支給される。
p51

□□□問14 国民年金の第1号被保険者は、日本国内に住所を有する20歳以上60歳未満の自営業者や学生などのうち、日本国籍を有する者のみが該当する。
p57

□□□問15 老齢厚生年金の受給権者が老齢厚生年金の繰下げ支給の申出をする場合、老齢基礎年金の繰下げ支給の申出を同時に行わなければならない。
p73

□□□問16 産前産後休業を取得している厚生年金保険の被保険者の厚生年金保険料は、所定の手続きにより、被保険者負担分と事業主負担分がいずれも免除される。
p60

□□□問17 厚生年金保険の被保険者が死亡したことにより支給される遺族厚生年金の額は、死亡した者の厚生年金保険の被保険者期間が300月未満の場合、300月とみなして計算する。
p81

□□□問18 障害基礎年金および障害厚生年金における障害認定日は、原則として障害の原因となった傷病の初診日から起算して1年6か月を経過した日（その期間内に傷病が治った場合は、その治った日）とされる。
p77

□□□問19 障害等級1級に該当する者に支給される障害基礎年金の額は、障害等級2級に該当する者に支給される障害基礎年金の額の1.5倍相当額である。
p77

□□□問20　遺族厚生年金の額は、被保険者の死亡時点で計算した老齢厚生年金の報酬比例部分の３分の２相当額である。
p81

□□□問21　夫が死亡した場合、子のいない30歳未満の妻の遺族厚生年金の支給期間は最長で５年間となっている。
p81

□□□問22　個人型DC（iDeCo）の掛金は、国民年金基金に同時に加入している場合は合算で月額６万8,000円までとなっている。
p89

□□□問23 確定拠出年金制度において、一時金で受け取った老齢給付は、退職所得として所得税の課税対象となる。
p90

□□□問24 国民年金基金には、国民年金の第１号被保険者だけでなく第３号被保険者も加入することができる。
p95

□□□問25　国民年金基金の老齢年金の基本年金額は、積立金の運用状況によって変動する。
p95

□□□問26 小規模企業共済の掛金月額は、共済契約者１人につき、1,000円以上で５万円が上限となっている。
p98

□□□問27 中小企業退職金共済の掛金は、全額事業主が負担する。
p96

解答：

1 ○	2 ×	3 ○	4 ○	5 ×	6 ○
7 ○	8 ×	9 ×	10 ×	11 ○	12 ○
13 ○	14 ×	15 ×	16 ○	17 ○	18 ○
19 ×	20 ×	21 ○	22 ○	23 ○	24 ×
25 ×	26 ×	27 ○			

2章 リスクの管理

学科試験対策

生命保険では定期保険、終身保険、定期付終身保険、養老保険、収入（生活）保障保険など、**損害保険**では**火災保険**、**地震保険**、**自動車保険**や**賠償責任保険**などが頻繁に出題されています。また、**第三分野の保険**（傷害保険や医療保険、がん保険など）や**個人年金保険**についてもしっかり押さえておきましょう。法人契約の生命保険や損害保険の経理処理の方法も重要です。

実技試験対策

リスク管理分野の実技問題は、**金財の個人資産相談業務試験では出題されていません。**実技試験では、保険証券のサンプルを用いて、内容（保険金額や特約など）を**読み取る問題**が出題されています。また、**生命保険料控除**、**地震保険料控除**、**死亡保険金**や**満期保険金**に関する税制はしっかり理解しておきましょう。

重要度 ★★

1 保険法と保険契約者の保護

学習項目

- 保険法と保険業法のポイント
- 生命保険契約者保護機構と損害保険契約者保護機構
- ソルベンシー・マージン比率
- クーリング・オフの概要

1 保険法と保険業法

保険法は、保険契約に関するルールを定めた法律で、保険契約者の保護を目的としています。一方、保険業法は、保険会社の個別の事業に対する法律で、保険の募集に関することや保険会社の免許の内容、業務内容に関する規制、罰則などが定められています。

なお、保険法の規定よりも保険契約者、被保険者、保険金受取人に不利になる約款(やっかん)の規定は**無効**になります。

保険法の主なポイント

- 生命保険や損害保険だけでなく、**共済契約**や**少額短期保険**、入院保険、がん保険などにも保険法が適用される
- 保険金の支払い期限は、原則、請求書類が保険会社に届いた日の翌日から**5営業日**以内。なお、この規定は保険法が改正される前に締結された保険契約にも適用される
- 保険契約者と被保険者が異なる死亡保険契約については、被保険者の同意がないと契約は無効（被保険者が満期保険金の受取人でもある場合は同意不要）

ココが出る

保険法では、保険法の規定よりも保険契約者や保険金受取人などに不利な内容の約款は原則として無効とする規定があります。なお、「約款」とは保険の契約内容をあらかじめ定めた条項のことです。

保険業法の主なポイント

- 保険の募集において、虚偽の説明をすることや重要事項について説明しないことは禁止
- 顧客のニーズ（意向）を把握し、ニーズに沿ったプラ

ンの提案、および顧客が保険に加入するかどうかを判断するのに必要な情報を提供すること
- 情報提供の際に、顧客に適した商品を選べるよう、商品の比較説明をすること

2 保険契約者保護機構

1 業務内容

保険会社が破綻したときに保険の契約者を保護することが保険契約者保護機構の役割です。この機構には**生命保険契約者保護機構**と**損害保険契約者保護機構**があります。

保険会社が破綻した際、保険契約者保護機構は、破綻した保険会社を救済する保険会社がある場合は契約を移転し、資金提供を行います。救済する保険会社がない場合は、保険契約者保護機構自ら**保険契約の引受け**を行うこともあります。

2 加入対象者と保護の範囲

原則として、外資系を含む**国内で営業する**すべての生命保険会社、損害保険会社が加入します（保険会社は加入に際し、保険契約者保護機構に、破綻したときの支払いの財源となる資金を拠出する）。

ただし、**共済**や**少額短期保険**、**再保険**などの保険契約は対象外になっています。

生命保険契約者保護機構の概要 重要

補償の対象	保護の範囲（補償割合）
すべての生命保険契約（医療保険や個人年金保険を含む）	原則、**責任準備金**の90% 例外 **高予定利率契約**の場合は補償割合が90%未満に引き下げられる

参照

再保険

☞2章7

用語

責任準備金
保険会社が保険金の支払いのために積み立てている資金。生命保険会社が破綻した場合、補償されるのは保険金額の90%ではなく、**責任準備金**の90%

用語

高予定利率契約
運用の予定利率が、基準利率を５年以上にわたり超えている契約のこと。基準利率は各社の過去５年間の平均運用利回りを基準に、金融庁長官および財務大臣が定める

損害保険契約者保護機構の概要 重要

補償の対象	保護の範囲（補償割合）
・**自賠責保険** ・**地震保険**	・保険金の**100%補償** （**保険事故**の発生時期にかかわらず補償）
・**自動車保険** ・**火災保険**※ ・賠償責任保険など	・保険会社の破綻後**3か月**以内に発生した保険事故の場合は、保険金の**100%**を補償 ・破綻後3か月を経過した後の事故の場合は保険金の**80%**を補償
その他の保険（原則）	・保険金・解約返戻金ともに**90%**を補償。ただし、高予定利率契約の場合、補償割合は90%未満に引き下げられる ・積立型保険の積立部分は満期返戻金、解約返戻金等の**80%**を補償

※火災保険は、**個人**や**マンション管理組合**、**小規模法人**が契約者の場合のみ補償の対象

保険契約者保護機構の追加ポイント

- **銀行**や**証券会社**等で契約した保険も保険契約者保護機構の対象
- 破綻した保険会社から保険契約者保護機構に保険契約が移転される際に、予定利率が引き下げられた場合は、保険金は補償割合を下回ることもある
- 保険契約者保護機構へ保険契約が移転された後に契約者が一定期間内で解約する場合には、**早期解約控除制度**（一定割合を解約返戻金から減額する）が適用される場合がある

参照

自賠責保険

☞2章8

用語

保険事故
保険金の支払いの対象となっている事故

間違えやすいポイント！

火災保険の場合、損害保険契約者保護機構の対象となるのは、契約者が個人やマンション管理組合、小規模法人に限定されていることに注意しましょう。

3 少額短期保険業者 重要

1 少額短期保険業者とは

少額短期保険業者とは、以下の3つの要件を満たす保険の引き受けのみを行う事業者のことです。なお、少額短期保険業者は、保険契約者保護機構に加入していません。

- 保険金額が少額であること
- 保険期間が短期のもの（最長で2年以内）
- 掛捨て型であること（満期保険金がないこと）

間違えやすいポイント！
少額短期保険では原則、積立型の保険や個人年金保険は対象外です。

2　保険期間と保険金額

少額短期保険（ミニ保険）の保険期間と保険金額は次のようになっています。

少額短期保険の保険期間

分類	保険期間（原則）
生命保険および医療保険	最長1年
損害保険	最長2年

少額短期保険の保険金額

保険の種類	保険金の上限額（原則）
病気による死亡や重度障害の場合	300万円以下
病気や傷害による入院の場合	80万円以下
傷害による死亡や重度障害の場合	600万円以下
損害保険	1,000万円以下

ただし、1人の被保険者から引き受けることができる保険金額の合計額は、すべての保険を合わせて、原則1,000万円までとなっています。

3　保険料控除

少額短期保険業者に支払った保険料は、生命保険料控除や地震保険料控除の対象になりません。

4　保険法と保険業法との関係

少額短期保険（少額短期保険業者）は他の保険契約同様、保険法および保険業法が適用されます。

5　保険契約者保護機構との関係

少額短期保険業者は、保険契約者保護機構の保護の対象ではありません。その代わりに、少額短期保険業者は保険契約者を保護するために、業務開始時に1,000万円以上の供託金を法務局に供託することが義務付けられています。なお、供託金は保険料収入の増加に応じて段階的に積み増しされます。

4　ソルベンシー・マージン比率

1　ソルベンシー・マージン比率の定義と算式

ソルベンシー・マージン比率とは、大災害などの通常の予測を超えるようなリスクが発生した場合に、保険会社に、保険金支払いの余力がどの程度あるかを見る指標です。保険会社の信用力（健全性）を見るうえで重要な指標です。

ソルベンシー・マージン比率

$$=\frac{\text{ソルベンシー・マージン総額}}{\text{リスクの合計額}\times 1/2}\times 100$$

用語

ソルベンシー・マージン総額
保険会社の資本金や準備金などの合計

2　ソルベンシー・マージン比率のポイント

ソルベンシー・マージン比率が**200%未満**の場合は、金融庁から早期是正措置（そうきぜせいそち）が発動され、保険会社は経営改善案の提出や自己資本を増額する必要があります。

- 200%以上の場合…保険金の支払い余力あり（健全性が高いとされる）
- 200%未満…早期是正措置の発動（経営改善命令）
- 0%未満…業務停止命令

5　クーリング・オフ

クーリング・オフとは、保険契約者の方から一方的な意思表示で、保険契約の撤回・解除ができる制度のことで、**保険業法**に規定されています。クーリング・オフにより、保険契約は**無効**になり、それまでに払い込んだ保険料は**全額**払い戻されます。

1　撤回できる期限

「保険契約の申込み日」または「クーリング・オフ（契約撤回）に関する書面を交付された日」のうち、**遅い方の日**から起算して**８日以内**であれば撤回が可能です。ただし、クーリング・オフに関する**書面**を受け取っていない場合や、書面が法律で定められた記載事項を満たしていない場合には、いつでも**撤回**できます。

- 保険の申込み日
- クーリング・オフに関する書面を受け取った日

→ どちらか遅い日から**８日**以内であれば撤回可能

2　撤回・解除の方法

保険契約の撤回や解除は原則として、契約者の**自筆による書面**（封書やハガキなど）や保険会社のホームページ、Eメールといった電磁的記録などで行います。ただし、以下の場合は撤回や解除ができません。

撤回・解除ができない場合

①保険会社の指定した**医師の診査**が終了している場合
②保険契約期間が**１年以内**の短期の契約の場合
③法人が事業や営業のための契約をする場合
④加入が義務付けられている保険の場合（自賠責保険など）

ココが出る

クーリング・オフの期限は書類を受け取った日を1日目として数えます。もし月曜日に交付されれば、翌週の月曜日がクーリング・オフの期限日の８日目です。なお、書面でクーリング・オフする場合８日以内かどうかは、**郵便局の消印**で判定します。

間違えやすいポイント！

クーリング・オフによる契約の撤回は**口頭**ではできませんので注意しましょう。

補足

特定商取引法上、商品等の購入については、自らサイトにアクセスして通信販売で購入した場合や自ら店舗に行って購入した場合は、クーリング・オフはできません。

用語

代理
保険募集人が保険会社の代わりに保険契約を締結すること

用語

媒介
保険会社と保険契約者との間に立って、保険契約の締結に向けて仲介・斡旋すること

用語

保険契約締結権
保険契約を顧客と直接結ぶ権利。生命保険代理店には契約締結権はないが、損害保険代理店には契約締結権や保険料受領権がある

用語

告知受領権
保険加入者(被保険者)から病歴などについて告知を受ける権利

6 保険の募集方法

保険の募集ができる者は、以下の者に限定されています。

保険の募集ができる者

分類	業務内容
保険募集人 **保険会社の使用人など** (内閣総理大臣への登録制)	・保険会社のために保険契約締結の**代理**・**媒介**を行う者 ・一般的に**保険契約締結権**や**告知受領権**はなく、保険会社にある
保険代理店 **生命保険代理店** **損害保険代理店**	・保険会社からの委託で、保険契約の締結の代理・媒介を行う者(保険ブローカーとの兼営は禁止)
保険ブローカー **(保険仲立人(なかだちにん))**	・保険会社からの委託を受けず、保険契約者と保険会社の間で中立的な立場で保険契約の締結の媒介を行う者 ・保険契約の締結権や保険料受領権、告知受領権はなく、保険契約の締結は保険会社と契約者で行われる ・仲介手数料は、契約者からではなく**保険会社**から保険ブローカーに支払われる

重要度 ★★

2 生命保険の基礎知識

学習項目

- 純保険料と付加保険料の違い
- 保険の契約手続き（契約の承諾と責任開始日、告知と告知義務違反）
- 保険料の払込み
- 契約内容の見直し

1 生命保険の基礎用語

生命保険の基礎用語

保険契約者	・保険契約の申込み者のこと ・一般的に保険料を支払う者が保険契約者となる（法人でも可能）
保険者	・保険事故が生じたときに保険金の支払い義務を負う者（通常、保険会社のこと）
被保険者	・保険の対象になる者 ・原則として、保険契約は**被保険者**の同意が前提。同意がない契約は無効
保険金受取人	・保険契約者から保険金の受け取りを指定されている者（複数人でも法人でも可能）
保険差益	・払い込んだ保険料の総額と、死亡保険金や満期保険金などとの差額
告知	・保険契約にあたって、被保険者などが保険会社に対して契約に影響をおよぼす可能性があるような重要事実を知らせること
保険事故	・保険会社に保険金の支払義務が発生する事故のこと
特約	・主契約（基本となる保険）に付加して契約するもので、主契約の保険が解約され消滅すると、特約部分も消滅する ・定期保険特約付終身保険の場合、主契約である終身保険に特約として定期保険が付加されている
解約返戻金（かいやくへんれいきん）	・保険を解約したときに戻ってくるお金のこと

2 保険の仕組み

ココが出る
大数の法則に基づいて、年齢別・男女別の生存者数と死亡者数を表したものを生命表といいます。

1 大数の法則と収支相等の原則

生命保険の保険料は、**大数の法則**と**収支相等の原則**に基づいて決められています。

保険料を決める法則

大数の法則	サイコロを何回も振れば、ある目の出る確率は6分の1に近づくように、個別にみると不確定な場合でも、数多くのケースでみると一定の法則(確率)があることをいう。保険会社は過去のデータをもとに大数の法則を使って年齢別の死亡率などを予測し、保険料を算出している
収支相等の原則	「保険会社がすべての保険契約者から受け取る保険料とその運用益の総額」と、「保険会社が支払う保険金と保険会社の経費の合計額」が等しくなるように保険料を算出すること

2 保険料の仕組みと計算方法

契約者から保険会社に支払われた保険料（営業保険料）は、**純保険料**と**付加保険料**に分けられます。純保険料は将来の保険金の支払いの財源になり、付加保険料は保険を運営・維持するための費用（経費など）の財源になります。さらに純保険料は死亡保険金の支払いの財源となる死亡保険料と満期保険金の財源となる生存保険料に分けられます。

【営業保険料の概要】 重要

営業保険料
- **純保険料**
  - ・将来の保険金を支払う財源
  - （予定死亡率・予定利率に基づき算出）
  - **死亡保険料**
    - ・死亡保険金を支払う財源
  - **生存保険料**
    - ・満期保険金を支払う財源
- **付加保険料**
  - ・保険を運営・維持する費用の財源
  - （予定事業費率に基づき算出）

また、保険料は次の3つの予定基礎率に基づいて計算されます。

保険料の予定基礎率 重要

予定死亡率	・ある年齢の人（男女別）が1年間に死亡する確率。過去の統計（生命表）をもとに算出される ・一般に同年代では女性の方が死亡率が低いので、終身保険は女性の方が保険料は**安く**、年金保険などは女性の方が保険料は**高い**
予定利率	・保険料を運用するときの予想運用利回り。保険会社は、予定利率分を割り引いて保険料を計算する ・予定利率が高く設定されるほど、運用益が多くなるので保険料は**安くなり**、予定利率が低くなるほど保険料は**高くなる** ・契約時の予定利率は、原則満期まで変わらない
予定事業費率	・保険会社の運営上必要となる経費（人件費など）の割合 ・予定事業費率が高くなれば、保険料も**高く**なる

3 保険の剰余金と配当金

1 保険の剰余金

決算の結果、保険料から利益が生じることがあります。これを**剰余金**といい、3つの予定基礎率のうちどこから生じているかによって、**死差益**（しさえき）（予定死亡率よりも実際の死亡率の方が低い場合に出る利益）、**利差益**（りさえき）（見込まれた運用収益よりも実際の運用収益が多い場合に出る利益）、**費差益**（ひさえき）（見込まれた経費よりも実際にかかった経費の方が少ない場合に出る利益）に分けられます。

【剰余金のイメージ】

予定基礎率		剰余金		
予定死亡率＞実際の死亡率	➡	死差益		
予定利率＜実際の運用収益	➡	利差益	➡	配当金
予定事業費率＞実際の経費	➡	費差益		

ココが出る

一般的に有配当保険は無配当保険より保険料が高いです。

2　保険の配当金

(1) 配当金の分類

剰余金は、契約者に還元されます。これを**配当金**といいます。保険は、配当の有無により以下のように分類されます。

配当金による保険の分類

有配当保険	死差益、利差益、費差益を配当金として分配する保険
利差配当付保険（準有配当保険）	利差益のみ配当金として５年ごとに分配する保険
無配当保険	剰余金を配当金として分配しない保険

(2) 配当金の支払い

配当金は通常、毎年度末の決算日に、契約後**1年**を超えている保険に割りあてられ、原則として、その後に到来する**契約応当日**に支払われます。したがって、１回目の配当金は契約後**３年目**から支払われます。

用語

契約応当日
契約日と同一日のこと。2024年６月15日の１年後の応当日は2025年６月15日となる

ケース

＜2024年２月１日が保険の契約日の場合＞

●保険会社は３月決算が多いので、１回目の決算は2024年３月31日となる。この時点では契約から１年を**超えていない**ので配当金は割りあてられない。

●２回目の決算は2025年３月31日（契約してから１年２か月経過）となり、この時点で初めて「契約から１年を超えている」といえるため、配当金が割りあてられる。

●この配当金は、「その後にやってくる契約応当日」、すなわち「2026年２月１日」に支払われることになる。したがって、契約した年を含めて３年目から配当金が支払われる。

契約日	決算日	決算日	契約応当日
2024年2月1日	2024年3月31日	2025年3月31日	2026年2月1日

- 契約から１年を超えていない
- 配当金が割りあてられる
- 契約から３年目（配当金が実際に支払われる）

4 保険の契約手続き

1 生命保険契約

生命保険契約を結ぶ場合、保険会社は**保険約款**の重要部分を平易に解説した**契約のしおり**を約款とともに**契約前**に交付します。

2 契約の承諾と責任開始日 重要

保険契約上の責任、つまり保険金などの支払い義務が保険会社に発生する日を**責任開始日**といいます。責任開始日は、保険会社が保険の申込みを認めること（保険会社の承諾）を前提として、「**申込書の提出**」、「**告知または診査**」、「**第１回（初回）保険料支払い**」がすべて完了した日です。

9月15日	9月20日	9月23日	9月30日
申込み	診査（告知）	初回保険料支払い	保険会社承諾

- 申込み、診査（告知）、第１回保険料払込みのすべてが終了した９月23日が保険会社の責任開始日
- **がん保険**では通常、免責期間が**90日（３か月）**あるので、９月23日の３か月後の12月23日が責任開始日となる

用語

保険約款
保険契約に関する権利や義務などが記載された文書のこと。なお、保険約款を作成あるいは変更する場合、内閣総理大臣の認可が必要

間違えやすいポイント！

がん保険の責任開始日は免責期間（３か月間）の終了後です。注意しましょう。

用語

自発的申告義務
重要事項については契約者または被保険者は自主的に告知しなければならないという義務。告知書で質問されていない事項についても告知義務違反に問われる場合がある

用語

質疑応答義務
保険会社が質問しなかった事項については、契約者は答える義務はなく、質問されたことだけに答えればよいということ。保険会社は質問していない内容については、告知義務違反を問うことができなくなり、仮に「告知書で質問していない事項についても告知義務違反を問うことができる」と約款に定めても無効になる（これを片面的強行規定という）

3　告知と告知義務違反

保険法により、契約者や被保険者は、健康状態や職業等について重要な事実を保険会社に知らせる義務があります。告知義務については、従来の「**自発的申告義務**」から「**質疑応答義務**」へ変更されており、重要事項について、保険会社から告知を求められた事項についてのみ回答すればよくなっています。告知義務違反があった場合には、保険会社は一定の期間内であれば契約を解除できます。告知義務違反で契約を解除した場合、払込保険料は返還されませんが、その時点での**解約返戻金**は支払われます。また、解除前に発生した保険事故について、その原因と告知義務違反との間に因果関係がないときは、保険金は支払われます。

告知義務違反でも保険会社が契約を解除できないケース

- 保険会社が告知義務違反などの事実を知ってから**1か月以内**に契約を解除しない場合（解除権の消滅）
- 保険募集人が契約者や被保険者の告知を妨害した場合や病歴などを告知しないように勧めた場合
- 保険契約締結時から原則として**5年**を経過しても契約が有効に継続している場合（保険法上の規定）

4　保険金の支払期限

保険金の支払期限は各保険会社の約款で定められており、請求書類の到着日の翌日から起算して**5営業日**以内が一般的です。

5 保険料の払込み

1 保険料の払込み

払い込む期間によって、次の２種類に分かれます。

保険料の振込み方法

全期払込み	保険期間が満了するまで保険料の払込みを続ける方法
有期（短期）払込み	保険期間が満了する前に保険料の払込みを完了させる方法

2 保険料の払込方法

年払い、半年払い、月払い、前納払い（ぜんのうばらい）、一時払いなどがあります。

前納払いと一時払いの違い 重要

	前納払い	一時払い
定義	払込期日が来ていない保険料の一部または全部を、あらかじめまとめて支払うこと	全保険期間の保険料を契約時にまとめて１回で支払うこと（割引率が高い）
中途解約時の保険料の返還	払込みの時期が来ていない保険料は**返還される**	未経過分の保険料は**返還されない**
生命保険料控除の適用	**毎年、**受けられる	**保険料を支払った年度**のみ受けられる（１回のみ）

6 契約の失効と復活

1 払込猶予期間 重要

保険料の払込みがない場合、契約は失効します。ただし、保険料の払込期間には一定の猶予期間が設けられています。

ココが出る

全期間分の保険料をまとめて支払うことを全期前納払いといいます。この方法では結果的に払込み時期の来ていない保険料を、前もって保険会社に預けていることになります。

補足

前納払いは、保険会社が保険料を一時的に預かり、払込期日が来るたびに預かっているお金から保険料を支払います。

間違えやすいポイント！

前納払いの場合、払い込んだ年数にわたって毎年、生命保険料控除を受けることができますが、一時払いの場合、保険料を支払った年しか生命保険料控除を受けることができない点に注意しましょう。

振込方法と猶予期間

払込方法	猶予期間	ケース
月払い	払込日の翌月の初日から翌月末まで	払込期日が9月15日である月払い契約の場合の払込猶予期間は10月1日から10月末日まで
半年払い 年払い	払込日の翌月の初日から翌々月の応当日まで	払込期日が9月15日である年払い契約の場合の払込猶予期間は10月1日から11月15日まで

払込猶予期間中に保険事故が発生した場合、保険金は支払われますが、猶予されている保険料（未払い保険料）は保険金から差し引かれます。

2 契約の失効と復活

猶予期間を過ぎても保険料の払込みがなく、保険料の**自動振替貸付**もできない場合には、保険契約は**失効**します。ただし、一旦失効しても、一定期間（原則**3年**）内であれば、一定の要件を満たすことにより、保険会社の承諾を得たうえで契約を元に戻すことができます。これを**復活**といいます。

用語

自動振替貸付
保険料の払込みがないまま猶予期間が経過した場合に、解約返戻金の範囲内で、保険会社が保険料を自動的に立て替える制度。解約返戻金がないタイプの保険の場合、保険料払込み猶予期間中に払い込みがなされなければ保険契約は失効する

復活のポイント

- 復活のためには**医師の診査**または**告知**が必要
- 復活した場合の保険料率は失効前と同じ
- 特約のみを復活することはできない
- 復活する場合、払込まなかった期間の保険料と利息を払い込む必要がある
- 保険契約を解約した場合は復活はできない

7 契約内容の見直し

1 保障額を増額する場合

ライフサイクルの変化などに応じて保険を見直す方法には、

契約転換制度、**特約の中途付加**などがあります。

(1) 契約転換制度

現在加入している保険を解約し、責任準備金と積立配当金の合計を**転換価格**として下取りし、新しい保険の保険料の一部を支払う制度です。転換価格を新しい保険のどの部分に充当するかで、**基本転換**・**特定転換**・**比例転換**の3つに分かれます。

【契約転換制度のイメージ】

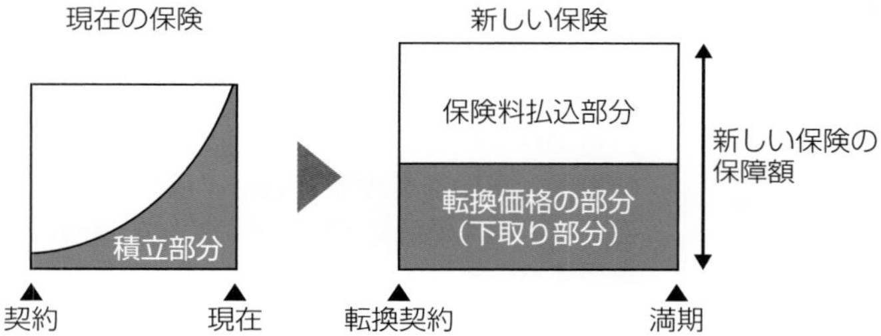

契約転換制度のポイント

- 転換時の年齢や保険料率で**保険料は再計算される**
- 現在の保険の転換価格（責任準備金や積立配当金）を新しい保険の保険料にあてるので、通常、新たに保険に加入するより払込保険料は少なくて済む
- 新たに**告知**または**診査**が必要となる
- 保険金額の増額や保険期間、保険の種類等を総合的に変更できる
- 転換後新たにクーリング･オフの適用がある

(2) 特約の中途付加

現在契約している保険に定期保険特約などを新たに加え、死亡や高度障害のときの保障額を増額する方法です。

【特約の中途付加のイメージ】

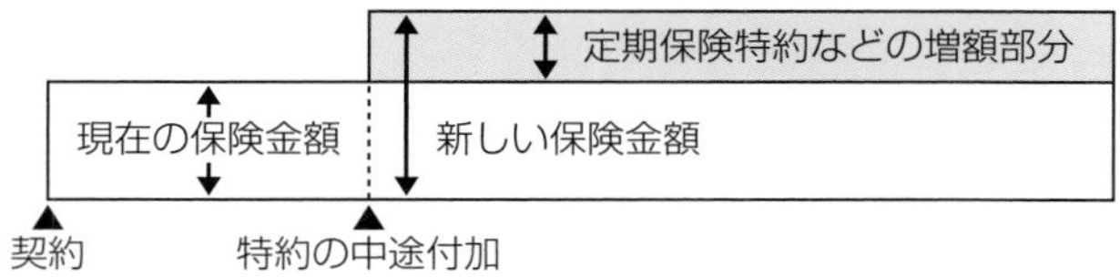

ココが出る

死亡保険に加入するときの**遺族**の必要保障額は、世帯主が亡くなった場合に**「残された家族の生活に必要な金額」**から**「遺族の収入見込金額」**を差し引いた差額が一般的です。

ココが出る

契約転換制度を利用した場合の保険料は、転換時に新たに再計算されます。注意しましょう

間違えやすいポイント!

契約転換制度では、転換価格を新しい保険のどの部分に転換するかによって、3つに分かれます

- 終身保険部分のみに充当→**基本転換**
- 定期保険特約部分のみに充当→**特定転換**
- 上記の両方に按分して充当→**比例転換**

2　保険金額を減額する場合（保険金減額制度）

保険金額の減額は、以後の保険料の負担を軽くする場合に行うもので、保障額が減ります。減額した部分は解約したものとなり、解約返戻金があれば受け取れます。

3　保険料の支払いが困難な場合

保険料の支払いが困難になった場合に、**払済保険**や**延長（定期）保険**に変更することで、以後の保険料の支払いを軽減することができます。

ココが出る

払済保険と延長（定期）保険の違いが問われます。

- 払済保険→**保険期間**は変わらない
- 延長保険→**保険金額**は変わらない

なお、払済保険と延長（定期）保険に変更しても、予定利率は契約時の利率がそのまま適用されます。

保険料の支払いを軽減する保険への変更

払済保険 重要	・以後の保険料の**払込みを中止**し、そのときの解約返戻金を保険料として、**保険期間**を変えないで保障額を下げた一時払いの保険に変更すること ・変更後の保険金額は元の保険金額より**下がる**
延長（定期）保険 重要	・以後の保険料の払込みを中止し、そのときの解約返戻金を保険料として、**保険金額**を変えないで新たな一時払いの定期保険に切り替えること ・通常、保険期間は元の保険より**短くなる**

【払済保険のイメージ】 重要

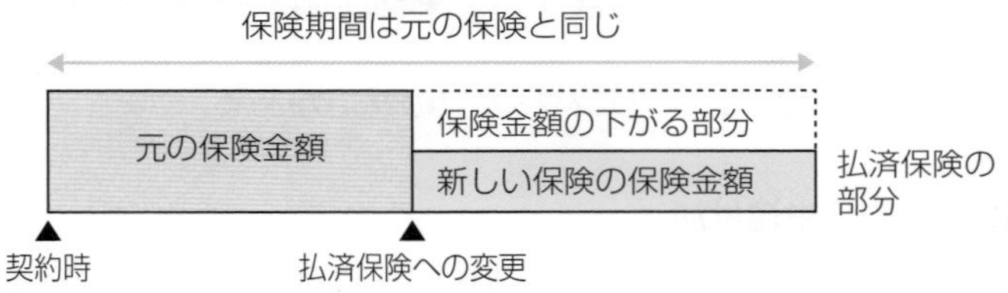

【延長（定期）保険のイメージ（解約返戻金が少ない場合）】

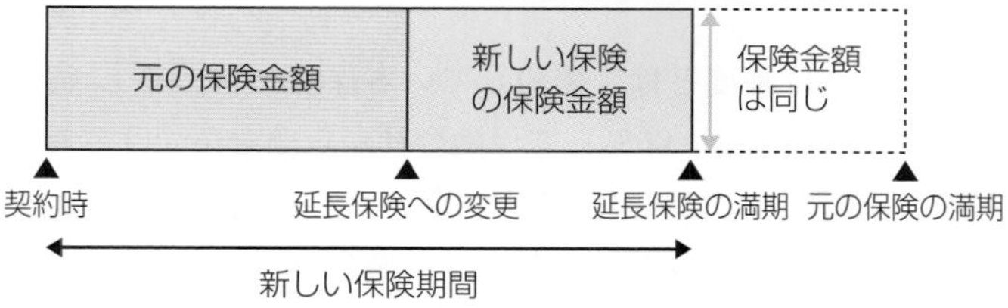

払済保険と延長（定期）保険のポイント 重要

- 元の保険の**特約**は、払済保険や延長（定期）保険に変更するとすべて**消滅する**
- 払済保険も延長（定期）保険も保険会社の承諾を得て元の契約に戻すことができる。これを**復旧**という

間違えやすいポイント！

保険料の払込みがなく契約が失効した保険を元に戻すのが「復活」、払済保険や延長保険に変更した保険を元の契約に戻すのが「復旧」です。

8 契約の変更（保険法の規定）

1 契約者の変更

被保険者と保険会社の同意を得れば、契約者を変更することができます。

2 保険金受取人の変更

契約者は、保険事故が発生するまでは、保険会社に通知すれば保険金受取人を変更することができます。なお、保険金受取人の変更には、**被保険者**の同意が必要です。

間違えやすいポイント！

保険の契約後、保険金受取人を変更できますが、**被保険者**を変更することはできません。

3 遺言による保険金受取人の変更

遺言により保険金受取人を変更することができます（**被保険者**の同意が必要）。ただし、契約者が死亡した場合には、相続人がその旨を保険会社に通知する必要があります。

9 契約者貸付制度

契約者貸付制度とは、契約している保険の**解約返戻金**の一定範囲内（70%～90%）で保険会社から融資を受けることができる制度のことです。なお、貸付金には所定の利息がかかります。保険金の支払いがあった場合や解約した場合は、保険金から融資を受けた金額（未返済分の元利合計）が差し引かれます。

10 自動振替貸付制度 重要

自動振替貸付制度とは、保険料の払込猶予期間までに契約者から保険料が払い込まれなかった場合に、その時点での**解約返戻金**の範囲内で保険会社が自動的に保険料を立て替えて支払う制度のことです。なお、自動振替貸付制度により支払った保険料であっても、その年の**生命保険料控除**の対象になります。

ココが出る

自動振替貸付制度により貸付を受けた場合、貸付金には所定の利息がかかります。貸付を受けたままで保険金の支払いがあった場合や解約をした場合は、貸付を受けた金額とその利息が相殺されます。

重要度 ★★★

3 生命保険の分類と商品

学習項目

- 生命保険の３つの種類（死亡保険、生存保険、生死混合保険）
- 個人向け保険の中で、特に定期付終身保険、収入（生活）保障保険、養老保険
- 団体生命保険（Aグループ保険とBグループ保険）のポイント

1 生命保険の分類

1 保険金が支払われる理由による分類

生命保険は、保険金が支払われる理由により分類できます。

保険金の支払理由による分類

	保険金が支払われる場合
死亡保険	被保険者が死亡または**高度障害**になった場合（定期保険、終身保険等）
生存保険	被保険者が生存していた場合（個人年金保険、貯蓄保険等）
生死混合保険（死亡保険と生存保険を組み合わせた保険）	被保険者が保険期間中に死亡または高度障害になった場合、および満期まで生存していた場合（養老保険等）

2 保険金額の変動による分類

生命保険は、保険期間中に保険金額が変動するかどうかによって、定額保険と変額保険に分類できます。

保険金額の変動による分類

定額保険	・契約時に定めた保険金が支払われる保険 ・資金は**一般勘定**で運用・管理されている
変額保険	・保険金額が資産の運用実績によって変動する保険 ・資金は**特別勘定**で運用・管理されている

用語

一般勘定（いっぱんかんじょう）
保険会社は、商品によって「一般勘定」と「特別勘定」の２つの財布に分けて保険料を運用している。一定の予定利率を契約者に保証しているタイプの保険（定額保険）の資産を運用する財布が一般勘定

用語

特別勘定（とくべつかんじょう）
運用実績に応じて支払われる保険金などの、金額が変動するタイプの保険（変額保険）の資産を運用する財布が特別勘定

2 個人向け保険商品

1 保障重点型の保険

(1) 定期保険 重要

定期保険は保険期間が一定期間に限られ、保険期間中に被保険者が死亡または高度障害になった場合に保険金が支払われます。原則として、**満期保険金はなく**、保険料は**掛捨て**が中心で比較的安いのが特徴です。

(2) 生存給付金付定期保険

生存給付金付定期保険は定期的に生存給付金を受け取れる定期保険で、保険期間中に被保険者が死亡・高度障害となった場合には、定額の保険金が支払われます。その際すでに支払われている生存給付金は差し引かれません。満期時に生存給付金を受け取れるものもあります。生存給付金があるので、他の定期保険よりも保険料は**割高**になります。

(3) 終身保険 重要

終身保険は保障が一生涯続くもので、被保険者が死亡または高度障害になった場合に保険金が支払われます。

長期間保険料を払い込んでから解約すると多額の**解約返戻金**が支払われるので貯蓄性が高く（解約返戻金の額は払込保険料の総額により変わる）、生涯にわたって保障があるので相続対策になります。

保険料の支払い方法には**一時払い**、**有期払い**と**終身払い**があり、有期払いの場合は保険料の払込み終了後、死亡保障に代えて、**介護保障**や**年金受け取り**への変更が可能です。

用語

有期払い
保険料の払込みが一定期間（例えば60歳まで）で終了すること

用語

終身払い
保険料を生涯支払うこと。他の条件が同じであれば、毎回の支払い保険料は有期払込みの方が高くなる

ココが出る

有期払いの終身保険の保険料の払込みが終了した後、介護保障や年金受け取りへの変更ができる点がよく出題されます。

【定期保険のイメージ】

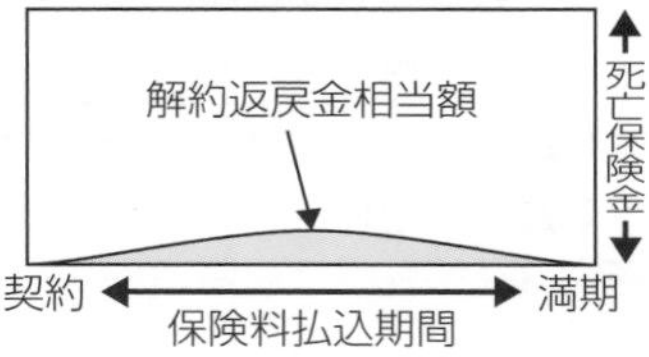

【終身保険のイメージ】

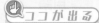

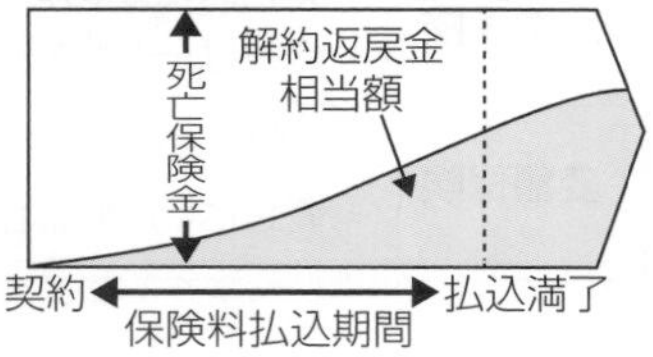

（4）低解約返戻金型終身保険 重要

低解約返戻金型の終身保険は、保険会社が設定した期間内は解約返戻金が低くなっている分、支払い保険料は保険金が同額の他の保険より**少ない**ですが、保険料払込期間経過後の解約返戻金は他の終身保険と**同じ水準**になります。

（5）無選択型終身保険

無選択型終身保険は告知や医師の診査なしに加入できる終身保険で、健康状態にかかわらず加入できるので、高齢者や一定の持病のある者向きですが、保険料は**割高**です。

一般的に、契約後、一定期間内に疾病により死亡した場合は、すでに**払い込んだ保険料相当額**のみが支払われます。

（6）定期付終身保険（定期保険特約付終身保険）重要

定期付終身保険は主契約の終身保険に定期保険を特約として付けた保険です。

保障は生涯で、定期保険の付いている期間に死亡した場合は、終身部分と定期特約部分をあわせた保険金を受け取ることができます。

終身部分の保険料の支払い方法には有期払いと終身払いがあり、定期特約部分の保険料の支払い方法には、全期型と更新型があります。

定期特約部分の支払い方法

全期型	・加入時から主契約の保険料払込み終了時まで定期保険特約を付けるもので、主契約の保険料の支払い終了後は更新不可（保険料は全期間一定）
更新型	・加入当初、10年あるいは15年といった期間だけ定期保険特約を付け、定期保険期間が満了になるごとに更新していく ・主契約の保険料の払込み終了まで、医師の**診査や告知は不要**でそれまでと同一条件で定期特約部分は自動更新される。ただし、保険料は年齢やそのときの保険料率で再計算され高くなる

間違えやすいポイント！

無選択型終身保険は、解約すると解約返戻金が支払われますが、終身保険等に比べて解約返戻率は低くなっています。

ココが出る

更新型は、当初の保険料は全期型よりも安いですが、更新のたびに上がるので、保険金額が同じであれば、更新型の払込保険料の総額は全期型よりも一般的に多くなります。

【定期付終身保険・更新型のイメージ】

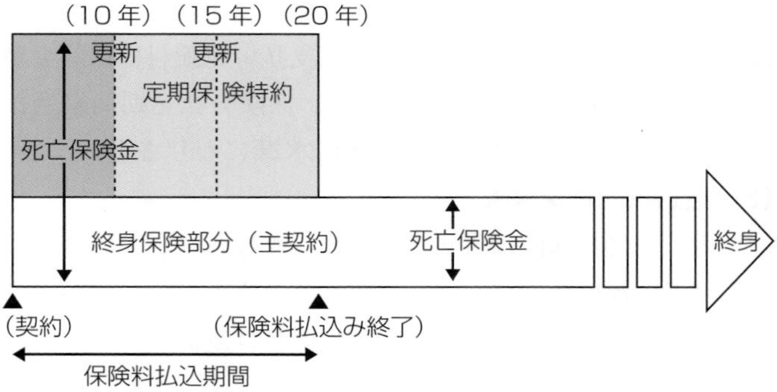

（7）収入（生活）保障保険 重要

収入（生活）保障保険は、保険期間内に被保険者が死亡や高度障害になった場合に、一定期間遺族等に保険金が**年金形式**で支払われる掛け捨て型の保険です。したがって、途中解約しても一般的に解約返戻金はありません。

一定期間（10年など）だけ支払われる**確定年金タイプ**（年満了タイプ）と保険期間満了時（一定の年齢）までを受取期間とする**歳満了**（さいまんりょう）**年金タイプ**があります。

年金受け取りに代えて**一時金**受け取りを選択することもできますが、年金受け取りより受取額の総額は**少額**になることが一般的です。また、保険期間の経過に応じて保障額が減少し保険料も減少するので、定期保険より保険料は**割安**になります。

（8）アカウント型保険（利率変動型積立終身保険）

アカウント型保険は保険の保障機能と貯蓄機能を分離した保険で、払込保険料を**保障部分**と**積立部分**（**アカウント部分**）に分けて自由に設計する（組み合わせる）ことができるので、**自由設計型保険**とも呼ばれます。

積立部分に適用される予定利率は一定期間ごとに見直されますが、**最低保証利率**があります。また、積立部分は、貯蓄と同じように積み増したり引き出したりでき、被保険者が死亡した場合は積立部分を受け取ることができます。

ココが出る

被保険者が契約した収入保障保険の保険金を遺族が一時金受け取りした場合、**相続税**の対象になります。

間違えやすいポイント！

収入保障保険は遺族の生活を保障するための保険で、**所得補償保険**のように被保険者の収入を保障するものではありません。

ココが出る

アカウント型保険では、保険料払込み終了後は、積立部分を終身保険などに移行できる点と、予定利率に最低保証がある点が出題されますので注意しておきましょう。

(9) 市場価格調整（MVA）保険

市場価格調整（MVA）保険とは、解約返戻金が解約時の市場金利に応じて増減する仕組みの保険のことです。主に終身保険・個人年金保険などに付されています。

2 保障機能と貯蓄機能がある保険

(1) 養老保険 重要

養老保険は保険期間内に死亡または高度障害になった場合には死亡保険金が支払われ、満期まで生存していた場合には死亡保険金と**同額**の満期保険金が支払われる生死混合保険です。

予定利率の高いもの（一時払い養老保険など）は貯蓄性が高くなっています。

【養老保険のイメージ】

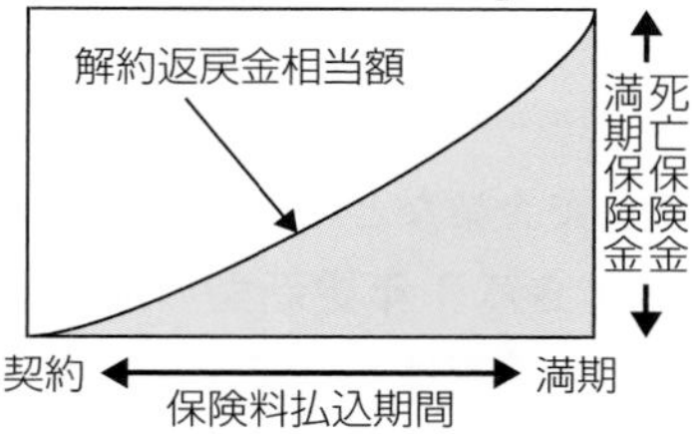

(2) 学資保険（こども保険）

学資保険（こども保険）は、子どもの教育資金などを準備するための保険で、一般的に子どもが被保険者、親が契約者および保険金の受取人となります。

満期のときや進学したときに満期保険金や祝金、子が途中で死亡した場合は死亡保険金が支払われます。

契約者である親が死亡した場合、死亡保険金は支払われませんが、以後の保険料は**免除**されます。親が亡くなっても契約自体は継続となり、祝金や満期保険金は支払われます。

3 投資型の保険（変額保険）

変額保険は、終身型と有期型（一定期間のみ保障）の２種類が多くなっています。資産の運用、管理は**特別勘定**で行

ココが出る

保険金額や保険期間等の条件が同じ場合、養老保険の保険料は満期保険金がある分、定期保険より高くなります。

ココが出る

養老保険では高度障害により保険金が支払われると契約は終了となり、その後、被保険者が満期まで生存していても、満期保険金は支払われません。

補足

学資保険（こども保険）には出産前加入特則により、子どもが生まれる前に加入できる商品もあります。

われ、終身型、有期型ともに**満期保険金**や**解約返戻金**は運用実績によって変動しますが、通常、契約時の保険金額（基本保険金額）を死亡保険金として最低保証しています（死亡保険金が基本保険金額を下回ることはない）。

終身型、有期型ともに**解約返戻金**の最低保証はなく、有期型は満期まで生存していれば満期保険金が支払われますが、最低保証はなく、運用実績によっては基本保険金額を下回る場合もあります。

	死亡保険金	解約返戻金と満期保険金
終身型	基本保険金額が最低保証される	解約返戻金は運用実績によって変動する ※満期保険金はない
有期型		解約返戻金と満期保険金は運用実績によって変動する

3 団体生命保険

団体生命保険とは、１つの契約で企業などの団体に所属する者が一括加入または任意加入できる**１年更新型**の定期保険のことです。加入する際、医師の診査は**不要**です。

代表的な団体生命保険には、総合福祉団体定期保険（Aグループ保険）と団体定期保険（Bグループ保険）などがあります。

1　総合福祉団体定期保険（Aグループ保険） 重要

総合福祉団体定期保険（Aグループ保険）は、法人の役員・従業員の遺族の生活保障を目的とした保険です。被保険者は原則として全役員や全従業員（従業員は**一括加入**）で、役員や従業員が死亡、高度障害になったときの弔慰金・死亡退職金、高度障害保険金の準備のために会社で加入する保険です（したがって従業員の**定年退職金**の準備としては**活用できない**）。

間違えやすいポイント！
総合福祉団体定期保険は、死亡原因が業務上か業務外かを問わず保険金が支払われます。

総合福祉団体定期保険（Aグループ保険）の特徴

契約者	法人等の団体
被保険者	役員および従業員
保険金受取人	原則、死亡保険金は被保険者の遺族、高度障害の場合は被保険者本人 ※被保険者の同意があれば保険金受取人を法人にできる
保険料	全額、**会社負担**（全額、損金算入可能）
医師の診査	不要。加入に際し、被保険者の**同意**および**告知**は必要
特約	**ヒューマンバリュー特約**と**災害総合保障特約**の２つがある

（1）ヒューマンバリュー特約

従業員の死亡に伴う経済的損失（企業が**新しい従業員を採用する**ための費用や育成費用）を準備するための特約です。受取人は法人に限定されています。

（2）災害総合保障特約

従業員が突然の事故で傷害を負ったときに、**治療費や入院費**を保障するための特約です。受取人は企業または役員や従業員です。

2 団体定期保険（Bグループ保険）

団体定期保険（Bグループ保険）とは従業員が勤務先の会社を通して**任意に**加入する１年更新型の団体保険のことで、一般的に保険料が割安です。保険料は、通常、給与天引きにより**全額従業員や役員が負担**します。なお、支払った保険料は**生命保険料控除**の対象になります。

3 団体信用生命保険 重要

団体信用生命保険は住宅ローンに付けられる生命保険で、保険契約者および保険金受取人は金融機関、被保険者は債務

ココが出る

ヒューマンバリュー特約と災害総合保障特約の違いについて出題されます。

間違えやすいポイント！

団体信用生命保険では、債務者が支払う保険料は、生命保険料控除の**対象外**、また、団体信用生命保険から支払われる死亡保険金は金融機関に支払われるので、**相続税**の対象にはなりません。

者（住宅ローンを組んだ人）、保険金額は**住宅ローン残高**と同額です。

債務者が死亡または高度障害になった場合に、保険会社がその時点の**ローン残高**を保険金として金融機関に支払います。

一般的に、ローン残高に応じて**保険金額**も**保険料**も**減少**します。

特約を付けることで、被保険者ががんや急性心筋梗塞、脳卒中などになった場合に、保険金が支払われる商品もあります（三大疾病付団体信用生命保険）。

また、夫婦のどちらかが死亡した場合に、住宅ローン残高がゼロになる夫婦連生型もあります。

4 かんぽ生命の保険

かんぽ生命の保険は、原則、他の生命保険同様**生命保険契約者保護機構**の対象です。かんぽ生命の主な商品は、終身保険、養老保険、定期保険、年金保険、学資保険などです。

かんぽ生命（基本契約）の特徴

加入限度額	・原則、15歳以下は**700万円**、16歳以上は原則、**1,000万円** ・加入後**4年**以上経過している20歳以上55歳以下の者は**2,000万円**
加入手続き	・**医師**の診査は不要（職員との面接による告知のみ） ・**職業**による加入制限はない
保険金の倍額保障	・終身保険、養老保険については、契約日から**1年6か月**を経過後、不慮の事故で**180日**以内に死亡した場合または**特定感染症**により死亡した場合は、死亡保険金が**倍額**支払われる

5 共済

共済とは、万一の場合に備えて生命保険と同様の相互扶助を目的として行う制度です。生命保険と違って、加入者は原則として一定の職域や地域内に限定されています。

なお、各共済契約は「保険契約者保護機構」の保護の対象ではありません。

ココが出る

ＪＡ共済、こくみん共済、都道府県民共済については例外的に、**保険業法**の対象とならず、これまで同様各監督省庁のもとで、各根拠法により運用されています。ただし、すべての共済契約は**保険法**の適用を受けます。

1 ＪＡ共済

JA共済は、農林水産省が監督している農業協同組合の行う共済事業で、終身共済、年金共済、自動車共済、自賠責共済、建物更生共済、医療共済などがあります。

加入者は、原則、組合員とその家族ですが、一般の人も出資金を支払うことで准組合員として加入可能です。

掛金は加入者の**年齢**と**性別**により異なります。

2 こくみん共済（旧全労済）

こくみん共済（旧全労済）は、厚生労働省が監督している企業の組合員が参加する共済制度で、**こくみん共済**、新せいめい共済、新総合医療共済、マイカー共済、自賠責共済などがあります。

原則、こくみん共済は**年齢**や**性別**に関係なく**掛金は一律**で、加入にあたって、**医師の診査**は不要です。

期間は１年の自動更新となっています。

3 都道府県民共済（全国共済・都民共済など）

都道府県民共済は厚生労働省の監督のもと、全国生活協同組合連合会が中心となって全国の多くの都道府県が実施している共済制度です。

原則、年齢や性別に関係なく**掛金は一律**で、加入にあたって、**医師の診査**は不要です。死亡保障と医療保障をあわせた「**総合保障型**」になっています。

重要度 ★★★

4 個人年金保険

学習項目
- 個人年金保険の種類
（特に確定年金、夫婦年金、保証期間付終身年金）
- 変額個人年金保険の特徴

1 定額個人年金保険の種類 重要

定額個人年金保険は、あらかじめ決められた年齢から年金が支払われる保険で、年金受け取り開始前に被保険者が死亡した場合は、すでに**払い込んだ保険料相当額**の死亡給付金が支払われます。

定額個人年金保険の種類

終身年金	・被保険者が生きている限り年金が支払われる ・年金の支払いに一定の保証期間を付ける保証期間付終身年金が一般的 ・保険料は一般的に**男性**より**女性**の方が高い （女性の方が長生きで、長年にわたって年金を受給できるため）
保証期間付終身年金	・被保険者が生きている限り年金は受け取れるが、被保険者が保証期間中に死亡した場合、残りの保証期間は**遺族に年金（または死亡一時金）が支払われる** 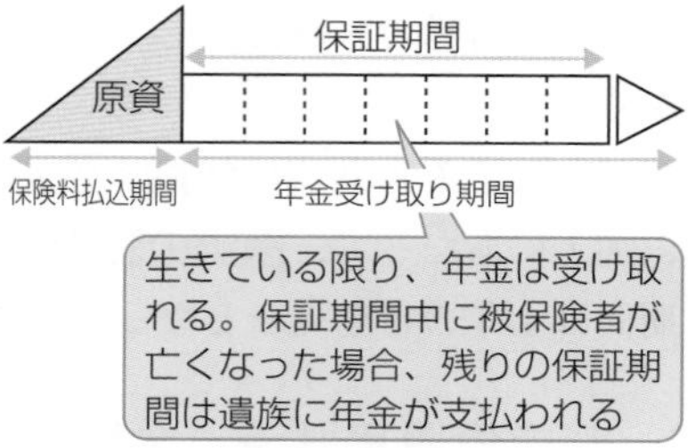 ・保証期間中の年金を一時金として一括で受け取った場合でも、保証期間終了後も生きていれば年金は支払われる（一括で受け取った場合は雑所得となる）
夫婦年金	・夫婦どちらか一方が生きている限り、年金が支払われる（連生保険） ・夫婦のどちらか一方が死亡した場合、年金額が**一定**のものや減額となるものもある ・一般的に他の終身年金よりも毎年の年金額は少ない

確定年金	・被保険者の生死にかかわらず、一定期間（10年、15年、20年など）年金が支払われる保険 ・被保険者が年金受け取り期間中に死亡した場合、残り期間は遺族に**年金（または死亡一時金）が支払われる** ・年金支払開始前に被保険者が死亡した場合は、それまでの**払込保険料相当額**が死亡給付金として支払われる	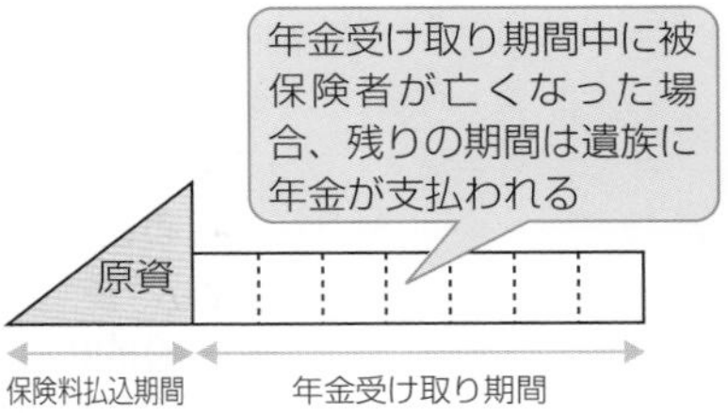
有期年金	・被保険者が生きていれば一定期間（10年、15年など）年金が支払われる保険 ・被保険者が年金受け取り期間中に死亡した場合、受け取り期間が残っていても、以後の**年金は支払われない** ・同じ条件であれば保険料は確定年金より**安い**	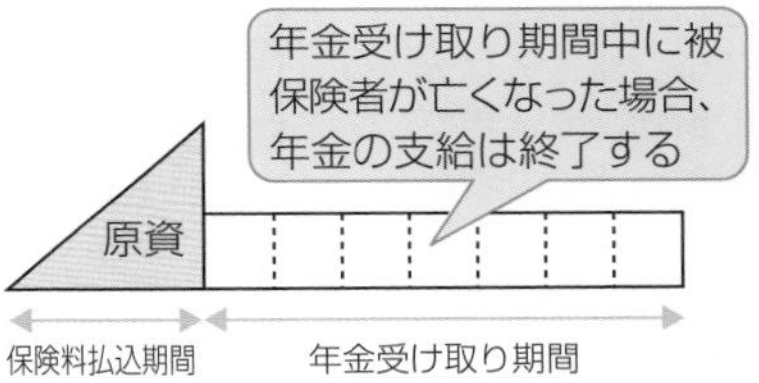

2 変額個人年金保険 重要

変額個人年金保険は、資産の運用を**特別勘定**（投資信託や株、債券等で運用）で行い、その**運用実績**により年金額が変動する保険です。

変額個人年金保険の主な特徴

- 通常、運用期間中の死亡保険金は運用実績に関係なく、**最低保証**（一時払い保険料相当額）されている
- 一般的に、解約返戻金には**最低保証はなく**、運用実績により異なる
- 年金原資や年金受取総額を最低保証しているものもある

ココが出る

定額個人年金保険は、**一般勘定**で運用され、運用のリスクを保険会社が負っているので、原則として年金額が保証されています。

- 年金の受け取り方法は、保証期間付終身年金か確定年金が多い
- 一般的に、短期で解約したときの解約控除率（解約コスト）が高いものが多く、一時払い保険料相当額を下回ることもある（長期間保有すると解約控除率は下がる）
- 一般的に、運用収益に対する課税は解約時や年金を受け取る時まで先延ばしされるため、**課税の繰延べ効果**と**複利運用効果**がある

ココが出る

変額個人年金保険の死亡保険金は、運用により資産が増えているときに亡くなった場合はそのときの金額が、資産が減っているときに亡くなった場合は基本保険金が支払われます。

【変額個人年金保険（一般的な例）】

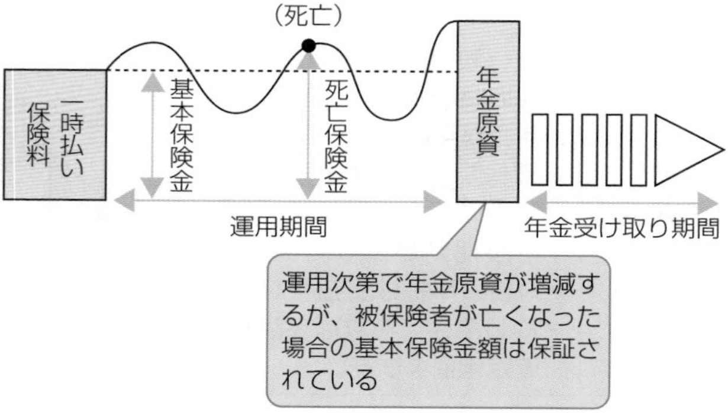

3 外貨建て個人年金保険

ココが出る

外貨建て個人年金保険は、契約時に**円換算支払特約**を付加しても、為替変動リスクは回避できません。

外貨建て個人年金保険は、保険料の支払いや保険金の受け取りを米ドルなどの外貨で行う個人年金保険です。

外貨建て個人年金保険の主な特徴

- 為替が契約時より円高になった場合は、年金受取額が払込保険料相当額を下回ることもある
- **円換算支払特約**（運用は外貨で行い、保険料の支払いと保険金の受け取りは円貨で行う特約）を付けていても、為替リスクがあり年金受取総額が減ることがある
- 要件を満たせば、保険料は生命保険料控除の対象となる

重要度 ★★★

5 生命保険と税金

学習項目

- 一般の生命保険料控除、個人年金保険料控除および介護医療保険料控除
- 死亡保険金と満期保険金に対する税制
- 個人年金保険に対する税制

1 生命保険料控除

1 生命保険料控除とは

確定申告することで払込保険料の額に応じた一定の額がその年の契約者（保険料負担者）の所得から控除され、所得税と住民税が軽減されます。これを生命保険料控除といい、**一般の生命保険料控除**と**個人年金保険料控除**および、**介護医療保険料控除**の３つがあります。給与所得者の場合、会社に生命保険料控除証明書を提出することで年末調整により控除を受けられます。

2 一般生命保険料控除

（1）対象となる保険の種類 重要

一般の生命保険（終身保険、定期保険、一定の**外貨建て生命保険**など）、共済（生命共済）、**変額個人年金保険**、**特定（三大）疾病保障保険**など。

（2）対象となる保険料

原則として、１年間の払込保険料の総額が対象です。受け取った配当金がある場合は保険料から差し引きます。

一般の生命保険料控除のポイント 重要

- 保険金受取人が契約者本人か配偶者または親族（６親等内の血族および３親等内の姻族）であること
- 保険料が未払いの場合は控除を受けることができない
- **自動振替貸付制度**により保険料を支払っている場合もその年に控除を受けることができる

間違えやすいポイント！

外貨建ての保険も、海外の保険会社で国外契約した場合を除いて、生命保険料控除の対象になります。

ココが出る

保険期間が５年未満の**貯蓄保険**、**財形保険**、**少額短期保険業者と締結した保険**、団体信用生命保険、海外の保険会社との国外契約の保険は生命保険料控除の対象外です。

用語

血族
血のつながりがある親族

用語

姻族
配偶者側の親族

- 一時払い保険料は支払った年度のみ控除の対象となり、（全期）前納払いの場合は、その間にわたり毎年控除できる
- 住宅ローンを組んだときに加入する団体信用生命保険の保険料は対象外
- 実際に保険料を支払った年の控除の対象となる

（例）2025年１月に払い込まれた2024年12月分の保険料は、2025年分の生命保険料控除の対象となる

間違えやすいポイント！
2012年１月１日以後、生命保険に付加した**傷害特約**や**災害割増特約**の保険料は、生命保険料控除の対象になりません。

3　個人年金保険料控除

（1）対象となる保険の種類

個人年金保険（終身年金、確定年金、保証期間付終身年金、夫婦年金など）。

（2）控除の適用要件　重要

ココが出る
個人年金保険料控除の対象になるかどうかの問題は出題頻度が高くなっています。４つの要件をしっかり覚えておきましょう。

個人年金保険料控除の適用要件

- **個人年金保険料税制適格特約**が付加されていること
- 年金受取人が**契約者**またはその**配偶者**で、**被保険者と同一人**であること
- 保険料払込期間が**10年以上**であること（一時払いの場合は**一般生命保険料控除**の対象）
- 年金の種類が終身年金であること、または、年金受取り開始時の被保険者の年齢が**60歳以上**で、かつ受取期間が**10年以上**である確定年金・有期年金であること（終身年金の場合は年齢要件はなし）

間違えやすいポイント！
変額個人年金の保険料は、個人年金保険料控除の対象ではなく、一般の生命保険料控除の対象です。

なお、上記の個人年金保険料控除の要件を満たしていない個人年金保険の保険料は、個人年金保険料控除でなく、**一般生命保険料控除**の対象です。変額個人年金保険の保険料も**一般生命保険料控除**の対象です。

4　介護医療保険料控除

入院・通院を対象とする保険の保険料が対象です。具体的には、2012年（平成24年）１月１日以後に新たに契約または更新した**医療保険**（がん保険を含む）、民間の**介護保険**、

所得補償保険の保険料および**先進医療特約**、総合医療特約などの一定の条件に該当する特約保険料が対象です。

2011年（平成23年）12月31日までに契約していた医療保険などについては、原則として**一般生命保険料控除**のままです。ただし、以下の場合は2011年（平成23年）12月31日までに契約したものであっても新しい契約とみなされ、介護医療保険料控除の対象となり、控除額が異なってきます。

旧契約でも介護医療保険控除の対象になる場合

- 2012年1月1日以後に**主契約**または**特約の更新**があった場合
- 2012年1月1日以後に**特約**を**付加**した場合

5 控除金額 重要

一般生命保険と個人年金保険および介護医療保険の控除額は、以下のとおりです。

生命保険料控除の控除額

		一般生命保険料控除（上限額）	個人年金保険料控除（上限額）	介護医療保険料控除（上限額）	合計
2011年12月31日以前の契約（旧契約）	所得税	5万円	5万円	なし	10万円
	住民税	3万5,000円	3万5,000円	なし	7万円
2012年1月1日以後の契約（新契約）	所得税	4万円	4万円	4万円	**12万円**
	住民税	2万8,000円	2万8,000円	2万8,000円	**7万円**

※2011年12月31日以前の契約では、各保険料の総額が10万円を超えた場合、最高で所得税4万円、住民税2万8千円が控除され、2万5,000円以下の場合、全額が控除される

※2012年1月1日以後の契約では、各保険料の総額が8万円を超えた場合、最高で所得税4万円、住民税2万8千円が控除され、2万円以下の場合、全額が控除される

【旧契約と新契約の両方がある場合の控除額の計算】

2011年12月31日以前の契約と2012年１月１日以後の契約の両方について、一般生命保険料控除または個人年金保険料控除の適用を受ける場合、次の３つの中から選択します。

①2011年12月31日以前の契約のみ適用を受ける
控除額の上限は従来どおり、所得税各５万円（２つ合計で10万円）、住民税各3万5,000円（２つ合計で７万円）
②2012年１月１日以後の契約のみ適用を受ける
控除額の上限は、所得税各４万円（３つ合計で12万円）、住民税各2万8,000円（３つ合計は７万円のまま）
③両方の契約について適用を受ける
控除額の上限は、所得税各４万円（３つ合計で12万円）、住民税各2万8,000円（３つ合計７万円で、８万4,000円にはならない）

2 死亡保険金と満期保険金に対する税金

1 死亡保険金に対する課税

個人が死亡保険金を受け取ると、契約者（保険料負担者）、被保険者、保険金受取人の関係によって、相続税、所得税（一時所得）、贈与税のいずれかの税金が課税されます。

死亡保険金に対する課税の例 重要

	契約者	被保険者	受取人	対象となる税金の種類
パターン１	A	A	法定相続人	**相続税**（非課税枠の**適用あり**）
パターン２	A	A	法定相続人以外の人	**相続税**（非課税枠の**適用なし**）
パターン３	A	B	A	**所得税**（一時所得）
パターン４	A	B	C	**贈与税**

（1）相続税の対象となる場合（パターン１・２）

契約者（＝保険料負担者）と被保険者が同じで、受取人がそれ以外の場合、死亡保険金は**みなし相続財産**として相続税の対象になります。保険金の受取人が法定相続人である場合は、以下の金額が非課税になります。

重要

非課税となる金額＝500万円×法定相続人の数

(2) 所得税の対象となる場合（パターン3）

契約者（＝保険料負担者）と保険金受取人が同じである場合、死亡保険金は**一時所得**として所得税の対象になります。一時所得の金額は以下のように計算します。

計算 重要

一時所得の金額＝(受取保険金－払込保険料総額)－特別控除(50万円)

※一時所得が黒字の場合、上記の金額の2分の1が他の所得と合算され、課税される

(3) 贈与税の対象となる場合（パターン4）

契約者（＝保険料負担者）、被保険者、保険金受取人がそれぞれ異なる場合には、死亡保険金は契約者から保険金受取人への贈与とみなされ、贈与税の対象になります。贈与税は一般的には以下のように計算します。

贈与税額＝{受取保険金－基礎控除(110万円)}×贈与税率

2 満期保険金に対する課税

満期保険金の受取人が契約者（＝保険料負担者）であれば所得税（一時所得）の対象となり、受取人が契約者以外の場合は贈与税の対象になります。

満期保険金の課税の例 重要

契約者	被保険者	受取人	対象となる税金の種類
A	誰でも	A	**所得税**(一時所得)
A	誰でも	A以外	**贈与税**

用語

みなし相続財産
民法上は被相続人の財産ではないが、相続税法上は相続財産とされるもの。なお、死亡保険金は相続を放棄していても受け取れる

間違えやすいポイント！

少額短期保険も、契約者と被保険者が同じで保険金受取人が異なる場合、支払われる死亡保険金は、相続税の課税対象です。死亡保険金の非課税（500万円×法定相続人の数）の適用を受けることができます。

参照

一時所得
☞4章2

ココが出る

死亡保険金や満期保険金については、契約者(保険料負担者)と保険金の受取人が同じであれば、被保険者が誰であっても原則、所得税（一時所得）の対象となります。

3　源泉分離課税の対象となる場合（金融類似商品）

契約者（＝保険料負担者）と保険金受取人が同一人で、保険期間が５年以下の**一時払いの養老保険**や一時払いの個人年金保険などの満期保険金（保険差益）については、**金融類似商品**とみなされ、復興税込みで20.315％（所得税15.315％、住民税５％）の**源泉分離課税**になります。

金融類似商品とみなされる要件　重要

以下の３つの条件を満たしている場合、金融類似商品とみなされる。

- 保険期間が**５年**以下の保険の満期保険金、または契約時から５年以内に解約した場合の解約返戻金であること
- 払込方法は**一時払い**等であること（年払いは対象外）
- 満期返戻金に対する死亡保険金の倍率（**保険倍率**）が**５倍未満**であること（したがって**満期のない終身保険**は５年以内に解約しても金融類似商品とみなされず、一時所得として総合課税の対象となる）

4　給付金に対する課税　重要

被保険者かその配偶者や直系血族が受け取る高度障害保険金、生前給付保険金（**リビング・ニーズ特約**等）、入院給付金などの各種給付金は、**非課税**です。

給付金が相続税の課税対象になる場合

被保険者の死亡後に支払われた入院給付金や、生前に被保険者が受け取った給付金などが被保険者の死亡後も残っている場合は、残額は**相続税**の課税対象

5　解約返戻金に対する課税

解約返戻金の受取人は契約者なので、解約返戻金と払込保険料との差額が**一時所得**として総合課税の対象になります。解約返戻金の額が払込保険料総額より少なければ課税されま

間違えやすいポイント！
終身保険は、満期がなく保障倍率の要件を満たさないため、５年以内に解約しても金融類似商品の対象にはなりません。

用語
保障倍率
「死亡保険金額÷満期返戻金の額」で計算した倍率。保険金額が1,000万円、満期返戻金の額が250万円であれば、保障倍率は４倍になる

用語
リビング・ニーズ特約
余命６か月と診断された場合に生前に保険金が支払われる特約

間違えやすいポイント！
生命保険の契約者の名義を親から子に変更したときは、親がすでに払い込んだ保険料の**解約返戻金相当額の贈与**があったとみなされます。

せん。

6　生命保険契約に関する権利の評価 重要

契約者（＝保険料負担者）と被保険者が異なる保険において契約者が死亡した場合、被保険者が死亡したわけではないので保険は消滅せず、契約者を変更して保険を継続することになります。

この場合、契約を引き継いだ者は「**生命保険契約に関する権利**」を相続したことになり、**相続税**の対象となります。「生命保険契約に関する権利」については、課税時期の**解約返戻金相当額**に相続税がかかります。

生命保険契約に関する権利の相続

契約者（死亡）	被保険者	受取人	税法上の取扱い
A	B	C	契約者のAが死亡した場合、契約者を変更し、新たな契約者はこの生命保険の権利を、この時点での**解約返戻金相当額**で相続する

7　受取配当金に対する課税

保険料を支払っている期間中に受け取った契約者配当金には、税金はかかりません（非課税）。したがって、生命保険料控除の対象となる保険料は、支払った保険料から**配当金**を差し引いた額です。

一方、配当金を保険金と一緒に受け取る場合は、原則、一時所得として所得税の課税対象となります。

3　個人年金保険の税金

1　年金の受け取り前の税金

年金受け取り開始前に被保険者が死亡した場合の死亡給付金（振込保険料相当額）は、一般の生命保険の死亡保険金と同様に相続税、所得税（一時所得）、贈与税のいずれかの対象になります。

2 年金受け取り開始時の税金

年金受け取り開始時の税金

	契約者	被保険者	受取人	対象となる税金の種類
契約者 ＝受取人	A	A	A	・毎年受け取る年金の場合は、所得税の対象（雑所得）
契約者 ≠受取人	A	B	B	・原則、年金受け取り開始時にAからBが年金受給権を取得したものとみなされ、贈与税の対象 ・毎年受け取る年金の場合は、所得税の対象（雑所得）

3 年金受給権の相続税評価 重要

年金の給付事由が発生している（すでに年金の支払いが始まっているまたはこれから年金が支払われる）場合と、給付事由が発生していない場合に分けて相続税の対象額を評価します。

年金受給権の相続税評価

年金給付事由が発生している場合	以下の金額のうち、最も多い金額で評価する ①解約返戻金相当額 ②一時金で受け取れる場合はその一時金相当額 ③予定利率等をもとに算出した金額
年金給付事由が発生していない場合	原則、解約返戻金相当額で評価する。なお、その後毎年受け取る年金は雑所得となり、所得税・住民税の対象となる

重要度 ★★★

6 法人契約の生命保険と経理処理

学習項目
- 長期平準定期保険、逓増定期保険、ハーフタックス
- 法人契約の生命保険の経理処理

1 法人契約の生命保険

法人が契約者となり加入する生命保険の主な目的は、役員や従業員の退職金の準備や、役員や従業員に万一のことがあった場合の備え、遺族への保障、当面の**事業保障資金**の確保などです。

法人は目的に応じて、定期保険、養老保険、終身保険、個人年金保険などを利用しています。

ココが出る
事業保障資金の必要額は、一般的に**短期債務額**（短期借入金など）と全従業員の**1年間の給与総額**の合計とされています。

法人契約の生命保険

- 主な役員向けの保険……長期平準(ちょうきへいじゅん)定期保険、逓増(ていぞう)定期保険など
- 主な従業員向けの保険…総合福祉団体定期保険、養老保険など

●長期平準定期保険 重要

保険期間が長い定期保険のことで、通常、解約返戻金が多額になるため**貯蓄機能**がありますが、**満期保険金**はありません。なお、長期平準定期保険は、被保険者を特定の役員等、死亡保険金の受取人を法人として契約するのが一般的です。

長期平準定期保険は、一般的に長期間加入後に解約すると、解約返戻金が多額になるため、特定の役員などの**退職金**として活用することもできます。なお、一定期間経過後から解約返戻金は徐々に減少し満期日にはゼロになります。

間違えやすいポイント!

長期平準定期保険、逓増定期保険、逓減定期保険の保険期間中の保険料はどれも一定です。

●逓増定期保険

死亡保険金が毎年徐々に増えていく定期保険で、満期までに保険金額が当初の金額から最大５倍まで増加し、保険期間の満了時の被保険者の年齢が45歳を超える保険をいいます。

なお、保険期間の経過とともに保険金が減っていく**逓減**（ていげん）**定期保険**もあります。長期平準定期保険、逓増定期保険、逓減定期保険はともに保険期間中の**保険料は一定**です。

2 保険料の経理処理

用語

資産計上
資産とみなして積立てること

用語

損金算入
会計上は費用とはならないが、税法上は損金（経費）となること

法人の支払う保険料の経理処理の方法は、保険金受取人が誰か、貯蓄性のある保険かどうかなどにより異なります。一般的に、保険金の受取人が法人の場合、貯蓄性がある保険（終身保険など）の保険料は経費とはならず**資産計上**され、貯蓄性のない保険（定期保険など）の場合は経費とみなされ**損金算入**されます。なお、原則として、特定の者のみを被保険者とする場合、保険料および特約保険料はその者に対する**給与または報酬扱い**になります。

契約者（＝保険料負担者）が法人の場合の保険料の原則的な経理処理 重要

保険の種類	保険金受取人	
	法人	役員・従業員またはその遺族
貯蓄性のある保険（養老保険、個人年金保険、解約返戻金の多い終身保険など）	保険料は**資産計上**	保険料は**損金算入**（給与として計上）
貯蓄性のない保険（定期保険、医療保険、各種特約など）	保険料（特約保険料も含む）は**損金算入**	保険料は損金算入（給与として計上）

1 定期保険

定期保険（**長期平準定期保険**や**逓増定期保険**を含む）については、解約返戻金の割合が最高で50％を超える場合、一定期間、解約返戻金率に応じて保険料の一定割合を資産計上し、残額を損金算入します。

定期保険の経理処理の方法

最高解約返戻金率	資産計上期間	資産計上割合	取り崩し期間
50%以下	なし	なし	なし
50%超 70%以下	保険期間の４割を経過する日まで	当初支払保険料の40%（60%は損金算入）	保険期間の75%期間経過後から最終日まで
70%超 85%以下	保険期間の４割を経過する日まで	当初支払保険料の60%（40%は損金算入）	保険期間の75%期間経過後から最終日まで

ただし、以下の要件のどれかに該当する定期保険の保険料は**全額損金算入**されます。

- **最高解約返戻金率が50%以下の定期保険**
- **最高解約返戻金率が70%以下、かつ、年間保険料相当額が30万円以下の定期保険**
- **保険期間が３年未満の定期保険**

法人が保険料を支払った定期付終身保険の経理処理

死亡保険金受取人	終身部分の保険料	定期部分の保険料
法人	資産計上	損金算入
役員・従業員の遺族	給与	原則、損金算入

※法人が保険料を支払い、死亡保険金の受取人も法人の定期付終身保険の場合、原則として定期部分の保険料は**損金算入**、終身部分の保険料は**資産計上**する

ココが出る

養老保険では、死亡保険金の受取人が遺族・満期保険金の受取人が法人の場合、法人が支払った保険料の2分の1を資産計上、死亡保険金と満期保険金の受取人が両方とも法人の場合、保険料は全額資産計上します。

2 養老保険（ハーフタックス・プラン）重要

契約者は法人、死亡保険金の受取人が役員・従業員の遺族、満期保険金の受取人を法人とする養老保険のプランを特にハーフタックス・プランといいます。全期間にわたり、法人の支払った保険料の２分の１は保険料積立金として資産計上され、残りの２分の１は福利厚生費として損金算入されます。保険料を福利厚生費として損金算入するためには、原則、すべての役員・従業員が養老保険に加入する必要があります。

ハーフタックス・プランの経理処理

保険金受取人		保険料の取扱い
死亡保険金	満期保険金	・2分の１資産計上 （保険料積立金） ・2分の１損金算入 （福利厚生費） ※特約保険料も損金算入
役員・従業員の遺族	法人	

なお、死亡保険金が被保険者の遺族に支払われた場合、法人は資産計上していた保険料を取崩し、雑損失として損金算入します。

3 個人年金保険

死亡保険金の受取人が役員・従業員の遺族、年金受取人が法人の場合、保険料は以下のような経理処理を行います。

個人年金保険の経理処理

受取人		保険料の取扱い
死亡保険金	年金	・10分の9資産計上 （年金積立金） ・10分の１損金算入 （福利厚生費）
役員・従業員の遺族	法人	

3 保険金の経理処理 重要

ココが出る

法人が契約者である生命保険などから受け取った入院給付金や手術給付金などは、全額を雑収入として益金算入します。

1 法人が受取人の場合

法人が死亡保険金や満期保険金および解約返戻金を受け取った場合は、受け取った金額を資産計上し、すでに資産計上している保険料積立金は取り崩します。受け取った保険金額と保険料積立金との差額は雑収入として益金算入します。受け取った保険金の方が少ない場合は、差額は雑損失（費用）として損金算入します。

2 被保険者やその遺族が受取人の場合

保険金や入院給付金が直接、被保険者やその遺族に支払われた場合は、原則として法人の経理処理は不要です。資産計上していたものがあれば取り崩して損金算入します。

保険金の経理処理

保険金受取人	法人の経理処理
法人	〔資産計上されている保険料がない場合〕 ・受け取った保険金は全額益金算入（雑収入） 〔資産計上されている保険料がある場合〕 ・資産計上していたものがあれば取り崩し、受け取った保険金との差額を益金算入（保険金の方が少ない場合は差額を損金算入）
役員・従業員の遺族	・保険金に対する経理処理は発生しない ・資産計上していた保険料があれば取り崩して損金算入

重要度 ★

7 損害保険の基礎知識

学習項目
- 損害保険の原則
- 損害保険の種類と失火責任法

1 損害保険の原則

損害保険の基礎用語

保険価額（かがく）	保険の対象となるものの価値を金銭で評価した額（損害の見積もり額）
保険金額	保険事故の発生時に損害保険会社が支払う保険金の限度額（契約金額のこと）
保険の目的	保険金が支払われる対象
保険事故	保険金の支払いの対象となっている事故（原因）
再調達価額	同じものを再度購入する場合に必要となる資金
時価額	再調達価額から、使用期間に応じた消耗分を差し引いた金額
実損てん補	保険金額（契約金額）を上限として、実際の損害額を保険金として支払うこと
比例てん補	保険事故が生じたときの保険価額に対する保険金額の割合に応じて、保険金が減額されて支払われること
全部保険	保険金額と保険価額が等しい保険のこと。保険金額を限度として実際の損害額が保険金として支払われる（実損てん補）
超過保険	保険金額が保険価額を**上回っている**保険。超過部分は契約者に過失がなくても無効となる ※契約者は超過部分の契約を取り消すことができる
一部保険	保険金額が保険価額を**下回っている**保険
再保険	保険会社が自らの保険金の支払い責任の全部または一部を他の保険会社に転嫁するための保険
価額協定保険特約	契約金額を、時価額ではなく再調達価額で補償する特約。建物なら新築費、家財なら再取得価額が保険金額となる

損害保険料も生命保険料同様、大数の法則、収支相等の原則に基づいて計算されますが、さらに、**給付・反対給付均等の原則、利得禁止の原則**もあります。

損害保険の原則

給付・反対給付均等の原則(公平の原則)	保険料は、被保険者の危険度に応じたものでなければならないこと(危険を伴う職業の者は保険料が高くなる)
利得禁止の原則	被保険者は保険金の受け取りによって利益を得てはならないこと

2 失火責任法

軽過失による失火で隣家を延焼させた場合は、「**失火責任法**」により、損害賠償責任は免れます。

失火責任法のポイント

- **軽過失**による失火で**隣家**を延焼させた場合は、**損害賠償責任**を負わない。ただし、その原因が故意または重過失による失火や**爆発**による場合は、損害賠償責任を負う
- 軽過失による失火であっても、借家人が**借家**を全焼させた場合は、家主に対して**債務不履行**による損害賠償責任を負う

ココが出る

価額協定保険特約により、再調達価額で火災保険を契約することで、もしもの場合に元どおりの建物を新築したり、家財を再購入できます。

用語

利得禁止の原則
損害額以上の保険金を受け取ってはいけないということ。これを**実損払い**という

間違えやすいポイント!

失火責任法は、ひっかけ問題が出題されやすい箇所です。**軽過失**により、隣家を延焼させた場合や消防活動によって隣家に損害を及ぼした場合、**損害賠償責任を負いません。**

用語

債務不履行
債務者が契約上の義務を果たさないこと

重要度 ★★★

8 損害保険商品

学習項目

- 火災保険と地震保険のポイント
- 自動車保険(特に自賠責保険、人身傷害補償保険)
- 賠償責任保険(特に個人賠償責任保険)

1 火災保険

1 火災保険の概要 重要

火災保険は、建物やその動産(家財、製品、商品等)の火災等による損害を補償する保険です。

なお、契約者の重大な過失による火災の場合は、保険金は支払われません。

火災保険のポイント

①建物と家財は別々に契約する(家財のみの契約も可能)
②地震・噴火またはこれらによる津波を原因とする火災は補償の対象外(地震保険の対象)
③保険料は建物の所在地、建物の構造などで異なる
④1個または1組の価額が30万円を超える貴金属、宝石や絵画などは明記物件となっており、個別に申告しなければ補償されない

2 火災保険の契約内容と保険金額 重要

全部保険の場合、保険金額を限度として実際の損害額が保険金として支払われます(実損てん補という)が、一部保険では、損害額が保険金額の範囲内であっても、保険金額の実際の価額に対する割合で保険金が減額されて支払われます。これを比例てん補といいます。一部保険の場合、保険金額が保険価額の80%以上か80%未満かで保険金額が異なります。

ココが出る

火災保険には、満期時に満期返戻金が支払われる積立型のものもあります。

用語

明記物件
保険証券に明記することで補償の対象にすることができる物のこと

- 保険金額が保険価額の80%以上の場合＝実損てん補（実際の損害額が支払われる）
- 保険金額が保険価額の80%未満の場合＝比例てん補（保険金が調整される）

【保険金額が保険価額の80%未満の一部保険の保険金の計算方法】

計算

$$\text{支払われる保険金額} = \text{損害額} \times \frac{\text{保険金額}}{\text{保険価額} \times 80\%}$$

（※保険金額が限度）

保険価額×80% → 最大損害額

ケース

保険価額が２億円（建物の時価）の建物に保険金額１億円で火災保険に加入し、損害額が１億円であった場合に支払われる保険金額

$$\text{保険金額} = 1\text{億円} \times \frac{1\text{億円}}{2\text{億円} \times 0.8}$$

＝6,250万円（損害額より3,750万円少ない）

3　火災保険の種類と補償のポイント　重要

火災保険の補償　重要

- 火災保険では、地震・噴火またはこれらによる津波による損害およびそれらを原因とする火災による損害は補償されないので、地震保険で補償する必要がある
- 火災による自動車の損害は、自動車保険（車両保険）の対象となり、火災保険では補償されない
- 火災保険では、地震を原因とする火災で建物が半焼以上となった場合には、地震保険に加入していなくても火災保険金額の5%（最高300万円まで）が地震火災費用保険金より支払われるのが一般的

ココが出る

火災で住宅が全焼して保険金全額が支払われた場合、その火災保険契約は終了します。保険金の支払額が保険金額に満たない場合には、その火災保険契約は継続し、すでに支払った金額を保険金額から減額せずに、当初の保険金額と同じ金額として継続されます。

間違えやすいポイント！

住宅火災保険、住宅総合保険、団地保険では、建物とあわせてその家財も対象になっていることに注意しましょう。

用語

地震火災費用
地震、噴火またはこれらによる津波を、直接または間接の原因とする火災により建物等が損壊した際に臨時に生ずる費用

ココが出る

盗難・水災による損害など、住宅火災保険では補償されないが住宅総合保険では補償される点を覚えておきましょう。なお、隣家の消防活動による水漏れなどを原因とする家屋や家財の損害の場合は、両方の保険で補償の対象になります。

間違えやすいポイント！

地震保険については、加入方法と保険金額を中心に出題されています。特に、地震保険は単独で加入できず、火災保険に付帯する必要がある点に注意しましょう。

火災保険の種類

種類	対象	内容
住宅火災保険	住居のみに使用される建物と家財	火災・落雷・ガス爆発・破裂・風災（ふうさい）（突風や竜巻）・雪災（せつさい）（雪崩）・消防活動による水漏れ、**地震火災費用**などを補償
住宅総合保険	住居のみに使用される建物と家財を総合的にカバー	上記の内容に加えて、水災（洪水や床上浸水）・外部からの落下による損害・水漏れ・盗難、持ち出した家財の損害を補償
団地保険	団地やマンションと家財	住宅総合保険の補償内容（水災は除く）に加えて、団地内の傷害事故や賠償事故も補償
普通火災保険	店舗や倉庫、工場等と動産（住宅用の建物は除く）	一般物件用、工場物件用、倉庫物件用がある
店舗総合保険	店舗および店舗併用住宅と動産	住宅総合保険の店舗版

2 地震保険

地震保険は、**住居**のみに使用される建物（**店舗併用住宅も含む**）とその**家財**を対象として、**地震**・**噴火**またはこれらによる**津波**を原因とする損害を補償します。

地震保険の概要 重要

保険の対象	**住居のみ**に使用される建物（**店舗併用住宅も含む**）およびその**家財**
対象事故	地震・噴火・津波に起因する火災、損壊、液状化による傾きなど
加入方法	地震保険のみの**単独加入**はできず、**火災保険**に付帯する（火災保険に後で付けることも可能）
保険金額	火災保険の保険金額の**30%～50%以内**で、建物は**5,000万円**、家財は**1,000万円**が上限

保険料	・建物の構造や地域で異なり、築年数や免震・耐震性能に応じて４種類の割引制度がある ・補償内容が同じであれば、保険料はどの保険会社でも原則、**同額**	
保険料の割引制度	・建築年割引、耐震診断割引、耐震等級割引、免震建築物割引があり、最大割引率は50% ・複数の割引条件を満たしていても、４つの割引制度のうち、１つのみ適用可能（**重複して適用を受けることはできない**）	
保険金の支払い	**全損**（建物の主要構造部の損害が時価の50%以上）	保険金額の**全額**
	大半損（だいはんそん）（損害が建物の時価の40%以上50%未満、家財の場合は損害が時価の60%以上80%未満）	保険金額の**60%**
	小半損（しょうはんそん）（損害が建物の時価の20%以上40%未満、家財の場合は損害が時価の30%以上60%未満）	保険金額の**30%**
	一部損（損害が時価の3%以上20%未満）	保険金額の**5%**

地震保険の追加ポイント 重要

- 現金、有価証券、１個または１組の価額が**30万円**を超える貴金属や絵画および自動車は保険金支払いの**対象外**
- 地震保険の保険期間は、主契約の火災保険の期間内で一般的には１年または最長５年更新の契約が可能（火災保険の保険期間が５年超の場合、１年更新型または５年更新型のどちらか）
- 地震直後の盗難による家財の損害は補償されない
- 地震の発生日から**10日**以上経過した後に生じた損害は補償されない
- １回の地震による損害保険会社全体の保険金支払い金額が一定額を超えた場合には、保険金が一部削減される場合がある

ココが出る

地震保険は、政府と損害保険会社が共同で運営しているので、同じ補償内容であれば、原則としてどの保険会社でも保険料は同じになります。

補足

同じ地域内で72時間以内に生じた地震は、１回の地震とみなして、損害の判定（全損、大半損、小半損、一部損）を行います。

間違えやすいポイント！

有価証券や１個または１組の価額が30万円を超える貴金属等は、火災保険では契約時に申込書に明記（明記物件）することで補償されますが、**地震保険では補償の対象とすることができません。**

3 自動車保険

ココが出る

自賠責保険では原則、加害者側が自分に過失がなかったこと、被害者側に故意・過失があったこと、自動車に欠陥がなかったことの3つを立証しない限り、加害者側の損害賠償責任は免れません。

ココが出る

自賠責保険は、ひき逃げ事故や無保険者による事故の場合は、補償されません。

自動車保険には、自賠責保険と任意の自動車保険（自賠責では補償されない部分をカバーするもの）があります。

1 自賠責保険（自動車損害賠償責任保険） 重要

法律により加入が義務付けられている強制保険で、自動車（二輪自動車や原動機付自転車を含む）の保有者・運転者が運転により他人の身体や生命に傷害を与えた場合に、被害者が保険会社に直接請求することで保険金が支払われます。したがって、他人の物への損害や自損事故の場合は対象外です。

自賠責保険のポイント

- 原動機付自転車を含むすべての車に加入義務がある
- 他人に対する人身事故の場合のみ保険金が支払われる
- 保険金の請求は被害者からも行える
- 被害者が親族であっても、原則として保険金が支払われる
- 何回事故を起こしても、保険金額は減額されない
- 未加入での運転の場合には、1年以下の懲役または50万円以下の罰金が科される（加入証明書を車内に所持していない場合も30万円以下の罰金）

2 自賠責保険の保険金額 重要

自動車保険の保険金額（限度額）

死亡事故の場合	被害者１人あたり最高3,000万円
傷害事故の場合	１人あたり120万円（後遺障害とは別） ・後遺障害がある場合、程度により75万円〜4,000万円（常時介護が必要な後遺障害の場合のみ4,000万円）

3 任意の自動車保険

任意の自動車保険の種類

保険の種類	概要
対人賠償保険 重要	・自動車事故で他人（歩行者・同乗者含む）を死傷させた場合に、自賠責保険で支払われる金額を**超える**部分に対して保険金が支払われる（運転者本人や**家族**※が被害者の場合は、**対象外**） ・**無免許運転**・**酒酔い運転**・**運転免許失効中**の事故の場合にも支払われる ・保険金の額は**無制限**とすることも可能
対物賠償保険 重要	・自動車事故で他人の車や財物（ペットを含む）建物に損害を与えた場合に保険金が支払われる（**家族**※**の財物や自宅の損害**は**対象外**） ・保険金の額は無制限とすることも可能
搭乗者傷害保険	・搭乗者（運転者や同乗者）が自動車事故で死亡または後遺障害等を被った場合に支払われる ・加害者からの損害賠償金の額に関係なく、保険金が全額支払われる ・過失の有無に関係なく、自分の保険から支払われる
自損事故保険	・自損事故により、保有者・運転者・搭乗者等が死傷した場合に支払われる
無保険車傷害保険	・賠償能力が十分でない他の車に衝突され、死亡または後遺障害を被った場合に保険金が支払われる
車両保険	・自分の車が衝突、接触、**火災**、**盗難**、**洪水**、**高潮**、**爆発**等の偶発的な事故で損害を被った場合に支払われる（一般型では**自損事故**や当て逃げも補償されるが、エコノミー型は対象外） ・特約を付けなければ**地震**・**噴火**・**津波**による損害は補償されない
人身傷害補償保険 重要	・契約者や家族が契約した自動車または他の自動車に乗っているときや歩行中に自動車事故で死傷および後遺障害を被った場合に、**自分の過失部分**を含めて損害額の全額について、**示談を待たずに**自己側の保険会社から保険金が支払われる（過失の割合によって、保険金が減額されることはない）

※対人賠償保険および対物賠償保険では、家族や家族の物に対する損害は補償の対象外ですが、例外として、被害者が**兄弟姉妹**の場合は保険金が支払われます。

なお、人身傷害補償保険では自損事故も対象となり、自損事故保険に同時に加入している場合は、**人身傷害補償保険**

から保険金が支払われます。

補足

車両保険の一般型とエコノミー型

エコノミー型は一般型より補償される範囲が狭いですが、保険料は安くなっています。

ココが出る

人身傷害補償保険の出題頻度が高くなっています。特に、自分の過失部分も含めて示談を待たずに保険金が支払われることが重要です。

4　自動車損害賠償保障事業

自賠責保険では支払いの対象とならない、ひき逃げ事故や無保険車との事故の場合、政府の行う自動車損害賠償保障事業の対象になります。自賠責保険と同様に、人身事故による損害が対象となり、**物損事故**や**自損事故**は対象になりません。

ひき逃げ事故のように損害を請求する相手がわからない場合や無保険車との事故で相手に支払い能力がない場合、被害者が政府に直接、賠償を請求することで、**自賠責保険と同額**の補償を受けられます。

5　代表的な自動車保険（SAP、PAP、BAP）

任意の自動車保険を組み合わせた商品として、以下のような自動車保険があります。

自動車保険を組み合わせた商品

	SAP （自家用自動車総合保険）	PAP （自動車総合保険）	BAP （一般自動車保険）
対象車種	自家用自動車のみ	制限なし	制限なし
契約内容	人身傷害補償保険以外の保険がセットになっている	車両保険と人身傷害補償保険以外の保険がセットになっている	対人賠償保険、対物賠償保険、車両保険、自損事故保険、搭乗者傷害保険のうちから選択

その他の自動車保険

自動車運転者損害賠償責任保険（ドライバー保険）	運転免許証は持っているが自動車を持っていないドライバーが他人の車やレンタカーを運転するときの保険
リスク細分型自動車保険	契約者の年齢、性別、運転歴、車種、居住地域、使用目的などに応じて保険料を設定する保険。保険料は、高くなる場合も安くなる場合もある

6 フリート契約とノンフリート契約

自動車10台以上をまとめて契約するフリート契約と、１台ごとに契約するノンフリート契約があります。

フリート契約とノンフリート契約の概要

フリート契約	・所有または使用する自動車が10台以上ある場合に、10台以上の自動車をまとめて契約する自動車保険 ・契約期間は１年以上 ・保険料の割増・割引率は、総契約台数と保険料、保険金、前年のフリート割増引率などにより決定される
ノンフリート契約	・自動車１台ごとに契約する自動車保険 ・保険料の割増・割引率は前年の事故件数や事故の内容等に応じて１等級から20等級の区分により決定される

4 賠償責任保険

賠償責任保険は、偶然の事故で他人の財産や身体を傷つけた場合の法律上の賠償責任を補償する保険です。支払われる保険金には、賠償金の他、一般的に訴訟費用や弁護士費用なども含まれます。

1 個人賠償責任保険 重要

(1) 個人賠償責任保険の対象になる場合

・買物の途中、子どもが誤って陳列商品を破損させた
・マンションのベランダから物を落としてしまい、通行人にけがをさせた
・ペットが他人にかみついてけがをさせた
・自転車で通学中に他人にけがをさせた

(2) 個人賠償責任保険の対象にならない場合

・仕事中（業務上）の賠償事故や自動車事故
・預かっている物や借りている物を壊した
・同居の家族の物を壊した

個人賠償責任保険のポイント

- 被保険者の範囲は本人、配偶者、生計を一にする同居の親族、生計を一にする別居の未婚の子まで
- 一般的には、住宅火災保険などに特約として付帯する。なお、団地保険や家族傷害保険などにはすでに組み込まれている

2　生産物賠償責任保険（ＰＬ保険）重要

生産物賠償責任保険は、製品の欠陥や業務の結果により賠償事故が発生した場合（食中毒も含む）に、**製造業者・販売業者・輸入業者**などの損害賠償金や訴訟費用を補償する保険です。なお、**リコール**に伴う費用や欠陥品の修理費用および欠陥による取り替え費用は保険の対象外です。

3　施設所有（管理）者賠償責任保険

施設所有（管理）者賠償責任保険は、デパートや映画館などの施設の所有者や管理者が、その構造上の欠陥や管理不備、業務の遂行などが原因で偶然発生する事故に対する損害賠償金を補償する保険です（従業員に対する事故は対象外）。

4　請負業者賠償責任保険（うけおいぎょうしゃばいしょうせきにん）

請負業者賠償責任保険は、建設・土木等の請負作業中の偶然の事故が原因で通行人にけがをさせたり、近くの家や物を壊した場合の損害賠償金を補償する保険です。

5　その他の事業者向け損害保険

1　機械保険

機械保険は、建物内に収容されている生産用の機械設備や機械装置の、**火災の場合を除く**損害による修理費等を補償する保険です。火災による機械設備や機械装置の損害を補償するためには、**普通火災保険**に加入する必要があります。

用語

リコール
製品に欠陥などが見つかった場合に製造業者が無料で回収、修理、交換を行うこと

ココが出る
PL保険では、リコールに伴う費用や欠陥品の修理費用などは、特約を付加することで補償されます。

間違えやすいポイント！
受託者賠償責任保険とは、例えば、ホテル業を営む企業が顧客から預かった荷物の盗難や破損などによる損害賠償に備える保険です。施設所有（管理）者賠償責任保険との違いに注意しましょう。

間違えやすいポイント！
機械保険は、建物内の機械設備の損害を補償する保険ですが、**火災による事故**の場合は補償されません。火災による損害に備えるのは普通火災保険です。

2　店舗休業保険

店舗休業保険は、小売り業やサービス業などの店舗や製造業の作業場が、火災、落雷、爆発や水漏れ、水害、**盗難**および食中毒や特定の感染症の発生などによって、営業ができなくなることによる**利益の減少**を補償する保険です。火災保険では補償されない復旧期間中（休業中）の利益を補償することが目的です。

3　労働災害総合保険

公的な労災保険の上乗せ補償を目的とする保険で、労災保険に加入するすべての企業が加入できます。

4　企業費用・利益総合保険

企業費用・利益総合保険は、企業が営業・製造を行っている建物や設備・機械等が火災、爆発、風災、水濡れなどの偶然な事故により損害を被った場合に、製造や営業が休止されたために生じた利益の損失分を補償する保険です。

5　会社役員賠償責任保険（D&O保険）

会社役員賠償責任保険（D＆O保険）とは、会社が保険契約者、役員を被保険者として、役員の業務遂行に対する行為について、役員に対して損害賠償請求がなされたことにより会社が被る損害を補償する保険です。

間違えやすいポイント！

PL保険は食中毒などによる損害賠償を補償する保険です。
店舗休業保険は食中毒により休業する場合の利益の減少を補償する保険です。

参照

会社が役員等賠償責任保険契約（D&O保険）の内容を決定する際、株主総会の決議が必要になりました。

重要度 ★★★

9 個人契約の損害保険と税金

学習項目
- 地震保険料控除
- 個人が受け取る損害保険金に対する税制

間違えやすいポイント!

地震保険料控除の例外として、平成18年12月31日までに契約した長期損害保険契約（満期返戻金等があるもので、保険期間が10年以上あるもの）の保険料は、**地震保険料控除の対象**（上限15,000円）になります。

1 地震保険料控除 重要

自己や自己と生計を一にする**配偶者**や**その親族**が保有する居住用家屋、およびその動産を対象とした地震保険やＪＡの建物更生共済などが控除の対象です。

地震保険料控除額

所得税	保険料が５万円以下の場合は保険料**全額**（**最高5万円**まで控除）
住民税	保険料の**２分の１の金額**（**最高２万5,000円**まで控除）

地震保険料控除のポイント

- 店舗併用住宅の場合、床面積のうち、居住用部分のみが控除の対象となる。ただし、**90％以上**が居住用であれば、支払った地震保険料は全額（最高5万円まで）、地震保険料控除の対象になる。なお、居住用部分の割合が90％未満の場合、居住用部分の割合に応じて控除される
- 給与所得者は、**年末調整**や確定申告により地震保険料控除を受けることができる
- 地震保険料は通常、火災保険料とあわせて支払うが、**火災保険料**は、地震保険料控除の対象に**ならない**
- 地震保険料を一括で支払った場合、保険期間で割った金額が毎年の地震保険料控除の対象になる
- 少額短期保険業者に支払った保険料は地震保険料控除の対象外

2 個人契約の損害保険金と税金

個人が受け取る損害保険の保険金は、傷害保険の死亡保険金を除いて、**非課税**です。また、積立型損害保険などの満期返戻金や契約者配当金は、契約者が受け取る場合、**一時所得**です。

個人契約の損害保険金と税金

	概要	
火災保険	資産の損失により契約者に支払われる場合は、地震保険の保険金も含めて、原則、**非課税**	
自動車保険	賠償保険	被保険者や遺族に支払われる場合は**非課税**
	無保険車傷害保険	一定の親族が受け取る場合は**非課税**
	車両保険	被保険者に支払われる場合は**非課税**
傷害保険	死亡保険金	生命保険と同じく、契約者・被保険者・保険金受取人との関係で、相続税、所得税（一時所得）、贈与税のどれかの対象となる
	入院給付金 後遺障害保険金等	被保険者または一定の親族が受け取る場合は非課税
賠償責任保険	被害者またはその遺族が保険金を受け取る場合は**非課税**	
満期返戻金・契約者配当金	原則、**一時所得**の対象 ※保険料負担者と保険金の受取人が異なる場合は、贈与税の対象 ※積立型損害保険の満期返戻金などの一定の**金融類似商品**に該当する場合は、**20.315%の源泉分離課税**	

重要度 ★★

10 法人契約の損害保険と経理処理

学習項目
- 法人が支払った損害保険料の経理処理の基本
- 法人が受け取った保険金の経理処理の基本

1 保険料の経理処理 重要

(1) 法人の場合

損害保険料は、原則として保険期間の経過に応じて**損金算入**します（保険料を一括払いした場合も同じ）。損金として処理する金額は、その事業年度に対応する保険料のみで、翌年度以降分は前払保険料として**資産計上**します（積立て型の損害保険の場合、積立保険料は資産計上し、他の部分は保険期間の経過に応じて損金算入する）。

(2) 個人事業主の場合

個人事業主が事業に関連して支払う保険料は、原則として法人に準ずる扱いとなっています。法人の経理処理上損金にあたる部分は個人事業主は**必要経費**になり、それ以外の部分は法人と同じく資産計上します。

ココが出る
個人事業主本人に対する損害保険契約（傷害保険など）の保険料は事業所得の**必要経費とならず**、個人契約の場合と同じ扱いになります。

ココが出る
個人事業主が店舗併用住宅の火災保険料を支払っている場合、店舗部分にかかる火災保険料のみが、事業所得の必要経費になります。

2 保険金等の経理処理 重要

1 満期返戻金・契約者配当金等の経理処理

(1) 法人の場合

満期返戻金・契約者配当金等の経理処理

満期返戻金・配当金を法人が受け取った場合	原則、**益金算入**する 資産計上されている積立保険料は取り崩して**損金算入**する
保険金が保険会社から遺族や被害者に直接支払われた場合	法人の経理処理は原則**不要**

（2）個人事業主の場合（個人事業主が契約者の場合）

損害保険の満期返戻金を個人事業主が受け取った場合、一時所得の対象になります。

2 火災保険の保険金の経理処理

（1）法人が受け取る場合

法人が受け取る火災保険の経理処理

保険金の対象	原則的な経理処理
建物	益金算入 ・受け取った保険金で新たに建物を取得する場合は、帳簿価額を上回る額（保険差益）については、圧縮記帳が可能
棚卸資産（商品）	益金算入 ・圧縮記帳は不可
店舗休業保険	益金算入

用語

圧縮記帳（あっしゅくきちょう）

法人が受け取る火災保険金には課税されるが、課税されるとその保険金で代わりの資産を取得することが難しくなる。そこで、新しく購入する建物や車両等の帳簿価額を圧縮（減額）することで圧縮損を出して、受け取った保険金により発生した益金と相殺し、その時点での法人税額を軽減すること（課税の繰延べ効果がある）。具体的には、新しく購入する建物の金額＝購入額－受け取った保険金額とする

（2）個人事業主が受け取る場合

個人事業主が受け取る火災保険の経理処理

保険金の対象	原則的な経理処理
建物	非課税（圧縮記帳は不可） ・保険金の額を上回る損失額は必要経費となる
棚卸資産（商品）	事業収入
店舗休業保険	事業収入

（3）圧縮記帳

法人が受け取った建物などに対する保険金が益金となる場合は課税されますが、課税額が大きくなり過ぎないように、受け取った保険金で一定期間内に代替資産を取得する場合は、圧縮記帳が認められています。

圧縮記帳限度額

$$＝保険差益^{※}\times\frac{新しく購入した資産にあてた保険金額（分母の額が限度）}{保険金の額－支出した経費（取壊し費用等）}$$

※保険差益＝受取保険金－支出した経費の額－被災直前の帳簿価額（被害部分のみ）

圧縮記帳のポイント 重要

- 法人だけに認められており、個人事業主が受け取る固定資産に対する保険金には適用できない
- 対象となる資産は建物などの**固定資産**の場合であり、商品などの**棚卸**（たなおろし）**資産**は圧縮記帳の適用はない

3　傷害保険の保険金の経理処理

ココが出る
役員・従業員の遺族が傷害保険の死亡保険金の受取人になっている場合には、死亡保険金は遺族の「みなし相続財産」になります。

法人が、役員・従業員を被保険者として傷害保険を契約し、死亡保険金等を法人が受け取った場合は、**益金算入**します。その際、受け取った保険金を役員・従業員の遺族に死亡退職金や弔慰金として支払った場合は、原則、**損金算入**します。ただし、死亡保険金が遺族に直接支払われた場合、法人は保険金を受け取らないので**経理処理する必要はありません。**

個人事業主の場合も法人に準じた処理方法です。

傷害保険の保険金の経理処理

	法人	個人事業主
保険金の受取人が法人・個人事業主の場合	益金算入 ※資産計上していた保険料があれば、損金算入する	事業収入に算入 ※資産計上していた保険料があれば、必要経費とする
保険金が遺族に直接支払われた場合	経理処理なし	

4　自動車保険の保険金の経理処理

自動車保険の保険金の経理処理

	法人	個人事業主
車両保険	・**益金算入**（原則、圧縮記帳が可能） ・修理費用等は**損金算入**	・事業収入に算入 ・修理費用等は必要経費
対人賠償保険 対物賠償保険	経理処理なし	原則、非課税
人身傷害保険 搭乗者傷害保険		個人契約の場合と同じ扱い

重要度 ★

11 損害賠償金と災害時の税金

学習項目

- 損害賠償金を個人および法人が受け取るケース
- 雑損控除と災害減免法の違い

1 損害賠償金と税金

個人や法人および個人事業主が損害賠償金を受け取った場合の税制および経理処理の方法は、次のようになっています。

損害賠償金の経理処理

損害賠償金を受け取る者	税金と経理処理の方法
個人	・被害者本人やその遺族が受け取る場合は非課税 ・被害者に支払うために受け取った場合も非課税
法人	・損害賠償金は益金算入、損害額は原則、損金算入 ・被害者に支払うために受け取った場合も益金算入し、被害者に支払った金額を損金算入する
個人事業主	・棚卸資産（商品など）に対する損害賠償金は事業収入に算入（賠償金の額を上回る損失額は必要経費とする） ・事業用資産に対する損害賠償金は非課税（賠償金の額を上回る損失額は必要経費とする）

2 災害の場合の税金

災害などで損害を受けた場合に所得税を軽減する方法として、雑損控除（ざっそんこうじょ）と災害減免法（さいがいげんめんほう）があります。

雑損控除と災害減免法の違い

	雑損控除（所得控除）	災害減免法（税額控除）
対象となる損害	**災害**・**盗難**・**横領**（おうりょう）の場合 （詐欺や恐喝は適用不可）	災害の場合
対象者	本人または生計を一にする親族（総所得金額が**48万円**以下の親族）	合計所得金額が**1,000万円**以下の者または生計を一にする親族（総所得金額が**48万円**以下の親族）
対象資産	上記の者が所有する住宅や家財（生活に必要となる資産） ※商品などの**棚卸資産**や**店舗**、一定の宝石や書画等は**対象外**	上記の者が所有する住宅や家財の損害金額が、その時価の**2分の1**以上の場合（保険金等により補てんされる金額を除く）
控除金額	①損失額－合計所得金額の10% ②災害関連支出額－5万円 ①と②のどちらか大きい額が所得より控除される	合計所得金額に応じて、所得税の全額が免除または軽減される
住民税	適用あり	適用なし

間違えやすいポイント！

雑損控除は災害・盗難・横領の場合が対象ですが、災害減免法では、災害の場合のみが対象です。

参照

所得控除 ☞4章4
税額控除 ☞4章5

雑損控除と災害減免法のポイント

- 雑損控除の場合、控除額が多く、所得より控除しきれない場合は、翌年以後**3年間繰越控除**できる（大震災の損失については繰越期間**5年**）
- 雑損控除と災害減免法の両方の要件を満たす場合は有利な方を選択する（両方とも一緒に適用を受けることはできない）
- 雑損控除は**所得控除**（課税の対象となる所得を減らす）、災害減免法は**税額控除**（税金を直接減額する）の対象で、どちらも適用を受けるためには**確定申告**が必要

重要度 ★★★

12 第三分野の保険と特約

学習項目
- 医療保険、がん保険のポイント
- 傷害保険
- 特定（三大）疾病保障保険
- 生存給付型保険

1 第三分野の保険の種類

生命保険を「第一分野の保険」、損害保険を「第二分野の保険」、医療保険、がん保険、民間の介護保険など、どちらにも分類できない保険を「第三分野の保険」と呼んでいます。

2 医療保険 重要

医療保険は、けがや病気による入院や手術に対して給付金が支払われる保険です。入院総合保険に加入することで、入院給付金、手術給付金（入院のうえ手術を受ける場合と外来で手術を受ける場合がある）、先進医療給付金などを一時金で受け取ることができます。

入院給付金は、入院１回あたりの支払い限度日数と通算の**支払い限度日数**（1,000日程度が多い）が定められています。最近は、「日帰り入院」や１泊２日程度の短期入院の場合でも１日目から入院給付金が支払われるタイプが多くなっています。

また、健康祝金が付いたプランや、加入条件がほとんどないもの、高度先進医療を対象とするものもあります。**無選択型**の保険には、「健康状態に関する告知や医師の診査が不要である」、「持病のある人などでも入れる」、「保険料は割高で更新のたびにアップする」などの特徴があります。

間違えやすいポイント！

同じ病気で再度入院した場合は、あわせて継続した１回の入院とされます。ただし、前回の退院日の翌日から**180日**を経過して再度入院する場合は、**別の入院**として取り扱われます（180日以内だと合算して１回の入院とされる）。

間違えやすいポイント！

手術給付金は手術を受けた場合、入院の有無に関係なく支払われます。

ココが出る

医療保険では、**人間ドック**の検診のための入院や**美容整形や正常分娩に伴う手術**の入院の場合、原則、手術給付金や入院給付金は支給されません。

医療保険のポイント

- 終身型（有期払込み・終身払込み）と定期型がある
- 更新型の医療保険では、保険期間中に入院給付金を受け取った場合でも、契約は更新される
- 限定告知型医療保険の保険料は限定告知型でない保険より割高

用語

限定告知型医療保険
一定の告知項目に該当していなければ、持病があっても入ることができる保険のこと。引受基準緩和型保険ともいう

3 がん保険 重要

がん保険は、がんのみ（白血病を含む）を保険の対象にした保険で、保障期間は終身型か定期型（有期払込み）になっており、がん診断給付金、入院給付金、手術給付金、通院給付金、死亡給付金などが支払われます。なお、がん保険の保険料は介護医療保険料控除の対象です。

補足

手術給付金は、手術の種類により、入院給付金日額の10倍、20倍、40倍のいずれかの金額が支払われるものが一般的です。

がん保険のポイント

- 一般的に告知のみで加入できる半面、90日間（3か月間）程度の待機期間（免責期間）がある
- 初めてがんと診断された場合に所定の診断給付金が一時金として支払われ、入院すると入院給付金が支払われる（再発の場合も診断給付金が支払われるものや、抗がん剤などの治療を受けるたびに給付金が支払われるタイプもある）
- 入院給付金は、入院日数に応じて支払われるが、通常、支払い限度日数は無期限（再発や転移に対応できるよう）となっている
- 何度がんで手術を受けても手術給付金は支払われるのが一般的
- がんのみを対象としているので、保険料は他の医療保険より安くなっている
- がん治療に要した費用をすべてカバーする実損てん補型もある

ココが出る

待機期間（免責期間）中にがんと診断された場合は、診断給付金を受け取ることはできず、契約は無効になります（支払った保険料は返戻されます）。

ココが出る

がん保険には、がん以外で死亡した場合でも保険金が支払われるものもありますが、がんによる死亡給付金よりも少額です。

4 傷害保険 重要

傷害保険は「急激かつ偶然な外来の事故」によって傷害等を被った場合に保険金が支払われます。保険金は、生命保険、労災保険による支払いや、加害者から賠償金などの支払いがあったかどうかに関係なく支払われます。

なお、傷害保険の保険金は、所得税や相続税の課税対象となる場合があり、税金の種類は契約者、被保険者、保険金の受取人、それぞれの立場によって異なります。

間違えやすいポイント!

傷害保険で保険金が支払われるのは「急激かつ偶然な外来の事故」によって傷害を被った場合です。内部疾患や自殺の場合は対象外です。

傷害保険の種類 重要

保険の種類	概要
普通傷害保険	・国内外を問わず、家庭内・職場（出張先を含む）・通勤、旅行の途中やスポーツなどの日常生活で起こる事故による傷害に対応 ・職業（危険を伴うかどうか）により保険料が異なる。年齢・性別は関係なく、保険料は同じ ・死亡保険金の額は、契約時の金額が保険金として支払われる **例外 保険金の支払い対象とならない場合** ・危険なスポーツ（登山やスカイダイビング等）による場合 ・戦争・地震・噴火・津波によるもの ・細菌性食中毒・ウイルス性食中毒 ・内部疾患（心臓発作等）が原因の場合 ・熱中症、日焼け、靴ずれによる通院
家族傷害保険	・国内外を問わず、普通傷害保険と同じ補償内容で、１つの契約で家族全員を被保険者とするもの ・家族の範囲は保険事故発生時で判定し（契約時ではない）、配偶者、生計を一にする同居の親族の他、生計を一にする別居の未婚の子や契約後に生まれた子も追加保険料の支払いは不要で自動的に対象になる（配偶者や親族の職業、家族の人数は保険料に影響しない）
交通事故傷害保険	・国内外を問わず、道路通行中や乗り物に乗車中の事故に対応する保険（駅構内やエレベーター、エスカレーターなどの事故や火災による傷害も対象） ・職業に関係なく保険料は一律 ・家族全員を対象としたファミリー交通傷害保険もある

国内旅行傷害保険	・旅行で家を出発してから家に帰るまでに被ったけがや病気の治療費や、そのけがや病気による死亡、後遺障害について保険金が支払われる ・細菌性食中毒やウイルス性食中毒についても特約なしで保険金が支払われる ・特約により賠償責任、携行品の損失、救助費用、キャンセル費も対象となる **例外 保険金の支払い対象とならない場合** ・地震・噴火およびこれらを原因とする津波によるもの
海外旅行傷害保険	・旅行で家を出発してから家に帰るまでの間のけがや病気の治療費を補償（日本国内も対象） ・細菌性食中毒やウイルス性食中毒および地震・噴火およびこれらを原因とする津波による傷害も特約なしで保険金が支払われる ・特約により、疾病および賠償責任、旅行時の携行品の損害、遭難時の費用などもカバーできる ・けがによる治療費は定額ではなく、契約した保険金の範囲内で実費が支払われる（実損払い）

5 積立型損害保険（年金払積立傷害保険）

積立型損害保険とは、保険料を分割で一定期間払い込み、満期になると満期返戻金が支払われる損害保険です。

積立型損害保険のポイント

- 代表的なものに年金払積立傷害保険がある。この保険は、損害保険会社の個人年金保険にあたり、事故やけがの場合に補償があるうえに、契約した年齢になると年金が支払われる（確定年金タイプと保証期間付有期年金タイプがあり、契約者が受け取る年金は雑所得、満期返戻金（一時金受取）は一時所得となる）
- 全損事故で保険金額の全額が支払われた場合には、積立損害保険契約はその時点で終了となり、満期返戻金は支払われない（全損終了という）
- 保険料には、純保険料、付加保険料の他に満期返戻金の支払い原資となる積立保険料が含まれているので、同種の保険より割高となる

ココが出る

・普通傷害保険、家族傷害保険、交通事故傷害保険については、国内外を問わず、業務中のけがも保険の対象となる
・国内旅行傷害保険、海外旅行傷害保険については、家を出発してから家に帰るまでの全期間の傷害等が対象となり、特約なしで細菌性食中毒やウイルス性食中毒についても対象となる

6 所得補償保険

損害保険会社が取り扱っている所得補償保険も第三分野の保険に分類されます。

損害保険会社が取り扱う第三分野の保険

保険の種類	概要
所得補償保険 重要	・**国内外を問わず**、また、業務上か業務外かを問わず**けが**や**病気**で**仕事ができない**場合、その間の設定した額の所得を補償する（会社の倒産による場合は対象にならない） ・一定期間仕事ができない状態であればよく、**通院**・**入院**の別は関係ない ・原則として、所得が不動産の賃貸収入や配当収入などの不労所得のみの場合は補償されない ・専業主婦は特約を付けることで加入できる

ココが出る

所得補償保険の保険金は**非課税**です。

間違えやすいポイント！

所得補償保険では、けがや病気で通院している場合や入院していることが保険金支払いの要件ではありません。けがや病気で仕事ができない状態であれば保険金は支払われます。なお、出産で仕事ができない場合は所得補償保険の対象外です。出産は病気やけがではないからです。

補足

所得補償保険と似た保険に就業不能保険があります。両保険の補償内容はほぼ同じですが、就業不能保険は生命保険に分類されます。

ココが出る

保険の主契約が解約されると、特約も消滅します。

補足

特約には、総合医療特約もあります。病気や不慮の事故による入院・手術などを総合的にカバーする特約です。

用語

先進医療
最先端の医療技術の中でも特に厚生労働省が定めた療養技術。**費用は公的医療保険の対象外**で、全額自己負担。先進医療の内容は随時追加・廃止が行われる

ココが出る

先進医療給付特約を付加した後に承認された先進医療で治療を受けた場合も支払い対象です。なお、対象となっていた治療に健康保険が適用されるようになった場合、その治療は先進医療特約の**対象外**になります。

7 特約

特約は単独では加入できず、主契約（終身保険、定期保険、医療保険など）の保険に付加して契約するものです。したがって、主契約がなくなれば、**特約もなくなります**。

主な特約の種類

特約の種類	概要
先進医療給付特約 重要	厚生労働大臣に承認されている**先進医療**により治療を受けた場合に給付金が支払われる。契約時に承認されていなくても、治療を受けたときに承認されていれば対象となる
傷害特約 重要	不慮の事故の日から**180日**以内に死亡、または**特定感染症**で死亡したときに保険金に上乗せして支払われる
短期入院特約	2日以上継続して入院した場合に、通常1日目から4日目までの入院給付金が支払われる
通院特約	退院後（入院給付金の支払い対象となる入院の後）に同じ治療のため通院した場合に給付金が支払われる
女性疾病入院特約	女性特有の病気で一定期間以上入院したときに、入院給付金が支払われる（正常分娩や美容整形等による入院は対象外）

※なお、傷害特約の保険料は生命保険料控除の対象とならない

8 生前給付型保険

1 特定（三大）疾病保障保険 重要

がん、急性心筋梗塞、脳卒中の三大生活習慣病にかかった場合、所定の状態と診断されれば生存期間中でも死亡保険金と**同額**の保険金を受け取れる保険です。一度保険金が支払われると**保険契約は終了**します。

被保険者が生前に受け取った保険金は、原則として**非課税**です。なお、支払った保険料は**一般の生命保険料控除**の対象になります。

特定（三大）疾病保障保険のポイント

- 生前に保険金を受け取らなかった場合は、特定疾病以外で死亡した場合も**同額**の死亡保険金が支払われる
- 被保険者が病状などにより保険金を請求できない場合には、被保険者以外の家族などが代わりに請求する「**指定代理請求制度**」がある

2 リビング・ニーズ特約 重要

終身保険や定期保険に付加することで、**余命6か月**と診断された場合に、死亡保険金の全部または一部を生前に受け取ることができる特約です（生前に受け取れる給付金の額は、死亡保険金の範囲内で**3,000万円**が上限です）。ただし、受け取る保険金から6か月分の保険料と利息分が差し引かれます。

特約保険料は必要なく、受け取った保険金は**非課税**です。

リビング・ニーズ特約にも、「**指定代理請求制度**」があります。

なお、死亡保険金の全部を生前給付金として受け取った場合、主契約は**消滅**します。

ココが出る

特定（三大）疾病保障保険では、一度保険金が支払われると、その後病気が再発した場合や被保険者が死亡しても保険金は支払われません。

間違えやすいポイント!

リビング・ニーズ特約により受け取った保険金が、被保険者が亡くなった時点で預金等として残っていた場合は、その金額は非課税とはならず**相続税**の対象です。

実技試験対策 保険証券の見方

ＦＰ協会の実技試験では、保険証券を読み解く問題がよく出題されます。

以下の保険証券を見ながら、具体的な契約内容や保証内容を確認しましょう。特に、被保険者が急死した場合などの保険金の額や生活保障年金の額、被保険者が入院した場合の入院給付金の額が問われます。

保険証券番号
○○××□□△

定期保険特約付終身保険

保険契約者	東　太郎　様		保険契約者印
被保険者	東　太郎　様 1980(昭和55)年4月10日生まれ　男性		(東)
受取人	(死亡保険金) 東　和子　様	(被保険者との続柄) 妻	(受取割合) 10割
	(特定疾病保障保険金) 被保険者　様		

■契約日（保険期間の始期）
2010年4月1日
(平成22年)
■主契約の保険期間
終身
■主契約の保険料払込期間
60歳払込満了
■入院総合保険保険料払込期間
30年払込み

■ご契約内容

・終身保険金額（主契約保険金額）	500万円
・定期保険特約保険金額	1,500万円
・収入保障特約年金額	100万円
・特定疾病保障定期保険特約保険金額	500万円
〔入院総合保険〕	
・災害入院給付金（本人・妻型）入院4日目から　日額	5,000円
・疾病入院給付金（本人・妻型）入院1日目から　日額	5,000円
不慮の事故や疾病により所定の手術を受けた場合、手術の種類に応じて（入院給付金日額の10倍・20倍・40倍）手術給付金を支払う	
・成人病入院給付金　入院4日目から　日額	5,000円
・リビングニーズ特約	
収入保障特約の年金種類　10年確定年金	

■お払込みいただく合計保険料

毎回　○○,○○○円／月

(保険料払込方法〔回数〕) 月払
・配当金支払方法
利息をつけて積立
・特約の払込期間および保険期間30年

※災害入院特約などの特約で本人・妻型の場合、妻に対する給付額は、通常、本人の60%となっています。

●具体的な保障内容 重要 計算

①東太郎さんが今年中に脳卒中（特定疾病に該当する）で急死した場合、受け取れる保険金額（一時金）

・主契約の保険金額（終身）	500万円
・定期保険特約保険金額	1,500万円
・特定疾病保障定期保険特約保険金額	500万円
合計	2,500万円

加えて、**収入保障特約年金**（10年確定年金）より年額100万円が10年間支払われます。

②東太郎さんが今年中に特定疾病以外の病気で急死した場合、受け取れる保険金額（一時金）

東太郎さんが生前に保険金を受け取っていない場合には、特定疾病以外の原因で死亡しても、特定疾病保障特約より同額の死亡保険金が支払われます。

・主契約の保険金額	500万円
・定期保険特約保険金額	1,500万円
・特定疾病保障定期保険特約保険金額	500万円
合計	2,500万円

加えて、収入保障特約年金より年額100万円が10年間支払われます。

③東太郎さんが60歳を超えてから病気で死亡した場合、受け取れる保険金額

特約保険料の払込期間が30年（60歳まで保障）なので、受け取れる保険金は終身（主契約）部分の500万円のみとなります。

④東太郎さんが病気（成人病ではない）で８日間入院した場合、受け取れる保険金額

・疾病入院特約より入院１日目から支払われる

８日間×5,000円（日額）

計４万円の入院給付金が支払われます。

確認問題 本番レベルの問題にチャレンジしましょう。

□□□問1 生命保険会社が破綻した場合、生命保険契約者保護機構の補償割合は、原則として、契約した保険金額の90%となっている。
p111

□□□問2 銀行や証券会社で契約した生命保険は、保険契約者保護機構の保護の対象とならない。
p112

□□□問3 少額短期保険業者が同一の被保険者から引き受けることができる保険金額の合計額は、原則として、1,000万円が上限となる。
p113

□□□問4 保険料は、将来の保険金・給付金等の支払い財源となる純保険料と、保険会社が保険契約を維持・管理していくために必要な経費等の財源となる付加保険料で構成される。
p118

□□□問5 保険業法で定められた保険会社の健全性を示すソルベンシー・マージン比率が200%を下回った場合、監督当局による業務改善命令などの早期是正措置の対象となる。
p114

□□□問6 収入保障保険の死亡保険金を一時金で受け取る場合の受取額は、年金形式で受け取る場合の受取総額よりも多くなる。
p132

□□□問7 定期保険特約付終身保険（更新型）の定期保険特約を同額の保険金額で更新する場合、更新に当たって被保険者の健康状態についての告知や医師の診査が必要となる。
p131

□□□問8 変額保険（終身型）では、契約時に定めた保険金額（基本保険金額）が保証されており、運用実績にかかわらず、死亡保険金の額は基本保険金額を下回らない。
p133

□□□問9 養老保険では、保険金の支払事由に該当せずに保険期間満了となった場合、死亡・高度障害保険金と同額の満期保険金を受け取ることができる。
p133

□□□問10 確定年金では、年金受取開始日前に被保険者（＝年金受取人）が死亡した場合、遺族が契約時に定められた年金受取総額と同額の死亡給付金を受け取ることができる。
p139

□□□問11 外貨建て個人年金保険は、契約時に円換算支払特約を付加することで、為替変動があっても、円貨で受け取る年金受取総額が既払込保険料総額を下回ることはない。
p140

□□□問12 終身保険の月払保険料について、保険料の支払いがなかったため自動振替貸付により保険料の払込みに充当された金額は、生命保険料控除の対象となる。
p141

□□□問13 変額個人年金保険の保険料は、個人年金保険料控除の対象とはならず、一般の生命保険料控除の対象となる。
p142

□□□問14 契約者および保険金受取人が夫、被保険者が妻である終身保険において、妻が死亡して夫が受け取る死亡保険金は、相続税の課税対象となる。
p144

□□□問15 契約者（＝保険料負担者）が法人、被保険者が役員・従業員、満期保険金受取人が法人、死亡保険金受取人が被保険者の遺族である養老保険の保険料は、２分の１を福利厚生費として損金に算入し、２分の１を資産計上する。
p152

□□□問16 火災保険では、雪災により住宅用建物の屋根が損壊して損害が発生した場合、補償の対象となる。
p158

□□□問17 地震保険には、「建築年割引」「耐震等級割引」「免震建築物割引」「耐震診断割引」の４種類の保険料割引制度があり、重複して適用を受けることができる。
p159

□□□問18 被保険者が自動車を運転中に交通事故で死亡した場合、その損害のうち、被保険者自身の過失割合に相当する部分を差し引いた損害が人身傷害（補償）保険の補償の対象となる。
p161

□□□問19 生産物賠償責任保険（PL保険）では、被保険者が製造した商品の欠陥が原因で、商品を使用した者がけがをしたことにより法律上の損害賠償責任を負った場合、補償の対象となる。
p164

□□□問20 医療保険では、人間ドック等の治療を目的としない入院をし、異常が発見されなかった場合、入院給付金を受け取ることができない。
p173

□□□**問21** がん保険では、通常、90日間（３か月間）の免責期間が設けられており、その期間中に被保険者ががんと診断確定された場合であっても、がん診断給付金は支払われない。
p174

□□□**問22** 先進医療給付特約で先進医療給付金の支払対象とされている先進医療は、治療を受けた日時点において厚生労働大臣によって定められたものである。
p178

□□□**問23** 家族傷害保険では、保険期間中に記名被保険者に子が生まれた場合、その子を被保険者に加えるためには追加保険料を支払う必要がある。
p175

□□□**問24** 国内旅行傷害保険では、被保険者が旅行中の飲食により細菌性食中毒を発症した場合、補償の対象となる。
p176

□□□**問25** 特定（三大）疾病保障保険は、悪性新生物・急性心筋梗塞・脳卒中により所定の状態と診断され、特定（三大）疾病保障保険金が支払われたとしても、死亡保険金や高度障害保険金が支払われていなければ、保険契約は継続する。
p179

解答：

1 ×	**2** ×	**3** ○	**4** ○	**5** ○	**6** ×
7 ×	**8** ○	**9** ○	**10** ×	**11** ×	**12** ○
13 ○	**14** ×	**15** ○	**16** ○	**17** ×	**18** ×
19 ○	**20** ○	**21** ○	**22** ○	**23** ×	**24** ○
25 ×					

3章 金融資産運用

学科試験対策

マーケットの変動要因、**債券**、**株式**、**投資信託**などの有価証券に関する出題が中心です。株式では基本的な売買の仕組みやＰＥＲ、ＰＢＲ、ＲＯＥの**投資計算**、投資信託では運用方法（アクティブ運用とパッシブ運用）がよく出題されます。また、ポートフォリオ運用やデリバティブ取引および金融商品に関する法律からも多く出題されます。

実技試験対策

計算問題が中心です。**債券の利回り**、ＰＥＲ、ＰＢＲ、ＲＯＥ、**配当利回り**、**外貨預金などの利回り**、**ポートフォリオ運用の期待収益率やシャープレシオの計算問題**は必ず解けるようにしておきましょう。

重要度 ★★

1 経済・金融の基礎

学習項目
- GDP、景気動向指数（特にDIとCI）、日銀短観および各景気指標の理解
- 金融市場の仕組みと日銀の金融政策

1 経済・景気の代表的な指標

1 国内総生産（GDP）

国内総生産（GDP）とは、一定期間に国内の経済活動により生み出された**付加価値**の合計のことで、その国の経済の規模を表しています。GDPは、生産、分配（または所得）、支出のどの面からみても等しくなり、これを「**三面等価の原則**」といいます。

用語

付加価値
財（商品等）・サービスの総生産額から、その過程でそれらを生産するためにかかった費用などを差し引いたもの

用語

民間最終消費支出
通常、家計が商品などの購入のために使ったお金の総額（個人消費のこと）

GDPのポイント

- GDPの総支出の中で最も大きな割合を占めるのが**民間最終消費支出**で、**50%以上**を占める
- GDPには名目GDPと実質GDPがある

(1) 名目GDP

名目GDPとは、生産された数量に価格を掛けて算出した総額のことをいいます。実質GDPと異なり物価変動の影響を受けるので、生産量が同じでも物価が下がれば名目GDPは下がります。

(2) 実質GDP

実質GDPとは、物価変動による価格の影響を取り除いて（前年と物価が同じであると考える）、その年に生産された数量に前年と同じ価格を掛けて算出した総額のことをいいます。実質GDPは生産量が増加しないと増えません。

1本100円のコーヒーの価格と生産数量が下記のように変動した場合、名目GDPと実質GDPとの関係は以下のようになります。

名目GDPと実質GDP

	価格（物価）	生産数量	名目GDP	実質GDP
基準年	100円	1万本	100万円	100万円
翌年	90円	1万本	90万円※1	100万円※2

※1　90円×1万本
※2　価格（物価）が前年と変わらなかったものとするので、100円×1万本

2 経済成長率

経済成長率の概要

定義	前期や前年に対するGDPの増加率（伸び率）
発表機関	内閣府
発表時期	4半期（3か月）ごと
ポイント	物価の変動により名目GDPの伸び率がプラスでも、実質GDPの伸び率がマイナスになることもある

3 景気動向指数

景気動向指数の概要

定義	景気全体の動向を知るために、**複数**の景気指標を総合して算出したもの。 (1) DI（ディフュージョン・インデックス）と (2) CI（コンポジット・インデックス）がある
発表機関	内閣府
発表時期	毎月
ポイント	CIの方が重視される傾向がある

(1) DI（ディフュージョン・インデックス⇒景気の方向性をみる）重要

DIは景気の現状や**転換点（景気の山や谷）**をとらえる

ので、**3か月前**と比較して改善している指標の割合を示します。景気は谷→山→谷へと循環を繰り返します。

ＤＩの一致指数が基準となる50％ラインを上から下に切ると景気の後退期への転換点（**景気の山**）、50％ラインを下から上に切ると景気の拡大期への転換点（**景気の谷**）を表しています。

(2) ＣＩ（コンポジット・インデックス⇒景気の変化の大きさをみる）重要

ＣＩは景気に敏感な指標の量的な動きを合成した指標で、**景気変動の強弱**や**テンポ**（**量感**）の把握に適しています。

基準年を100とし、ＣＩの一致指数が上昇しているときは景気拡大を、低下しているときは景気後退を表しています。

ＤＩ、ＣＩには、それぞれ先行指数・一致指数・遅行指数の３つがあります。

ＤＩ・ＣＩの代表的指標

先行指数	●景気より先に動く指標 ・**実質機械受注、TOPIX（東証株価指数）**
一致指数	●景気と一致して動く指標 ・**有効求人倍率**用語、**鉱工業生産指数**
遅行指数	●景気に遅れて動く指標 ・**完全失業率**用語、**消費者物価指数**

4 マネーストック統計（旧マネーサプライ）

マネーストック統計の概要

定義	**民間非金融部門**（個人、一般法人、地方公共団体など）が保有する通貨量を示す統計（**政府や金融機関**の保有する預金は含まない）
発表機関	**日本銀行**
発表時期	毎月

間違えやすいポイント！

ＤＩとＣＩの違いを押さえておきましょう。ＤＩは景気の転換点（山や谷）をとらえるもの。ＣＩは景気の変動の大きさや強弱をとらえるものです。
現状、ＣＩを中心にして公表されています。

用語

有効求人倍率
ハローワークに申し込みしている求職者数に対する企業の求人数の割合。倍率が１を上回れば好景気で求人難、１を下回ると不景気で就職難といえる。したがって、有効求人倍率は**好況期に上昇**し、**不況期に低下**する傾向がある

用語

完全失業率
完全失業者数を労働力人口で割った比率。なお、完全失業者とは、求職活動はしたが仕事がなかった者で、労働力人口は15歳以上のうち、働いている者と働く意思を持っている者の人口（学生は含まない）

5 日銀短観（全国企業短期経済観測調査） 重要

日銀短観の概要

定義	**業種別**（製造業・非製造業など）・**規模別**（大企業・中堅企業・中小企業）に分けた約１万社の企業経営者に自社の経営環境などに関して行うアンケート。業況については「**良い**」、「**さほど良くない**」、「**悪い**」で回答
発表機関	日本銀行
調査時期	**３か月に一度**（３、６、９、12月）
発表時期	４、７、10、12月
ポイント	業況が「良い」と答えた企業の割合から「悪い」と答えた企業の割合を引いた数値を**業況判断ＤＩ**という。業況判断ＤＩでは、**３か月後**の見通しも同時に調査している ●業況判断ＤＩ＝**「良いと回答した割合」－「悪いと回答した割合」**

ココが出る

日銀短観の業況判断ＤＩと景気動向指数（ＤＩ）との違いを明確にしておきましょう。

・業況判断DIは３か月後の見通しを表している
・景気動向指数は３か月前の指標と比較して改善している割合を表している

6 物価指数

消費者物価指数と企業物価指数が代表的です。

（1）消費者物価指数（ＣＰＩ）

家計が購入する物やサービスの価格（消費税込み）の総合的な水準を示す指数です。

消費者物価指数のポイント

- **総務省**が毎月発表
- 基準となる年の物価を100として算出され、対象となる品目は５年ごとに見直される
- 野菜などの**生鮮食料品**の価格や**税金**（所得税や住民税などの直接税）、**社会保険料**、土地、有価証券などの価格は含まない
- 景気動向指数の中の**遅行指数**の１つ

間違えやすいポイント！

「消費者物価指数（ＣＰＩ）には所得税や社会保険料および土地や有価証券の価格は含まれていない」、「企業物価指数（ＣＧＰＩ）にはサービス取引が含まれていない」点がポイントです。

(2) 企業物価指数（CGPI）

企業間で取引されている商品価格の物価指数で、国内企業物価指数、輸出物価指数、輸入物価指数の３つがあります。サービス取引は対象外です。

ココが出る

消費者物価指数（CPI）より企業物価指数（CGPI）の方が先に変動し、変動幅も大きいことを押さえておきましょう。

企業物価指数のポイント

- 日銀が翌月に速報値、翌々月に確報値を発表している
- 消費者物価指数（CPI）に半年程度先行して変動する傾向がある
- 為替の変動や原油価格等の変動による影響を直接受けるため、消費者物価指数（CPI）より変動幅が大きい

2 金融市場

金融市場は取引期間により短期金融市場と長期金融市場に大別されます。さらに、短期金融市場は、インターバンク市場とオープン市場に分けられます。長期金融市場には、株式市場と公社債市場があります。

金融市場の概要

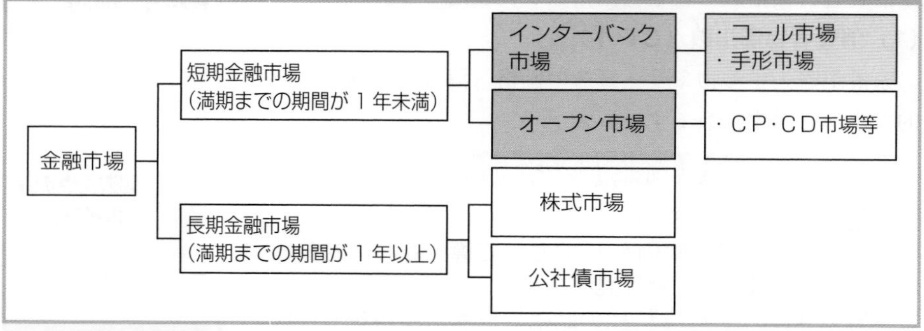

1 インターバンク市場とオープン市場

インターバンク市場とは、金融機関の間で資金を貸し借りする（資金運用・資金調達）市場のことです。この市場には、銀行や保険会社などの金融機関（証券会社も含む）のみが参加できます。一方、オープン市場は、金融機関以外の一般の

事業会社等も資金調達などに参加できる市場です。インターバンク市場はコール市場と手形市場からなっています。

2　コール市場

コール市場とは、金融機関の間で1年未満の資金の貸し借りを行う市場で、主に**無担保コール翌日物**が取引されています。

無担保コール翌日物金利（レート）は通常日銀の**金融政策の誘導目標金利**（政策金利）になっています。

3　日銀の金融政策

金融政策とは、日銀の行う金利政策（金利の上げ下げ）のことです。物価の安定、安定的な経済成長、金融システムの安定等が目的ですが、通常、**物価の安定**が最優先されます。

1　金融政策の手段

金融政策の基本的な方針は、日銀で行われる**金融政策決定会合**で決められます。

金融政策の主な手段としては、公開市場操作があります。

● **公開市場操作**
（オープン・マーケット・オペレーション）

公開市場操作は、金融政策の最も代表的な手段です。日銀がオープン市場などで債券などの売買を行うことにより、民間金融機関の保有する資金の量を増減させ、金利などに影響を与える政策です。公開市場操作には、**買いオペ**（**買いオペレーション**）と**売りオペ**（**売りオペレーション**）があります。

用語

無担保コール翌日物金利（レート）
金融機関と金融機関の間で1日だけ資金の貸し借りを行うときに適用される金利のこと。この金利が限りなくゼロに近い水準になるよう日銀が誘導している状態を一般的に**ゼロ金利政策**と呼んでいる

補足

日銀の量的緩和政策とマイナス金利政策
・量的緩和政策は、日銀が金利を操作するのではなく、金融機関への資金供給量を増やす（コントロール）することで、景気を刺激する政策
・マイナス金利政策とは、金融機関が日銀の当座預金に預けている資金のうち、預けることが義務付けられている金額を超える部分の一定額について、マイナスの金利（預けた方が利息を払う）を適用する政策のこと

間違えやすいポイント!

買いオペは**金利の低下**（金融緩和）、売りオペは**金利の上昇**（金融引締め）が目的です。ひっかけ問題に注意しましょう。

用語

FOMC（連邦公開市場委員会）
米国における金融政策の最高決定機関。政策金利（ＦＦレート）の変更などを決めている

公開市場操作の種類 重要

買いオペ	日銀が市場から国債等を購入し、市場に**資金を供給**することで、市場の金利は**低下**する（日銀が金利を下げる政策を**金融緩和**という）
売りオペ	日銀が保有する国債等を市場に売却して、市場から**資金を吸収**することで、市場の金利は**上昇**する（日銀が金利を上げる政策を**金融引締め**という）

■買いオペのメカニズム

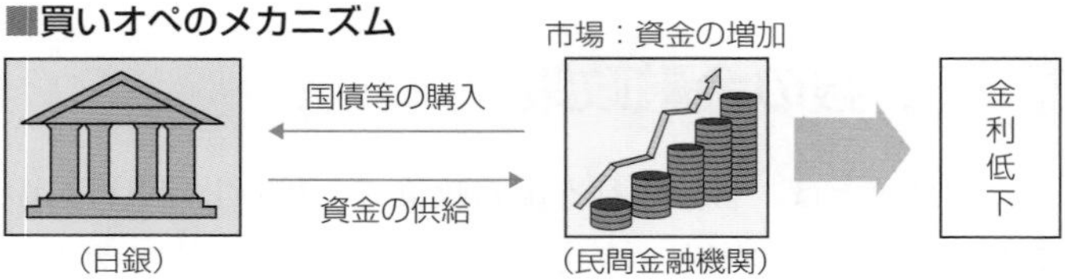

■売りオペのメカニズム

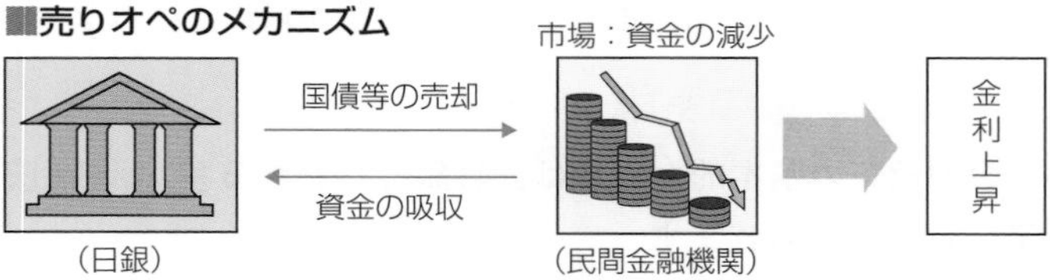

日米およびユーロ圏の金融政策等の比較

	日本	米国	ユーロ圏
中央銀行	日本銀行	ＦＲＢ（連邦準備制度理事会）	ＥＣＢ（欧州中央銀行）
金融政策の最高決定機関	金融政策決定会合	ＦＯＭＣ（連邦公開市場委員会）	ＥＣＢの理事会
政策金利	無担保コール翌日物金利（レート）	ＦＦレート（フェデラル・ファンド・レート）	翌日物市場金利

重要度 ★★

2 マーケットの変動とその要因

学習項目
- 金利と物価、為替等との関係
- 景気と株価、債券の価格との関係

1 景気と金利

一般的に、景気が良くなると企業などの資金需要が増加するので、市場金利は上昇し、景気が悪化すると資金需要が減少するので市場金利は下落します。

【景気と金利の関係】 重要

	企業	金融機関	市場金利
景気拡大（好況）	設備投資の活発化 → 資金借入の増加	貸出増加 → 資金不足	上昇
景気後退（不況）	設備投資の鈍化 → 資金借入の減少	貸出減少 → 資金余剰	低下

2 物価と金利 重要

一般的に、物価動向と市場金利の動きは連動しており、物価が上がると市場金利も上がり、物価が下がると市場金利も下がる傾向があります。

【物価と金利の関係】

物価	お金の価値	市場金利
上昇（インフレ）	低下	上昇
下落（デフレ）	上昇	低下

用語

インフレ（インフレーション）
物価がどんどん上昇し、お金の価値が低下していくこと。好景気によって需要が増えたことにより物価が上がることを「デマンドプル・インフレ」、人件費や原材料費の上昇が原因となる場合を「コストプッシュ・インフレ」という。なお、お金の価値を表すものが金利なので、インフレでお金の価値が下がった場合、金利を上げることでお金の価値も上がる

用語

デフレ（デフレーション）
物価がどんどん下落していき、お金の価値が上昇していく状態。デフレが続くと通常、企業収益も悪化し、不景気になっていく

3 為替動向と金利

1 円高・円安と金利

【円高・円安と金利の関係】

為替		輸入物価		インフレ懸念		金利
円高	▶	下落	▶	低下	▶	低下
円安	▶	上昇	▶	高まる	▶	上昇

ココが出る

日本から米国への有価証券投資が増えた場合、円を売ってドルに替えて投資することになるので、円安・ドル高要因になります。

重要

一般的に

- 円高 ——→ 市場金利が低下
- 円安 ——→ 市場金利が上昇

2 為替の変動要因

為替が変動する要因には、主に以下の３つが挙げられます。その他には、国際収支の状況、インフレ率、経済成長率など、様々なファンダメンタルズ要因（経済の基礎的条件）が為替に影響を及ぼします。

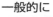

為替の変動要因

内外金利差	・日本と外国の金利差 ・一般的に、お金は金利が高い方へ流れる傾向があるため、米国が金利を引き上げると、日本から米国にお金が流れ、円が売られ（円安）、ドルが買われる（ドル高）。逆に日本の金利が上昇すると、円高・ドル安になる傾向がある
貿易収支の状況（対米貿易収支の黒字のイメージ）	・米国への輸出が増えると、米国から受け取るドルが増え、日本ではそのドルを売って円を買うので円高・ドル安傾向になる 
購買力平価（こうばいりょくへいか）	・貿易相手国の物価と比較して為替を計算する方法。長期的な為替の見方を表し、物価が上昇すると、その国の通貨は安くなる ・コーラ１本が米国で１ドル、日本で100円ならば、100円÷１ドル＝100円となり、１ドル＝100円が妥当とみなされる。インフレにより日本でコーラが150円に値上がりし、米国で１ドルのままならば、150円÷１ドル＝150円となり、円安傾向となる
インフレ率	インフレが起こっている国の通貨は、お金の価値が減少していくので、通貨が安くなる傾向がある

4 景気と株価と債券価格

好景気により株価が上昇する場合には、株式に資金が流れて債券は売られるので、債券価格は下がる傾向があります。

逆に景気悪化により株価が下落する場合には、債券価格は上がる傾向があります。

重要

- **景気拡大 ――→ 株価が上昇・債券価格が下落**
- **景気後退 ――→ 株価が下落・債券価格が上昇**

5 金利と株価、債券価格との関係

1 金利と株価

一般的に、金利（預金金利など）が上昇すると、相対的に株式の魅力が下がるため、株価は下落します。一方、金利が低下すると、株式の相対的な価値が上がるため、株価は上昇します。ただし、景気拡大を伴い徐々に金利が上がっている状況では、金利も株価も上昇することがあります。

- **市場金利の上昇 ⟶ 株価が下落**
- **市場金利の低下 ⟶ 株価が上昇**

2 金利と債券価格

ココが出る

金利が上昇すると、金利が低いときに発行された債券の魅力が低下して、売却する人が増えるので、債券価格が下がります。

一般的に、金利と債券価格は逆の動きになります。つまり、金利が上昇すると債券価格は下がり、金利が低下すると債券価格は上がります。

重要

- **市場金利の上昇 ⟶ 債券価格が下落**
- **市場金利の低下 ⟶ 債券価格が上昇**

重要度 ★★

3 銀行等の貯蓄型金融商品

学習項目
- 固定金利と変動金利、単利と複利の計算方法の違い
- 銀行、信託銀行、ゆうちょ銀行等の各金融商品の特徴

1 固定金利と変動金利

固定金利とは、預入をしたときの金利が満期まで変わらないことをいいます。一方、変動金利とは、市場金利の変動に応じて定期的に金利が見直されることをいいます。

通常、金利のピーク期や金利の下降局面下では、高い金利のまま運用できるので固定金利での運用が有利になります。一方、金利のボトム期（最も低い期間）や金利の上昇局面では、変動金利での運用が有利になります。

2 単利と複利

金融商品の利子には、**単利**と**複利**の２種類があります。

1 単利

単利とは、当初預け入れた金額（元本）に対する利子を計算する方法です。通常、年間あたりで計算します。

【単利計算式（税引前）】

計算

$$満期時の元利合計＝元本×\left(1+\frac{年利率}{100}×期間\right)$$

2 複利

複利とは、途中で支払われた利子を元本に組み入れて（再投資）利子を計算する方法です。複利計算は、利子が支払われる期間により、１か月複利、半年複利、１年複利などがあります。

ココが出る
試験では、単利計算、複利計算の問題で、所得税等の税金を考慮する場合と考慮しない場合があるので、問題の指示に注意しましょう。

【複利計算式（税引前）】

計算

$$満期時の元利合計＝元本\times\left(1+\frac{年利率}{100}\right)^n$$

※nには複利となる年数が入る（1年複利だとその年数、半年複利の場合は年数の2倍、1か月複利だと年数の12倍）

※年利率には、半年複利の場合は年利率を2で割った数値、1か月複利だと12で割った数値が入る

ケース

年利率1.5%の1年複利で、300万円を3年間運用した場合の満期時の元利金合計はいくらか(円未満切捨て)。

解答

$$300万円\times\left(1+\frac{1.5}{100}\right)^3＝313万7,035円$$

※つまり、3年後の313万7,035円の現在価値が300万円ということになる

$$現在価値（300万円）＝\frac{313万7,035円}{\left(1+\frac{1.5}{100}\right)^3}$$

3 利率と利回り

利率は元本（実際に支払った金額）に対する利子（インカムゲイン）の割合で、年率換算して計算されます。一方、**利回り**は元本に対する利子と値上がり益（キャピタルゲイン）や値下がり損（キャピタルロス）を含めた金額の割合を年率換算したものです。

補足

電卓の使い方

電卓で、乗数nを計算する場合、「＝」を「n－1」回押します。例えば、「2の3乗」なら「2×＝＝」、「3の4乗」なら「3×＝＝＝」と押します。ただし、電卓によっては、「×」を2回押してから次に「＝」を「n－1」回押すものもあります。

補足

半年複利の計算

年利率1.5%の半年複利で300万円を3年間運用した場合の元利合計は？

$$300万円\times\left(1+\frac{0.75}{100}\right)^6$$

＝313万7,556円

※利率は半分の0.75%、乗数は倍の6年となる

4 預貯金について

一般的に、銀行等が取り扱うお金を「預金」、ＪＡ（農協）やゆうちょ銀行等が取り扱うお金を「貯金」と呼んでいます。

銀行の主な預金の種類

	特徴
スーパー定期預金	・固定金利（銀行ごとに日々設定する自由金利商品） ・期間は１か月以上、10年以下が一般的 ・**３年未満**は単利型のみ、３年以上は**単利型**と**半年複利型**の選択（**半年複利型は個人のみ**利用できる） ・中途解約すると**中途解約利率**が適用される
大口定期預金	・**固定金利**（**単利型**のみ） ・期間は１か月以上、10年以下が一般的 ・預入金額は**1,000万円**以上 ・適用金利は、店頭表示金利を基準として、銀行との取引状況などに応じて相対（交渉）により決定される
期日指定定期預金	・固定金利（**１年複利**） ・金融機関ごとの自由金利 ・期間は１か月以上、３年以下が一般的 ・**１年**の据置期間経過後は、**３年**までの任意の日を満期日として指定できる（ペナルティーなしで解約可）
変動金利定期預金	・変動金利 ・**６か月ごと**に適用金利の見直しがある ・預入期間は１年、２年、３年が多く、単利型と複利型がある（複利型は**個人**に限定）
貯蓄預金	・満期はなく、出し入れ自由な商品 ・一定額以上の残高がある場合には、普通預金よりも金利が高い ・公共料金の引き落としなどの**決済機能**はなく、給与や年金の自動受取口座としては利用できない
仕組預金	・オプションなどのデリバティブを組み込むことで、通常の預金よりも高い金利を受け取れる預金 ・**預入期間の短縮や延長の決定権を銀行が持っており、中途解約ができない**などの特徴がある ・元本保証の有無は商品により異なる

ゆうちょ銀行の主な貯金の種類

	特徴
通常貯金	・変動金利 ・銀行の普通預金にあたるもの ・1円以上1円単位で預入ができ、出し入れ自由 ・公共料金の引き落とし等の決済が可能
通常貯蓄貯金	・変動金利 ・1円以上1円単位で預入ができ、出し入れ自由（10万円以上であれば通常貯金より金利が高い） ・通常貯金と異なり、決済機能がない
定額貯金	・固定金利（**半年複利型**） ・3年目までは6か月ごとに段階的に金利が変わる ・6か月以上据え置けば、ペナルティーがなく解約はいつでも可能 ・最長預入期間は**10年**
定期貯金	・固定金利商品 ・あらかじめ預入期間（最長5年）を指定して預入できる ・1,000円以上1,000円単位で預入ができる ・期間3年未満は**単利型**のみ、3年、4年、5年は**半年複利型**のみ ・いつでも解約できるが、**中途解約利率**が適用され、利率が引下げとなる。

ゆうちょ銀行の金融商品の注意点

- 民営化後に預入された貯金については、国の保証はなく**預金保険制度**の保護の対象
- 預入限度額は、通常貯金（1,300万円）と定期性貯金（1,300万円）の合計で、1人**2,600万円**まで（ただし、預金保険制度で保護されるのは1人1,000万円とその利息）

補足

休眠預金について

2009年1月1日以降の取引から原則**10年**以上入出金等の取引がない口座（原則、残高が1万円未満）については、そのお金を所定の機関に移管し、社会問題の解決や民間公益活動のために活用するようになります。ただし、外貨預金や譲渡性預金などは対象外です。なお、休眠預金となった後であっても、本人確認ができれば、引出しは可能です。

ココが出る

銀行、ゆうちょ銀行が扱っている金融商品はほとんどが**半年複利型**となっています。ただし、**期日指定定期**は**1年複利**です。

参照

預金保険制度

☞**3章11**

ココが出る

預貯金の利子は利子所得となり、20%（所得税15%、住民税5%）が源泉徴収されます（復興税込みで20.315%）。

重要度 ★★★

4 債券

学習項目
- 債券の種類と特徴（特に個人向け国債）
- 債券の利回り計算
- 債券のリスクと価格変動要因

1 債券とは

債券とは、発行者（国、地方、企業など）が資金を借りるために発行する借用証書です。発行者が国であれば国債、都道府県等であれば地方債、企業であれば社債（事業債）といいます。

債券の基本的な条件と特徴 重要

債券の額面（がくめん）（購入単位）	額面とは、債券の売買単位で債券１枚ごとの券面上に表示されている10万円、100万円といった金額のこと。債券が償還（満期）になったときには、**額面金額が払い戻される**（額面100万円購入した場合、償還金額は必ず100万円）
債券の単価（価格）	原則、額面**100円**あたりの価格が表示される ・債券の発行価格が100円の場合を**パー**発行 ・100円より高い場合を**オーバーパー**発行 ・100円より安い場合を**アンダーパー**発行 ケース 単価（価格）が99円で発行された債券を額面100万円購入したときの購入代金は？ $100万円 \times \frac{99}{100} = 99万円$ （別途、手数料がかかる）
債券の償還（しょうかん）価格	当初決められた期限（満期日）に**100円**で償還される ・アンダーパーで発行された債券は100円との差額が利益になる（**償還差益**という） ・オーバーパーで発行された債券は100円との差額が損失になる（**償還差損**という）

間違えやすいポイント！
債券では、購入金額ではなく購入した額面に対して利子が支払われます。

ココが出る
債券は償還まで保有して額面金額を受け取ることも、償還前にその時の価格（時価）で解約することもできます。償還前に売却した場合、額面金額を下回ること（元本割れ）もあります。

<table>
<tr><td></td><td>【償還差益と償還差損のイメージ】
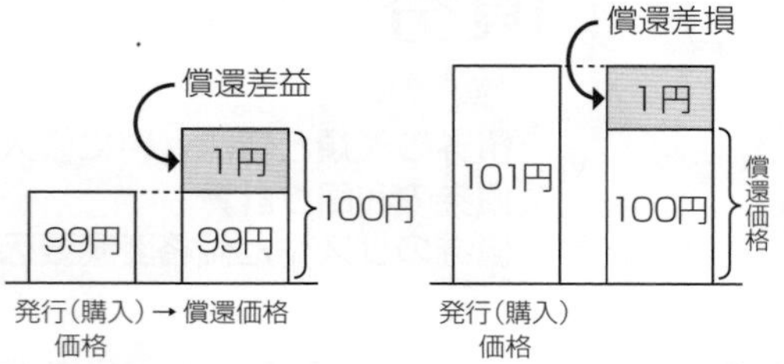
</td></tr>
<tr><td>債券の利率
(表面利率)</td><td>額面に対する1年あたりの利子の割合を利率(クーポンレート)という
利子を受け取ることができる債券を利付債、利子を受け取れない代わりに、額面(100円)から利子相当分を割り引いて発行される債券を割引債と呼ぶ</td></tr>
<tr><td>債券価格の
変動要因
重要</td><td>債券価格は、原則、金利の変化によって変動する
・市場金利が上昇した場合、債券価格は下落
・市場金利が低下した場合、債券価格は上昇

なお、他の条件が同じであれば、償還までの期間の長い債券(長期債)や低い利率の債券(低クーポン債)ほど、金利が変動したときの債券価格の変動幅は大きくなる傾向がある</td></tr>
</table>

ココが出る

金利の変化と債券価格の動きは逆になることを覚えておきましょう。
- 金利上昇→債券価格は下落
- 金利低下→債券価格は上昇

2 債券の利回り

1 債券価格と利回りの関係

利率が額面に対する年利子の割合であるのに対し、投資元本(投資金額)に対する年間収益の割合(1年に何%の収益を生み出すか)が**利回り**です。

債券価格と利回りには、一般的に次ページのような関係が成り立ちます。

【債券価格と利回りの関係】

債券価格		利回り
上昇	▶	低下
下落	▶	上昇

利回りは低下しているが、債券価格が上昇していることを**市況の好転**という

債券価格が下落していることを**市況の悪化**という

> **ココが出る**
> 債券は100円で償還されるため、価格が上がるほど償還差損が大きくなり、利回りは低下することになります。

2　債券の利回りの種類　計算　重要

債券の利回り（単利計算）には、(1) 応募者利回り、(2) 最終利回り、(3) 所有期間利回り、(4) 直接利回りの４種類があり、通常、利回りという場合は最終利回りを意味しています。

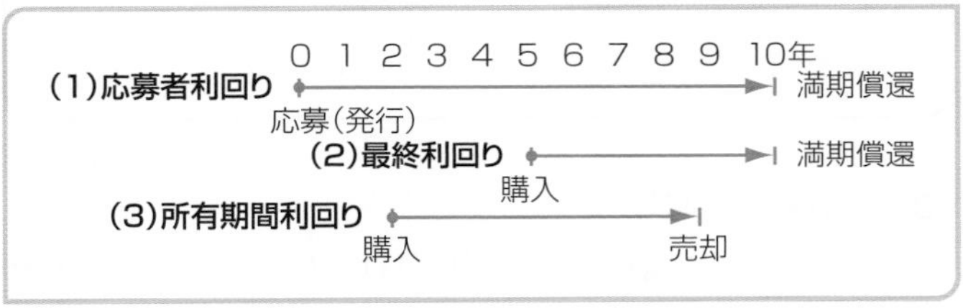

(1) 応募者利回り

新規に発行される債券を購入し、償還まで保有した場合の発行価格に対する収益の割合（１年間に受け取る利子と、１年あたりの償還差損益の合計）を**応募者利回り**といいます。

応募者利回り(%)

$$= \frac{利率 + \dfrac{償還価格(100円) - 発行価格}{償還期限}}{発行価格} \times 100$$

> **ココが出る**
> 利回り計算は高頻度で出題されています。試験では、購入価格、利率、残存期間などは与えられますが、償還価格は与えられないこともあるので注意しましょう。償還価格は100円と決まっています。

(2) 最終利回り

すでに発行されている債券（既発債）を時価（市場価格）で買い付け、償還期限まで保有した場合の、購入価格に対する収益の割合（１年間に受け取る利子と１年あたりの償還差損益の合計）を最終利回りといいます。

ココが出る

・アンダーパー発行の債券は、償還時には償還差益が発生するため、利回りは表面利率よりも高くなる
・オーバーパー発行の債券は、償還時には償還差損が発生するため、利回りは表面利率よりも低くなる

最終利回り(%)

$$= \frac{利率 + \dfrac{償還価格(100円) - 購入価格}{残存期間}}{購入価格} \times 100$$

ケース

利率年1.8%、残存期間５年、購入価格が額面100円あたり102円の利付債の最終利回りはいくらか（小数点第４位以下切捨て）。

解 答

$$\frac{1.8 + \left(\dfrac{100 - 102}{5}\right)}{102} \times 100 \fallingdotseq 1.372\ (\%)$$

（3）所有期間利回り

債券を時価（市場価格）で買い付け、償還期限まで保有せず中途売却する場合の、購入価格に対する収益の割合（１年間に受け取る利子と１年あたりの売却差損益の合計）を所有期間利回りといいます。

所有期間利回り(%)

$$= \frac{利率 + \dfrac{売却価格 - 購入価格}{所有期間}}{購入価格} \times 100$$

（4）直接利回り

購入価格に対する年間の利子収入の割合を直接利回りといいます。

$$直接利回り(直利)(\%) = \frac{利率}{購入価格} \times 100$$

3　債券のイールドカーブ（利回り曲線）

（1）順イールドと逆イールド

債券の利回りにおいて、順イールドとは短期債より長期債の利回りの方が高い状態のことをいいます。満期までの期間が長い債券ほど利回りが高く、利回り曲線が右肩上がりになります。平常時であれば、順イールドになります。

逆イールドとは長期債より短期債の利回りの方が高くなっている（長短金利が逆転している）状態で、利回り曲線が右肩下がりになります。急激な金融引締め政策により短期金利が急上昇した場合などに逆イールドになることがあります。

（2）イールドカーブのスティープ化とフラット化

イールドカーブとは縦軸が利回り、横軸が満期までの期間となっているグラフのことです。

将来の金利上昇が予想される場合に、長期金利が急激に上昇しイールドカーブが右肩上がりになる状態を「スティープ化」といい、金利低下局面でイールドカーブが緩やかになることを「フラット化」といいます。

つまり、「スティープ化」とは短期金利と長期金利の差が大きくなる状態のことをいい、「フラット化」とは短期金利と長期金利の差が小さくなり、利回り曲線がフラットになる状態をいいます。

3 債券の種類

債券は、誰が債券を発行しているのか（**発行体**という）により、国債、地方債、社債、金融債などに分けられます。また、利子（利率）が付くかどうかにより**利付債**と**割引債**に分けられます。なお、海外で発行される割引債は一般的に**ゼロクーポン債**と呼ばれています。

ゼロクーポン債には利子が付きませんが、額面金額から割引いた価格で発行され、額面金額で償還になります。

1 国債

国の発行する債券で、信用度はすべての債券の中で最も高く、発行額も多くなっています。国債は原則として、**半年**ごとに利子が受け取れ、額面**5万円以上、5万円単位**（個人向け国債は1万円以上、1万円単位）で購入できます。

国債のポイント

- 長期国債（10年満期の利付国債）の発行が最も多く、国債の中心的な銘柄となっている（新発の長期国債の利回りが**長期金利の指標**となっている）
- その他、中期国債（2年、5年満期の利付国債）や超長期国債（20年、30年、40年満期の利付国債）、割引国債などがある

2 個人向け国債 重要

個人向け国債は、購入者を個人に限定する国債で、10年満期の変動金利型、5年満期の固定金利型、および3年満期の固定金利型の3種類が発行されています。個人向け国債の主な特徴は次のとおりです。

間違えやすいポイント！

取引所取引では上場債しか取引されませんが、店頭取引ではすべての債券が取引の対象です。取引所取引では、委託手数料がかかりますが、店頭取引では、原則として、手数料はかからず、**売買価格に含まれています**。また、店頭取引の場合、同一銘柄・同一日時の取引であっても、証券会社によって価格が異なる場合があります。

用語

割引国債
利息がなく、発行時の価格が額面より低い価格（アンダーパー）で発行され、償還時に額面金額を受け取ることができる国債

ココが出る

個人向け国債は出題頻度が高い項目です。3種類の発行回数、金利の決め方や下限金利、中途換金について比較して覚えておきましょう。

個人向け国債の種類

	10年変動金利型	5年固定金利型	3年固定金利型
購入単位	額面1万円以上、1万円単位		
発行	（原則）**毎月**		
利払い	半年ごと（年2回） ※利率は**6か月**ごとに見直される	半年ごと（年2回） ※購入時の利率は満期まで一定	
金利	基準金利（10年長期国債の金利）×0.66	5年中期国債の金利－0.05％	残存期間3年国債の利回り－0.03％
下限金利	**0.05％**が最低金利		
中途換金	発行から**1年経過後**は国が額面（1万円）で買い取ってくれる（直前2回分の利子相当額が引かれる）		
税金	申告不要制度または申告分離課税の選択制		

3　転換社債型新株予約権付社債

転換社債型新株予約権付社債（CB＝Convertible Bond）は、あらかじめ決められた条件（転換価額）で株式に転換できる権利の付いた社債です。転換社債を発行している企業の株価が転換価格を上回れば、株式に転換することで値上がり益が得られます。また、株価が転換価格を上回らなくても、満期まで保有することで、額面（100円）で償還されます。

4　債券の取引

債券の取引は、取引所に上場されている債券を売買する場合（取引所取引）と、金融機関と投資者が相対で取引する場合（店頭取引）に分かれます。外国債券を含む債券の取引のほとんどが**店頭取引**で行われています。

用語

委託注文
投資家から受けた売買注文を、金融機関が取引所に取り次ぐこと

用語

仕切注文
投資家から受けた売買注文を、金融機関が取引所に取り次がず、金融機関自身が取引相手となって売買すること

取引所取引と店頭取引の比較

	取引所取引	店頭取引
場所	取引所	店頭（無限定）
参加者の注文	すべて取引所に集められて取引される	金融機関と顧客の１対１の取引
対象銘柄	上場債のみ	無限定（すべての債券）
注文方法	委託注文	仕切注文（しきりちゅうもん）
手数料	手数料あり	なし（価格に含まれている）

5 債券価格の変動要因

債券価格は、市場金利の動向に大きな影響を受けます。

【債券価格と市場動向】

市場金利		債券価格		債券市況		利回り
低下	▶	上昇	▶	好転	▶	低下
上昇	▶	低下	▶	悪化	▶	上昇

市場金利に影響を与える変動要因と金利および債券価格の基本的な関係は次のとおりです。

ココが出る
原油価格が上昇すると一般的に物価が上昇するので、金利も上昇し、債券価格は下がります。

金利と債券価格

変動要因	金利	債券価格
景気拡大	上昇	下落
景気後退	低下	上昇
物価上昇	上昇	下落
物価下落	低下	上昇
円高	低下	上昇
円安	上昇	下落
外国金利上昇	上昇	下落
外国金利低下	低下	上昇

補足
長期国債を大量に発行すると、長期的には金利の上昇につながります。

6 債券のリスク

債券には主に次のようなリスクがあります。

債券の主なリスク 重要

価格変動リスク（金利リスク）	・市場金利の変動により、債券価格が変動するリスク ・**長期債、低クーポン債**（低金利債）ほど価格変動が大きい
流動性リスク	・換金したいときに換金できない場合や自らの換金によって価格を大きく下げるリスク ・発行額や流通量の少ない債券ほど大きい
デフォルト・リスク（信用リスク・倒産リスク）	・債券の利子および元金の一部や全部が支払い不能になることや、支払いが遅れるリスク ・**格付けの低い債券**ほど大きい ・信用リスクが大きくなるほど、利回りは上昇する（価格は下落する）
コール・リスク（途中償還リスク）	・満期前に償還され、当初予定された運用ができなくなり、運用機会を損失するリスク
カントリー・リスク	・外国債券に投資した場合、その国の政治や経済情勢等の変化により、価格変動が生じたり資金の回収が不可能となるリスク ・新興国の債券ほど大きい

7 債券の格付け 重要

債券のデフォルト・リスクの目安になるのが**格付け**です。ＡＡＡ、ＡＡ、Ａ、ＢＢＢといったアルファベットで民間の格付け会社が表し、各債券（発行体）の**信用度**を示しています。一般的にＡＡＡ（トリプルＡ）が最も信用度が高く（信用リスクが低い）なっています。なお、格付けがＤ（シングルＤ）の場合は、すでに破たんしている状況です。

通常、格付けが引き下げられると、信用リスクが高くなり、その債券の価格は下がります（利回りは上昇する）。

ココが出る

債券の価格変動の幅は、他の条件が同じであれば、**長期債**および**低クーポン債**ほど大きくなります。また、変動利付債より固定利付債の方が、価格の変動幅は大きくなります。

補足

代表的な格付け会社には、ムーディーズ、スタンダード・アンド・プアーズ（Ｓ＆Ｐ）、フィッチなどがあります。格付けは対価を得たうえで、中立的な立場で独自に判断しています。

間違えやすいポイント！

格付けがＡＡＡ（トリプルＡ）であっても信用リスクはゼロではありません。

格付けのポイント

重要

- 格付けがＢＢＢ（トリプルＢ）以上の債券を**投資適格債**、ＢＢ（ダブルＢ）以下の投機的な債券を投資不適格債（**ジャンク債**または**ハイ・イールド・ボンド**ともいう）と呼ぶ。また、格付が高い国が発行する国債などを一般的に**ソブリン債**という
- 一般的に他の条件が同じであれば、格付けが高い債券ほど利回りは低くなる（発行利率も低くなる）
- 発行体（発行会社）が同じでも発行の時期や利率、満期までの期間等によって格付けは異なる場合がある
- 格付けは発行体（発行会社）の返済能力等の変化に応じ、随時見直される

用語

ハイ・イールド・ボンド
イールドとは利回りのことで、利回りが高い債券のことをいう

間違えやすいポイント！

通常、期間等の条件が同じであれば、格付けが高いほど債券の価格は高く、利回りは低くなります。格付けが低いほど価格は低く、利回りは高くなります。

【債券の格付けイメージ】

AAA	投資適格債（トリプルＢ以上）	信用度は高く、利回りは低い
AA		
A		
BBB		
BB	投資不適格債（ダブルＢ以下）	信用度は低く、利回りは高い（信用度が低いので、利回りが高くないと誰も買ってくれない）
B		
～		
C		
D		

8 債券のデュレーション

債券に投資した場合の、元本の平均回収期間のことを**デュレーション**といいます。一般的に、利率（クーポン）が同じであれば、残存期間の長い債券ほどデュレーションは**長く**なります。また、金利に応じて債券価格がどの程度変動するのかの度合いを指すこともあります。一般的に、金利の変動に対する債券価格の変動幅が大きくなるほど、デュレーションは**大きく**なります。

ココが出る

割引債は利息がなく、償還差益のみが利益となる債券なので、割引債のデュレーションは、残存期間と同じになります。つまり、割引債は満期まで保有することで元本が回収されます。

重要度 ★★★

5 株式

学習項目
- 株式の注文方法
- 株価指数（日経平均株価と東証株価指数）の把握
- 株式関連の投資計算（ＰＥＲ・ＰＢＲ・ＲＯＥ等）

1 株主の権利

1 共益権と自益権

株式会社が発行する株式の持ち主（出資者）が株主です。株主の権利には以下のようなものがあります。

株主の権利

	権利の内容	例
共益権	議決権 （経営参加権）	会社の決議に参加する権利
自益権	利益配当請求権	持っている株数に応じて会社の利益を配当として受け取る権利
	残余財産分配請求権	会社が解散したときに残った財産を分配してもらう権利

配当や議決権の権利を得るためには、その会社の決算日（権利確定日）の**２営業日前**に株式を購入しておく必要があります。例えば、31日（火）が権利確定日の場合、27日（金）までに購入（約定）する必要があります。この27日（金）を**権利付最終日**といいます。また、権利付き最終日の翌営業日を権利落ち日といいます。権利落ち日とは、今期の配当を受け取る権利などがなくなる日のことで、理論上、配当金の分だけ、株価が安くなるとされている日のことです。次のように権利確定日が31日（火）である上場株式の権利落ち日は、権利付き最終日（27日）の翌営業日（30日）になります。な

ココが出る

株主は、その会社が借金を弁済できないときでも、出資した金額以上に責任を負いません。これを**株主有限責任**といいます。つまり、株主には自分の資金で会社の借金を返済する義務はないということです。

ココが出る

株式会社の設立時の最低資本金は**１円**です。なお、株式会社の中で、公開会社とは発行する株式の全部または一部に譲渡制限のない（売るときに会社の承認がいらない）会社のことで、上場会社のことではありません。

お、権利落ち日に株を売っても配当金などの株主の権利は受け取れます。

【権利付最終日と権利確定日】

27(金)	28(土)	29(日)	30(月)	31(火)
購入日 (権利付最終日)	休み	休み	(権利落ち日)	決算日 (権利確定日)

2営業日前

2 金庫株

金庫株とは、株式会社が自社の資金で自社の株式を購入し、保有していることをいいます。金庫株の株主は会社自身ですが、議決権や利益配当請求権はありません。

2 株式の売買単位

1 単元株

株式は通常、証券会社を通じて取引所などで売買されます。その場合に売買できる単位を、**単元株**といい、原則100株単位となっています。

用語

単元株
株式を売買する場合の最低売買単位のこと

株式の売買単位

単元株 (最低売買単位)	・各株式の発行会社が定めた単元株数の整数倍 ・単元株数は100株 ※単元株数が100株の株式を500円で最低単位購入する場合の売買代金は5万円(100株×500円)となる

2 株式ミニ投資(ミニ株)

株式ミニ投資とは、通常の単元株式の売買単位の10分の1の単位で売買が可能な取引のことで、同一日であれば最大10分の9の単位まで取引可能です。単元株が100株なので最低10株単位(1日で最大90株単位)で売買できます。

補足

クレジットカード決済で「積立型」の投資信託や上場株式を購入することでポイントが付与されるサービスや、付与されたポイント相当額で、証券会社に開設した口座を通じて投資信託等に投資できる仕組みがあります。

株式ミニ投資のポイント

- ミニ投資約款に基づき**ミニ投資口座**の開設が必要
- 約定日は注文日の翌営業日で、約定価格は**翌営業日の始値**（最初の値段）と決められているので、**指値注文**はできない

3 株式累積投資（るいとう）制度

一定の株式等を毎月一定日（給料日など）に一定金額ずつ積立方式で購入していく制度（**ドルコスト平均法**という）で、少額の資金で株式投資ができます。

ケース

＜ドルコスト平均法による購入価格の計算例＞

1回あたり1万円の投資金額でA社株式を3回にわたり買い付けたときの平均購入単価はいくらか。

※手数料等は考慮しない

	1回目	2回目	3回目
価格	200円	500円	200円

解答

【1回目の買付株数】1万円÷200円＝50株

【2回目の買付株数】1万円÷500円＝20株

【3回目の買付株数】1万円÷200円＝50株

投資金額計3万円　　購入株数計120株

【平均購入単価】3万円÷120株＝250円

3 価格の決定方法と注文方法 重要

取引所取引での株式の価格は、**オークション方式**により決まっています。オークション方式とは、前日の終値（気配値）を基準として**価格優先・時間優先**の原則に従い、競争

ココが出る

るいとうでは、通常、株価が高いときは購入できる株数は少なく、株価が安いときは多くの株数を購入できるので、長期的に購入単価を安定させる効果が期待できます（ドルコスト平均法の効果）。

ココが出る

1日のうちで、株価の変動の幅は制限されています。これを制限値幅といいます。制限値幅の上限まで上がった場合を**ストップ高**、下限まで下がった場合を**ストップ安**といいます。なお、米国の取引所ではこのような制度はありません。

ココが出る

取引所において、株式のその日の最初の値段と最後の値段を決定する方式を「**板寄せ方式**」、それ以後の値段の決定方式を「**ザラ場方式**」といいます。

ココが出る

価格優先の原則は、出題頻度が高い論点です。売り注文と買い注文の場合をしっかり理解しておきましょう。

売買によって価格が決まる方法です。

オークション方式

価格優先の原則	売り注文はより**低い価格**が優先、買い注文はより**高い価格**が優先して取引が成立すること
時間優先の原則	同じ価格の注文の場合では注文時間が早い方が優先して取引が成立すること

株式の注文方法には、**指値注文**(さしね)と**成行注文**(なりゆきちゅうもん)があり、**成行注文**は指値注文より優先して取引が成立します。

株式の注文方法

指値注文	価格を指定して注文を出す方法 ケース 1,000円以上で売りたい（1,000円未満で売れることはない）
成行注文	価格を指定せずに注文を出す方法 ケース いくらでもいいから売りたい・買いたい

間違えやすいポイント!

指値注文では、買い注文は買いたい価格の**上限価格**、売り注文は**下限価格**を指定します。したがって、指値1,000円の買い注文をした場合、1,000円より安い990円で買えることもあります。

4 株式の売買の種類 重要

株式の売買は誰の資金で売買するかによって、現物取引と信用取引に分かれます。

補足

海外の取引所に上場している外国株式についても、信用取引が可能です。

株式の売買の種類

現物取引	投資家が自己資金で株を買ったり、自分が保有している株式を売却することをいう
信用取引	・投資家が証券会社から資金や株式を借りて、株式を売買することをいう ※株式を借りることで、株をもっていない場合でも売注文が可能 ・原則、約定代金の**30%**以上の**委託保証金**（担保）が必要（最低30万円） ケース 信用取引で300万円の取引を行う場合、最低300万円×30%＝90万円の委託保証金が必要（つまり委託保証金90万円で300万円の株取引が可能となる、これを**レバレッジ効果**という）

原則として、現物取引も信用取引も売買の決済日（売買代金の受渡日）は、約定日から数えて**3営業日目**（例えば、木曜日に売ると翌週の月曜日にお金を受け取れる）です。

1　信用取引の種類　重要

信用取引には、**制度信用取引**と**一般信用取引**があります。

信用取引の種類

制度信用取引	・**証券取引所**が基本となる取引ルールを決めて行うもので、**貸借取引**を利用できる ・証券取引所が選定した銘柄のみ信用取引が可能 ・借り入れた資金や株券の弁済期限は、取引を行った日から最長**6か月間**となっている
一般信用取引	・**証券会社**と**顧客**の間で条件を決めて行う取引で、貸借取引は**利用できない** ・原則、すべての銘柄が信用取引の対象 ・借入金等の弁済期限は証券会社ごとに異なる（無期限の場合もある）

※一般信用取引で売買した株式を制度信用取引に変更することや、制度信用取引で売買した株式を一般信用取引に変更することはできない

2　信用取引の決済

信用取引の決済には、**反対売買**による方法（差金決済）と**受渡決済**（現物決済）による方法があります。

信用取引の決済方法

反対売買（差金決済）	買っていた株を売って、その差額のみを受払いする（差金決済）方法 ケース　900円で買った株を1,000円で売った場合、差額の100円のみを受け取る
受渡決済（現物決済）	**現引き**による決済と**現渡し**による決済がある

用語

貸借取引
証券会社が信用取引に必要な資金や株券等を**証券金融会社**（証券会社への資金等の貸付を専門に行う金融機関）から借りること

用語

反対売買
当初の取引と逆の取引をして損益を確定させる取引のこと。買っていたものを売り、売っていたものは買い戻す

用語

現引き
証券会社から資金を借りて株を買っていた場合に、その借入金を返済して株を自分のものにすること

用語

現渡し
証券会社から株券を借りて売却していた場合に、借りていた株券を返して売却代金を受け取ること

3　信用取引の注文の指定

信用取引を行うためには、信用取引口座設定約諾書の差し入れが必要です。証券会社で信用取引口座を設定すれば、投資家はいつでも信用取引を行えますが、**売買注文の都度**、信用取引であることを指定しなければなりません。

ココが出る
信用取引の制度信用と一般信用の違い、決済の方法、委託保証金などについて、しっかり確認しておきましょう。ひっかけ問題が出題されやすい論点です。

4　信用取引の委託保証金と追加保証金 重要

証券会社は、信用取引による売買が成立したときは、売買成立の日から数えて**3営業日目（約定日の翌々日）**の正午までに、**約定代金の30%**以上の委託保証金（担保）を顧客から徴収します。ただし、最低委託保証金は30万円と定められています。信用取引で90万円の売買を行った場合、計算上では委託保証金は27万（90万円×30%）必要ですが、この場合は30万円必要となります。

委託保証金は現金が原則ですが、証券会社に預けている上場株や債券などの**有価証券**（非上場株は対象外）で**全額代用**することもできます。なお、差し入れた担保の価額が約定代金の**20%**の価額を下回った場合は担保不足となり、原則として約定代金の20%に戻るまで、担保を追加して差し入れなければなりません。これを、追加保証金といいます。

間違えやすいポイント！
新NISA口座で**株式**や**ETF（上場投資信託）**、**REIT（不動産投資法人）**の配当金等を非課税で受け取るためには、**株式数比例配分方式**を選択しなければなりません。なお、株式投資信託の分配金については、株式数比例配分方式を選択する必要はありません。

5　株式の配当金の受取方法

配当金の受取方法には以下の4種類があります。

配当金の受取方法

配当金領収書方式	郵送されてきた「配当金領収書」または「郵便振替支払通知書」により、金融機関や郵便局で自分で受け取る方法
株式数比例配分方式	口座を開設している証券会社等の口座で受け取る方法。株数に応じて、配当金が自動的に振り込まれる

登録配当金受領口座方式	あらかじめ登録した銀行等の口座で配当を受け取る方法。すべての銘柄の配当金がこの口座に振り込まれる
個別銘柄指定方式	銀行等の金融機関の口座で受け取ること。個別の銘柄ごとに振り込みの手続きを行う必要がある

6 東京証券取引所（東証）の市場区分

一般市場とプロ向けの市場があります。一般市場は誰でも株式の売買ができる市場で、**プライム市場**、**スタンダード市場**、**グロース市場**の3つの市場があります。プロ向けの市場は特定投資家（金融機関等のプロの投資家）のみが売買できる市場で、TOKYO PRO Marketと言います。

東京証券取引所の新たな市場区分

プライム市場	高い流動性を持ち、グローバルな投資家と建設的に対話をし、持続的な成長をする企業向けの市場
スタンダード市場	一定の流動性とガバナンスの水準を備えた企業向けの市場
グロース市場	高い成長可能性を持った新興企業向けの市場

7 日本の株価指数

1 日経平均株価（日経225） 重要

日経平均株価とは、東証の**プライム市場上場銘柄**の中の代表的な225銘柄の株価の平均です。しかし、株価は**株式分割**などを行うことで下がるため、指数の連続性が失われないよう、除数を用いて修正した**修正平均株価**です。あくまでも225銘柄の株価の平均なので、**株価の高い銘柄（値がさ株）**の変動に影響を受けやすい傾向があります。

補足

東京証券取引所と大阪取引所が経営統合し、**日本取引所グループ**となりました。株の売買は東京証券取引所、先物取引などの**デリバティブ**は大阪取引所で取引されています。

ココが出る

【米国の株価指数】

- NYダウ平均は米国の代表的な株価指数です。「ダウ平均」「ダウ平均株価」とも呼ばれ、S&Pダウ・ジョーンズ・インデックス社が公表しています。この指数は米国を代表する優良企業**30銘柄**を選出し、その株価を指数化したものです
- ナスダック総合指数は、ベンチャー向けの市場であるNASDAQに上場している全銘柄の時価総額加重平均株価指数のことです
- S＆P500種株価指数は、ニューヨーク証券取引所・アメリカン証券取引所・NASDAQに上場している銘柄の中の500銘柄を対象とした時価総額加重平均株価指数です

用語(前ページ)

株式分割
1株を複数に分けて、発行済株式数を増やすこと。例えば、1株を2株に分けることを2分割といい、株主の保有株数は2倍になるが、株価は理論的に分割前の2分の1に下がるので、資産価値は変わらない

なお、225銘柄は定期的に入れ替えられます。

2 東証株価指数(TOPIX) 重要

東証株価指数(TOPIX)とは、原則として東証に上場する国内**全銘柄の時価総額**を「基準時価総額(100とする)」と比較して、何倍になっているかを表す**時価総額加重平均株価指数**です。**時価総額**とは、対象銘柄の終値に、その上場株数を掛けた合計のことです。TOPIXは、**時価総額の大きな銘柄**の変動に影響を受けやすい傾向があります。

3 JPX日経インデックス400(JPX日経400)

JPX日経インデックス400とは、東証のプライム市場、スタンダード市場、グロース市場に上場する企業の中から**自己資本利益率**(ROE)、営業利益や時価総額等の基準や**社外取締役**を複数選任している等の要件を満たす400銘柄で構成される株価指数です。この指数は基準日の時価総額(基準値)を10,000ポイントとして、その値と比較する**時価総額加重平均株価指数**です。

8 株式の投資尺度 重要 計算

株式投資の判断基準となる主な指標は次のとおりです。

1 株価収益率(PER:Price Earnings Ratio)

株価が1株あたり利益の何倍まで買われているかを見る指標で、株価の**割安・割高**の一般的な判断基準になっています。

株価収益率(倍)(PER)

$$= \frac{\text{株価}}{\text{1株あたり当期純利益(EPS: Earnings Per Share)}}$$

$$\text{1株あたり当期純利益(EPS)} = \frac{\text{当期純利益(税引後)}}{\text{発行済株式総数}}$$

間違えやすいポイント!

株価収益率(PER)は、一般的に**同業他社**の株価収益率と比べて、高ければ株価は割高、低ければ株価は割安と判断されます。

間違えやすいポイント!

株価純資産倍率(PBR)は、通常**1倍**が目安となっており、1倍を上回るほど株価は**割高**、1倍を下回るほど株価は**割安**(会社の解散価値よりも株価が安くなっている)と判断されます。

ケース

資本金200億円、発行済株式総数4億株、当期純利益（税引後）120億円、株価900円の会社の株価収益率（PER）はいくらか。

解　答

$$\mathrm{EPS}=\frac{120億円}{4億株}=30円$$（1株あたり当期純利益）

$$\mathrm{PER}=\frac{900円}{30円}=30倍$$（株価収益率）

2　株価純資産倍率(PBR：Price Book-value Ratio)

株価が1株あたり純資産（解散価値という）の何倍まで買われているかを見る指標です。PERと同じく、株価が割安か割高かの一般的な判断基準になっています。

$$株価純資産倍率(倍)(\mathrm{PBR})=\frac{株価}{1株あたり純資産}$$

(BPS：Book-value Per Share)

$$1株あたり純資産(\mathrm{BPS})=\frac{純資産}{発行済株式数}$$

ケース

純資産300億円、発行済株式総数5,000万株、株価600円の会社の株価純資産倍率（PBR）はいくらか。

解　答

$$\mathrm{BPS}=\frac{300億円}{5{,}000万株}=600円$$（1株あたり純資産）

$$\mathrm{PBR}=\frac{600円}{600円}=1倍$$（株価純資産倍率）

3　自己資本利益率（ROE：Return on Equity）

自己資本を使ってどれだけ最終利益を上げているかを見る指標で、その会社の収益力を表しています。

ココが出る

株価収益率、株価純資産倍率、自己資本利益率、配当利回り、配当性向については、学科、実技とも出題頻度がかなり高くなっています。必ず計算式を覚えておきましょう。

ココが出る

株価の水準を判断する方法として、ファンダメンタルズ分析とテクニカル分析があります。

- ファンダメンタルズ分析とは、株式の本質的な価値を判断するもので、企業の利益、資産、配当などの基礎的な条件から分析を行う
- テクニカル分析とは、過去の株価の推移から将来の値動きを分析するもので、主にローソク足や移動平均線といったチャート分析が用いられる

自己資本利益率(%)(ＲＯＥ)

$$= \frac{\text{当期純利益(年換算)}}{\text{自己資本(期首・期末平均)}} \times 100$$

4　配当利回り

株価に対する年間配当金の割合を見る指標で、株式投資の価値を利回りで計算したものです。

$$\text{配当利回り(\%)} = \frac{\text{1株あたりの年間配当金}}{\text{株価}} \times 100$$

5　配当性向（せいこう）

当期純利益に対する年間の配当金額の割合を示すものです。

$$\text{配当性向(\%)} = \frac{\text{年間配当金総額}}{\text{当期純利益}} \times 100$$

ケース

自己資本200億円、発行済株式数２億株、当期純利益（税引後）20億円、配当金総額（年間）10億円、株価200円の会社の、①自己資本利益率（ＲＯＥ）、②配当利回り、③配当性向はいくらか。

解　答

①自己資本利益率$= \frac{\text{20億円}}{\text{200億円}} \times 100 = 10\%$

②１株あたりの配当金$= \frac{\text{10億円}}{\text{2億円}} = 5\text{円}$

③配当利回り$= \frac{\text{5円}}{\text{200円}} \times 100 = 2.5\%$

④配当性向$= \frac{\text{10億円}}{\text{20億円}} \times 100 = 50\%$

補足

株式の投資尺度の計算問題は数字の桁が大きいので、電卓を使う場合、ゼロの数を間違えないように「1億」を「1」として計算しましょう。

200億円→200

5,000万円→0.5

800万円→0.08

ココが出る

ＲＯＥが高いほど、収益性が高く、経営効率が良いと判断されます。また、配当性向が高いほど、株主へより多くの利益を還元していることになります。

6 投資信託

学習項目

- 投資信託の種類と特徴（特に契約型投資信託）
- 投資信託の運用手法（パッシブ運用とアクティブ運用）
- 投資信託のコスト
- 投資信託の目論見書と運用報告書

1 投資信託とは

投資信託とは、不特定多数の投資家から集めた資金を、運用の専門家（委託会社＝投信会社）が複数の資産（主に株式、債券、不動産）に分散投資し、その収益を投資家に分配するものをいいます。なお、すべての投資信託は元本保証ではありません。

2 投資信託の分類と種類

投資信託の分類表

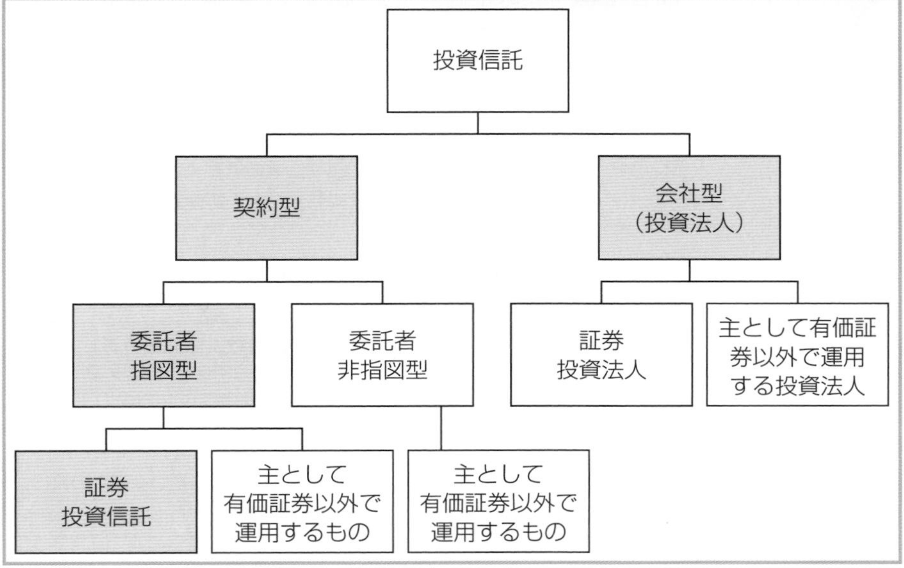

投資信託はその設立の仕方によって、**契約型**と**会社型**（**投資法人**）に分けられます。

さらに、契約型の投資信託は**委託者指図型**と**委託者非指図型**に分けられます。

また、委託者指図型投資信託は、主に株式や債券といった有価証券中心に運用される**証券投資信託**と、有価証券以外（通常は主に不動産）で運用する投資信託に分かれます。

ここでは、契約型の委託者指図型投資信託を中心に見ていきます。

用語

投資信託の用語

- 委託会社（者）＝運用会社（投信会社）
- 受託会社（者）＝信託銀行等
- 約款＝投資信託の設計図
- 信託財産＝運用財産
- 目論見書＝投資信託の説明書
- 基準価額＝投資信託の値段
- 収益分配金＝投資信託の配当金
- ファンド＝投資信託の別称
- 受益証券＝投資信託の証券

1　契約型投資信託（委託者指図型）

契約型投資信託（委託者指図型）は、販売会社が投資家から集めた資金を、委託会社が投資信託契約を結んだ受託会社で保管し、委託会社が受託会社に運用の指図をすることで運用されます。

契約型投資信託（委託者指図型）の仕組み

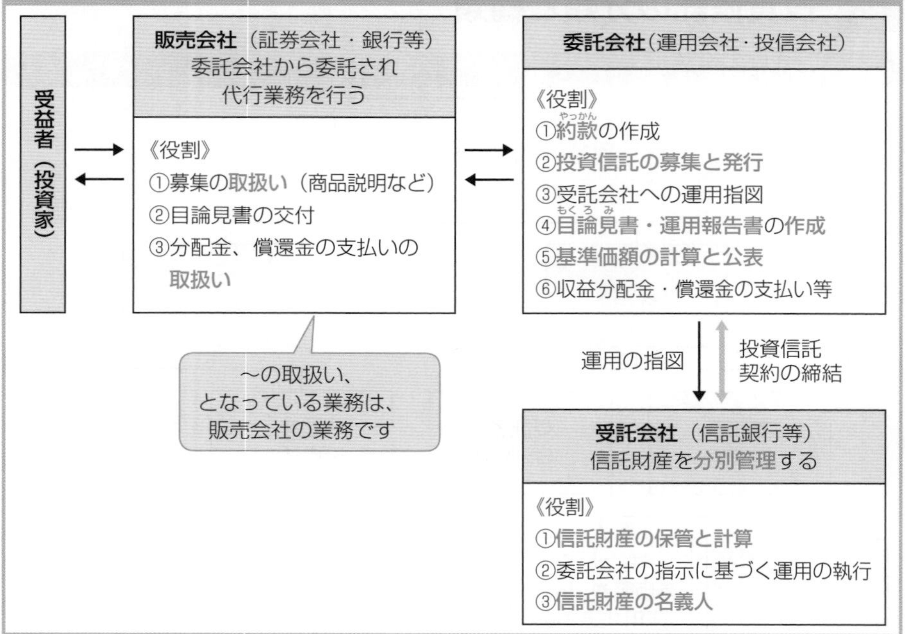

契約型投資信託のポイント 重要

- 委託会社（運用会社）と受託会社（信託銀行等）との間で**投資信託契約**を締結し、信託財産は受託会社で保管され、委託会社の指図によって運用される
- 販売会社は、委託会社の業務を代行し、**投資信託の募集の取扱い**や、**分配金・償還金の支払いの取扱い**を行うことで、委託会社から代行手数料が支払われる（収益分配金や償還金の支払いを行うのは、本来、委託会社である）
- 投資信託の信託財産は受託会社で**分別管理**されているので、販売会社、受託会社、委託会社が倒産した場合でも、原則としてそのときの時価で払い戻される

ココが出る
基準価額とは投資信託の値段のことです。基準価額は、**純資産総額**を発行した**受益権の口数**で割って計算します。口数とは株式会社の株式数にあたります。なお、通常1万口あたりの値段が表示されます。

2 投資法人（会社型投資信託）

投資法人とは、資産の運用のみを目的として設立された投資信託法上の法人（会社）です。したがって、法人格があります。基本的な仕組みは株式会社とほぼ同じです。

投資法人は基本的に**クローズド・エンド型**になっており、投資証券が取引所に上場され、株式と同様にそのときの時価で売買されています。日本では**不動産投資信託**（J（ジェイ）－REIT（リート））が投資法人の形態をとっています。

契約型投資信託と投資法人の比較

	契約型投資信託	投資法人
発行証券	**受益証券**	**投資証券**（株券に相当）
投資家	**受益者**	**投資主**（株主に相当）
法人格	なし	あり

ココが出る
オープン・エンド型であっても、安定した運用をするため解約ができない期間を定めている場合があります。この期間のことを「**クローズド期間**」といいます。

3 クローズド・エンド型とオープン・エンド型

クローズド・エンド型とは、受益者（投資家）が満期まで解約できない（委託会社が解約を受け付けない）ものをいいます。一方、受益者がいつでも解約できる（委託会社が解約を常に受け付ける）ものを**オープン・エンド**型といいます。

4　追加型投資信託と単位型投資信託

追加型投資信託は、投資家がいつでも自由にそのときの時価（基準価額）で購入することができる（委託会社が随時、追加設定して運用資産を増やす）もので、信託期間（運用期間）が**無期限**または**長期**のものが多くなっています。

単位型投資信託は、投資家が購入できる期間が限定（募集期間中のみ）され、一度設定された後は二度と購入することができないもので、満期までの信託期間が短いタイプが多くなっています。

5　公社債投資信託・株式投資信託・不動産投資信託

運用対象によって、以下の３つに分類されます。

運用対象による投資信託の分類

公社債投資信託	主として、国債等の公社債中心に運用され、株式を**一切組み入れない**証券投資信託
株式投資信託	・約款の中に株式を組み入れることができる旨が規定されている証券投資信託（**公社債**の組入れも可能） ・法的には、証券投資信託の中で公社債投資信託以外の投資信託のことで、実際に**株式を組み入れていなくても**株式投資信託に分類されるものもある
不動産投資信託	主に不動産を中心に運用するもの

6　上場投資信託

投資信託の中でも、取引所に上場されて取引されている投資信託のことを上場投資信託といいます。代表的な上場投資信託には次ページのようなものがあります。上場株式同様、そのときの時価で売買されますので、価格は需給関係により決まります。

上場投資信託の種類

不動産投資信託（不動産投資法人：J－REIT）	・主として、不動産（オフィスビルや商業施設など）や不動産の賃借権などに投資し、その賃貸収入や売買益等の運用益を配分 ・少額の資金で不動産に投資できる ・**投資法人**の形態をとり、**クローズド・エンド型**で取引所に上場され売買されている ・注文方法は、**指値注文**・**成行注文**とも可能で、**信用取引**も可能 ・分配可能所得の**90%超**を分配すれば、**法人税**はかからない ・配当や売却益にかかる税金は、原則として株式と同じ ・**証券会社**に注文を委託して取引所で売買する
ＥＴＦ	・日経平均株価、REIT指数、金価格および原油価格など、様々な有価証券指数や商品指数に**連動する**ように運用されるもの（パッシブ運用）で、取引所に上場されている ※日経平均などに連動する**現物拠出型**と特定の指数に連動した運用成果を目指す債券（リンク債）に投資する**リンク債型**の２種類がある ・一般に、他の投資信託より**信託報酬**などの費用は安い ・売買注文は、**指値注文**・**成行注文**とも可能で、**信用取引**も原則として可能 ・分配金や売却益にかかる税金は、原則として株式と同じ ・**証券会社**に注文を委託して取引所で売買する

※J-REITやETFおよび上場株式の売買手数料は、自由化されており、証券会社ごとに**異なる**
※J-REITおよびETFの受渡日は、上場株式同様、売買日を入れて**３営業日目**

なお、不動産投資信託（REIT）の全体的な値動きを表す指数として、**東証REIT指数**があります。東証REIT指数は、東京証券取引所に上場している不動産投資信託の**全銘柄**を対象とする**時価総額加重型**の指数です。

用語

信託報酬
「4　投資信託のコスト」参照

補足

現在、ETFには指数に連動するインデックス型以外に、指数を上回る成果を目指すアクティブ型のETFも上場されています。

7 追加型公社債投資信託

追加型公社債投資信託は、原則として、購入や解約がいつでも可能な投資信託です。代表的なものに「MRF」があります。「MRF」は**購入手数料**がかかりません。

代表的な追加型公社債投資信託

MRF （証券総合口座用ファンド＝マネー・リザーブド・ファンド）	・短期公社債や短期金融資産を中心に運用し、株式を１株も組み入れない投資信託（**実績分配型**） ・１口１円単位で購入可能 ・**日々**（毎日）**決算**を行い、元本超過額は分配金としてまとめて月末に再投資する ・**信託財産留保額はなく**、いつでも手数料なしで解約可能

8 その他の投資信託

間違えやすいポイント！

不動産投資法人（J-REIT）が投資しているのは、複数の商業施設やオフィスビルであり、不動産会社の株式や社債といった有価証券には投資していません。

その他の投資信託

外国投資信託	外国において、外国の法律に基づいて設定・運用される投資信託
外貨建て投資信託	外貨により売買の決済が行われる投資信託
ファンド・オブ・ファンズ	複数の投資信託や投資法人へ分散投資を行う投資信託（個別の株式や債券には投資不可）
ブル型ファンド（レバレッジ型） ベア型ファンド（インバース型）	先物やオプションなどのデリバティブを組み込んで、積極的に利益を追求する投資信託。 ・ブル型（レバレッジ型）ファンドは、株価指数等の変動率に一定の正の倍数を乗じて算出される指数に連動した運用成果を目指す投資信託。株価指数が**上昇した**場合、値上がり率の数倍の**値上がり**が期待できる（株価指数等が値下がりした場合、大きく値下がりする）

	・ベア型（インバース型）ファンドは、株価指数等の変動率に一定の負の倍数を乗じて算出される指数に連動した運用成果を目指す投資信託。株価指数が**下落した**場合、下落率の数倍の**値上がり**が期待できる（株価指数等が値上がりした場合、大きく値下がりする）
通貨選択型	株式や債券などの投資対象としている通貨とは異なる通貨を選択して受け取ることができる投資信託。通常の投資信託より為替の変動リスクが大きくなる傾向がある
ＳＲＩファンド	企業の財務内容に加えて、環境への配慮、社会や地域への貢献などを判断基準として、投資対象を選定する投資信託
ESG投資型	環境（Environment）、社会（Social）、企業統治（Governance）の3つのキーワードをもとに、これらに配慮している企業を選別して分散投資を行う手法
予想分配金提示型投資信託	基準価額の水準に応じて受け取れる分配金の額があらかじめ提示されている投資信託。例えば、基準価額が１万1,000円未満の場合は分配金はゼロ、１万1,000円以上１万2,000円未満では200円、１万2,000円以上１万3,000円未満では300円、などと分配額が決まっている

補足

ブル型ファンドやベア型ファンドは、一般的に「高レバレッジ型投資信託」といわれています。

3 投資信託の運用方法 重要

投資信託の運用方法には、パッシブ運用（インデックス運用）、アクティブ運用、マーケット・ニュートラル運用などがあります。

1 パッシブ運用（インデックス運用）

パッシブ運用とは、特定のインデックス（日経平均株価や東証株価指数（TOPIX）などの指数）を**ベンチマーク**として、ベンチマークの値動きに**連動**するように運用する方法です（日経平均株価と値動きが同じになるように運用する）。

2 アクティブ運用

アクティブ運用とは、対象企業の調査研究を行い、ベンチマークと異なるリスクをとって、ベンチマークを**上回る**運用成果を目指す方法です（日経平均株価以上の値上りを目指す）。調査研究を行うので、パッシブ運用より運用コストが**高く**なる傾向があります。アクティブ運用の手法としては、以下の4つがあります。

アクティブ運用の手法

トップダウンアプローチ	**マクロ経済**（景気、金利、為替など環境要因）から分析し、その結果に基づいて、順次組入れ対象となる銘柄を絞り込んでいく
ボトムアップアプローチ	**個別企業**に対する調査分析を積み重ねて、その結果に基づいて組入れ対象となる銘柄を１つ１つ選択していく
グロース投資	株価の水準より、将来の**成長性**（売上高や利益の伸び率）が期待できる銘柄に投資する
バリュー投資	・株価が**割安**と判断される銘柄に投資する ・株価収益率（ＰＥＲ）や株価純資産倍率（ＰＢＲ）などが低い銘柄を中心に投資対象を選別している

用語

ベンチマーク
運用成績の基準となる指標

ココが出る
パッシブ運用は、アクティブ運用に比べて運用管理費用（信託報酬など）が**安く**なる傾向があります。

ココが出る
アクティブ運用の４つの投資手法はひっかけ問題を含め、よく出題されています。下の**キーワード**を中心にしっかり覚えておきましょう。
- トップダウンアプローチ→マクロ経済（環境要因）
- ボトムアップアプローチ→個別企業
- グロース投資→成長性
- バリュー投資→割安

3　マーケット・ニュートラル運用

マーケット・ニュートラル運用とは、一般的に割安な銘柄の買いと割高な銘柄の売りを**同じ金額**で行う取引のことです。相場の変動に影響を受けずに利益を得ることを目的にしています。

間違えやすいポイント！
割安な銘柄の買いと割高な銘柄の売りを行い、積極的に利益の追求を目指す戦略を「**ロング・ショート運用**」といいます。

4　投資信託のコスト

投資信託にかかるコストとして、販売手数料、信託報酬、信託財産留保額の３つがあります。

投資信託にかかるコスト

販売手数料	・投資信託を購入するときに販売会社に支払う手数料 ・約款で上限が決められており、それ以下であれば販売会社が自由に設定できるので同じ投資信託であっても、販売会社により異なる（販売手数料のない**ノーロードファンド**も販売されている）
信託報酬（運営管理費用）	・信託財産の運用・管理費用として信託財産から差し引かれるもの ・投資信託を保有している間は、**毎日**一定割合が控除される（間接的な費用） ・委託会社が受け取る委託者報酬（投資信託の運用報酬）と受託会社が受け取る受託者報酬（信託財産の管理費用）があり、委託会社は委託者報酬の中から**販売会社**に代行手数料を支払っている ・投資信託の基準価額はすでに信託報酬が差し引かれている
信託財産留保額	・投資信託を解約するときに差し引かれ、信託財産にそのまま残される金額のこと（**償還**のときにはかからない） ・解約時にかかる諸費用の一部を解約する投資家から徴収するもので、解約しないで保有している者との間の費用の**公平性**を図るのが目的 ・ETFなどは、信託財産留保額がかからない

※販売会社が異なっても同じ投資信託の場合、信託報酬と信託財産留保額は**同じ**です
※信託財産留保額は委託会社や販売会社に支払われるものではなく、信託財産に残される金額のことです

5 投資信託の換金方法

投資信託の換金方法には、**解約請求**（販売会社を通じて、受託会社にある信託財産を取り崩すこと）と**買取請求**（販売会社に直接、受益証券を買い取ってもらうこと）の２種類があり、結果的に計算式は同じになります。

解約価額（買取価額）＝基準価額－信託財産留保額

6 目論見書と運用報告書

1 投資家への情報開示

投資信託を設定、販売する場合、投資家に対する情報開示（ディスクロージャー＝内容の説明）が義務付けられています。

委託会社（運用会社）は、投資家に商品内容等を説明するための目論見書や運用報告書を**作成**する義務があります。

販売会社（証券会社等）は、投資信託を販売する際に目論見書を投資家に交付し説明する義務があります。

目論見書と運用報告書

目論見書	・**委託会社**が作成する投資信託の説明書 ・**交付目論見書**と請求目論見書の２種類ある ・販売会社は投資信託を販売する場合、投資家に**交付目論見書**を**あらかじめ**または**同時**に交付しなければならない（請求目論見書は顧客から請求があれば直ちに交付する）
交付運用報告書	・投資信託の運用状況や運用方針を説明するもの ・委託会社が作成し、販売会社が顧客に交付する

用語

交付目論見書
投資信託などを購入する際に交付される取扱い説明書で、極めて重要な事項が記載されている

間違えやすいポイント！

投資信託の目論見書については、以下の２点が出題ポイントです。
①「誰が作成するのか」→販売会社ではなく、**委託会社**が作成する。なお、交付は販売会社も行う
②「いつ、投資者に交付するのか」→交付目論見書は「**あらかじめ**または**同時**」に交付する。販売後すみやかに交付するわけではない

2 トータルリターン通知制度

投資信託の販売会社は、その時点の基準価額や年間の分配金の支払い総額だけでなく、顧客の初回購入日から現在までの間の分配金の額や、一部解約、追加購入の状況を反映したトータルの損益を**年に1回**以上、各販売会社が定めた日に投資家に通知しなければなりません。

重要度 ★★★

7 外貨建て金融商品

学習項目

- 為替レート（ＴＴＳとＴＴＢ）の理解
- 外貨預金の利回り計算
- 外貨預金と外貨建てＭＭＦの比較（特に税制面等）
- 外貨建て債券の種類

1 外貨建て金融商品の特徴 重要

ココが出る

ＴＴＳとＴＴＢの違いを明確にしておきましょう。顧客が円を買うときがＴＴＢ、顧客が円を売るときはＴＴＳを用います。なお、ＴＴＢのＢはBuy（買い）、ＴＴＳのＳはSell（売り）のことです。

外貨建て金融商品は、ドルやユーロといった外貨で運用する商品で、比較的高い金利が期待できる半面、為替の変動リスクやその国の政治や経済状況により価格が変動するカントリー・リスクを伴います。

日本円と外貨を交換する場合の為替レートには、ＴＴＳとＴＴＢおよびＴＴＭがあります。

間違えやすいポイント！

為替手数料は通貨の種類および金融機関によって異なります。

為替レートの種類

ＴＴＳ（対顧客電信売相場）	・顧客が円を売って外貨に替える場合のレート（金融機関側が外貨を売って、円を買う場合） ・ＴＴＭに為替手数料を加えたレート ケース ＴＴＭを120円、為替手数料を１円とすると、ＴＴＳは120円＋１円（為替手数料）＝121円
ＴＴＢ（対顧客電信買相場）	・顧客が外貨を売って円に替える場合のレート（金融機関側が外貨を買って、円を売る場合） ・ＴＴＭから為替手数料を差し引いたレート ケース ＴＴＭを120円、為替手数料を１円とすると、ＴＴＢは120円－１円（為替手数料）＝119円
ＴＴＭ（仲値（なかね））	・ＴＴＳやＴＴＢの基準となる値で、金融機関が毎日決めているレート。金融機関ごとに異なり、取引の基準値として使われる ・一般的に仲値といわれる

2 外貨預金と外貨建てMMF

外貨預金と外貨建てMMFはともに、高い金利や運用実績および**為替差益**などが期待できます。なお、この2つの商品については次のような違いがあります。

外貨預金と外貨建てMMFの比較 重要

	外貨（定期）預金	外貨建てMMF
金利	海外金利をもとに決定（通常、外貨ベースでは固定金利）	運用実績に応じた分配（**実績分配型**）
利子分配金の税金	利子に対して原則、**20.315%の源泉分離課税**	分配金に対して**申告不要**または**申告分離課税**のどちらかを選択
為替差益の税金	・**為替予約**（**為替ヘッジ**）ありの場合は**雑所得**となり20.315%が**源泉徴収**される ・**為替予約なし**の場合は**雑所得**（**総合課税**の対象）	申告分離課税（**為替差益を含む**譲渡益が譲渡所得の対象）
為替手数料	往復で2円〜5円（通貨の種類や金融機関によって異なる）	往復で1円〜2円（通貨の種類や金融機関によって異なる）
中途換金	中途換金できない場合やペナルティを伴う場合がある	・原則、随時可能 ・購入、売却ともに**売買手数料**や**信託財産留保額**は不要
預金保険制度	**対象外**	対象外（**投資者保護基金**の対象）

※外貨建てMMFは、**毎日**決算し、分配金は**月末**に再投資される
※為替予約（為替ヘッジ）とは為替が変動した場合のリスク（円高になるリスク）を低減させるため、満期時点での為替レートを決めること。為替予約すると中途換金できない
※外貨建てMMFの為替差益や分配金について、申告分離課税を選択すると、上場株式の譲渡損失との損益通算が可能

用語

為替差益
外貨に投資したときよりも**円安**になった時点で円に戻すことにより、円に換算した金額が増えること（円換算での利回りが**上昇**する）

ココが出る
外貨建てMMFは購入時に**売買手数料**はかかりませんが、**為替手数料**はかかります。また、**外国証券取引口座**の開設は必要ですが口座管理料は**不要**です。
外貨建てMMFは預金保険制度の対象外ですが、国内の証券会社で購入した場合、**投資者保護基金**の対象です。

ココが出る
外貨預金に為替予約を行うと、コストがかかるので、結果的に円に戻したときの金利は本来の外貨預金の金利より**低く**なります。

ココが出る

外貨建てMMFは外国債券や短期証券等で運用されており、株式は一切組み込まれていません。

【為替差益と為替差損のイメージ】 計算

- 1ドル＝100円のときに1万ドル（＝100万円相当）を購入した場合

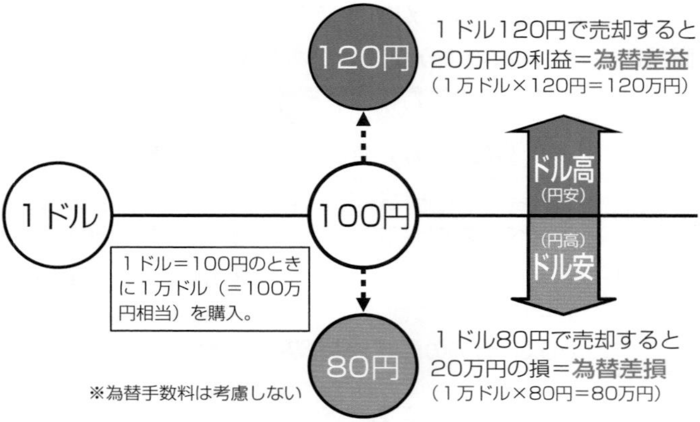

【外貨預金の利回りの計算例】 重要

ケース

以下の外貨預金を1年後の満期時に払い戻した場合、円換算での利回りはいくらか。

※税金は考慮しない（小数点第3位を四捨五入）

〈条件〉

- 1年満期の外貨定期預金（為替先物のヘッジなし）
  年利率4％（満期時一括払い）
- 預入金額　10,000米ドル
- 預入時のＴＴＳ：121円、ＴＴＢ：119円
- 満期時のＴＴＳ：125円、ＴＴＢ：123円

ココが出る

外貨定期預金の円ベースでの利回り計算の問題は実技試験を中心によく出題されています。利息については税金を考慮する問題もあります。

解　答

- 円換算での預入金額
  10,000米ドル×121円（TTS）＝121万円
- 満期時の米ドルでの元利合計金額
  年利4％なので
  10,000米ドル×（1＋0.04）＝10,400米ドル

・満期時の円換算での受取り金額
10,400米ドル×123円（TTB）＝127万9,200円
・円に換算したときの利回り
（127万9,200円－121万円）÷121万円×100
＝5.719…≒5.72%

3 外国債券

外国債券とは、発行者、通貨、発行場所のいずれかが海外である債券のことをいいます。

外国債券には以下のようなものがあります。

外国債券の種類

		払込金	利払い	償還金
円建て外債（サムライ債）	外国の政府や法人等が日本国内において円建てで発行する債券。**サムライ債**ともいう	円貨	円貨	円貨
外貨建て外債（ショーグン債）	外国の政府等が日本国内において外貨建てで発行する債券。**ショーグン債**ともいう	外貨	外貨	外貨
ユーロ円債	日本国外において発行される円建ての債券	円貨	円貨	円貨
デュアルカレンシー債（二重通貨建債）	代金の払込みと利払いが円で行われ、償還は外貨で行われる債券	円貨	円貨	外貨
リバースデュアルカレンシー債	代金の払込みと償還が円で行われ、利払いは外貨で行われる債券	円貨	外貨	円貨

※円建て外債（サムライ債）にはカントリーリスクはあるが、為替の変動リスクはない

ココが出る

外国債券や外国株式など外国の有価証券を取引する場合、外国証券取引口座を開設する必要があります。この場合、**外国証券取引口座管理料**がかかる場合があります。

間違えやすいポイント！

外国株式の配当金は、総合課税を選択しても**配当控除**を適用できません。

参照

配当控除

☞4章5

補足

金は国際的には米ドル建てで取引され、価格はトロイオンス単位の米ドル価格で表示されます。日本国内ではグラム単位の円価格に換算して表示されます。

ココが出る

個人が金地金を売却した場合、**譲渡所得**になり、**総合課税**の対象になります。

4 外国株式

外国株式とは、海外の企業が発行する株式のことで、取引を行う場合には**外国証券取引口座**を開設しなければなりません。外国株式の取引方法には次の３種類があります。

外国株式の取引方法

国内委託取引	日本の取引所に上場している外国株式を売買する方法（円で売買できる）
国内店頭取引	国内の証券会社との間で直接、外国株式を相対（1対1）で売買する方法
外国取引	証券会社を通じて海外の取引所に注文を取り次いでもらう方法

外国株式の売買を国内委託取引で行った場合、売買代金の受渡日は国内株式同様、約定日から起算して（約定日を含めて）**３営業日目**。

5 金投資

純金積立とは、毎月指定した金額が引き落とされ、その代金で自動的に金が買われ貯まっていく仕組みのものです。金地金（きんじがね）は価格が変動しますが、一般的に安全資産とされ、国際情勢が不安定になったときには価格が**上昇する**傾向があります。なお、積み立てた金を地金で受け取ることもできます。

金投資のポイント

- 金の価格は米ドル建てが基準なので為替変動の影響は受ける（円安になると国内の金価格は上昇する）
- 現物の金を積み立てていくので利子や配当は付かず、利益は基本的に値上がり益のみである
- 一度に購入せず定期的に同じ金額を投資することで、毎回同じグラム数を購入するよりも平均購入価格を下げる効果が期待できる。このような投資方法を**ドルコスト平均法**という

重要度 ★★★

8 有価証券の税制

学習項目
- 上場株式等の配当所得、譲渡所得に対する税制
- 割引債券の税制
- NISA

1 債券の税制

国債や地方債および世界銀行やアジア開発銀行などの国際機関が発行する債券を「特定公社債」、それに公社債投資信託を加えて「特定公社債等」といいます。なお、特定公社債以外の債券を「一般公社債」といいます。

特定公社債等の税制

利子および収益分配金	**申告分離課税**と申告不要制度の選択制 ・税率は20.315%（復興特別所得税込み） ・申告分離課税を選択した場合、**上場株式**等の譲渡損失と損益通算が可能
譲渡益・償還差益	・**申告分離課税** ・税率は20.315%（復興特別所得税込み） ・上場株式等の譲渡損失と損益通算が可能
譲渡損・償還差損	・申告分離課税を選択した上場株式等の分配金や譲渡益との損益通算が可能。損失の方が多い場合は、確定申告することで**3年間**の繰越控除が可能

ココが出る
〔障害者等に対する非課税制度〕
一定の障害者に該当する場合に、元本**350万円**までの預貯金等の利子については非課税になる制度。別途、元本350万円までの国債等の利子についても非課税となる制度があります。

2 上場株式等（株式投資信託・ETF・J-REITを含む）の税制

用語

申告分離課税
他の所得とは切り離し、株式等の間での年間の利益を計算し、利益があった場合に確定申告する課税制度

参照

配当控除
☞4章5

用語

損益通算
利益から損失を差引くことをいう。

用語

繰越控除
ある年の損失を翌年以後の利益と相殺して課税所得を減らすこと

ココが出る

源泉徴収あり、または源泉徴収なしの口座を年初に選択しますが、一度選択するとその年中に変更することはできません。

ココが出る

特定口座は、1金融機関につき、1人1口座です。1人の投資家が1つの金融機関で特定口座と一般口座を同時に開設できます。

1 配当所得

配当所得に対する課税方法は、**申告不要制度**や**総合課税**および**申告分離課税**の中から選択することができます。

配当所得に対する課税のポイント

- 申告不要制度を選択すると、20.315％（所得税15.315%、住民税５％）の税率で課税され、課税関係は終了する
- 総合課税を選択すると、配当控除や負債利子控除の適用を受けられる。なお、不動産投資法人（J−REIT）の配当金については、配当控除等の適用はない
- 申告分離課税を選択すると、20.315%の税率で課税される。なお、申告分離課税を選択することで他の上場株式等の譲渡損失との損益通算（そんえきつうさん）が可能

2 譲渡所得

上場株式等の売却益や株式投資信託の償還差益に対する課税方法は、原則として、**申告分離課税**です。**税率は20.315%**（所得税15.315％、住民税５％）です。また、譲渡損失がある場合、他の上場株式等の譲渡益や申告分離課税を選択した配当金と損益通算が可能ですが、損失の方が多い場合は、確定申告をすることで翌年以後**３年間**にわたって損失を**繰越控除**（くりこしこうじょ）できます。なお、上場株式と非上場株式の譲渡損益は**損益通算できません**。

3 特定口座と一般口座

「特定口座」とは、金融機関が、**上場株式等**や**特定公社債等**を売買したときの損益計算や株式投信の分配金の受け取りなどを、投資家に代わって行う制度のことです。

特定口座には、**源泉徴収**（げんせんちょうしゅう）**ありの口座**（源泉徴収選択口座）と**源泉徴収なしの口座**（簡易申告口座）があります。

特定口座の種類

源泉徴収ありの口座（源泉徴収選択口座）	**金融機関**が損益計算を行い、特定口座を通じて売買益等から税相当額の源泉徴収が行われ、納税が終了する。また、申告分離を選択した上場株式等の配当金と上場株式等の譲渡損失は特定口座内で自動的に通算される
源泉徴収なしの口座（簡易申告口座）	年間の損益計算は金融機関が行うが、納税は**投資家本人**が行う

「一般口座」とは、上場株式等を売買したときの損益計算や納税をすべて投資者自身が行う口座です。

3 投資信託の税制

1 公社債投資信託

公社債投資信託の**収益分配金**（利子所得）は、原則、申告不要制度の対象ですが、申告分離課税を選択できます。譲渡損益や償還差損益は申告分離課税の対象です。

2 株式投資信託

原則として、株式の配当所得および譲渡所得の税制と同じです。ただし、追加型株式投資信託の分配金には**普通分配金**と**元本払戻金**（がんぽんはらいもどしきん）（**特別分配金**ともいう）があり、**元本払戻金**には税金はかかりません（非課税）。

株式の配当金と株式投資信託の分配金の税制の違い 重要

- 追加型株式投資信託の分配金には、元本払戻金（特別分配金）と普通分配金がある。**元本払戻金**は、投資元本の払戻しとみなされ、**非課税**になる
- 普通分配金については、配当所得になり、原則、総合課税の対象（申告分離課税または申告不要制度も選択可能）
  ※申告分離課税を選択することで、上場株式等の譲渡損失と損益通算可能

間違えやすいポイント！
源泉徴収ありの特定口座であっても、他の金融機関等の特定口座の損益と損益通算する場合や譲渡損失の3年間の繰越控除を受ける場合には**確定申告**が必要です。

間違えやすいポイント！
公社債投資信託や単位型株式投資信託、J-REITおよびETFの分配金は、普通分配金や元本払戻金（特別分配金）といった区分はないので注意しましょう。

間違えやすいポイント！
追加型株式投資信託の分配金は、普通分配金（課税）と元本払戻金（非課税）に分かれます。

3 普通分配金と元本払戻金（特別分配金）の考え方

株式投資信託の分配金に対する課税は、投資者の個別元本と**分配落ち後の基準価額**との関係で普通分配金と元本払戻金に分かれます。元本払戻金を受け取ると、その分だけ投資者の**個別元本**は下がります。

用語

分配落ち後の基準価額
分配金を出した後の投資信託の基準価額（値段）。通常、投資信託は、分配金を出すとその分基準価額（値段）が下がる

用語

個別元本
投資家別の平均購入価額のこと。元本払戻金（特別分配金）を受け取ると、その金額だけその後の個別元本（購入価額）は下がる

①分配落ち後の基準価額≧投資者の個別元本　のとき

↓

分配金はすべて普通分配金

②分配落ち後の基準価額＜投資者の個別元本　のとき

↓

- **個別元本－分配落ち後の基準価額＝元本払戻金**
- **分配金総額－元本払戻金（特別分配金）＝普通分配金**

ケース

Aさんの保有する追加型株式投資信託（1万口）が以下の条件で決算月をむかえた場合、普通分配金、元本払戻金（特別分配金）の額、および分配金を受け取った後のAさんの個別元本はいくらになるか。

※復興税を考慮しない

・購入価格（当初のAさんの個別元本：1万口あたり）
　1万500円
・分配金（1万口あたり）　800円
・分配落ち後の基準価額　1万円

解答

分配落ち後の基準価額（1万円）よりAさんの個別元本（1万500円）の方が高いので、元本払戻金が発生する。

・元本払戻金＝1万500円－1万円＝500円

・普通分配金＝800円－500円＝300円

Ａさんが分配金を受け取った後の個別元本は、元本払戻金の額だけ下がるので、

・Ａさんの個別元本＝１万500円－500円＝１万円

なお、Ａさんが受け取った分配金１万口あたりの額は、

元本払戻金500円（非課税）

普通分配金の300円には20%の税金がかかるので

300円－(300円×20%)＝240円

500円(元本払戻金)＋240円(普通分配金)＝740円

元本払戻金（特別分配金）と普通分配金

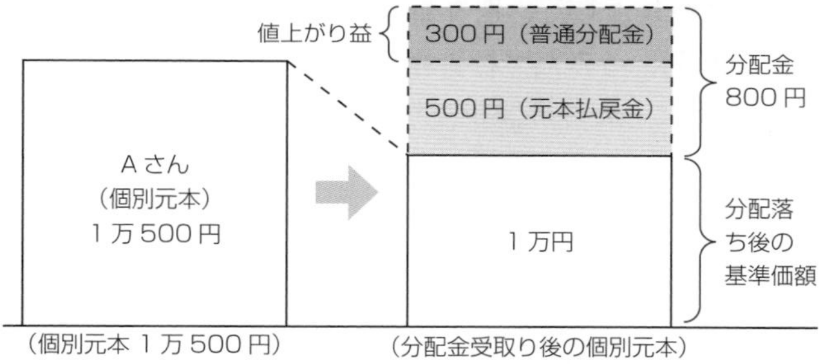

※「分配落ち後の基準価額＜Ａさんの個別元本」より、差額の500円が元本払戻金になる。元本払戻金の金額だけＡさんの個別元本は下がるので、１万500円－500円＝１万円が新たなＡさんの個別元本となる

4 新NISA（少額投資非課税制度） 重要

1 新NISAの概要

NISA（以下、新NISA）とは少額投資非課税制度のことで、新NISA口座で取得した株式や株式投資信託等の配当金などが**非課税**になります。

新NISAは従来の一般NISA（年間投資枠120万円）とつみたてNISA（年間投資枠40万円）を一本化した制度で、**つみたて投資枠**と**成長投資枠**が設けられ、同じ年に併用することが可能になりました。また、非課税で投資できる期間が**無期限**になりました。投資額も拡大され、成長投資枠が年間**240万円**、つみたて投資枠が年間**120万円**になります。ただし生涯にわたり非課税で投資できる額（生涯非課税限度額）は**1,800万円**（うち、成長投資枠**1,200万円**）が上限になります。つみたて投資枠のみの場合は、**1,800万円**まで投資可能です。

すでに旧NISAに投資している金額は新NISAの生涯非課税限度額には含まれず、従来の期限まで非課税で運用可能であり、同時に新NISAの口座を開設することも可能です。

なお、従来のジュニアNISAの投資可能期間は2023年12月31日までで終了しており、今後は18歳まで継続して非課税で運用することも、年齢に関係なく途中で払い戻すことも可能です。

新NISAの概要

	つみたて投資枠	成長投資枠
対象年齢	18歳以上（その年の1月1日現在）	
年間投資枠	120万円（月額10万円まで）	240万円（一括投資可能）
生涯投資枠	1,800万円（うち、成長投資枠は1,200万円） ※売却した場合、購入時の投資金額（簿価残高）の範囲内で再投資可能	
投資枠の併用	つみたて投資枠と成長投資枠の**併用は可能**（年間**360万円**まで）	
非課税期間（口座開設期間）	無期限（恒久化）	
対象商品	長期積立投資・分散投資に適した投信（現行のつみたてNISAと同じでノーロード（販売手数料がかからない）等の条件を満たした公募株式投資信託と上場投資信託（ETF））に限定	上場株式や株式投資信託、ETF（上場投資信託）、REIT（上場不動産投資信託） 例外 毎月分配型投信、高レバレッジ型投信、信託期間20年未満の投信、整理・管理銘柄となっている株式は対象外
配当金の受取方法	株式の配当金やETF、REITの分配金等を非課税で受け取るためには、**株式数比例配分方式**（NISA口座を設定した証券会社等の口座で購入した株数等に応じて配当金等を受取る方法）を選択する必要がある。株式数比例配分方式を選択すれば確定申告は不要 なお、投資信託の分配金については、自動的に非課税になる	
旧NISAからのロールオーバー（移管）	ロールオーバー（移管）は不可。旧NISAが期限満了になったときに新NISA口座に移管することはできず、原則、課税口座（特定口座や一般口座）に移管される	
特定口座等からの移管	特定口座や一般口座などの課税口座ですでに保有している銘柄を新NISA口座に移管（ロールオーバー）することはできない	

2 その他の新NISAのポイント

・新NISA口座の非課税枠を超えた場合、それ以後の取引は一般口座または特定口座の課税口座で行われる。

・新NISA口座で投資信託等の分配金を再投資する際に、非課税限度額を超えた場合、分配金は課税口座で受け取る。

・投資金額が年間投資枠未満であっても、残額を翌年に繰り越すことができない。例えば、成長投資枠（年240万円が上限）に200万円を投資した場合、残りの40万円を翌年に繰り越して、翌年280万円まで投資することはできない。
・新NISA口座で損失がでた場合、その譲渡損失と一般口座や特定口座での譲渡益は損益通算することはできない。
・新NISA口座での譲渡損失を翌年以降に繰り越して、翌年以降３年間の利益と損益通算することはできない。
・つみたて投資枠と成長投資枠を別々の金融機関で設定できない

（参考）証券会社等で開設が可能な口座

<table>
<tr><td>一般口座</td><td colspan="2">国内の上場株式等の有価証券全般の売買を行う口座。損益計算や納税は投資家自身で行う</td></tr>
<tr><td rowspan="3">特定口座</td><td colspan="2">国内の上場株式等の有価証券の売買全般を行う口座</td></tr>
<tr><td>源泉徴収あり（源泉徴収選択口座）</td><td>損益計算および納税は証券会社等金融機関が行う</td></tr>
<tr><td>源泉徴収なし（簡易申告口座）</td><td>損益計算は証券会社等の金融機関が行い、納税は投資家自身で行う</td></tr>
<tr><td>外国証券取引口座</td><td colspan="2">海外の有価証券の売買を行う口座</td></tr>
<tr><td>新NISA口座</td><td colspan="2">つみたて投資枠と成長投資枠があり、併用可能</td></tr>
</table>

※特定口座で源泉徴収あり（源泉徴収選択口座）を選択した場合、確定申告は不要であるが、他の金融機関の特定口座と損益通算するときや、特定口座の損失を翌年以降３年間繰り越す（譲渡損失の繰り越し控除）場合には、確定申告を行う。

重要度 ★★★

9 ポートフォリオ運用

学習項目
- ポートフォリオ運用の効果とリスクの意味
- 分散、標準偏差、相関係数の意味
- 期待収益率の計算方法

1 ポートフォリオ運用の目的

ポートフォリオとは、資金を国内外の預貯金や株式、債券、不動産などの資産（アセット）へ配分（分散投資）することをいいます。

どの資産にどの程度の割合で投資するのかを決めることを**アセット・アロケーション**といいます。アセット・アロケーションを行った結果がポートフォリオであり、アセット・アロケーションは、投資家それぞれの資産状況や年齢などによって、定期的に見直す必要があります。

アセット・アロケーションの例

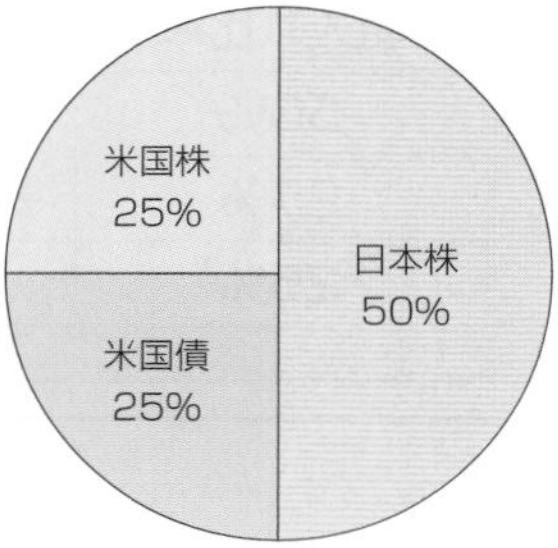

ポートフォリオ運用を行う目的は、**リスクを軽減**し、より安定した運用成果をあげること（運用の効率化）です。したがって、投資信託もポートフォリオ運用といえます。

ポートフォリオ運用では投資銘柄の選択よりも、どの資産にどの程度配分するか（**アセットクラスの配分＝アセット・**

補足

資産運用における「リスク」とは、将来の運用成果が確定していないという「**不確実性**」のことをいいます。
一般的にリスクとリターンは**トレードオフの関係**にあるといわれます。これは、高い収益をあげるためには、大きなリスクをとらなければならないことを意味しています。

アロケーション）が運用成果を大きく左右します。

2 ポートフォリオ運用の基本

1 投資収益率

投資収益率とは、投資金額に対する利子と配当収入（インカム・ゲイン）と値上がり益（キャピタル・ゲイン）の合計の割合のことです。

2 期待収益率 計算 重要

期待収益率とは、特定の資産について、運用により得ることができると予想される平均的な収益率を指します。ポートフォリオの期待収益率とは、実際に将来起こる確率（生起確率という）を予想し、各組入れ資産の期待収益率を組入れ比率（構成比）で加重平均したもので、ポートフォリオの収益性を計る1つの目安となっています。

ケース

以下のポートフォリオの期待収益率を求めなさい。

	組入れ比率	期待収益率
資産A	50%	15%
資産B	25%	10%
資産C	25%	5%

解答

15%×0.5(資産A)＋10%×0.25(資産B)＋5%×0.25(資産C)＝11.25%

ココが出る

ポートフォリオに組み入れた資産の中で、例えば株式が値上がりし、株式の組入れ比率が高くなった場合に、株式の一定額を売って、組入れ比率が下がった債券を購入することをリバランスといいます。

ココが出る

ポートフォリオの期待収益率は、各資産の期待収益率をポートフォリオの組入れ比率で加重平均したものなので、ポートフォリオの組入れ銘柄数を増やしても、ポートフォリオの期待収益率が組入れ銘柄の期待収益率の加重平均を上回ることはありません。

3 分散と標準偏差

期待収益率のばらつきの大きさのことをリスクといいます。リスクを計る尺度として、「**分散**」や「**標準偏差**」があります。これらの値が大きいと、ポートフォリオのリスクが大きいことになります。

①「分散」とは、期待収益率のばらつきの大きさを表すもの（不確実性の尺度）で、以下の式で表されます

分散＝各生起確率×(予想収益率−期待収益率)^2

②「標準偏差」とは期待される収益（リターン）のブレの大きさを表す数値で、標準偏差が大きいほど、収益のブレ幅が大きい（リスクが大きい）ことを意味します。分散の平方根が標準偏差になります

標準偏差＝$\sqrt{分散}$

ケース

あるポートフォリオのシナリオ別の生起確率と予想収益率が以下のときのポートフォリオの①期待収益率、②分散、③標準偏差を求めなさい（小数第３位四捨五入）。

	生起確率	予想収益率
好況	40%	10%
不況	60%	−5%

解答

①期待収益率＝各予想収益率×生起確率の加重平均

10%×0.4＋(−5%)×0.6＝１%

②分散＝各生起確率×(予想収益率−期待収益率)^2

0.4×(10%−１%)^2＋0.6×(−５%−１%)^2＝54%

③標準偏差＝$\sqrt{54}$＝7.348…≒7.35%

4　相関係数 重要

相関係数とは、ポートフォリオに組み入れた各資産の価格変動の関連性（同じ動きか、逆の動きか）の強弱を表す指標です。相関係数の数値は、「1から－1」の値をとります。

相関係数が－1に近づくほどポートフォリオの**リスク軽減効果**（分散投資の効果）**は高くなります。**

間違えやすいポイント！
相関係数が1である2つの資産に投資しても、リスクは軽減されません。相関係数が－1のときに最も分散効果が高くなります（リスクが軽減される）。

相関係数と資産の値動き

相関係数＝1の場合	2つの資産の値動きはまったく同じ（リスクの軽減効果はない）
相関係数＝－1の場合	2つの資産の値動きはまったく逆（リスクの軽減効果は高い）
相関係数＝0の場合	2つの資産の間にまったく相関関係はない（互いにばらばらの値動きをしている状態で、リスク軽減効果は低い）

5　ポートフォリオのリスク

ココが出る
ポートフォリオのリスクは、組み入れた各資産のリスクを組入比率で加重平均した値以下となります。

（1）ポートフォリオのリスクとは

ポートフォリオのリスクとは、一般的に期待収益率に対して、実際の収益率にどの程度ばらつき（ブレ）があるかの度合のことです。つまり、期待収益率が3％の場合、実際には3％からどの程度上下するのかの幅のことをリスクといっています。

期待収益率が3％のポートフォリオが2つあり、一方の実際の収益率が5％、もう一方が8％であった場合には、期待収益率の3％に対して8％のポートフォリオの方がぶれ幅が大きいので、リスクが大きいことになります。

（2）非市場リスクと市場リスク

相関係数の低い資産（－1に近い資産）を一定数組み合わせることで、ポートフォリオ全体のリスクを軽減できますが、リスクをまったくゼロにすることはできません。

それは、ポートフォリオのリスクが、組み合わせた資産のリスクと市場全体が持っているリスクからなっているからです。ポートフォリオのリスクには非市場リスクと市場リスクがあります。

ポートフォリオのリスク

非市場リスク（アンシステマティックリスク）	分散投資によって消去可能（軽減可能）なリスクのこと（組み入れ銘柄を一定数まで増やすことで、軽減できる）
市場リスク（システマティックリスク）	分散投資では消去できないリスクのこと（例えば、景気が悪化した場合は市場全体が下がるので、分散投資をしてもリスクは残る）

3 ポートフォリオのパフォーマンス評価

1 ポートフォリオの評価方法

ポートフォリオ（投資信託など）のパフォーマンス評価とは、どの程度のリスクをとって、どれだけの収益（リターン）をあげたかを評価する方法です。

ポートフォリオの評価には**定量評価**と**定性評価**の２種類があります。定量評価とは、過去の運用実績など数値での評価です。定性評価とは、運用に対する運用哲学、運用の実態や組入れ銘柄の売り買いの状況等、数字では表せない部分の評価です。

2 リスク調整後の収益率

「リスクを少なく、リターンを高く」といった考え方に基づいた投資の考え方で、リターンは無リスク資産の利子率（預金金利などの安全資産の利子率）をどのぐらい上回ったかを示す**超過収益率**を用います。

例えば、株式投資信託の収益率が５％あっても、そのときの預金の利子率が６％であれば、超過収益率は－１％となり、収益率の５％は評価できないことになります。

用語

超過収益率
ポートフォリオの収益率がどの程度、無リスク資産（安全資産＝預貯金）の金利を上回っているかを表すもので、ポートフォリオの収益率－無リスク資産（預金）の利子率で算出する

間違えやすいポイント!

シャープレシオの値が大きいほど、ポートフォリオ（投資信託）の評価は高くなります。

ココが出る

シャープレシオから見ると、収益率が同じポートフォリオ（投資信託）の場合、標準偏差が小さい方が低いリスクで同じ収益を上げていることになり、運用効率がよいことになります。

3　シャープレシオ 重要

シャープレシオとは、超過収益率を標準偏差（リスク）で除して求めます。一般的にリスクに見合ったリターンが得られているかをみる指標で、ポートフォリオ（投資信託）のパフォーマンスの評価（運用結果に対する評価）に向いています。

シャープレシオは数値が**大きい**ほど低いリスクで高いリターンをあげたことを表し、ポートフォリオの評価は高くなります。

計算

シャープレシオ

$$= \frac{\text{ポートフォリオの収益率} - \text{無リスク資産利子率(預金金利)※}}{\text{標準偏差}}$$

※ポートフォリオの収益率－無リスク資産利子率のことを**超過収益率**という

重要度 ★★

10 金融派生商品(デリバティブ取引)

学習項目
- 先物取引の基本の理解
- オプション取引の基本(コールとプットの意味)

金融派生商品(デリバティブ取引)とは、株式や債券などから派生して新しくできた金融商品をいいます。

先物取引、オプション取引、スワップ取引などが金融派生商品の代表的なものです。現在、株式や債券などの有価証券関連の先物取引やオプション取引は、**大阪取引所**で取引が行われています(取引所取引)。

1 先物取引

1 先物取引とは

ある商品(株式や債券など)のある特定の数量について、将来の特定の時点を受渡日(満期日・期限日)として、あらかじめ定める価格で売買することを契約する取引のことです。

先物取引の基本と特徴

- 代表的な先物取引には、日経225先物取引やTOPIX先物取引および長期国債先物取引などがある
- 決済方法は、**差金決済**(さきんけっさい)と現物決済(最終決済)がある
- 少額の証拠金(担保)で多額の取引ができる**レバレッジ効果**(てこの効果)がある(先物取引では証拠金を差し入れることで、商品の購入代金などが不要になるため、現物取引と比べて少額の資金で売買が可能になる)
- 先物を買うことを「買い建て」、先物を売ることを「売り建て」という

用語

差金決済
購入代金を支払わずに、買値と売値の差額のみを決済する方法(例えば、100円で買ったものを120円で売った場合、差金決済すると差額の20円を受け取れる)。一方、購入代金を支払って購入したものを受け取ることを現物決済という

用語

レバレッジ効果
借入によって自己資金だけで取引する場合の何倍もの収益が狙える効果

ココが出る

長期国債先物取引は、利率と償還期限を常に一定とする架空の債券である**標準物**を取引の対象としています。

2　先物取引の取引手法

先物取引の取引手法

ヘッジ取引	自分が保有している商品（現物）の価格変動リスクを先物を使ってカバー（回避）する取引。売りヘッジと買いヘッジの２種類がある
スペキュレーション取引	先物取引の価格の変動を踏まえて、利益のみを追求する取引。先物価格が上がると思えば買い、先物価格が下がると思えば売り、その後、**反対売買**することで利益を得る
アービトラージ取引（裁定取引）	２つの価格を比べて、割安な方を買うと同時に割高な方を売ることで、安定的に利益を得ようとする取引

ヘッジ取引の種類

- 売りヘッジとは、保有している資産の値下がりリスクを、その資産の先物を売ることでカバー（回避）する取引のこと
- 買いヘッジとは、資金がないときに、購入予定の資産が値上がりしてしまうリスクをその資産の先物を買うことで、買いそびれるリスクをカバー（回避）する取引のこと

【売りヘッジの例】

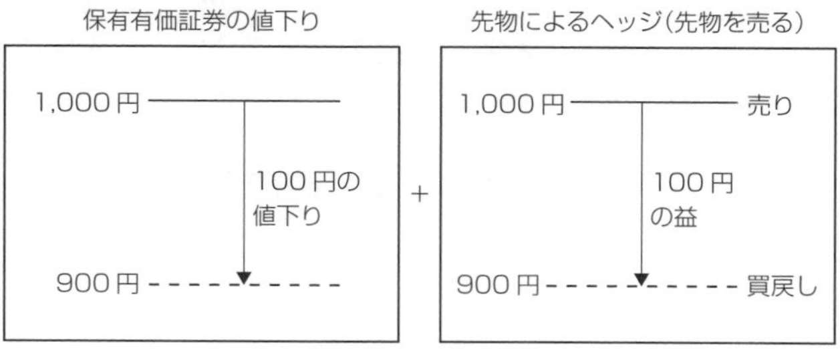

ココが出る

裁定取引では、日経平均と日経平均の先物、日経平均の先物とTOPIXの先物などの価格を比べて行う取引があります。

用語

反対売買
買い建てていた先物を転売すること、または売り建てていた先物を買い戻すこと

補足

左図は、保有している有価証券が900円に値下がりし、100円損している状況ですが、先物取引では100円の利益が出ています。売りヘッジでは、保有している有価証券の値下がりを、先物を売ることでカバーできます。

2 オプション取引

1 オプション取引とは

オプション取引の特徴

- ある商品（原商品という：オプションの対象となる商品のことで、日経平均などのこと）を一定期間内に（将来のある期日まで、満期日という）特定の価格で（あらかじめ定められた価格：権利行使価格という）買い付ける権利または売り付ける権利を売買する取引のことをいう
- 店頭オプションと取引所上場オプションがある

オプション取引の権利にはコール・オプションとプット・オプションがあります。

オプション取引の権利 重要

- 原商品を買うことができる権利（買う権利）のことをコール・オプションという
- 原商品を売ることができる権利（売る権利）のことをプット・オプションという

ココが出る

オプションは原商品を実際に売買しているのではなく、原商品を買うことができる権利や売ることができる権利を売買しています。

この権利に付いている値段のことをプレミアム（オプション料）といい、オプションの買い手が売り手に支払います（プレミアムはオプションの購入料にあたります）。

2 オプション取引の基本形

オプションの基本的な取引は以下の４つになります。

オプションの基本的な取引

コール・オプションの買い	原商品価格が値上がりすると予想するときの戦略。原商品価格が値上がりすると利益になる
コール・オプションの売り	原商品価格が値上がりしないと予想するときの戦略。原商品価格が一定以上値上がりすると損失が出る
プット・オプションの買い	原商品価格が値下がりすると予想するときの戦略。原商品価格が値下がりすると利益になる
プット・オプションの売り	原商品価格が値下がりしないと予想するときの戦略。原商品価格が一定以上値下がりすると損失が出る

ココが出る

オプションの買手は、儲かる場合は権利を行使したり、損する場合は権利を放棄することもできます。

3　オプションの特徴

オプションの買い手と売り手の利益と損失の関係

	利　益	損　失
買い手	原商品価格の動き次第で**無限定**	当初支払ったプレミアムに**限定**
売り手	当初受け取ったプレミアムが**最大**	原商品価格の動き次第で**無限定**

ココが出る

オプション取引では、コール･オプションとプット･オプションの意味や、アメリカンタイプとヨーロピアンタイプの違いなどは明確にしておきましょう。

4　オプションの満期日

オプション取引には、満期日以前に権利行使できるものと、できないものがあります。権利行使とは利益を確定することをいいます。

オプションの種類と満期日

アメリカンタイプ	満期日以前にいつでも**権利行使が可能**なオプション 例　国債先物オプション
ヨーロピアンタイプ	**特定の権利行使日のみ**権利行使が可能なオプション 例　日経225オプション、ＴＯＰＩＸオプション

ココが出る

オプション・プレミアム（購入料）は、コール、プットのどちらも、満期までの期間が長いほど、または原商品の変動の幅（ボラティリティー）が大きいほど、高くなります。

5　オプション・プレミアムの変動要因

オプションのプレミアム（オプション料）は原商品価格の動きや満期までの期間などに応じて変動します。

（1）オプション・プレミアムと原商品価格との関係

コール・オプションは原商品価格が値上がりすると利益になる戦略なので、株式などの原商品価格が上昇すると、プレミアムは上昇し、原商品価格が値下がりすると利益が出なくなるのでプレミアムは下落します。

プット・オプションは原商品価格が値下がりすると利益になる戦略なので、株式などの原商品価格が下落すると、プレミアムは上昇し、原商品価格が値上がりすると利益が出なくなるのでプレミアムは下落します。

（2）オプション・プレミアムと原商品のボラティリティーとの関係

ボラティリティーとは満期までの間の原商品の変動の幅のことをいいます。

ボラティリティーが大きくなると、原商品価格が大きく上がることも、大きく下がることもあるので、コール・プットともにプレミアムは上昇します。ボラティリティーが小さい場合、原商品価格があまり変動しないので、コール・プットともに利益が出ないため、どちらもプレミアムは下落します。

（3）オプション・プレミアムと残存期間（満期までの期間）との関係

コール・オプション、プット・オプションともに、残存期間が長いと原商品価格が大きく変動する可能性が高くなるので、プレミアムは上昇します。

残存期間が短い場合、原商品価格はほとんど変動しなくなるので、どちらのプレミアムも下落します。

3 スワップ取引

スワップとは「交換する」という意味で、代表的なスワップ取引に金利スワップと通貨スワップがあります。

1 金利スワップ

金利スワップとは、主に、同じ通貨の間で変動金利と固定金利を交換する取引のことです。金利のみを交換し、元本の交換は行われません。同一通貨で固定金利同士を交換する金利スワップはありません。

ココが出る

通貨スワップにおいて金利のみを交換し、元本を交換しない場合を「クーポンスワップ」といいます。

2 通貨スワップ

通貨スワップとは、異なる通貨のキャッシュフロー（元本および金利）を、あらかじめ合意した為替レートで交換する取引のことです。元本の交換は契約期間の最初と最後に行います。

4 外国為替証拠金取引（ＦＸ取引）

ココが出る

ＦＸ取引では、２つの通貨間の金利差によって収益を得ることができます。この収益を**スワップポイント**といいます。

外国為替証拠金取引（ＦＸ取引）とは、外国の通貨を売買して利益を得る取引のことです。少額の証拠金（担保）を差し入れることにより、その何倍もの単位で外国通貨（ドルやユーロなど）を売買できます。これを**レバレッジ**効果（**てこ**の効果）といいます。なお、証拠金の何倍まで取引できるかは、法令で上限が定められています。

原則として、ＦＸ取引の決済方法は以下の２つです。

ＦＸ取引の決済方法

差金決済	購入価格と売却価格の差額のみを決済する
ロスカット制度	一般的に**担保**と**同額の評価損失**が発生した時点で金融機関が強制的に決済を行う制度

ロスカットを行うことで損失を確定し、担保の額以上の損失が出ることを防ぐことができます。

なお、ＦＸ取引には、**取引所**（市場）に上場されているもの（東京金融取引所に上場しているくりっく365など）と**店頭**ＦＸの２つの取引がありますが、課税関係は同じです。

補足

暗号資産（仮想通貨）への投資で得た利益は雑所得となり、総合課税の対象です。

外国為替証拠金取引の税制

利益(差金)	先物取引にかかる**雑所得**となり、一律**20.315％**（所得税15.315％、住民税５％）の**申告分離課税**
損失(差金)	他の先物取引にかかる雑所得との**損益通算**が可能（他の所得との損益通算は不可）
損失の繰越	その年に控除しきれない損失は、翌年以後**３年間**にわたり、他の先物取引にかかる雑所得の黒字の金額から繰越控除が可能

重要度 ★★★

11 金融商品等に関連する法律等

学習項目

- 預金保険制度を中心にしたセーフティーネットの概要
- 金融サービス提供法、消費者契約法、金融商品取引法等のポイント整理

1 預金保険制度（ペイオフ）

預金保険制度とは、セーフティネット（顧客の預貯金を守る安全網）の１つで、日本国内に本店がある金融機関（銀行等）が破綻した場合に、預金保険機構が１つの金融機関ごとに、預金者１人につき**元本1,000万円**までと**その利息**を保護する制度です。

ただし、「**無利息・要求払い・決済サービスの提供**」の条件を満たす**決済用預金**は**全額保護**されます。また、対象となる金融機関は、一定率の保険料を毎年、預金保険機構に拠出しなければなりません。

預金保険制度の対象とならないケース 重要

- 国内外の銀行に預けている**外貨預金**
- 国内に本店がある日本の銀行の海外支店に預けている円預金
- 個人事業主の預金は事業用と事業用以外に分かれていたとしても、金融機関の破綻時には、名寄せにより同一人の預金とみなされ、オーバー分は預金保険制度の**対象とならない**
- 銀行で購入した投資信託や債券などの有価証券は対象外

※ＪＡバンクに預けられた貯金は、預金保険制度の対象でなく、**農水産業協同組合貯金保険制度の保護**の対象（元本1,000万円とその利息が保護される）

※円建ての仕組預金は元本1,000万円までは預金保険制度の保護の対象

ココが出る

預金保険制度では、1,000万円を超える部分については、破綻した金融機関の財政状況によって、払い戻される金額が異なります。

用語

決済用預金
いつでも引き出せて、口座からの引き落としも可能な利息の付かない預金のこと（当座預金などのこと）。法人でも個人でも利用できる

ココが出る

破綻した金融機関に預金と借入金の両方がある場合、申請すれば、預金と借入金を相殺できます。

預金保険制度の対象となるケース

- ゆうちょ銀行の貯金は元本1,000万円とその利息が**預金保険制度の保護の対象**（預入限度額は１人あたり通常貯金1,300万円、定期性貯金1,300万円の計2,600万円）

2 投資者保護基金

投資者保護基金は証券会社版の預金保険制度です。証券会社が破綻し、顧客に対する支払いに支障が出た際にそれを保証します（**銀行は投資者保護基金に加入できない**）。

通常、証券会社で購入した有価証券（外国株式を含む）は、証券会社の資産とは分別して管理（**分別管理**）することが金融商品取引法で義務付けられていますので、証券会社が破綻しても、原則としてその時の時価で全額保護されます。

証券会社が分別管理せずに破綻した場合などに、投資者保護基金では、**最大1,000万円**まで保証されます。

3 消費者契約法と金融サービス提供法

金融商品に関するトラブルから投資家や消費者を保護するために、「消費者契約法」や「金融サービスの提供に関する法律（以下、金融サービス提供法）」などがあります。

消費者契約法と金融サービス提供法の概要 重要

	消費者契約法	金融サービス提供法
適用範囲	**消費者**と**事業者**との間での契約全般（すべての消費者契約が対象）	金融サービスの提供にかかる契約 例外（**国内商品先物取引やゴルフ会員権、金地金**などは対象外）
保護の対象	個人（事業のために契約する個人は除く）	個人および法人（金融機関等は除く）

ココが出る

金融機関の破綻時に預金保険機構の支払いに日数がかかる場合には、預金者に１口座あたり**60万円**の仮払いが行われることがあります。

ココが出る

- 株式や債券（**外国株や外貨建て債券を含む**）、**外貨建てMMF**（国内の証券会社を通じて購入した場合）は**投資者保護基金**の保護の対象
- 証券会社（外資系を含む）は**必ず**投資者保護基金に加入しなければならない
- 銀行で購入した投資信託等は投資者保護基金の**対象外**（銀行は投資者保護基金に加入できないため）

ココが出る

金融サービス提供法は、**外貨建ての保険や変額年金保険**、金融関連の**デリバティブ取引**、**FX取引**にも適用されます。

	消費者契約法	金融サービス提供法
適用されるケース	・消費者に**不利益**になる事実を告知しなかった場合 ・**断定的判断**の提供により勧誘した場合など	・重要事実の**説明義務違反**があった場合 ・**断定的判断**の提供により勧誘した場合
法律の効果	消費者は**契約の取消し**が可能	業者は、**損害賠償**責任（無過失責任）を負う

※金融サービス提供法では、説明義務違反がなかったこと、断定的判断の提供による勧誘がなかったことおよび損失との因果関係や損失額の立証責任は、**業者（金融機関）**が負う

※**断定的判断の提供**（確定していないことを確定しているかのように説明すること）による勧誘は、**法人**・**個人**問わず、すべての顧客に対して禁止されている

※金融機関等の行為が消費者契約法と金融サービス提供法の両方の規定に違反する場合、**両方の規定が適用される**

> **ココが出る**
> 消費者契約法と金融サービス提供法の違いを押さえておきましょう。特に法律の効果（契約の取消しが可能なのか、損害賠償を請求できるのか）は出題されやすいポイントです。

> **ココが出る**
> 消費者契約法により、契約の取消しができるのは消費者が間違いなどに気づいた時から**1年**もしくは契約時から**5年経過したとき**のどちらか早い時期までとなっています。

4　金融サービス仲介業

金融商品販売法が金融サービス提供法に改正され、「**金融サービス仲介業**」が創設されています。

従来は、銀行、貸金、証券、保険のすべての分野のサービスの媒介を行うには、それぞれ登録を受ける必要がありましたが、金融サービス仲介業では、１つの登録で銀行、貸金、証券、保険のすべての分野のサービスの媒介（仲介）が可能です。

なお、金融サービス仲介業とは、「預金等の媒介業務」「保険の媒介業務」「株式や投資信託等の有価証券等の仲介業務」「貸金業等の媒介業務」のいずれかを業として行うことをいいます。

金融サービス仲介業として提供できるサービスは次のようなものに限定され、高度な説明を要するサービスは提供できません。

> **ココが出る**
> **金融サービス提供法**の規定では、顧客から重要事項の説明は不要との申し出があった場合には業者は説明を省くことができます。なお、業者は金融商品を勧誘するにあたっては**勧誘方針**を定め、**公表**しなければなりません。

金融サービス仲介業が提供できるサービス

	媒介可能なサービス	媒介できないサービス
銀行業務	普通預金、住宅ローン等	仕組み預金等
証券業務	国債、投資信託、上場株式等	非上場株式、デリバティブ取引等
保険業務	傷害保険、旅行保険等	変額保険、外貨建て保険

5 金融商品取引法

金融商品の取引について、従来は証券取引法、金融先物取引法や投資顧問業法など別々に規制していた法律を一本化したものが、金融商品取引法（金商法）です。

有価証券だけでなく、**市場デリバティブ取引**（取引所に上場されている先物取引やオプション取引のこと）、**商品先物取引**、**スワップ取引**や**FX取引**、**外貨建ての保険**や**複雑な仕組みの預金**、**外貨預金**などにも適用されます。

金融商品取引法のポイント

①金融商品取引業を４つの登録業務に分類している（第１種金融商品取引業、第２種金融商品取引業、投資助言・代理業、投資運用業）

②適合性の原則と説明義務

- 「適合性の原則」とは、顧客の投資経験や知識、資産状況、投資目的に合わない商品を勧誘してはならないという規則
- 「説明義務」とは、契約締結前交付書面や交付目論見書（投資信託の説明書）などを事前に交付し、商品概要やリスク、費用等の顧客が投資判断する上で重要な事柄を説明しなければならないという規則
- 説明義務の対象となる商品は、株式や投資信託のほか、スワップ取引、**外貨建ての保険**、**変額年金保険**、**仕組預金**、FX取引、**金**などの商品を対象とした**市場デリバティブ取引**など

③断定的判断の提供による勧誘の禁止

断定的判断の提供により勧誘した場合、結果的にその通りになったかどうかにかかわらず、違反となる

用語

契約締結前交付書面
顧客の投資判断に必要な契約概要、手数料、主なリスクなどの重要事項が記載された書面。取引の契約前に顧客に交付される

補足

断定的判断の提供による勧誘とは、確定していないことを、確定しているかのように説明することです。
（例）「この株は必ず上がります」

④損失補てんの禁止

金融商品取引業者は顧客が有価証券の取引を行う場合、金融商品の購入前、購入後に売買における損失を補てんすることを約束することも、損失補てんを実行することも禁止されている。顧客から損失補てんを要求し、損失補てんを受けることも禁止されている。ただし、金融機関側の不法行為やミス（事務処理ミスやシステム障害など）により顧客に損失が発生した場合は、禁止されている損失補てんに該当せず、補てんが可能

⑤特定投資家制度

投資家を特定投資家（プロの投資家）と一般投資家（アマチュアの投資家）に分類し、一般投資家をより保護する内容となっている。顧客が特定投資家に該当する場合、適合性の原則や説明義務は適用されない。

※特定投資家に対しても「断定的判断の提供による勧誘」と「損失補てん」は禁止されている

6 犯罪収益移転防止法

金融機関に対して顧客の**本人確認**（氏名、住所、生年月日等の本人特定事項や取引の目的、職業も含む）を義務付ける法律です。目的は犯罪による収益の移転（**マネーロンダリング**）や**テロ資金の供与**を防止することにあります。

犯罪収益移転防止法のポイント

本人確認が必要な場合	・口座開設時 ・**10万円**を超える送金の場合 ・**200万円**を超える大口現金取引の場合など ・代理人を通じて取引する場合は顧客本人と**代理人**の本人確認も必要
本人確認の方法	・運転免許証、パスポートなどの公的書類（有効期限のない書類は**6か月以内**に作成されたものであること）
本人確認記録の保存	・本人確認記録、取引記録などは、原則**7年間**保存する義務がある

補足

現在、金融機関には「フィデューシャリー・デューティー（顧客本位の業務運営）」が求められています。

ココが出る

金融機関と顧客との紛争等を、裁判以外の方法で解決を図る制度を「**金融ADR制度**」といいます。金融機関は、指定された紛争解決機関（全国銀行協会や日本証券業協会など）と契約を結び利用することが義務付けられています。

実技試験対策①株式投資信託の譲渡益

金財の実技試験では、株式投資信託の譲渡益の計算問題が出題されます。

下記の条件に基づき、特定口座（源泉徴収あり）内で追加型株式投資信託を100万口購入し、同年中に全部換金した場合の所得税（復興税込み）と住民税および手取額を計算する。なお、手数料等は考慮しない。

＜資料＞株式投資信託の基準価額および分配金（1万口当たり）

購入時の基準価額	10,000円
換金時の基準価額	11,000円
換金時までに受け取った収益分配金の合計額	1,000円
普通分配金	800円
元本払戻金（特別配分金）	200円

「計算の手順」

1．まず、譲渡所得金額を計算する

譲渡所得＝(換金時の基準価額－購入時の基準価額)×口数

なお、購入時の基準価額は10,000円だが、元本払戻金を受け取ると、その分基準価額（個別元本）は下がる。

元本払戻金を200円受け取っているので、新たな購入価額（個別元本）は、10,000円－200円＝9,800円となっている。

以上より、譲渡所得＝(11,000円－9,800円)×100万口／1万口

＝120,000円

2．所得税と住民税を計算する（譲渡所得×税率）

所得税＝120,000×15.315％（復興税込み）＝18,378円

住民税＝120,000円×５％＝6,000円

合計額　18,378円＋6,000円＝24,378円

3．手取金額を計算する

(11,000円×100万口／1万口）－24,378円＝107万5,622円

実技試験対策②株式の投資尺度

金財およびFP協会の実技試験では株式の投資尺度（PER・PBR・配当利回り・配当性向等）の計算問題が出題されます。

以下のA社の財務データ等をもとに、下記の指標を計算してみましょう。

【A社のデータ】

株価	5,000円	配当金（1年総額）	10億円
当期純利益	40億円	発行済み株式数	1,000万株
純資産（自己資本）	400億円	総資本	500億円

※純資産と自己資本は同額とする

《A社のPER（株価収益率）》

PER=株価÷1株当たりの当期純利益（EPS）

EPS＝当期純利益÷発行済み株式数より、40億円÷1,000万株＝400円

PER=5,000円÷400円＝12.5倍

《A社のPBR（株価純資産倍率）》

PBR=株価÷1株当たりの純資産（BPS）

BPS=純資産÷発行済み株式数より、400億円÷1,000万株＝4,000円

PBR=5,000円÷4,000円＝1.25倍

《A社の配当利回り》

配当利回り＝1株当たりの配当金額÷株価

1株当たり配当金額＝10億円÷1,000万株（発行済み株式数）＝100円

配当利回り＝100円÷5,000円×100＝２％

《A社の配当性向》

配当性向＝年間配当金総額÷当期純利益

＝10億円÷40億円×100＝25％

確認問題 本番レベルの問題にチャレンジしましょう。

□□□問1 景気動向指数におけるＣＩ（コンポジット・インデックス）は、景気の現状や転換点をとらえるもので、３か月前と比較して改善している指標の割合を示しており、内閣府が毎月発表している。
p188

□□□問2 日銀短観で公表される「業況判断ＤＩ」は、景気動向指数の算出に使用される経済統計指標のうち、３か月前の数値と比較して改善した指標の割合を表す。
p189

□□□問3 一般的に、米国金利が上昇していく過程では、円安・ドル高になる傾向がある。
p195

□□□問4 一般的に、円高が進むと、輸入物価の下落などにより市場金利は低下傾向となる。
p195

□□□問5 アンダーパー発行の債券を発行時に購入し、額面金額で償還された場合、償還差損が発生する。
p201

□□□問6 格付け機関が行う債券の信用格付けで、ＢＢ（ダブルＢ）格相当以上の債券は、一般に投資適格債とされる。
p210

□□□問7 ＰＥＲ（倍）は、「株価÷１株あたり当期純利益」の算式により計算され、この値が高い銘柄は割高と考えられる。
p218

□□□問8 配当性向（％）は、「年間配当金総額÷当期純利益×100」の算式により計算され、この値が高いほど株主への利益還元率が高いと考えられる。
p220

□□□問9 信用取引には、弁済期限や対象銘柄等が証券取引所の規則により定められている一般信用取引と、弁済期限や対象銘柄等を顧客と証券会社との契約により決定することができる制度信用取引がある。
p215

□□□問10 ナスダック総合指数は、米国のナスダック市場に上場している米国株式の30銘柄を対象として算出した指数である。
p217

□□□問11 組入れ資産のほとんどを債券が占め、株式をまったく組み入れていない証券投資信託であっても、約款上、株式に投資することができれば、株式投資信託に分類される。
p224

□□□問12 単位型投資信託は、投資信託が運用されている期間中いつでも購入できる投資信託であり、追加型投資信託は、当初募集期間にのみ購入できる投資信託である。

p224

□□□問13 マクロ的な経済要因（金利や景気状況など）を基に株式等の組入れ比率などを決定し、その比率に応じて、個別銘柄を組み入れてポートフォリオを構築する手法を、トップダウンアプローチという。

p228

□□□問14 ブル型ファンド（レバレッジ型ファンド）は、ベンチマークとする市場指数が値下がりしたときに、より大きな利益が出ることを目的に運用するタイプの投資信託である。

p226

□□□問15 米ドル建て債券を保有している場合、為替レートが円安・米ドル高に変動することは、当該債券に係る円換算の投資利回りの上昇要因となる。

p234

□□□問16 外貨預金の払戻し時において、預金者が外貨を円貨に換える場合に適用される為替レートは、預入金融機関が提示する対顧客電信売相場（ＴＴＳ）である。

p232

□□□問17 外貨定期預金において為替先物予約なしで、満期時に為替差益が生じた場合、当該為替差益は、雑所得として総合課税の対象となる。

p233

□□□問18 アセット・アロケーションとは、リスクとリターンを勘案しながら、投資資金を複数の資産クラス（株式、債券、不動産等）に配分することである。

p245

□□□問19 異なる２資産からなるポートフォリオにおいて、２資産間の相関係数が１である場合、ポートフォリオを組成することによる分散投資の効果（リスクの軽減効果）は生じない。

p248

□□□問20 シャープレシオとは、超過収益率を標準偏差で除して算出するもので、シャープレシオの数値が大きいほどポートフォリオの評価は高くなる。

p250

□□□問21 先物取引において、保有している資産が値下がりするリスクを回避または軽減するために対象となる先物を売る取引を売りヘッジという。

p252

□□□問22 オプション取引には、権利行使期間中であればいつでも権利行使が可能なヨーロピアンタイプや、特定の権利行使日のみ権利行使が可能なアメリカンタイプなどがある。

p254

□□□問23 オプションの買い手は、オプションを行使する権利を有するが、その権利を放棄することもでき、放棄することで損失は支払ったプレミアムに限定される。

p254

□□□問24 国内に本店のある銀行で購入した投資信託は、日本投資者保護基金による補償の対象となる。

p258

□□□問25 日本国内に本店のある銀行の国内支店に預け入れた外貨預金は、その金額の多寡にかかわらず、預金保険制度による保護の対象とならない。

p257

□□□問26 消費者契約法に基づく消費者契約の取消権は、消費者が追認をすることができる時から6か月、あるいは消費者契約の締結時から5年を経過したときのどちらか早い時期までである。

p259

解答：

1 ×	2 ×	3 ○	4 ○	5 ×	6 ×
7 ○	8 ○	9 ×	10 ×	11 ○	12 ×
13 ○	14 ×	15 ○	16 ×	17 ○	18 ○
19 ○	20 ○	21 ○	22 ×	23 ○	24 ×
25 ○	26 ×				

4章 タックスプランニング

学科試験対策

２級の試験でカギになる分野です。**所得税**から６割程度、**法人税**から３割程度、**消費税**から１割程度出題されています。所得税については、**10種類の所得の内容**、社会保険料控除や医療費控除などの所得控除に関する問題、住宅ローン控除や配当控除等の**税額控除**の問題、各所得の**損益通算**に関する問題が多く出題されています。また、法人の決算書の見方と分析からも出題が多くなっています。

実技試験対策

確定申告に関連した出題が多くなっています。給与所得者の**可処分所得の計算**や、一時所得や不動産所得をからめた**総所得金額の計算、退職所得の計算**なども解けるようにしておきましょう。また、源泉徴収票から**所得控除額**等を算出できるようにしておきましょう。事業所得者等の青色申告に関する事項も重要です。

重要度 ★★

1 所得税の基礎

学習項目

- 国税と地方税、直接税と間接税の違い
- 所得税の非課税財産となる所得

1 税金の種類

ココが出る

税金を課す者を「課税主体」、税金を納める者を「納税者」、実際に税金を負担する者を「担税者」といいます。

1 国税と地方税

税金はどこが課税するか（どこに税金を納めるのか）の違いによって、国税と地方税に分けられます。

2 直接税と間接税

税金は納税義務者が誰なのかという違いによって、直接税と間接税に分けられます。税金を納付する者（納税者）と実際に税金を負担している者（担税者（たんぜいしゃ））が同じ場合を**直接税**、納税者と担税者が異なる場合を**間接税**といいます。

消費税は、間接税の1つで商品を買った者が消費税を負担するので担税者になり、実際に消費税を税務署に納める商店が納税者になります。

国税と地方税、直接税と間接税の区分 重要

	直接税	間接税
国税	所得税、法人税、相続税、贈与税、登録免許税	**消費税**、**酒税**、**たばこ税**、印紙税
地方税	**都市計画税**、**固定資産税** **不動産取得税**、**事業税**、**住民税**	地方消費税

3　課税方式

課税方式には、賦課課税方式と申告納税方式があります。

課税方式

賦課課税方式	国や地方公共団体等（税務署）が納税額を計算し、納税者に納税通知書を送付して、納税者が税金を納める方式 例 個人住民税、固定資産税など
申告納税方式	納税者自ら税額を計算したうえで直接申告し、納税する方式（確定申告して納税する） 例 所得税、法人税、相続税、贈与税など

2 所得税の基本

1　所得税の定義

所得税は、個人（個人事業主を含む）が１年間（１月１日～12月31日）に得た総収入金額から必要経費を差し引いた所得金額に対して課税されます。

重要

所得金額＝総収入金額－必要経費

所得税の主な特徴

- １月１日から12月31日までの１年間の所得に課税
- 高所得になるほど税率が高くなる超過累進課税
- 申告納税方式となっており、原則、翌年の２月16日から３月15日までに確定申告し、納税をする

2　納税義務者

所得税の納税義務者は実質的に所得を得た個人であり、通常、居住者か非居住者かによって課税の対象となる所得が異なります。国籍は問われません。

居住者とは、国内に住所のある個人、または国内に引き続き１年以上居所があるある個人のことをいいます。

ココが出る

会社員の場合、給与等に対する所得税は、原則、申告納税方式となっていますが、源泉徴収制度がとられているため、年間の給与の収入金額が2,000万円超など一定の場合を除いて、会社の年末調整で納税関係は終了し、確定申告をする必要はありません。

用語

源泉徴収制度
会社が給与の支払い時に税相当額を天引きして、国などに納付する制度のことで、所得税の前払いのようなもの

間違えやすいポイント！

所得税の対象となる収入には、原則として未収収益（回収していない売上）も含まれるので注意しましょう。

用語(前ページ)

居所(いどころ)
一定の間継続して居住する場所で、住所以外の場所
(例)単身赴任の会社員が一時的に社員寮に住んでいる場合など

用語

国内源泉所得
国内で働いて得た収入や、国内で保有している株式の配当金や国内の保有マンションの賃貸収入などのこと。一方、国外源泉所得とは、海外に保有している資産などから受け取る所得

ココが出る
所得税が非課税になるものの中でも会社員の通勤手当(月15万円まで)や宝くじの当せん金などは出題頻度が高いので注意しましょう。

ココが出る
永年勤続表彰などで支給された現金や商品券は給与になり、課税されます。ただし、記念品や記念旅行への招待などの場合は原則、課税されません。

個人の納税義務者

納税義務者の区分		課税される所得
居住者	永住者 非永住者以外の居住者	国内外すべての所得
	非永住者 日本国籍がなく、過去10年のうち住所、または居所を有している期間の合計が5年以下の個人	国内源泉所得、国内で支払われた国外源泉所得、または国内に送金された国外源泉所得
非居住者	居住者以外の者 国内に住所がなく、1年以上居所もない個人	国内源泉所得のみ

3 所得税が非課税となる所得

社会政策的な理由などを考慮して、所得税を課すことが適当でないとされる所得には課税されません。

非課税になる所得 重要

- 衣類や家具などや生活用動産の売却による所得
  ※1個または1組の価額が30万円を超える宝石、貴金属、絵画、骨董品等は課税される
- 会社員の通勤手当のうち月額15万円まで
  ※15万円を超える金額は給与となる
- 宝くじの当せん金
- 慰謝料や一定の見舞金(社会通念上、妥当な金額の範囲まで)
- 出張に伴う旅費
- 障害者や遺族が受け取る公的年金(障害基礎年金、障害厚生年金、遺族基礎年金、遺族厚生年金)
- 雇用保険の基本手当や育児休業給付、高年齢雇用継続給付金等の各給付金、健康保険の傷病手当金や出産手当等の給付金

3 所得税の計算方法

所得税は、所得を**10種類**に分け、種類ごとに所得の金額を計算します。さらに総合課税のものは合算して総所得金額を算出します。

所得税額速算表

課税所得金額	税率	控除額
195万円未満	5%	0万円
195万円以上 330万円未満	10%	9万7,500円
330万円以上 695万円未満	20%	42万7,500円
695万円以上 900万円未満	23%	63万6,000円
900万円以上 1,800万円未満	33%	153万6,000円
1,800万円以上 4,000万円未満	40%	279万6,000円
4,000万円以上	45%	479万6,000円

ココが出る

所得税は、課税所得金額に応じて7段階に区分されており、所得が高いほど税率が高くなる**超過累進税率方式**となっています。

補足

復興特別所得税（復興税）の計算方法

東日本大震災からの復興費用として2037年12月まで左の所得税額に**2.1%**を掛けた額が付加税として課税されています。例えば、**所得税率が15%で復興税が2.1%付加されると15%×1.021=15.315%となります。**

1 所得税の課税方法

所得税は、原則として**総合課税**ですが、一部の所得は分離課税の対象です。また、分離課税は、**申告分離課税**と**源泉分離課税**に分けられます。

総合課税と分離課税 重要

課税方法		内容	対象となる所得
総合課税		原則としてすべての所得を合算した総所得金額に課税する方法（確定申告する）	給与所得など
分離課税	申告分離課税	他の所得と分離して所得を計算して課税（原則、利益であれば確定申告する）	・**株式の譲渡所得** ・**退職所得** ・**土地・建物の譲渡所得**など
	源泉分離課税	所得があった時点で一定の税率で税金が差し引かれ（天引き）、課税関係が完結する方法（確定申告が不要）	・預貯金の利子所得など

4 所得税の計算手順

所得税は以下のような手順で計算し、最終的な納税額を決定します。

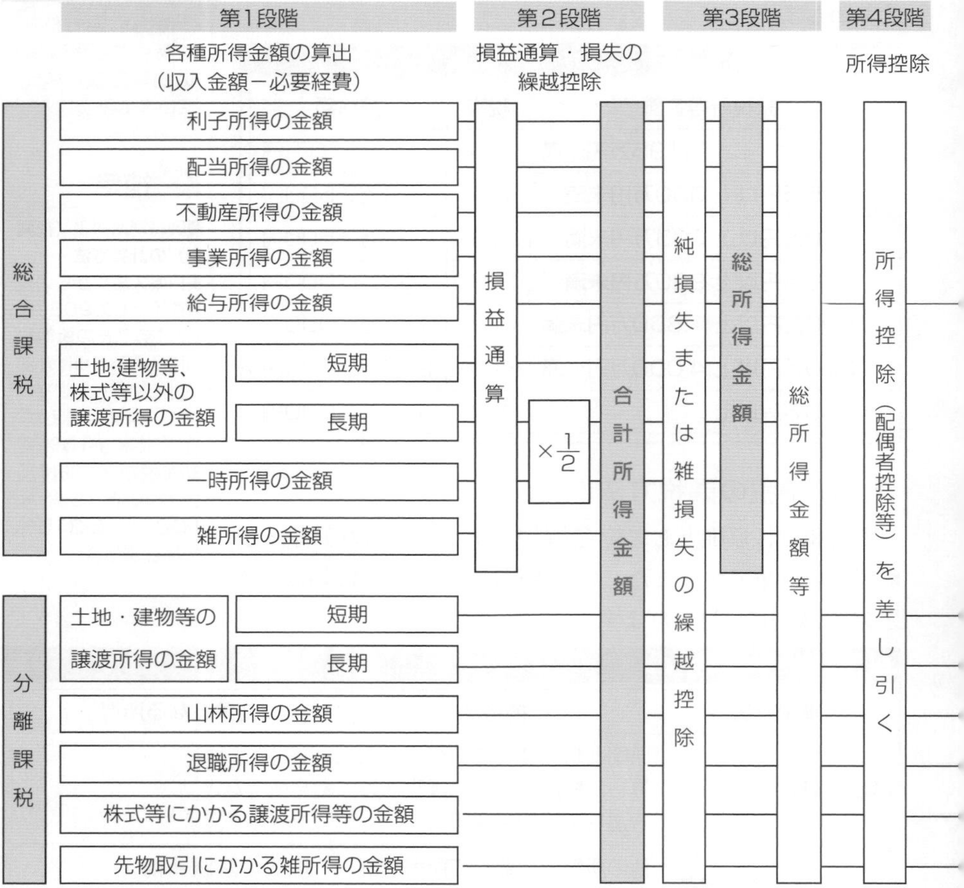

※土地·建物の譲渡所得金額や株式等の譲渡所得金額など**分離課税**のものは、総所得金額には**含めない**。また、遺族年金や障害年金などの非課税所得も、総所得金額には含めない
※総所得金額に分離課税の所得を合計した額を総所得金額等という

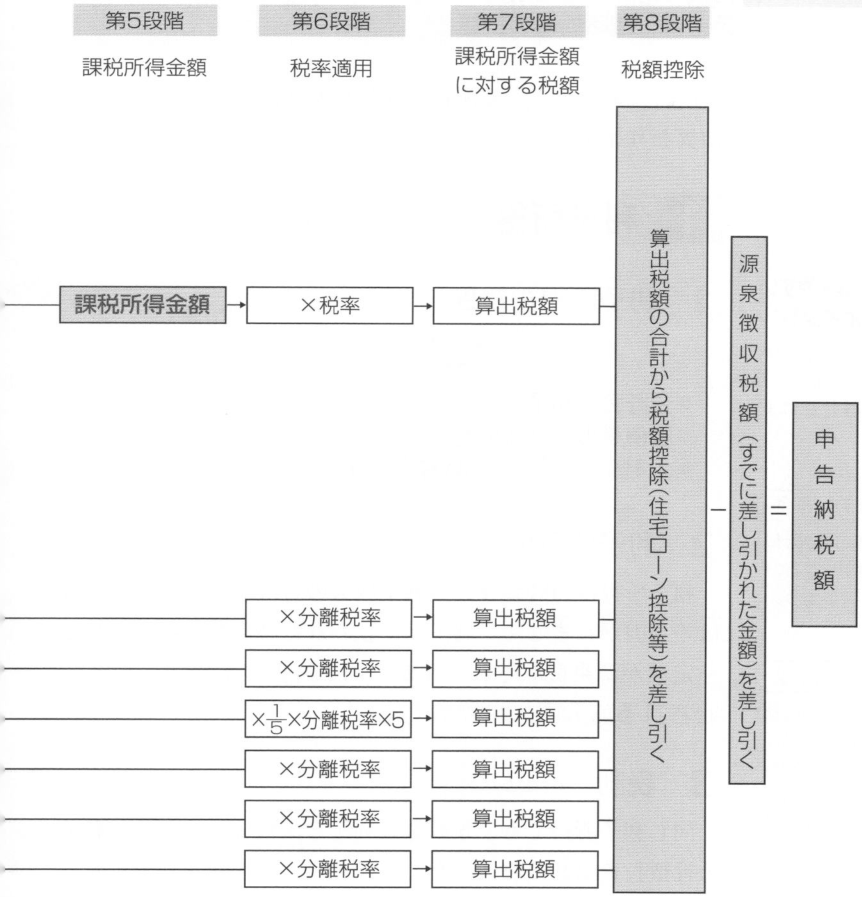
第5段階
課税所得金額
第6段階
税率適用
第7段階
課税所得金額に対する税額
第8段階
税額控除
課税所得金額
×税率
算出税額
×分離税率
算出税額
×分離税率
算出税額
×$\frac{1}{5}$×分離税率×5
算出税額
×分離税率
算出税額
×分離税率
算出税額
×分離税率
算出税額
算出税額の合計から税額控除(住宅ローン控除等)を差し引く
−
源泉徴収税額(すでに差し引かれた金額)を差し引く
=
申告納税額

重要度 ★★★

2 所得の種類と内容

学習項目
- 所得税の対象となる所得の種類
- 一時所得、退職所得の計算

所得税の対象となる所得は10種類あり、税額の計算方法等が異なります。

1 利子所得

1 利子所得の範囲

利子所得の範囲

- 預貯金の利子
- 国債等の公社債の利子
- 公社債投資信託の収益分配金　など

2 利子所得の金額

利子所得は預貯金などの利子収入の合計額です。必要経費は差し引かれません。利子が支払われた時点で、原則として一定額が源泉徴収されますが、利子所得の金額は、**源泉徴収される前の収入金額**です。

3 税制

同じ利子所得でも、預貯金の利子と国債等の公社債の利子、公社債投資信託の収益分金では、課税方法が異なります。

預貯金の利子については、**20.315%（所得税15.315%、住民税5%）**の税率による**源泉分離課税**です。

間違えやすいポイント！

国内の銀行に預けた外貨預金の利子は**利子所得**、為替差益は**雑所得**です。

ココが出る

友人への貸付金の利子は**雑所得**になるので注意しましょう。

ココが出る

預貯金の利子から源泉徴収された所得税額（源泉分離課税の対象となった税金）は、課税関係が終了しているので、総所得金額等に含まれず、確定申告はできません。

参照

国債等の公社債の利子および収益分配金
☞3章8

2 配当所得

1 配当所得の範囲

配当所得の範囲

- 法人から受け取る利益の配当（株式の配当金のこと）
- 株式投資信託や上場投資信託（ＥＴＦ）、不動産投資信託（J-REIT）の収益分配金　など

2 税制

配当所得は原則、**総合課税**の対象ですが、**申告不要制度**や**申告分離課税**を選択することができます。

ただし、発行済み株式総数の**３％以上**を保有する大株主がその株式から配当を受け取った場合は**総合課税**の対象になり、申告不要制度や申告分離課税は選択できません。

3 配当所得の金額

配当所得＝**配当収入－元本取得のための負債利子**※

※その株式を取得するための借入金の利子

配当所得のポイント　重要

- **総合課税**を選択することで、**配当控除**の適用を受けることができる
- **申告分離課税**を選択することで、上場株式等に譲渡損失がある場合に、配当所得との損益通算が可能になる
- **申告不要制度**を選択することで、20.315%差し引かれ、課税は終了する
- 非上場株式の配当金は、原則、**総合課税**の対象ですが1銘柄につき１回の配当金が**10万円**以下の少額配当の場合、**確定申告**は不要

間違えやすいポイント！

事業資金で買った株式（取引先の株式を含む）の配当金であっても、個人事業主が受け取った配当金は配当所得になります。

間違えやすいポイント！

株式投資信託の分配金は**配当所得**、公社債投信の分配金は**利子所得**です。

参照

申告不要制度および申告分離課税の税率は復興税込みで20.315%（所得税15.315%、住民税５%）

間違えやすいポイント！

非上場株式の配当の場合、所得税が**20.42%**源泉徴収され、住民税は課税されません。

参照

配当控除 ☞4章5
損益通算 ☞4章3

3 事業所得

1 事業所得の範囲

事業所得とは、農業、漁業、製造業、卸売業、小売業、サービス業など**継続的に行う事業**から生じた所得です。

2 税制

事業所得は、**総合課税**の対象です。

3 事業所得の金額

事業所得＝総収入金額－必要経費
※青色申告を適用する場合、上記の金額から青色申告特別控除を差し引く

（1）事業所得の総収入金額の範囲

総収入金額には、事業により確定した売上の他、手数料収入や事業の遂行上従業員に貸し付けた貸付金の利子など、事業を行ううえで付随して発生した収入も含まれます。

（2）事業所得の必要経費の範囲

売上原価、**減価償却費**、給料・賃金、接待交際費、家賃・水道光熱費、事業用資産の固定資産税等が必要経費になります。

なお、個人事業主を被保険者とする**生命保険**、**損害保険の保険料**、自宅の**火災保険の保険料**などは、必要経費にはなりません。

4 給与所得

1 給与所得の範囲

給料、賃金、賞与、役員報酬などの所得のほか、金銭以外の物や権利を受け取った場合や、その他、**経済的利益**があった場合も給与所得になります。

間違えやすいポイント！

以下の2つの所得は事業所得ではありません。
- 不動産の貸付業（不動産貸付業）から生じた所得は、事業的規模かどうかに関係なく、**不動産所得**
- **事業用の固定資産**（機械装置や車両など）を譲渡した場合の所得は、事業所得ではなく**譲渡所得**

用語

売上原価
商品を仕入れるときや製品を製造するときの費用のこと

ココが出る

店舗や事務所を自宅と兼用している場合の水道光熱費、火災保険料、固定資産税、支払い家賃などの費用で、業務を行ううえで必要であったことが明らかな金額は事業所得の必要経費になります。

用語

経済的利益
勤務先から無利子や通常よりかなり低い金利で資金の借り入れを受けた場合の通常の金利との差額など

2 税制

給与所得は**総合課税**の対象で、原則として、確定申告が必要です。ただし、給与所得者で給与所得以外の所得がない場合は、原則、源泉徴収のみで課税関係を終了し、確定申告をする必要はありません。源泉徴収された税額に過不足があった場合には、年末調整により精算されます。

3 給与所得の金額

給与所得＝給与等収入金額（年収）－給与所得控除額
（最低55万円）

給与所得控除額の速算表

給与等収入金額	控除額
162万5,000円以下	55万円
162万5,000円超 180万円以下	収入金額×40%－10万円
180万円超 360万円以下	収入金額×30%＋8万円
360万円超 660万円以下	収入金額×20%＋44万円
660万円超 850万円以下	収入金額×10%＋110万円
850万円超	195万円（上限）

（1）所得金額調整控除（給与所得控除額の調整）

給与等の収入金額が**850万円**を超える者であっても、次のいずれかの要件に該当する場合は、税金が負担増にならないように控除額が調整されます。具体的には、給与等の収入金額から850万円を差し引いた金額の**10%**を給与所得の金額から控除します。給与収入金額が1,000万円を超える場合は、1,000万円から850万円を差し引いた金額の**10%**が給与所得から控除されます。

間違えやすいポイント！

所得金額調整控除の計算式

・給与等の収入金額から850万円を差し引いた金額の10%（給与収入金額－850万円）×10%

・給与収入金額が1,000万円を超える場合（1,000万円－850万円）×10%＝15万円（控除額の上限）

4章 タックスプランニング■2 所得の種類と内容

以下の要件のどちらかに該当する年収850万円以上の給与所得者の場合、所得金額調整控除の適用を受けられます。

所得金額調整控除の要件

- 本人が特別障害者に該当する場合。または、同一生計の配偶者や親族に特別障害者がいる場合
- 23歳未満の扶養親族がいる場合

用語

特別障害者
障害の程度が一級または二級に該当する者などのこと

【所得金額調整控除を踏まえた計算例】

ケース

給与収入1,500万円の場合の給与所得金額（23歳未満の扶養親族がいる場合）はいくらか。

解　答

・850万円超の給与収入がある場合、給与所得控除は195万円なので、給与所得は1,305万円（1,500万円－195万円）。
・所得金額調整控除額は給与収入が1,000万円を超えているので、1,000万円から850万円を控除した額の10%となり、（1,000万円－850万円）×10%＝15万円
・所得金額調整控除後の所得金額は、給与所得控除後の1,305万円から15万円を差し引いた1,290万円となる

(2) 特定支出（特定支出控除）

以下の特定支出が、所定の給与所得控除額を超える場合には、一定金額を給与所得から控除できます。

特定支出になるもの

通勤費、転勤時の転居費用、職務上必要な研修費用、単身赴任の帰宅旅費、職務の遂行に必要な弁護士、公認会計士、税理士などの資格の取得費用

(3) 特定支出控除の額

特定支出金額が給与所得控除額の２分の１を超える場合、その超える金額を給与所得から控除できます。

5 一時所得 重要

1 一時所得の範囲

一時所得とは、営利を目的とした継続的な行為から発生した所得以外の所得をいいます。

一時所得の範囲

- 保険契約に基づき契約者本人が受け取る満期保険金・解約返戻金（高度障害保険金や医療給付金、自動車保険や火災保険の保険金等は非課税）
- 懸賞金や賞金（懸賞金付預金の懸賞金は源泉分離課税）
- 競輪や競馬の払戻金
- 借家からの立退料等
- ふるさと納税の返礼品

2 税制

一時所得は、総合課税の対象です。

3 一時所得の金額 計算 重要

一時所得＝総収入金額－収入を得るために支出した金額
　　　　－特別控除額(50万円)

なお、一時所得が黒字の場合、総所得金額を算出する際に、一時所得金額の２分の１の金額が他の所得と合算され、総合課税の対象になります。一方、一時所得が赤字の場合は、一時所得はなかったものとされ、他の所得と合算できません。

間違えやすいポイント！

一時所得は総合課税の対象になり、一時所得に利益がある（黒字）場合は、総所得金額を算出する際に２分の１の金額が他の所得と合算されますが、一時所得が赤字の場合は、損益通算されず、他の所得から差し引くことができません（他の一時所得との内部通算はできる）。学科・実技とも論点になりやすいので注意しましょう。また、一時所得には最高50万円の特別控除があるので、50万円以下であれば非課税になります。

ケース

養老保険の満期保険金（一時所得）が500万円（保険料負担者と保険金受取人は同じ）で、支払い保険料総額が400万円の場合、
500万円－400万円
　－50万円＝50万円
が一時所得金額になります。なお、この額の２分の１（25万円）が総合課税の対象になります。

間違えやすいポイント！

所得税や**住民税**は不動産所得の必要経費になりません。

間違えやすいポイント！

不動産の売買取引の仲介による所得は、**事業所得**です（不動産所得ではない）。

間違えやすいポイント！

時間貸駐車場（コインパーキング）のように自己の責任において他人の物を保管する場合の所得は、原則、事業所得に該当し、そうでない場合（**月極駐車場**）の所得は**不動産所得**に該当します。

参照

青色申告

☞**4章6**

6 不動産所得 重要

1 不動産所得の範囲 重要

土地やマンション、不動産上の権利(借地権や借家権など)、船舶・航空機などの貸付による所得を**不動産所得**といいます。

不動産所得の範囲

不動産所得になる場合	・不動産等の貸付による所得（不動産貸付業のように、それを生業とする場合や事業的規模の貸付であっても、**事業所得**ではなく**不動産**所得となる） ・**月極**駐車場の賃料 ・賃貸マンションの**礼金**・**更新料** ・敷金・保証金のうち、賃借人（借主）に返還しない金額
事業所得になる場合	・**時間貸**駐車場（コインパーキング）の賃料

2 不動産所得の金額 計算

不動産所得の金額＝総収入金額－必要経費

※青色申告を適用する場合、上記の金額から青色申告特別控除を差し引く

総収入金額と必要経費

総収入金額	地代、家賃、駐車場の賃料、権利金、更新料、礼金、共益費等 ・支払い期限が到来している家賃は実際に入金がなくても収入金額に計上する ・敷金・保証金は入居者に返還しないことが確定したものは総収入金額に計上する
必要経費	**減価償却費**、**借入金利子**、**固定資産税**、不動産取得税、登録免許税、**都市計画税**、火災保険料、**募集広告費**、管理費、修繕費、**立退き料**等 ・不動産を取得するための**借入金の利子**は必要経費になるが、**元金**は必要経費にならない

ケース

以下の場合の不動産所得の金額はいくらか。

・家賃収入	800万円	・借入金の元本返済額	250万円
・借入金の利子返済額	30万円	・減価償却費	50万円
・所得税	65万円	・固定資産税	20万円

解答

不動産所得＝800万円－（30万円＋50万円＋20万円）
＝700万円

3 不動産所得の損益通算 重要

不動産所得は原則、**総合課税**の対象で、不動産所得が赤字（マイナス）の場合などは、他の所得と合算して損益通算できます。

ただし、不動産所得の損失の中に**土地を取得するための負債利子**が含まれている場合、負債利子の金額は損益通算の対象にはなりません。

4 借地権の権利金に関する税務

個人が土地を貸して借地権を設定した場合、通常、借主から土地所有者に権利金が支払われますが、その権利金の額により譲渡所得または不動産所得に分けられます。

権利金の額が土地の時価の**50%以下**の場合
＝不動産所得

権利金の額が土地の時価の50%超の場合
＝譲渡所得

間違えやすいポイント！

不動産所得は、特に以下の点について注意しましょう。
①支払い期限が到来している家賃は実際に入金がなくても収入金額に計上する
②**敷金・保証金**は入居者に**返還しない**ことが確定したものは総収入金額に計上する

参照

青色申告特別控除
☞**4章6**

5　その他不動産所得のポイント

その他不動産所得のポイント

- 不動産所得は青色申告の対象で、不動産貸付を事業的規模で行っていれば、原則、青色申告特別控除を受けることができる
- 建物の貸付の場合、居住用の建物の貸付は消費税は非課税だが、事業用の建物の貸付には消費税が課税される

7　譲渡所得　重要

1　譲渡所得の範囲

譲渡所得とは、不動産や株式、ゴルフ会員権、金地金、30万円を超える宝石や書画などの資産の譲渡による所得をいいます。ただし、棚卸資産（商品や製品など）などの譲渡による所得は事業所得になります。

2　譲渡所得の区分　重要

譲渡所得は、資産の種類によって総合課税と（申告）分離課税に分かれ、さらにその所有期間によって短期譲渡所得と長期譲渡所得に分かれます。

短期譲渡所得と長期譲渡所得の区分

総合課税となる（金地金等）		所有期間が5年以下	短期譲渡所得
		所有期間が5年超	長期譲渡所得
申告分離課税となる	土地・建物の場合	譲渡した年の1月1日において、保有期間が5年以下	短期譲渡所得
		譲渡した年の1月1日において、保有期間が5年超	長期譲渡所得
	株式等の場合	短期長期の区分はない	

間違えやすいポイント！

【短期譲渡所得と長期譲渡所得】
2019年6月に取得した土地を2024年7月に譲渡した場合、所有期間は5年を超えていますが、2024年1月1日時点での所有期間は5年以下のため、短期譲渡所得となります。

間違えやすいポイント！

土地・建物の場合、譲渡した日ではなく譲渡した年の1月1日時点での所有期間で、短期譲渡所得と長期譲渡所得に分かれます。

3 譲渡所得の金額

● 総合課税となる場合（ゴルフ会員権や金地金等の譲渡） 重要 計算

譲渡所得金額＝総収入金額－（取得費＋譲渡費用）
－特別控除額（50万円）

● 申告分離課税となる場合①（土地・建物等の譲渡）

譲渡所得金額＝総収入金額－（取得費＋譲渡費用）
－特別控除額（譲渡したものにより控除額は異なる）

● 申告分離課税となる場合②（株式等の譲渡）

譲渡所得金額＝総収入金額－{取得費+譲渡費用（委託手数料）+負債利子}

※特別控除はない

なお、総合課税の対象となる場合（金地金の譲渡など）で長期譲渡所得と短期譲渡所得がある場合、特別控除額の50万円は、まず**短期譲渡所得**から控除し、残りを長期譲渡所得から控除します（合計で50万円まで控除）。また、他の所得と合算して総所得金額を算出するときは短期譲渡所得金額は**全額**、長期譲渡所得金額は**2分の1**の金額が合算されます。

● 長期譲渡所得と他の所得を合算する場合

長期譲渡所得＝〔総収入金額－（取得費＋譲渡費用）
－特別控除額（50万円）〕$\times \frac{1}{2}$

4 概算取得費 重要

譲渡所得の金額を計算するときに、取得費が不明な場合や、実際の取得費が収入金額の５％より少ない場合は、**譲渡収入金額の５％**を取得費とすることができます。これを**概算取得費**といいます。

ココが出る
譲渡した資産の取得日は、原則、資産の引渡しを受けた日です。ただし、相続や贈与により得た資産の場合、**被相続人または贈与者が取得した日**が、そのまま取得日となります。

ココが出る
建物の譲渡損失と他の譲渡益は損益通算できません。例外として、自己の**居住用の土地・建物**に譲渡損失があったときは他の所得と損益通算できます。

ココが出る
長期譲渡所得（総合課税の対象）および一時所得を損益通算する場合、各々、特別控除（50万円）を差し引いた後の金額で**2分の1**にする**前**の金額が損益通算の対象です。損益通算の結果、これらの所得が黒字であれば、その**2分の1**の金額が総合課税の対象になります。

5　土地・建物等の譲渡の税率

土地・建物等の譲渡に対する税率は短期譲渡所得か長期譲渡所得かによって異なります。（　）は復興税込みの税率です。

短期譲渡所得の税額＝
課税短期譲渡所得金額×39%（39.63%）
※所得税30%（30.63%）、住民税9%
長期譲渡所得の税額＝
課税長期譲渡所得金額×20%（20.315%）
※所得税15%（15.315%）、住民税5%

8　退職所得 重要

ココが出る

退職所得の計算問題は実技試験を中心によく出題されています。控除額の計算式や、勤続年数に端数がある場合の年数の数え方は、しっかり覚えておきましょう。

1　退職所得の範囲

退職所得とは、退職金、役員退職金、退職手当、企業年金（確定拠出年金を一時金として受け取った場合等）の退職一時金等をいいます。

2　退職所得の税制

退職所得は、**分離課税**の対象です。

3　退職所得の金額 計算

退職所得＝（退職金－退職所得控除額）×$\frac{1}{2}$

退職所得控除額の計算 計算 重要

勤続年数	退職所得控除額の計算式
20年以下の場合	40万円×勤続年数（最低80万円）
20年超の場合	800万円＋70万円×（勤続年数－20年）

※勤続年数に１年未満の端数期間がある場合、１年と数える
※障害者になったことが原因で退職した場合、控除額に100万円を加算する

補足

勤続年数が５年以下の短期勤務役員等の場合、退職所得は退職金－退職所得控除額で算出します（2分の1は乗じない）。

勤続年数５年以下の一般従業員については、退職金額から退職所得控除額を控除した残額のうち、**300万円**を超える部分について以下のように見直しされました。

●勤続年数５年以下の一般従業員の退職所得の計算

退職所得＝(退職金－控除額－300万円)

＋300万円×$\frac{1}{2}$

退職所得の追加ポイント

- 死亡退職金は、退職所得ではなく「みなし相続財産」として相続税の課税対象になるが、死亡後３年を経過後に支給が確定した場合は、受け取った者の一時所得になる
- 退職者が「退職所得の受給に関する申告書」を提出していない場合、退職所得控除が適用されず、一律収入金額の20%（復興税込みで20.42%）が源泉徴収されるので、確定申告することで税金の還付を受けることができる

【退職所得金額の計算例】

ケース

退職金が3,000万円、勤続年数が22年３か月の場合の退職所得の金額はいくらか。なお、障害者になったことによる退職ではない。

解答

勤続年数に端数がある場合は１年とするので、勤続年数は23年になる。

【退職所得控除額】

800万円+70万円×(23年－20年)=1,010万円

【退職所得】

(3,000万円－1,010万円)×２分の１=995万円

間違えやすいポイント！

「退職所得の受給に関する申告書」を提出していれば、税金は適正額が源泉徴収されているので、確定申告は不要です。

間違えやすいポイント！

退職所得の金額は、退職所得控除額を差し引いた所得に**２分の１**を掛けた金額です。

一時所得の場合と比較して間違えないようにしましょう。

なお、退職所得は分離課税のため、総所得金額には算入しません。

ケース

退職金が700万円、勤続年数が３年の場合の退職所得の金額はいくらか。

解　答

退職所得控除額＝40万円×３年＝120万円
退職所得控除後の退職所得金額＝700万円－120万円＝580万円
580万円のうち、300万円までは２分の１を乗じた150万円が退職所得となる。
300万円を超える280万円については２分の１の対象とならないので、280万円が退職所得となる。
退職所得金額＝150万円＋280万円＝430万円

9　山林所得

1　山林所得の範囲

山林所得とは、山林の伐採または譲渡による所得をいいます。

ただし、山林を取得して**５年以内**に伐採または譲渡した場合は、**事業所得**または**雑所得**になります。

2　山林所得の税制

山林所得は、分離課税の対象です。

3　山林所得の金額

山林所得＝総収入金額－必要経費－特別控除（最高50万円）

4　税額

山林所得の税額は、次のような**５分５乗方式**（ごぶごじょう）で計算します。

先に５分の１を乗じることで税率を低くできます。

$$税額＝（山林所得の金額\times\frac{1}{5}\times税率）\times 5$$

10 雑所得

1 雑所得の範囲

雑所得とは、他のいずれの所得にも該当しない所得のことです。

雑所得の範囲

公的年金等の雑所得	国民年金、厚生年金、国民年金基金、厚生年金基金、確定拠出年金からの老齢給付金
公的年金等以外の雑所得	・講演料や作家以外の者が受け取る原稿料や印税 ・外貨預金の為替差益 ・友人に貸し付けたお金の利子　など

補足

暗号資産（仮想通貨）の取引による所得は**雑所得**になります。したがって、年間20万円を超えると確定申告が必要です。

参照

確定申告が必要なケース

☞4章6

2 雑所得の税制

原則として、**総合課税**の対象です。したがって、雑所得があった場合、他の総合課税の対象となる所得と合算しますが、雑所得がマイナスになった場合、雑所得は無かったものとされるため、他の所得と合算できません。

例えば、外貨預金（為替予約なし）の為替差益は雑所得ですが、為替差損になった場合は、他の所得と合算できません。

3 雑所得の金額

雑所得は、**公的年金**等に対する雑所得とそれ以外の雑所得に分けて計算し、合計します。

【雑所得の計算式】 重要

公的年金等の雑所得
　＝公的年金等の金額－公的年金等控除額

＋

それ以外の雑所得
　＝総収入金額－必要経費

ココが出る
雑所得が赤字であっても他の所得と損益通算はできません。

●公的年金等控除額

公的年金等控除額は受給者の年齢や年金以外の所得に応じて異なります。

控除額の例（公的年金等以外の所得が1,000万円以下の者）

	公的年金等の額	控除額
65歳未満	130万円未満	60万円
65歳以上	330万円未満	110万円

※65歳未満の者は年間の公的年金額が60万円以下、65歳以上の者は110万円以下の場合、年金には所得税は課税されない

重要度 ★★★

3 損益通算と繰越控除

学習項目

- 損益通算の対象となる所得とならない所得の把握
- 純損失の繰越控除の考え方

1 損益通算の仕組み

損益通算とは、複数の所得の中で利益（黒字の所得）と損失（赤字の所得）がある場合に、損失の所得金額を利益の所得金額から差し引く（利益と損失を相殺（そうさい）する）ことをいいます。

これにより課税所得金額が減り、税額が少なくなります。

1 損益通算の対象になる所得 重要

以下の4つの所得に**損失**（赤字）がある場合、給与所得などと損益通算できます。

- **不**動産所得 ●**事**業所得 ●**山**林所得 ●**譲**渡所得

2 損失があっても損益通算できない所得

以下の3つの所得がマイナスになっても、損益通算できません。

- **配当所得** ●**一時所得** ●**雑所得**

なお、給与所得、利子所得、退職所得には損失が生じません。

3 損益通算の対象とならない場合（例外） 重要

以下の所得は同じ種類の所得の範囲内であれば損益通算（内部通算という）できますが、他の所得とは損益通算できません。

ココが出る

損益通算の対象となる所得は、頭の文字をとって、「ふ・じ・さん・じょう（富士山上）」と覚えましょう。

間違えやすいポイント！

事業所得に損失がある場合、青色申告の承認を受けていなくても他の所得と損益通算できます。青色申告の承認が損益通算の要件ではありません。

ココが出る

生活に必要でない一定の資産とは、右記以外に1個または1組の価格が30万円を超える貴金属（金地金を含む）や絵画・骨董品などをいいます。

間違えやすいポイント！

自宅などの居住用財産の譲渡損失は、給与所得などと損益通算できます。

間違えやすいポイント！

ゴルフ会員権、リゾート会員権や別荘を譲渡したときは、総合課税の対象ですが、その損失は他の所得と損益通算できませんので注意しましょう。

間違えやすいポイント！

生活用の動産の譲渡による所得は所得税がかからないので、譲渡により損失が出ても他の所得と損益通算できません。

損益通算できない譲渡所得

- 生活に必要でない一定の資産（ゴルフ会員権やリゾート会員権、別荘、金地金など）の譲渡損失
- 不動産所得の損失のうち、土地の取得のための負債利子（建物を取得するための負債利子は損益通算可能）
- 自己の居住用財産以外の、土地・建物（賃貸用の土地・建物など）の譲渡による損失
- 生活用動産（家具や衣類、自動車など）の譲渡損失（生活用動産の譲渡益は非課税）
- 株式等の譲渡損失は、他の株式等の譲渡所得と損益通算できる（内部通算という）が、損益通算後に残った損失と他の所得との損益通算は不可

  例外 申告分離課税を選択した上場株式等の配当所得との損益通算は可能

【損益通算の計算例①】

ケース

以下の所得内容から、総所得金額を計算しなさい。

・給与所得	800万円
・一時所得	▲80万円
・雑所得	▲30万円
・不動産所得	▲200万円
（うち土地の取得にかかる負債利子が20万円）	
・遺族厚生年金	120万円
・退職所得	300万円

解　答

一時所得や雑所得がマイナス（赤字）の場合は、損失はなかったものとみなされるので、一時所得と雑所得は0。

不動産所得の損失額のうち土地の取得にかかる負債利子は損益通算できないので、200万円から20万円を差し引いた▲180万円が損益通算の対象になる。

また、遺族厚生年金は非課税のため、総所得金額には含

めない。そして、退職所得は分離課税なので、総所得金額には含めない。したがって、総所得金額＝800万円（給与所得）－180万円＝620万円になる。

【損益通算の計算例②】

ケース

以下の所得内容から、総所得金額を計算しなさい。

・給与所得	950万円
・上場投資信託の配当所得（申告分離課税）	30万円
・上場株式の譲渡損失	▲50万円
・ゴルフ会員権の譲渡損失	▲100万円

解答

上場株式の譲渡損失は申告分離課税の対象。上場投資信託の配当所得を含め、申告分離課税の対象となる所得は、総所得金額には含めない。

また、ゴルフ会員権の譲渡損失は損益通算の対象とならない。したがって、給与所得の950万円が総所得金額となる。

2 上場株式等にかかる譲渡損失の繰越控除

間違えやすいポイント!

譲渡損失の繰越控除の適用を受けるためには、初年度だけでなく毎年確定申告をしなければなりません。なお、**非上場株式**の譲渡損失は繰越控除の対象になりません。

上場株式等を証券会社を通じて譲渡し、譲渡損失が発生した場合、**確定申告**することで翌年以後**3年間**にわたって、株式等の譲渡益や上場株式等の配当所得（申告分離課税を選択したもの）から控除できます。

【譲渡損失の繰越控除の例】 重要

- 2022年中の株式等の譲渡損失　▲100万円（繰越控除を適用）
- 2023年中の株式等の譲渡益　＋ 30万円
- 2024年中の株式等の譲渡益　＋ 20万円
- 2025年中の株式等の譲渡益　＋ 50万円

（2023年～2025年の合計）＋100万円

2022年の譲渡損失を繰越控除することで、翌年以後３年間の譲渡益合計100万円と、2022年の損失の100万円が損益通算され、2023年から2025年までの譲渡益には課税されません。繰越控除の適用を受けるには、３年間毎年、確定申告する必要があります。

重要度 ★★★

4 所得控除

学習項目
- 所得控除の種類と内容
- 所得控除の金額

1 所得控除

所得税は、個人が1年間（1月1日～12月31日）に得た総収入金額から必要経費を差し引いた所得（所得金額）に対して課税されます。ただし、所得金額に直接税金が課せられるわけではなく、所得金額から**所得控除額**を差し引いた**課税所得金額**に税率を掛けて税額を計算します。

総収入金額－必要経費＝**所得金額（課税標準）**
▼
所得金額－所得控除額＝**課税所得金額**
▼
課税所得金額×所得税率＝**所得税額**

ココが出る
所得控除とは、個人的な事情を考慮して、必要経費とは別に一定額を所得の額から控除する制度のことです。

2 所得控除の種類

所得控除には物的控除と人的控除があり、物的控除には、雑損（ざっそん）控除、医療費控除、社会保険料控除、小規模企業共済等掛金控除、生命保険料控除、地震保険料控除、寄付金控除の7種類があります。

また、人的控除には、基礎控除、配偶者控除、配偶者特別控除、扶養控除、障害者控除、寡婦控除、ひとり親控除、勤労学生控除の8種類があります。

1 雑損控除

雑損控除は、納税者や**納税者と生計を一にする親族等**が、**災害、盗難、横領**等により生活に必要な住宅や家財や現金などの資産に損失を受けた場合や、災害によりやむを得ない支出をした場合に認められます。

以下の２つの金額のうち、多い方の金額が控除されます。

雑損控除額

- **損失額－総所得金額等の額×10%**
- **災害関連支出－５万円**

2 医療費控除 重要

医療費控除とは、納税者本人や納税者本人と生計を一にする（同居している者や一人暮らしの子など）配偶者・親族のために支払った医療費の一定額が納税者本人の所得金額から控除されるものです。控除額の上限は**200万円**です。

医療費控除の対象になるもの・ならないもの

対象になるもの	対象にならないもの
・医師、歯科医師による診療費など ・通院費（電車代・バス代などの**公共交通機関の交通費**）※緊急時はタクシー代も対象 ・義歯や**インプラント**の費用 ・**人間ドック（健診で疾病が発見され、治療した場合）** ・医薬品（市販薬を含む）の購入費（健康増進のためのサプリメントの購入費は除く） ・出産費用（定期健診費含む） ・マッサージの施術費	・医師への謝礼金 ・自家用車で通院した場合の**ガソリン代**や**駐車場代** ・**未払医療費** ・見舞客への接待費用 ・美容整形費 ・**人間ドック（健診の結果、異常がなかった場合）** ・**疾病予防・健康増進費用**（ジムでのトレーニング費用など） ・めがねやコンタクトレンズの購入費（治療に必要な場合は除く）

間違えやすいポイント！

会社員であっても**雑損控除**を受けるためには確定申告が必要です。これらの控除は**年末調整**では適用を受けられないので注意しましょう。

間違えやすいポイント！

①医療費控除の対象となる「生計を一にする配偶者や親族」の要件に、**所得金額の制限**はありません。
②治療を受けた年に未払いの医療費があった場合には、実際に医療費を**支払った年分**の医療費控除の対象になるので間違えないようにしましょう。

間違えやすいポイント！

人間ドックの費用は、健診の結果、疾病が発見された場合と発見されなかった場合とで、医療費控除の対象になるかどうか異なってきます。

ココが出る

緊急時等に病院までタクシーで移動した場合のタクシー代は、医療費控除の対象になります。

計算

医療費控除額
＝（支払った医療費－保険金等で補てんされる金額）－（「総所得金額等の5％」と「10万円」の低い方の額）

【医療費控除の計算例】

ケース
東さんが１年間に実際に支払った医療費の合計額は25万円である。また、東さんは入院により生命保険から５万円の入院給付金を受け取っている。東さんの医療費控除額はいくらか（東さんの総所得金額等は300万円）。

解　答
医療費控除額
＝（支払った医療費－保険金等で補てんされる金額）
－（「総所得金額等の5％」と「10万円」の低い方の額）
総所得金額の５％は15万円（300万円×５％）なので、規定により少ない方の10万円が控除される。
医療費控除額
＝25万円－５万円－10万円
＝10万円

3　セルフメディケーション税制（医療費控除の特例）

セルフメディケーション税制とは、一定の要件（人間ドックなどの定期健診を受けている等）を満たした納税者が、病院で処方されていた医薬品の中で、一般のドラッグストアや薬局でも購入できるようになったもの（スイッチOTC医薬品という）の購入金額が年間1万2,000円を超えた場合に、超えた金額を所得から控除できる制度のことです。控除額の上限は8万8,000円となっています。従来の医療費控除と併せて適用を受けることはできず、どちらか一方を選択

間違えやすいポイント！
インプラントによる歯の治療費は医療費控除の対象です。

ココが出る
保険金で補てんされる金額には、入院給付金、出産育児一時金などがあります。

参照
医療費控除を受けるためには、「医療費控除の明細書」を提出することで、領収書の提出が不要になりました。なお、領収書は５年間保存する必要があります。

間違えやすいポイント！
医療費控除またはセルフメディケーション税制の適用を受ける場合、会社員であっても確定申告が必要です。年末調整では適用されません。

補足
スイッチOTC医薬品のことを「特定一般用医薬品」ともいいます。

し確定申告します。

ケース

〔対象となる医薬品の購入金額が年間で12万円の場合〕

12万円と1万2,000円の差額の10万8,000円ではなく、この場合、上限の8万8,000円が所得から控除される。

セルフメディケーション税制のポイント

- セルフメディケーション税制の適用を受けるためには、会社員であっても**確定申告**しなければならない
- 納税者が生計を一にする親族のために購入した対象医薬品の代金も含めることができる
- 親族は定期健診等の健康保持や疾病予防の取り組みを受けている必要はない
- 通常の医療費控除とセルフメディケーション税制はどちらか一方を選択する

4 社会保険料控除 重要

納税者本人や**生計を一にする配偶者・親族**が負担すべき社会保険料を、納税者本人が支払った場合に、その**全額**が控除されます。控除額に**上限**はありません。

5 寄付金控除

寄付金控除は、国や地方公共団体への特定寄付金や赤十字などの特定公益社団法人、国立大学等の公益法人、政治資金規正法の規定する政党、国税庁認定NPO法人に対する寄付金が控除の対象です。**確定申告する**ことが要件です。

寄付金控除額
＝（特定寄付金の額または総所得金額等×40%のいずれか低い方の金額）－2,000円

補足

ふるさと納税
都道府県・市区町村（全国のどこでも可能）に寄付した場合、**2,000円**を超える部分について、一定限度額まで所得税・住民税（翌年度分）が控除される制度です。控除の適用を受けるためには、原則として、翌年に確定申告を行う必要があります。なお、給与収入が2,000万円を超えない者は寄付した自治体が**5つ**までであれば、申請すれば、確定申告が不要となる特例制度があります（**ふるさと納税ワンストップ特例**）。年収が2,000万円を超える者や通常の医療費控除を受けるために確定申告する者などはワンストップ特例は適用されません。

補足

認定NPO法人等への一定の寄付金については、寄付金控除か**税額控除**のどちらかを選択できます。税額控除は所得税額の**25%**が上限です。

6 配偶者控除 重要

配偶者控除とは、納税者に控除の対象となる配偶者がいる場合に、所定金額の所得控除が受けられるものです。

控除額は、納税者の合計所得金額により３段階になっており、合計所得金額が900万円を超えると控除額が段階的に縮小されます。配偶者の要件は、生計が同じで、合計所得金額が48万円以下（給与収入のみの場合、年収103万円以下）となっています。なお、納税者本人の合計所得金額が1,000万円超（給与収入のみの場合、年収1,195万円超）の場合、配偶者控除は受けられません。

ココが出る

配偶者がパート収入（103万円）だけの場合、年収から給与所得控除額の55万円を差し引いた額、103万円－55万円＝48万円が合計所得金額となるので、合計所得金額の48万円と年収の103万円とは同じことになります。

配偶者控除の額

納税者の合計所得金額	控除額	
	配偶者控除	老人控除配偶者
900万円以下	38万円	48万円
900万円超950万円以下	26万円	32万円
950万円超1,000万円以下	13万円	16万円

※納税者の合計所得金額が900万円以下で、配偶者の合計所得金額が48万円以下の場合、配偶者控除の額は最高で38万円になる（70歳以上の老人控除配偶者の場合は48万円）

配偶者控除を受けられないケース

- 納税者本人の合計所得金額が1,000万円（年収で1,195万円）を超えている場合
- 青色事業専従者や白色事業専従者となっている場合
- 配偶者の合計所得金額が48万円（給与収入で年収が103万円）を超えている場合

参照

青色事業専従者 ☞4章6

7　配偶者特別控除 重要

ココが出る

配偶者控除および配偶者特別控除は納税者本人の合計所得金額が**1,000万円**（給与所得のみの場合は**年収1,195万円**）を超えると、適用を受けられません。また、要件を満たしていても、配偶者控除と配偶者特別控除を重複して受けることはできません。

配偶者の合計所得金額が48万円（給与収入で年収103万円）を超えても、133万円以下であれば、配偶者の合計所得金額に応じて、一定金額の所得控除が受けられる場合があります。これを配偶者特別控除といいます。

配偶者特別控除は、納税者本人の合計所得金額と配偶者の合計所得金額により、控除額が異なり、最高で**38万円**が控除されます。

納税者本人の合計所得金額が**1,000万円超**（給与収入で年収1,195万円超）の場合、配偶者控除同様、配偶者特別控除も受けられません。

配偶者特別控除の額

配偶者の合計所得＼納税者の合計所得	900万円以下	900万円超 950万円以下	950万円超 1,000万円以下
48万円超95万円以下	**38万円**	26万円	13万円
95万円超100万円以下	36万円	24万円	12万円
100万円超105万円以下	31万円	21万円	11万円
105万円超110万円以下	26万円	18万円	9万円
110万円超115万円以下	21万円	14万円	7万円
115万円超120万円以下	16万円	11万円	6万円
120万円超125万円以下	11万円	8万円	4万円
125万円超130万円以下	6万円	4万円	2万円
130万円超133万円以下	3万円	2万円	1万円

【配偶者控除と配偶者特別控除のイメージ】
※納税者本人の合計所得が900万円以下のケース

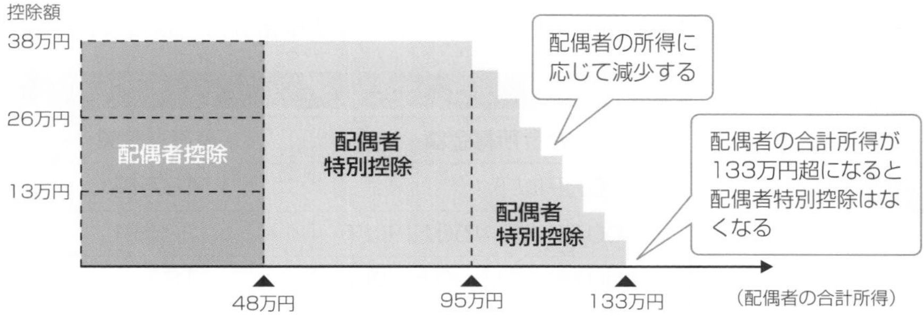

このケースでは、配偶者の給与収入金額が 103万円（合計所得金額で 48 万円）を超えても、納税者の合計所得金額が 900万円以下（給与収入金額で1,095万円以下）であれば、配偶者特別控除として38万円控除される。ただし、配偶者の合計所得金額が95万円を超えると、控除額は徐々に減少し、133万円を超えると控除されなくなる。

8 扶養控除

扶養控除とは、納税者本人に生計を一にする扶養親族（合計所得金額**48万円**以下）がいる場合に納税者の所得から一定額が控除されるものです。

扶養控除の額 重要 計算

対象になる扶養親族	控除額（所得税）
16歳未満	なし
16歳以上19歳未満	**38万円**
19歳以上23歳未満 （**特定扶養親族**）	**63万円**
23歳以上70歳未満	**38万円**
70歳以上 （老人扶養親族）	同居でない場合　**48万円** 同居の場合　**58万円**

※扶養控除の対象者は生計を一にしている**6親等内の血族・3親等内の姻族**

ココが出る
扶養控除の対象となる者の年齢は**12月31日**時点の年齢です。対象者が年の途中で死亡した場合でも、その年については控除の対象になります。なお、扶養控除は、**16歳未満**は対象外であること、**19歳以上23歳未満**は**63万円**控除されることがポイントです。

9　基礎控除

一定所得内であれば、原則、無条件で受けることができる控除で、控除額の上限は**48万円**です。控除額は合計所得金額に応じて異なり、**2,500万円**を超えると適用されません。

基礎控除額

合計所得金額	基礎控除額
2,400万円以下	**48万円**
2,400万円超2,450万円以下	32万円
2,450万円超2,500万円以下	16万円
2,500万円超	―

10　その他の人的控除 計算

その他の人的控除には、以下のものがあります。

その他の人的控除

控除の種類	控除額	内容
ひとり親控除	**35万円**	婚姻をしていないことまたは配偶者の生死の明らかでない一定の者のうち、以下の３つの要件すべてに該当する者（男親も含む） ・その者と事実上婚姻関係と同様の関係にある者がいないこと ・生計を一にする総所得金額等が**48万円**以下の子がいること ・合計所得金額が**500万円**以下であること
寡婦（かふ）控除	27万円	ひとり親に該当せず、以下の要件のいずれかに該当する者 ・夫と離婚した後婚姻をしていない者で、扶養親族がおり、合計所得金額が500万円以下の者 ・夫と死別した後婚姻をしていない者または夫の生死が明らかでない一定の者で、合計所得金額が500万円以下の者（この場合は、扶養親族の有無は問わない）
勤労学生控除	27万円	本人が勤労学生（合計所得金額が75万円以下）
障害者控除※	**27万円**	・本人または配偶者、扶養親族の誰かが障害者であること ・特別障害者（障害等級1級に該当する者など）の場合、控除額は**40万円** （同居の特別障害者の場合は**75万円**）

※障害者に該当すれば、合計所得金額の多寡にかかわらず、障害者控除の適用を受けることができる

重要度 ★★★

5 税額控除

学習項目
- 配当控除の概要
- 住宅ローン控除の概要

課税所得金額に税率を掛けて算出した所得税額から、配当控除や住宅借入金等特別控除（以下、住宅ローン控除）などを差し引くことができます。これを税額控除といいます。主な税額控除には、**配当控除**、**住宅ローン控除**、**外国税額控除**などがあります。

1 配当控除

国内の法人から支払いを受ける利益等の配当金（**上場株・非上場株の配当金**）については、すでに法人が法人税を支払った金額から配当を行っているので、その配当金を受け取った個人に所得税が課されると二重課税になってしまいます。

そこで、配当控除により所得税額から配当控除額を差し引いて二重課税の調整を行っています。

> **ココが出る**
> 非上場株の配当金は**総合課税**の対象なので、配当控除の適用を受けることができます。なお、年1回の配当金額が**10万円**以下（年2回配当がある場合、1回あたり**5万円**以下の少額配当）の場合は、**申告不要**を選択できます。申告不要を選択すると配当控除は適用できません。

1 配当控除を受けるための要件

総合課税を選択することが要件です。

2 配当控除の計算式（所得税の控除額） 計算

- **課税総所得金額が1,000万円以下の場合**
  配当金額×10%
- **課税総所得金額が1,000万円を超える場合**
  1,000万円超の部分に含まれる配当金額×5%
  1,000万円以下の部分に含まれる配当金額×10%

3　配当控除の適用を受けられないケース

配当控除の適用外

- 外国法人（外国株式）からの配当金
- 申告不要制度や申告分離課税を選択した配当金
- 国内上場不動産投資法人（J-REIT）から受け取る収益分配金（法人税が課税されていないため）

【株式等の配当控除率について】

課税総所得金額	1,000万円	配当控除率
Ⓐ配当所得を加えても1,000万円以下の場合	配当所得以外の所得／配当所得	所得税　10%
Ⓑ配当所得を加えて1,000万円を超える場合	配当所得以外の所得／配当（ⓧ）所得（ⓨ）	所得税 ⓧが　10% ⓨが　5%
Ⓒ配当所得以外の所得が1,000万円を超えている場合	配当所得以外の所得／配当所得	所得税　5%

2　住宅ローン控除（住宅借入金等特別控除）重要

住宅ローン控除とは、個人が住宅ローンを利用して一定要件の住宅を取得、または増改築した場合に、所得税の税額控除を受けることができる制度です。

1　住宅ローン控除の計算式

住宅ローン控除額
＝住宅借入金等の年末時点の残高×控除率

住宅ローン控除額は、2023年中に入居した場合と2024年・2025年に入居した場合で異なり、2024年以降に入居した場合には控除額の上限が引き下げになります。ただし、2024年に入居する場合でも、子育て世帯については、一般住宅を除いて2023年に入居した場合と同じ控除額になります。なお、子育て世帯とは19歳未満の子どもがいる世帯、または夫婦のどちらか一方が40歳未満である世帯をいいます。

住宅ローン控除の控除額（2023年に入居した場合）

	年末のローン残高（限度額）	控除期間	控除率	最大年間控除額
一般住宅	3,000万円	13年	0.7%	21万円
省エネ住宅	4,000万円			28万円
ゼロエネルギーハウス（ZEH）	4,500万円			31万5,000円
長期優良住宅	5,000万円			35万円

住宅ローン控除額（2024年・2025年に入居した場合）

	年末のローン残高（限度額）		控除期間	控除率
	一般世帯	子育て世帯		
一般住宅	0円（適用ナシ）	0円	—	—
省エネ住宅	3,000万円	4,000万円	13年	0.7%
ZEH	3,500万円	4,500万円		
長期優良住宅	4,500万円	5,000万円		

2024・2025年に新築住宅に入居する場合、原則、省エネ基準を満たさない新築住宅（一般住宅）は原則、住宅ローン控除の対象外になります。なお、省エネ基準を満たさない「一般住宅」の場合、2023年12月31日までに建築確認を受けていることで、2,000万円を上限に適用を受けることができます。

なお、中古住宅（新耐震基準を満たしたもの）の場合、控除期間は10年、ローン残高の上限額は、一般住宅2,000万円、長期優良住宅等3,000万円になっています。控除率は一般住宅と同じ0.7%です。

補足

2024年6月30日までに建築確認を受けた住宅であれば、原則、省エネ基準を満たさない新築住宅であっても、借入限度額2,000万円・控除期間10年間で住宅ローン控除が適用されます。

2 住宅ローン控除を受けるための要件

住宅の要件 重要

- 居住用住宅であること（店舗併用住宅の場合は2分の1以上が自己の居住用であること）
- 床面積が、原則50㎡以上であること（合計所得金額が1,000万円以下の者に限り、40㎡以上50㎡未満の住宅も対象）
- 増改築の場合は、工事費等が100万円超、または一定の耐震化工事であること
- 中古住宅の場合、地震に対する安全上必要な新耐震基準に適合していること（1982年以後に建てられた建物であること）

取得者の要件 重要

- 控除を受ける年の合計所得金額が2,000万円以下であること。ただし、一定の要件を満たした新築住宅で床面積が40㎡以上50㎡未満の物件については、合計所得金額が1,000万円以下の者に限定
- 返済期間が10年以上の住宅ローンを利用していること
- 原則として取得または増改築した日から6か月以内に入居し、適用を受ける年の12月31日まで引き続き居住していること。
- 入居年およびその前2年間と入居の翌年以後3年間の計6年間において居住用財産の譲渡特例（3,000万円の特別控除）の適用を受けていないこと

補足

1982年以後に建てられた建物は、新耐震基準に基づいて建てられています。

補足

全額自己資金で優良住宅を購入した場合、投資型減税として一定額まで所得税が控除されます。

ココが出る

住宅ローン控除を受けるには、**初年度**は確定申告が必要です。2年目以降は**年末調整**で可能です。

ココが出る

公的融資の場合や勤務先からの借入（**実質金利0.2%**以上の場合）も住宅ローン控除の対象になります。

間違えやすいポイント！

夫婦共有名義の住宅の場合、両者に住宅ローンがあるなどの要件を満たしている場合、夫婦ともに住宅ローン控除の適用を受けることができます。

住宅ローン控除のその他のポイント 重要

- 適用を受けるためには、必ず**初年度**に**確定申告**しなければならない（給与所得者の場合は、2年目以後は**年末調整**で適用可能）
- 繰上げ返済により住宅ローンの返済期間が当初の借入の日から**10年未満**になった場合は、以後の適用は受けられなくなる（住宅ローンの借換えをした場合で、一定の条件を満たす場合は引き続き適用可能）
- 入居後、転勤で居住できない場合は適用できなくなるが、**適用期間内**に再入居すると、一定の条件を満たしていれば残りの期間については適用可能。ただし、単身赴任で配偶者が引き続き同じ住宅に居住していれば、継続して控除を受けることが可能
- 控除額の方が多く、所得税額から控除しきれなかった場合、翌年度の**住民税**から控除される
- 親からの借入金や、勤務先からの基準金利未満（通常0.2%未満）の借入金の場合は適用できない
- 建物と同時に購入した**土地**の借入金も住宅ローン控除の対象

重要度 ★★★

6 所得税の申告と納付

学習項目
- 源泉徴収票の見方
- 給与所得者などの確定申告の方法
- 青色申告の基本と特典

1 源泉徴収制度

1 源泉徴収とは

所得税は、原則として申告納税方式です。給与所得者については、会社が一定の税相当額を給与から天引きし、**翌月の10日**までに納付する源泉徴収方式になっています。利子所得、配当所得、退職所得、公的年金なども税相当額を前もって差し引く源泉徴収方式です。会社員の給与所得について、源泉徴収された所得税は**年末調整**で精算されます。

2 源泉徴収票

会社員などの給与所得者の場合、年末調整後に給与支払い者（会社）から、1年間の給与の金額や源泉徴収された金額などが記載された源泉徴収票を受け取ります。

【次ページの東 太郎さんの源泉徴収票の見方】

①給与等総額

会社からの給与等総額は750万円

②給与所得金額

給与所得金額（給与等の総額－給与所得控除額）は源泉徴収票より565万円

【給与所得控除額の速算表】より

給与所得控除額：750万円×10％＋110万円＝185万円

給与所得控除後の金額：750万円－185万円＝565万円

補足

2037年12月31日までの所得については、復興税と源泉所得税を併せた額が徴収されています。

用語

年末調整

会社員などの給与所得者が毎月の給与から天引き（源泉徴収）されている所得税について、会社が12月にその過不足を精算し、1年間の所得税を確定すること

参照

給与所得控除額の速算表

☞4章2

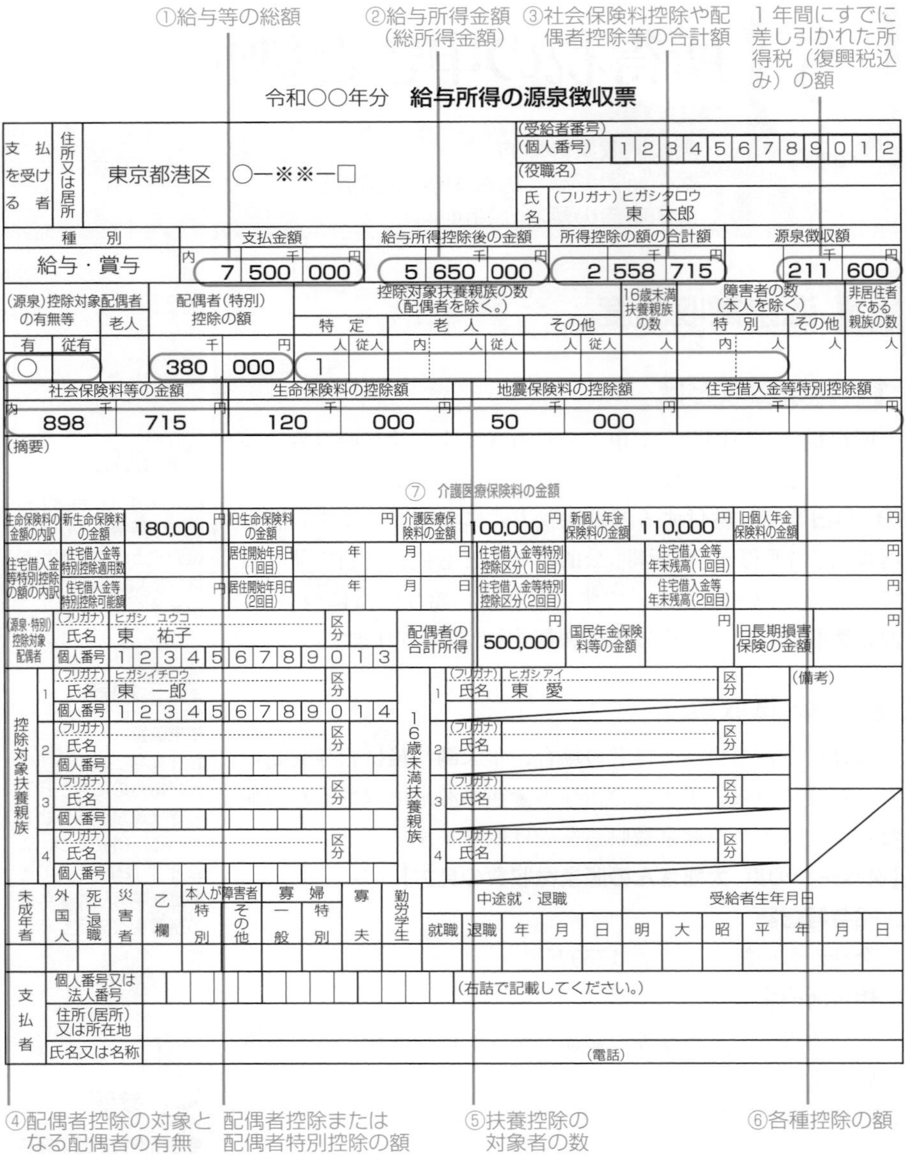

令和○○年分　**給与所得の源泉徴収票**

支払を受ける者　住所又は居所	東京都港区　○ー※※ー□
（受給者番号）	
（個人番号）	123456789012
（役職名）	
氏名（フリガナ）	ヒガシタロウ
氏名	東　太郎
種別	給与・賞与
支払金額	7 500 000 円
給与所得控除後の金額	5 650 000 円
所得控除の額の合計額	2 558 715 円
源泉徴収額	211 600 円
（源泉）控除対象配偶者の有無等	有 ○
配偶者（特別）控除の額	380 000 円
控除対象扶養親族の数（配偶者を除く。）特定	1 人
社会保険料等の金額	898 715 円
生命保険料の控除額	120 000 円
地震保険料の控除額	50 000 円
住宅借入金等特別控除の額	
（摘要）	
新生命保険料の金額	180,000 円
旧生命保険料の金額	
介護医療保険料の金額	100,000 円
新個人年金保険料の金額	110,000 円
旧個人年金保険料の金額	
（源泉・特別）控除対象配偶者（フリガナ）	ヒガシ　ユウコ
氏名	東　祐子
個人番号	123456789013
配偶者の合計所得	500,000 円
国民年金保険料等の金額	
旧長期損害保険の金額	
控除対象扶養親族1（フリガナ）	ヒガシイチロウ
氏名	東　一郎
個人番号	123456789014
16歳未満扶養親族1（フリガナ）	ヒガシアイ
氏名	東　愛
支払者　個人番号又は法人番号	（右詰で記載してください。）
住所（居所）又は所在地	
氏名又は名称	（電話）

※源泉徴収額は、原則100円未満切捨てとなる

③所得金額調整控除

東さんの給与収入は850万円以下なので、所得金額調整控除は適用されません。仮に東さんの給与収入が1,200万円あった場合、東さんには特定扶養親族が１人いるので、所得金額調整控除が適用されます。給与収入が1,000万円を超えている場合、1,000万円と850万円の差額の10％、つまり（1,000万円－850万円）×10％の15万円が、所得金額調整額として、給与所得控除後の金額から差引かれます。

④所得控除額の合計

東さんの給与収入は750万円（合計所得金額は1,000万円以下）です。したがって、配偶者の所得により配偶者控除または配偶者特別控除を受けられます。配偶者である祐子さんの合計所得金額は50万円なので配偶者特別控除38万円が控除されます。

東さんには、④配偶者特別控除（38万円）の対象となる妻、⑤特定扶養控除（63万円）の対象となる子が１人おり、⑥その他社会保険料控除（89万8,715円の全額が控除対象）、生命保険料控除として一般の新生命保険料控除（４万円）、新個人年金保険料控除（４万円）、⑦介護医療保険料控除（４万円）の計12万円、さらに地震保険料控除（５万円）があり、これに基礎控除48万円（東さんの合計所得金額は2,400万円以下なので48万円）を加えた金額255万8,715円が所得控除額の合計です。

所得控除額：

38万円(配偶者特別控除)＋63万円(特定扶養控除)＋89万8,715円(社会保険料控除)＋12万円(生命保険料控除・個人年金保険料控除・介護医療保険料控除の合計)＋５万円(地震保険料控除)＋48万円(基礎控除)

＝255万8,715円

補足

生命保険料控除、地震保険料控除及び住宅借入金等特別控除に係る年末調整関係書類について、電磁的方法(ネットやメール）による提供が可能となりました。

間違えやすいポイント！

基礎控除の額は、源泉徴収票には記載されていないので、控除額を計算するときに忘れないようにしましょう。

3　源泉徴収税額の考え方

給与所得控除後の金額565万円から所得控除額255万8,715円を差し引いた309万1,285円が、課税対象金額になります。この金額に所得税率を掛けて所得税額を算出します。

【所得税額速算表】（４章１）より

309万1,285円×10％－９万7,500円＝21万1,600円（100円未満切捨て）（復興税を考慮しない場合）

2　確定申告制度

1　確定申告とは

確定申告とは、納税者が１月１日から12月31日までの１年間の所得額を算出し、実際に納付すべき所得税の額や還付を受ける所得税の額を確定し、申告・納税する制度のことです。

2　申告時期

所得税の確定申告書は、原則として所得があった年の**翌年２月16日から３月15日まで**の期間に自宅の住所地の所轄税務署に提出します。なお、申告期限と税金の**納付期限**は同じです。

3　所得税の納付

所得税は原則として、確定申告書の提出期限まで（２月16日～３月15日）に現金によって納付（通常、預貯金口座のある金融機関を通じての振り込み（**振替納税**））しなければならず、納付が遅れた場合には延滞税がかかります。ただし、確定申告によって納付すべき税額の**２分の１**以上を申告期限までに納付し、延納の届出をすることで**５月末**まで納付を延ばせます。なお、延納すると**利子税**がかかります。

補足

電子申告により確定申告を行う（e-Tax）場合、医療費の領収書など一定の書類の記載事項を入力して送信すれば、その書類の添付等を省略できます。

4　確定申告が必要なケース

通常、会社員などの給与所得者では源泉徴収された金額を年末調整で精算すれば確定申告の必要はありませんが、以下のような場合には確定申告が必要です。

確定申告が必要なケース　重要

- 年間給与等の収入額が2,000万円を超える者
- １か所から給与等を受けている者で、給与所得および退職所得以外の所得金額（雑所得等）が20万円を超える場合
- ２か所以上から給与等を受けている者で一定の要件に該当する場合　など

5　確定申告により還付が受けられるケース

以下の場合には確定申告することで、税金の還付を受けることができます。

還付が受けられるケース　重要

- 配当控除、医療費控除、セルフメディケーション税制、雑損控除、寄付金控除を受ける場合
- 住宅ローン控除を受ける場合（給与所得者の場合、初年度のみ申告が必要、２年目以後は年末調整で可能）
- 退職時に「退職所得の受給に関する申告書」を提出しなかった者で、徴収された税額が計算上の金額よりも多い場合　など

ココが出る

公的年金等受給者に対する確定申告不要制度

年金受給者の場合、年金収入が400万円以下で、その他の所得が20万円以下の場合は、原則として確定申告が不要です。

6 修正申告と更正の請求

確定申告した内容に間違いがあった場合には、修正申告や更正の請求を行う必要があります。

ココが出る
修正申告をする場合、税務署より更正の通知がある前に自主的に行えば、過少申告加算税はかかりません。

修正申告と更正の請求

修正申告	申告した税額が実際の税額より少なかった（過少申告）場合に行う（原則として、不足した税額に加え、通常、過少申告加算税を支払う）
更正の請求	申告した税額が実際の税額より多かった（過大申告）場合に確定申告の提出期限から原則、5年以内に行う（払い過ぎた税金の還付を受ける）

7 マイナンバー制度

マイナンバー制度は、住民票を有する全ての者に12桁の個人番号を配布する制度です。また、特別永住者などの外国人にも配布されます。番号が漏えいして、不正に使われるおそれがある場合を除いて、番号は変更できません。

補足
法人には、13桁の法人番号（法人用のマイナンバー）が指定されます。

3 青色申告制度（個人事業主の場合） 重要

青色申告制度とは、一定の個人事業やフリーランスが正しい記帳の帳簿（正規の簿記の原則）に基づいて所得額や納税額を申告することで、青色申告者として様々な特典が受けられる制度のことです。一般的に青色申告者以外の申告者を白色申告者といいます。

ココが出る
青色申告できる所得は「ふ·じ·さん（富士山）」と覚えましょう。

ココが出る
青色申告の承認申請後、その年の12月31日までに承認や却下の通知がない場合は、承認されたとみなされます。

1 青色申告できる所得

不動産所得・事業所得・山林所得のいずれかの所得がある者は、納税地の税務署長の承認を受けて青色申告を行うことができます。

ココが出る
青色申告の際に提出する貸借対照表等の帳簿書類の保存期間は7年です。

2 青色申告の要件

- 青色申告をしようとする年の3月15日まで（その年の1月16日以後に事業を開始する場合は事業開始後2か月以内）に「青色申告承認申請書」を税務署に提出し承認を受けること
- 正規の簿記の原則に従って取引を記帳し、その記録に基づき申請書を作成すること（貸借対照表、損益計算書などを作成し、申請書に添付する。また、現金出納帳などの帳簿書類を原則7年間保存する）

※法人の青色申告の承認申請期限は、事業年度開始日の前日まで。ただし、新設法人の場合は、原則、設立から3か月以内、または第1期目の事業年度の終了日のうち、いずれか早い方の日の前日まで

3 青色申告の主な特典

青色申告を行うことで、青色申告特別控除や青色事業専従者給与の必要経費への算入、純損失の繰越控除および純損失の繰戻し還付、棚卸資産の低価法の選択などの特典を受けられます。

(1) 青色申告特別控除

青色申告の要件（正規の簿記の原則に従って記帳しているなど）を満たし、事業的規模の不動産所得や事業所得などがある場合には、「青色申告特別控除」として原則、55万円（一定の条件を満たした場合は65万円、不動産所得が事業的規模でない場合や山林所得の場合、申告期限後に申告書を提出した場合などは10万円）を控除することができます。

ココが出る
建物の貸付が事業的規模かどうかは5棟・10室基準によります。家やアパートを他人に貸す場合、家ならおおむね5棟、部屋なら10室以上の場合、その貸付は事業的規模とみなされます。

ココが出る
新たに青色申告制度の適用を受けるために、提出期限までに「所得税の青色申告承認申請書」を提出した場合、その年の12月31日までに、その申請につき承認または却下の処分がなかったときは、青色申告の承認があったものとみなされます。

ココが出る
青色申告を中止する場合、翌年の3月15日までに「青色申告取りやめ届出書」を税務署に提出する必要があります。

間違えやすいポイント!

生計を一にする配偶者や親族が青色事業専従者給与の支払いの対象となる場合は、納税者の**配偶者控除・配偶者特別控除**や**扶養控除**の対象者になりません。注意しましょう。

青色申告特別控除の概要

控除額	規模の要件	その他要件
55万円	事業所得者または**事業的規模**の不動産所得者のある者	①正規の簿記の原則に従って記帳している ②貸借対照表および損益計算書等の帳簿書類を確定申告書に添付し、申告の期限内に提出している
65万円	上記の55万円の控除の要件①②を満たした者がe-Taxを利用して申告する場合や、帳簿を電子データで保存するなどの条件を満たしている場合	
10万円	上記以外の場合（山林所得など）	

(2) 青色事業専従者給与の必要経費への算入

要件を満たした青色申告者が経営する事業に従事する同一生計の親族に給与を支払っている場合には、**青色事業専従者給与**として、適正な範囲内であれば**全額必要経費**に算入することができます。なお、退職金は必要経費に算入できません。

(3) 青色事業専従者

青色申告者と生計を一にする配偶者や**15歳以上**の親族で、**6か月**を超える期間、事業に従事し、「青色事業専従者給与に関する届出書」を税務署に提出している者を青色事業専従者といいます。青色事業専従者に支払われた給与の**全額**（適正額まで）が必要経費になります。

(4) 純損失の繰越控除（くりこしこうじょ）と繰戻し（くりもど）還付（かんぷ）

青色申告を選択した年に生じた損失で、損益通算した結果、その年の所得金額より損失の方が多く控除しきれず残った損失のことを**純損失**といいます。

純損失の繰越控除とは、青色申告者が毎年確定申告することで純損失の金額を原則、翌年以後**3年間**（法人は**10年間**）にわたって所得から控除することをいいます。また、前年も青色申告していれば前年の所得と損益通算し、繰戻し還付を受けることができます。

（5）棚卸(たなおろし)資産の低価法(ていかほう)の選択

青色申告者が貸借対照表などを作成する場合において、商品や製品などの棚卸資産の評価額を計算する場合に**低価法**を選択することができます。なお、低価法とは、資産の取得時の価格と現在の価格（時価）を比較して、いずれか低い方の価額を期末の棚卸資産の評価額とすることができる評価方法のことです。

青色申告の特典の追加ポイント

- 不動産所得では、貸付けの規模が**事業的規模**でなければ、青色事業専従者給与の対象とならず、青色申告特別控除も**10万円**になる

重要度 ★

7 個人住民税と個人事業税

学習項目
- 個人住民税と所得税の違い
- 個人事業税とは

1 個人住民税

1 個人住民税の種類

個人住民税は道府県民税（東京は都民税）と市町村民税（東京23区は特別区民税）の２種類があります。

2 納税義務者

その年の１月１日現在の住所地で前年の所得に対して課税されます。したがって、前年に死亡した場合は、翌年度は課されません。

なお、生活保護を受けている者、障害者や未成年者、寡婦などで前年の所得金額が135万円以下の者は、個人住民税は非課税です。

間違えやすいポイント！
例えば、2024年分の個人住民税は2023年分の所得に対して課税され、2024年6月から納付します。

3 税額計算

個人住民税の税額計算は、主に均等割と所得割の２つから成り立っています。

均等割と所得割

均等割	所得金額にかかわらず原則、定額で課税
所得割	前年の所得金額をもとに計算され、一律10% （都道府県民税４%、市区町村民税は６%）

4 個人住民税の納付

個人住民税は市区町村からの税額の通知があってから納税する**賦課課税方式**(ふかかぜい)です。また、住民税の納付方法には、普通徴収と特別徴収の２種類があります。

普通徴収と特別徴収

普通徴収	本人が納税通知書により直接納付する。納税者（事業所得者）は、税額を４等分して６月から翌年１月にかけて年４回納付する
特別徴収	会社が給料から天引きで納付する。市区町村が特別徴収税額を会社に通知し、会社が６月から翌年５月まで12回、毎月の給与から天引きし納付する

個人住民税と所得税の違い

	個人住民税	所得税
課税の主体	都道府県・市区町村	国
対象所得	**前年の所得**	**当年の所得**
税率	全国一律**10%** （所得割）	**超過累進税率**
課税方式	**賦課課税方式**	**申告納税制度**
均等割	あり	なし
基礎控除	**43万円**	**48万円**

※合計所得金額が**2,500万円**超の者は基礎控除の適用はない

2 個人事業税

個人事業税とは、個人事業主が事業所得に応じて支払う地方税で、翌年の３月15日までに都道府県に納付します。ただし、所得税の確定申告や住民税の申告をした者は個人の事業税の申告をする必要はありません。

個人事業税には上限**290万円**の控除があり、事業所得が290万円以下であれば課税されません。

間違えやすいポイント！

所得税や個人住民税の納税義務がある自営業者は、所得税の確定申告をした場合、住民税の申告は不要です。所得税の申告情報に基づいて市区町村から納税通知書が送られてきます。

補足

個人事業税の税率は業種によって異なり、3%から5%となっています。

重要度 ★★★

8 法人税の基礎

学習項目

- 法人税の仕組み（益金と損金）と計算
- 交際費の損金算入限度額の考え方
- 減価償却費と役員報酬の処理方法
- 会社と役員間の取引

ココが出る

公益法人は、「公益社団法人・公益財団法人」と「一般社団法人・一般財団法人」に分かれており、非営利型法人以外の「一般社団法人・一般財団法人」は、普通法人と同様**すべての所得**に課税されます。

1 納税義務者

法人税は、法人の所得に課税される国税で、各法人が税金を計算して納める**申告納税**方式になっています。

1 事業年度

原則として各法人が定款に定める会計期間（1年未満も可能）が事業年度です。例えば、4月1日から翌年3月31日までといった任意の期間です。

2 納税地

内国法人の場合は、原則として**本店**または**主な事務所の所在地**が納税地です。納付は納税地を所轄する税務署に対して行います。外国法人の場合、国内に支店等の施設があれば、その支店等の所在地が納税地になります。

なお、納税地に異動があった場合、原則、異動前の納税地の税務署長宛に届出しなければなりません。

2 法人税の申告と納付

1 法人税の申告

法人税の申告には、確定申告と中間申告があります。

法人税の申告

確定申告	原則、**事業年度終了の日**の翌日から原則、**2か月以内**に貸借対照表や損益計算書などの財務諸表を添付して税務署長に申告書を提出し、納税する
中間申告	普通法人の場合、事業年度が6か月を超える場合は、原則、事業年度開始から**6か月**を経過した日から**2か月以内**に税務署長に申告書を提出する

2 法人税の納付

法人税の申告をした法人は、原則として申告書の提出期限（事業年度終了の日の翌日から**2か月以内**）までに法人税を支払わなければなりません。

3 法人の青色申告の要件

原則として、「青色申告承認申請書」を**事業年度開始の日の前日**までに提出しなければなりません。ただし、法人を設立した年度は、原則、設立日以後**3か月**を経過した日と**第1期目の事業年度終了の日**のうち、**早い方の日の前日**までに提出することになっています。

3 法人税の課税所得金額

法人税の対象となる金額は、益金から損金を引いた額です。

法人税を計算するもとになる法人税法上の**益金**・**損金**と、法人の収益力をみる会計上の**収益**・**費用**とでは一部異なる部分があります。したがって、実際の法人税の計算を行う場合、損益計算書の利益（当期純利益）を一部調整（プラス・

マイナス）して、法人税を計算します。これを**申告調整**といいます。

【法人税法上の所得と企業会計上の利益】 重要

【法人税法上】 課税所得金額＝益金－損金 【企業会計上】 会計上の利益額＝収益－費用	益金と収益、損金と費用は一致してはいないので、調整が必要

申告調整では、益金算入、損金不算入、益金不算入、損金算入といった調整を行います。益金算入と損金不算入では、税法上の所得額が増え、益金不算入と損金算入では、所得額が減ります。

申告調整の項目 重要

加算項目	益金算入	会計上の収益ではないが、税法上は益金になること 例 役員から会社への資産の無償譲渡や、債権者からの債務免除があった場合等
	損金不算入	会計上の費用ではあるが、税法上は損金とならないこと 例 **法人税**や**法人住民税**、一定の交通費、交際費、過怠税（かたいぜい）等
減算項目	益金不算入	会計上の収益であるが、税法上は益金とならないこと 例 受取配当金や法人税の還付金等
	損金算入	会計上の費用ではないが、税法上は損金となること 例 青色申告法人の繰越欠損金や国や地方への寄付金、貸倒引当金や固定資産税、都市計画税、印紙税、**法人事業税**、減価償却費（**償却限度額まで**）等

間違えやすいポイント！

法人が支払った法人事業税、固定資産税、都市計画税は損金算入できます。**法人税**や**法人住民税**、過怠税や延滞税は損金算入できません。

ココが出る

法人が国や地方公共団体に寄付した場合、**全額**が損金算入されます。一方、特定公益増進法人に対する寄付金は損益算入される額が限定されます。

4 法人税額の計算

課税所得金額に法人税率を掛けて計算します。

法人税額＝課税所得金額×税率

課税所得金額の考え方

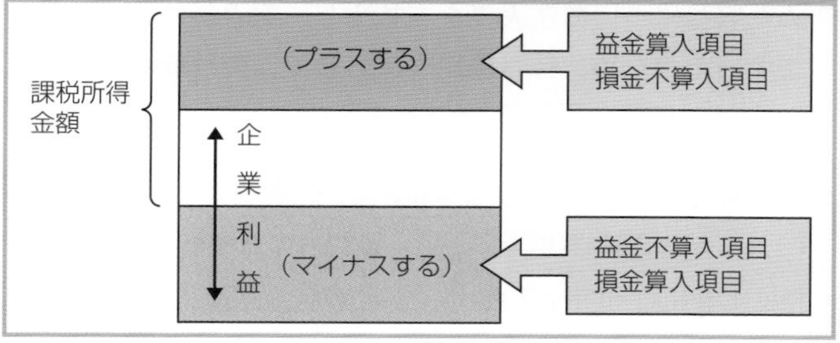

5 法人税の税率

法人税の税率は、所得税のように所得の額によって異なることはなく、法人の種類によって決まる**比例税率**になっています。

主な法人税率

	法人の区分	課税所得	税率
普通法人	資本金１億円超（大法人）	年間の所得金額	23.2%
	資本金１億円以下（中小法人）	年間800万円超の部分	23.2%
		年間**800万円**以下の部分	**15%**※

※資本金１億円以下の法人の場合、年間**800万円**以下の所得については軽減税率が適用され、2025年３月末までに開始する事業年度においては、税率が特例で**15%**になっている

補足

中小法人とは、資本金１億円以下の会社のこと。ただし、大法人の100%子会社は除かれます。

ココが出る

法人税、法人事業税、法人住民税を総合的に勘案した税負担率のことを**法人実効税率**といいます。課税所得に課税される実際の税率のことではありません。

ココが出る

内国法人が**外国子会社**から受け取る配当金についても、**益金に算入しない**こととなっています。

6 益金（配当金の益金不算入）

法人が、内国法人から株式等の配当金を受け取った場合、その配当金は会計上の収益になります。しかし、その配当金を支払った法人は、法人税を課税された残りの利益から配当金を支払っているので、配当を受け取った法人がその配当を含めた収益について法人税を支払うと二重課税になってしまいます。そのため、持ち株比率に応じて、受け取った配当金の一定割合が**益金不算入**になります。

配当金の益金不算入

法人の持株比率	配当金の益金不算入の割合
持株比率100%(完全子会社)	**全額益金不算入**
持株比率3分の1超100%未満	原則、100%（負債利子控除の適用あり）
持株比率5%超3分の1以下	50%
持株比率5%以下	20%

7 損金

1 役員給与

役員報酬、役員賞与、役員退職金などはあわせて一般的に役員給与と呼ばれています。一部の役員給与を除き、原則として**損金不算入**になっています。

なお、役員給与のうち、役員退職給与、新株予約権による現物給与、**使用人兼務役員**の給与のうち、使用人分に対する給与は原則として**損金算入**されます。これ以外の役員給与のうち以下の場合も損金算入されます。

用語

使用人兼務役員
会社の役員のうち、部長や課長などの使用人としての職務を兼務している人。代表権を持つ役員や常務以上の肩書きの役員、監査役などは、使用人としての職務を行っていても使用人兼務役員にはならない

損金算入される役員給与 重要

	内容
定期同額給与	１か月以下の期間ごとに同額支給する給与（手取額を一定とする場合を含む） ※通常の月々の給与のこと
事前確定届出給与	事前に届出することで所定の時期に確定額を支給する給与（株や新株予約権を交付する場合も含む）
利益連動給与	**非同族会社**において、業務執行役員に対して企業の業績に応じて支払われる給与（業績連動型の給与）

以下の場合には損金算入されません。

損金算入にならない場合

- 前記の役員給与の額のうち不相当に高額な部分
- 事前確定届出給与として届け出た金額より多い金額を支給した場合の支給額の全額

2 役員退職給与

法人が支給する役員退職金は原則としてその事業年度に損金算入されます（不相当に高額の場合は損金に算入されません）。

役員退職金が適正額かどうかの算定方法として、**功績倍率**（こうせきばいりつ）**方式**などがあります。

以下の金額を超えた役員退職金は、高額とみなされます。

【功績倍率方式の計算式】

役員退職給与適正額
＝最終報酬月額×役員在任年数×功績倍率

間違えやすいポイント！

役員退職金では、常勤役員が非常勤になったときに支払われる金額も、通常退職金とみなします。

用語

功績倍率
通常、役員の退職給与の算定にあたって使用される倍率。社長３倍、専務2.5倍など役位によって計算されることが多くなっている。税務上、役員の退職給与がこの額を超えた場合、その超過額を損金不算入とすることになっている

8 交際費

交際費とは、仕入先や得意先など業務に関係する者などに対する**接待**、**贈答**などで支出する費用のことです。会計上は交際費として支出した金額は**費用**となります。税法上では原則として**損金不算入**になりますが、一定額は損金算入できます。ただし、中小法人とそれ以外の法人で損金算入可能な額が異なります。

1 損金算入できる限度額 重要

交際費の損金算入限度額

中小法人の場合（資本金**1億円**以下で大企業の100％子会社ではない会社）	①と②のどちらか有利な方を選択 ①交際費のうち、**800万円以下**の全額を損金算入 ②交際費のうち、**飲食**のための支出費用（従業員等に対する社内の接待費は除く）の**50％**を損金算入
中小法人以外の場合（資本金1億円超100億円以下）	交際費のうち、**飲食**のための支出費用の**50％**を損金算入

間違えやすいポイント！

個人事業主の場合、原則として交際費の損金算入額に限度額はなく、**全額必要経費（損金）**に計上できます。

補足

資本金が100億円を超える法人は、交際費を損金算入できません。

2 交際費には含まれない費用

次のような費用については法人税法上の交際費に含まれず、会議費や福利厚生費、広告宣伝費として損金算入されます。

交際費に含まれない費用 重要

- 1人あたりの金額が**1万円以下**となる得意先等との一定の飲食費
- 一般の工場見学者に対する製品の試飲・試食費用
- 会議のための茶菓・弁当などの飲食物の費用
- 従業員の慰安のための運動会や社内旅行の費用
- 広告宣伝のためのカレンダーや手帳等の作成費用
- 新製品説明会等の費用

9 租税公課

法人が負担する税金については、税金の種類によって損金算入できないものがあります。

税金の種類と損金算入 重要

損金算入となる税金（全額）	**法人事業税、固定資産税、都市計画税**、事業所税、自動車税、印紙税等
損金不算入となる税金	**法人税、法人住民税**、延滞税、加算税、過怠税、反則金等

10 減価償却費

1 減価償却とは

法人が建物や車両および一定の備品などの固定資産を購入した場合、これらの資産は、企業が収益をあげるために長期にわたって利用されますが、時間の経過や使用頻度で価値は減少していきます。この価値の減少分を使用可能な期間（耐用年数）に応じて費用計上することを減価償却といいます。

2 減価償却の方法

法人税法上、損金の額に算入されるのは、法人が減価償却費として**損金経理**した金額のうち**償却限度額**以下の金額となっています。

減価償却の方法は、原則として定額法か定率法の選択制で、所轄の税務署長に届出を行います。なお、償却方法を選択しない場合は、原則として**法定償却法**により行います。

減価償却の方法

定額法	毎年、**同じ額**を減価償却費として計上していく方法
定率法	毎年の未償却資産の残額に一定の償却率を掛けて、減価償却費を計算する方法

補足

税金を費用として損金算入する場合の勘定項目を、租税公課といいます。

間違えやすいポイント！

法人の**法定償却法**は、建物を除き**定率法**となっています。**個人事業主**の場合は、**定額法**となっています。なお、1998年4月1日以後に取得した**建物**の減価償却法は法人・個人事業主ともに**定額法**のみとなっています。
また、2016年4月1日以降に取得した構築物や建築物の付属設備も定額法のみです。

間違えやすいポイント！

土地は減価償却の対象ではありません。

補足

現在、減価償却資産の償却可能限度額は廃止されており、耐用年数経過時に残り1円まで償却できます。

(1) 定額法および定率法の償却方法の違い

定額法および定率法の毎年の償却限度額は、原則として以下の方法で計算します。

償却限度額

定額法	取得価額×定額法の償却率
定率法	(取得価額－これまでの償却費の合計額) ×定率法の償却率※ ※定額法の償却率の2.0倍(200%)

(2) 取得価額による減価償却資産の処理方法の違い 重要

減価償却資産と処理方法

減価償却資産の取得価額	処理方法
少額減価償却資産 (10万円未満または使用可能期間1年未満)	使用した事業年度で全額費用計上(損金算入)可能
一括償却資産 (10万円以上20万円未満)	3年間で3分の1ずつ均等償却できる

少額減価償却資産(取得価額が**10万円未満**または使用可能期間が**1年未満**の資産)については、事業に使用し、損金経理した場合、全額その事業年度に損金算入することが可能です。

また、一括償却資産(10万円以上20万円未満の資産)は対象となる資産を合計(一括)して、合計額を3年間で3分の1ずつ均等償却できます。

(3) 中小企業者の少額減価償却資産の特例 重要

青色申告法人(一定の中小法人または青色申告の個人事業主)が取得した**30万円未満**の少額減価償却資産については、その取得価額の合計額のうち**300万円**に達するまでの金額を、業務に使用した年の**必要経費に算入**(損金算入)できます。

なお、2026年３月31日までに取得し、事業に使用した減価償却資産が対象です。

【減価償却費の計算例】

ケース

個人事業主が業務用の自動車を300万円で購入。耐用年数は5年で、その年に事業用として使用する月数は4か月の場合、事業所得の金額の計算上、必要経費に算入できる減価償却費の金額はいくらか。

※なお、個人事業主の償却方法は定額法で、償却率は0.2とする。

解　答

減価償却費＝取得価額×償却率×事業に供用する月数／12で算出する。

購入費は300万円、償却率は0.2、事業で使用する月数4か月なので、

$$300万円 \times 0.2 \times \frac{4}{12} = 20万円$$

11 会社と役員間の取引にかかる税務

会社と役員との間に取引があった場合の税務上の取扱いは以下のようになっています。なお、低額譲渡とは通常、時価の２分の１未満等での譲渡をいいます。

会社と役員間の取引にかかる税務 重要

取引内容		会社の取扱い	役員の取扱い
会社の資産を役員に譲渡した場合	無償または低額で譲渡	時価との差額を役員給与とする（原則、**損金不算入**）	時価との差額が経済的利益とみなされ、**役員給与**となり、所得税等が課される
	高額で譲渡	時価との差額を**受贈益**とする	時価との差額は会社への寄付とみなされる
会社が役員に金銭の貸付けをした場合	無利息や通常金利より低い金利での貸付け	通常の利息との差額を**益金算入**する	通常の利息との差額が経済的利益とみなされ、役員給与として**所得税**等が課される
会社が役員に社宅を貸した場合	無償での貸付け	適正な賃料相当額を役員給与とする（原則、損金不算入）	適正な賃料相当額が経済的利益とみなされ、役員給与として、所得税等が課される
役員が会社に金銭を貸付けた場合	利息の授受がある場合	支払利息として費用計上する	**雑所得**となる
	無利息の場合	経理処理は**不要**	課税関係はなし
役員の資産を会社に譲渡した場合	無償または低額で譲渡	時価との差額を**受贈益**として計上する	・時価の2分の１未満での譲渡の場合、**時価**での譲渡とみなされ、**時価額**が譲渡収入となり、**所得税**が課税される ・時価の2分の１以上の譲渡の場合、**譲渡価額**が収入となり、所得税が課税される
	高額で譲渡	時価との差額を役員給与とする（原則、損金不算入）	時価との差額は**経済的利益**とみなされ、役員給与となり、所得税等が課される

12 法人成り

個人で行っている事業を法人組織（株式会社など）にすることを法人成りといいます。個人事業主と法人では税制面などに違いがあります。

個人事業主と法人との税務上の違い 重要

	個人事業主 （青色申告）	法人 （青色申告）
税率	超過累進課税 （５％～45％の７段階で課税）	**比例税率** （法人の種類に応じて課税）
交際費	原則、**全額必要経費**	一定額以上は損金不算入
欠損金の繰越控除期間	３年	10年
減価償却	強制適用（法定償却法は定額法）	任意で適用（法定償却法は定率法）
青色申告特別控除	あり	なし

※欠損金とは損金の額が益金の額を上回っている場合のその差額のことをいう

ココが出る

役員が会社に金銭の貸付けを行った場合、役員が受け取る利息は**雑所得**となります。なお、**無利息**の貸付けの場合は、役員には課税関係は発生しません。

重要度 ★★★

9 法人の決算書の見方と分析

学習項目

- 貸借対照表と損益計算書の基本的な仕組み
- 収益性分析、安全性分析の各種指標

企業の決算書は、企業会計では財務諸表と呼ばれ、**貸借対照表**、**損益計算書**、**キャッシュフロー計算書**が重要です。

金融商品取引法上の決算書には他に、**株主資本等変動計算書**や**法人税申告書別表四**、**個別注記表**等があります。

1 貸借対照表（B/S・バランスシート）

貸借対照表は、期末時点における企業の**財政状態**の一覧表で、資金をどのような方法で調達したのか（資金の調達源泉）と調達した資金をどのように使ったのか（資金の使い道）とが表されています。資産の部の合計額と資本の部の合計額は一致します。

貸借対照表

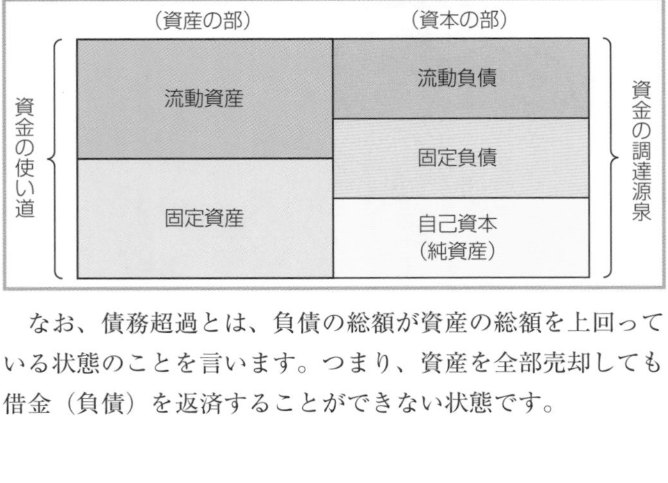

なお、債務超過とは、負債の総額が資産の総額を上回っている状態のことを言います。つまり、資産を全部売却しても借金（負債）を返済することができない状態です。

用語

株主資本等変動計算書
貸借対照表の純資産の部のうち、株主資本の増減額やその原因を示すもので、財務諸表の1つ。剰余金の配当額なども記載されている

用語

法人税申告書別表四
決算書の当期純利益などに法人税法上の益金や損金の加算・減算を行い、法人税法上の所得金額等を計算するための明細書。決算書の当期純利益・純損失の額は、別表四の当期利益・当期欠損の額と一致する

用語

個別注記表
貸借対照表や損益計算書などの各計算書類に記載された注記を一覧表示した会社法上の計算書類

貸借対照表の内容 重要

流動資産	比較的簡単に現金化できる（一般的には１年以内に現金化できる）資産のこと 例 当座資産（現金・預金、**売掛金**（うりかけきん）等）や棚卸資産（商品・製品等）
固定資産	簡単に現金化できない資産や１年より先でないと現金化できない資産のこと 例 有形固定資産（不動産、船舶等）と無形固定資産（特許権、営業権、商標権など）
流動負債	一般的に**１年以内**に返済する必要がある債務のこと 例 支払い手形、**買掛金**（かいかけきん）など
固定負債	一般的に返済期限が**１年を超える**債務のこと 例 長期借入金、社債発行で調達した資金など
純資産	株式発行で調達した資金や企業が内部に積み立ててきた資金など、借金以外の企業自身の資金のこと 例 資本金、利益剰余金など

2 損益計算書（P/L） 重要

損益計算書は、企業の費用と収益とを表示することによって、一定期間における企業の**経営成績**を明らかにする報告書です。企業の利益を５つの段階に分けて計算しています。

損益計算書の一例

　　売上高
－）売上原価（製造原価や仕入コスト等）
　　売上総利益（粗利益）……………………①
－）販売費および一般管理費（人件費など）
　　営業利益（本業の強さを表す）…………②
＋）営業外収益（受取利息や受取配当など）
－）営業外費用（支払利息など）
　　経常利益（企業の総合力を表す）………③
＋）特別利益（臨時的な収益）
－）特別損失（臨時的な支出）
　　税引前当期利益…………………………④
－）法人税および住民税額
　　当期（純）利益（税引後の最終利益）…⑤

用語

売掛金
商品を販売したが、まだ代金が回収されていない場合のその金額

用語

買掛金
物を買ったが、まだ代金を支払っていない場合のその金額

ココが出る

売上原価とは、販売した商品の仕入価格のことで、下記の算式で計算します。
売上原価＝期首棚卸高＋当期仕入高－期末棚卸高（期末に売れ残っている在庫）

ココが出る

損益計算書を用いて①～⑤の利益計算ができるようにしておきましょう。

ココが出る

損益計算書の**当期純利益**に対して法人税がかかるのではなく、当期純利益に益金算入・損金不算入・損金算入・益金不算入などの**申告調整**を行って、法人税の課税所得を算出します。

3 キャッシュフロー計算書

キャッシュフロー計算書とは、一定期間における企業のキャッシュフロー（資金の増減）の状況を表す報告書です。キャッシュフロー計算書には、以下の３つがあります。

キャッシュフロー計算書の種類

営業キャッシュフロー	商品の購入による支出や商品の販売による収入等の資金の流れを表す
投資キャッシュフロー	有価証券の取得による支出や売却による収入等による資金の流れを表す
財務キャッシュフロー	借入金の返済による支出や借り入れによる資金の増加などの資金の流れを表す

4 決算書の分析 計算

財務諸表を用いた企業分析の方法には、収益性分析、安全性分析、資本効率性分析、損益分岐点分析などがあります。

1 収益性分析

（1）自己資本利益率（ROE）重要

自己資本に対する当期（純）利益の比率を表しています。つまり、株主のお金をどれだけ有効に使って利益をあげているかを示す指標です。ＲＯＥが高いほど、収益力があります。

自己資本利益率(%)

$$=\frac{\text{当期純利益}}{\text{自己資本(期首・期末平均)}}\times 100$$

（2）総資本利益率（ROA）

企業の総資産（総資本）を使ってどれだけの利益をあげているかを表すものです。つまり、株主のお金や借入金をいかに有効に活用し、利益をあげているかを示す指標です。

$$総資本利益率(\%)=\frac{当期純利益}{総資本(期首・期末平均)}\times 100$$

もう1つのROA

なお、同じROAでも、「使用総資本事業利益率」が出題されることもあります。

● 使用総資本事業利益率(ROA)(%)

$$=\frac{事業利益}{総資本(期首・期末平均)}\times 100$$

※事業利益は、「営業利益＋受取利息や受取配当」で算出

2 安全性分析

(1) 売上高利益率（売上高営業利益率など）

売上高利益率は、当期の各種利益額と売上高との割合を示すものです。売上高を100とした場合、売上高のうち利益額がどのくらいあるかを示します。

$$売上高利益率(\%)=\frac{各利益}{売上高}\times 100$$

(2) 流動比率 重要

短期的に返済しなければいけない借入金に対して短期的（約1年以内）に返済可能な資産がどの程度あるかを示す指標です。流動比率が**高い**ほど、**財務の安全性**も**高い**と判断されます。

$$流動比率(\%)=\frac{流動資産}{流動負債}\times 100$$

> **ココが出る**
>
> 当座比率(%)
> $=\frac{当座資産}{流動負債}\times 100$
>
> 短期的に返済しなければならない借入金（流動負債）に対して、すぐに返済可能な資産（現預金や売掛金などの当座資産）がどの程度あるのかを示す指標です。**100%以上が望ましい**とされています。

(3) 固定比率

返済の必要のない自己資本で、回収に長期間を必要とする資産（固定資産）がどの程度まかなわれているのかを示す指標で、低いほど望ましいとされています。

$$固定比率(\%)=\frac{固定資産}{自己資本}\times 100$$

(4) 固定長期適合率

固定資産が安定した資金である自己資本と固定負債でまかなえられているかを見る指標で、100%より低い方が望ましいとされています。

$$固定長期適合率(\%)=\frac{固定資産}{自己資本+固定負債}\times 100$$

(5) 負債比率

返済の必要のない自己資本に対して、借入金の総額がいくらあるのかを示す指標です。負債比率が**低い**ほど、**財務の安全性**が**高い**と判断されます。

$$負債比率(\%)=\frac{流動負債+固定負債}{自己資本}\times 100$$

(6) 自己資本比率

すべての資本の中に返済の必要のない自己資本がどの程度あるのかを示す指標です。自己資本比率が**高い**ほど**財務の健全性**が**高い**と判断されます。

$$自己資本比率(\%)=\frac{自己資本}{総資本}\times 100$$

3 資本効率分析

(1) 総資本回転率

経営活動の能率を判断する指標です。

総資本回転率(回/年)(%)

$$=\frac{年間の(純)売上高}{総資本(期首・期末平均)}\times 100$$

間違えやすいポイント!

総資本回転率などの回転率は、高いほど効率がよく、総資本回転期間は、短いほど資本を効率的に使っていることになります。

(2) 総資本回転期間

総資本回転率の逆数で表されます。

$$\text{総資本回転期間(月)} = \frac{\text{総資本(期首・期末平均)}}{\text{年間の(純)売上高}} \times 12$$

その他、以下の計算式も覚えておきましょう。

【売上債権回転期間(月)】

$$= \frac{\text{売上債権(期首・期末平均)}}{\text{年間売上高}} \times 12$$

【棚卸資産回転期間(月)】

$$= \frac{\text{棚卸資産(期首・期末平均)}}{\text{年間売上高}} \times 12$$

4 損益分岐点分析

損益分岐点とは、売上高と費用が等しくなり、損益がゼロになる場合の売上高のことをいいます。

損益分岐点

売上高が損益分岐点を上回った場合	利益
売上高が損益分岐点を下回った場合	損失

(1) 損益分岐点売上高

売上高から費用合計（**変動費と固定費**）を差し引いた利益がゼロになる売上高のことをいい、次の算式で計算されます。

用語
売上債権回転期間
売上債権が回収される平均的な期間を表す。期間が短いほど早く売上代金が回収されており、経営効率が良いことになる

用語
棚卸資産回転期間
在庫回転期間と同じ意味で、販売された棚卸資産に占める年度末に残った棚卸資産額の割合を表しており、在庫の滞留期間を指す。期間が短い方が在庫が効率的に減っていることになる

用語
変動費と固定費
変動費は売上に応じて金額が変わる費用のことで、原材料費、仕入原価、販売手数料など。固定費は売上の変動に関係なく必ず一定にかかる費用のことで、人件費、地代家賃、水道光熱費など

$$損益分岐点売上高 = \frac{固定費}{限界利益率}$$

限界利益とは売上高から変動費を差し引いた利益のことで、**限界利益率**とは、売上高に対する限界利益の割合のことを指します。つまり、売上高が増加したときに、限界利益がどれだけ増加するかという割合を示します。限界利益率は**高い**方が良いと判断されます。

$$限界利益率 = \frac{売上高 - 変動費（限界利益）}{売上高}$$

（2）損益分岐点比率

損益分岐点売上高を売上高で割った比率を損益分岐点比率といい、この比率が**低い**ほど収益性が高いことを意味しています。

損益分岐点比率

損益分岐点比率が100％を下回った場合	利益
損益分岐点比率が100％を上回った場合	損失

$$損益分岐点比率（\%） = \frac{損益分岐点売上高}{実際の売上高} \times 100$$

【損益分岐点売上高の計算例】重要

ケース

Ａ社の限界利益率と損益分岐点売上高はいくらか。なお、変動費は売上原価に等しく、固定費は販売費及び一般管理費に等しいものとする。

【Ａ社の損益計算書（単位：百万円)】

売上高	400
売上原価	200
□□□	200
販売費及び一般管理費	100
□□□	100
営業外収益	30
営業外費用	10
□□□	120
特別利益	20
特別損失	10
税引前当期純利益	130
法人税・住民税及び事業税	50
当期純利益	80

解答

〈限界利益率〉

限界利益率＝　限界利益／売上高で算出する。限界利益は、売上高から変動費（売上原価）を差し引いた利益のことなので、400－200＝200。したがって、限界利益率＝200／400×100＝50％

〈損益分岐点売上高〉

損益分岐点売上高＝　固定費／限界利益率で算出する。固定費は販売費及び一般管理費と同じなので100、限界利益率は50％なので、100÷0.5＝200（百万円）

重要度 ★★★

10 消費税

学習項目

- 消費税の課税取引と非課税取引の区分
- 免税事業者の要件
- 簡易課税制度のポイント
- インボイス制度

消費税は、商品の購入やサービスの提供などに対して課税される間接税で、いわゆる消費税と地方消費税があります。

1 課税取引

取引内容によって、消費税が課税される場合（課税取引）と非課税となる場合があります。

課税取引は、日本国内で行う取引で、事業者が事業として対価を得て行う取引であって、資産の譲渡、貸付や**役務の提供**等があることが要件となっています。これらを満たす取引には消費税が課されます。

用語

役務の提供
法人や個人が事業として行っているサービスのこと

2 非課税取引

社会通念上消費税がかかることがなじまないと考えられる以下のような取引については、課税されません。

ココが出る

業者が居住用の不動産の賃貸や売買により仲介手数料を受け取った場合は、仲介手数料には消費税は課されます。なお、業者であっても、土地を譲渡した場合の消費税は非課税です。

消費税が課税されない取引 重要

- 国外で行った取引
- 土地の譲渡・貸付（短期間の一時的な貸付や駐車場等の施設の貸付の場合は課税される）
- 居住用の建物（自宅や別荘）の個人間での貸付や譲渡（事務所や社宅、事業用建物等の貸付や譲渡には課税される）
- 公社債・株式等の有価証券の譲渡（手数料には課税される）
- 預貯金や貸付金の利子・生命保険料や損害保険料

- 株式等の剰余金の配当
- 郵便切手・印紙
- 出産費用
- 個人が生活の用に供している資産（生活用動産）を譲渡した場合
- 寄付金、祝い金、見舞金、補助金　　　　　　　など

3 課税期間と基準期間

原則として、法人の課税期間はその法人の事業年度です。個人事業者の課税期間は１月１日～12月31日です。

基準期間とは、消費税の対象となる課税売上高を算出する期間のことで、法人の場合は**前々事業年度**（２年度前）、個人事業者の場合は**前々年**（２年前）です。

基準期間と課税期間

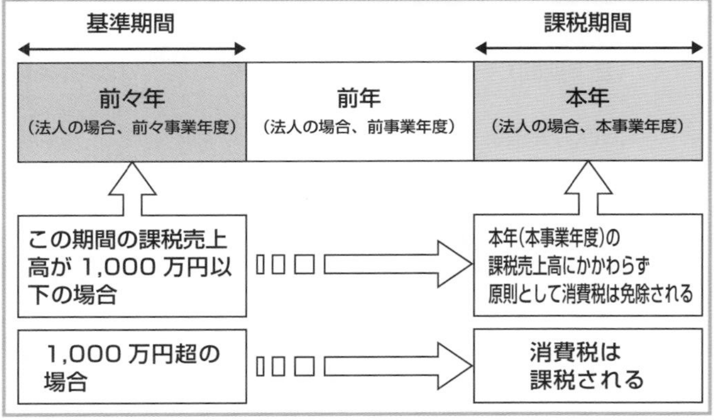

4 納税義務者 重要

1 免税事業者・課税事業者

納税義務者は、課税対象となる取引を行う個人事業者および法人です（非居住者や外国法人も対象）。

> **ココが出る**
> 免税事業者は、**課税事業者選択届出書**を提出すれば課税事業者になれますが、原則として**2年間**は免税事業者に戻れません。

用語

課税売上高
消費税がかかっている売上高

ココが出る

基準期間における課税売上高が1,000万円を超える法人は、消費税の免税事業者となることができません。

ただし、課税期間に対する**基準期間**の**課税売上高**が**1,000万円以下**である事業者の場合、その課税期間に行った取引については消費税が原則、免除されます。これを**事業者免税点制度**といいます。

2 事業者免税点制度

基準期間における課税売上高が1,000万円以下であっても、課税期間の前年の1月1日（法人の場合は前事業年度開始の日）から**6か月間**（特定期間という）の課税売上高が**1,000万円**を超え、かつ特定期間の**給与等支払い額の合計額も1,000万円超の場合、課税事業者となります**。一方、基準期間の課税売上高が1,000万円以下の場合、特定期間の課税売上高と支払い給与の総額のどちらかが1,000万円以下であれば、消費税は免除されます。

事業者免税点制度の概要

	前々年（基準期間）	前年の特定期間：前半6か月間	本年（課税期間）
課税売上高	1,000万円超	—	消費税は課税
	1,000万円以下	課税売上高・支払給与総額の両方が**1,000万円超**	消費税は**課税**
		課税売上高・支払給与総額のどちらかが**1,000万円以下**	消費税は**免除**

補足

新設法人であっても、インボイス制度の登録を受けている場合、消費税の納税義務があります。

3 新設法人の場合

新しく事業を開始した新設法人の場合、前々事業年度（基準期間）がないため、原則として消費税は免除されます。ただし、新設法人であっても資本金が**1,000万円以上**の場合は消費税は課税され、課税事業者になります。

5 納付税額の計算

消費税の税率は、**消費税7.8%**（国税分）と**地方消費税2.2%**の合計10%です。消費税の納付税額の算出方法には、**原則課税制度**と**簡易課税制度**があります。

1 原則課税制度 重要

課税売上高が5億円以下で、課税売上高の割合が**95%以上**の事業者の場合、課税期間の「販売時に受け取った消費税の総額」から「仕入時に支払った消費税の総額」を差し引いた金額が消費税の納付金額になります（以下の計算式）。

消費税額＝課税売上高に係る消費税額
－課税仕入高に係る消費税額

2 簡易課税制度 重要

基準期間における課税売上高が**5,000万円以下**の事業者については、**簡易課税制度選択届出書**を税務署長に届け出ることで**簡易課税制度**の適用を受けられます。なお、「簡易課税制度選択届出書」は原則として、適用を受ける課税期間の初日の前日までに、税務署に提出しなければなりません。基準期間の課税売上高が、**5,000万円超**の場合は、**原則課税制度**になります。

簡易課税制度は、**業種に応じた一定のみなし仕入率**を課税売上高に係る消費税額に掛けた金額を課税仕入高に係る消費税額として、消費税額を計算します。

消費税額＝課税売上高に係る消費税額
－(課税売上高に係る消費税額×みなし仕入率)

用語

みなし仕入率
簡易課税制度を選択している場合に仕入税額をわざわざ集計して計算する手間を省けるように、課税売上高に一定の率を掛けて簡便に計算するための割合のことで、**業種ごとに乗率が定められている**

補足

業種別のみなし仕入率
- 第一種（卸売業） 90%
- 第二種（小売業） 80%
- 第三種（農業・製造業・建設業等）70%
- 第四種（飲食業） 60%
- 第五種（金融業および保険業・サービス業・運輸通信業） 50%
- 第六種（不動産業） 40%

簡易課税制度のポイント　重要

- 課税売上高が5,000万円以下の事業者が適用できる（選択による）
- 簡易課税制度を選択すると、事業を廃止した場合を除き、2年以上継続しなければならない

6 消費税の申告と納税

法人の場合は、事業年度終了日（決算日）以後、原則、2か月以内に確定申告と納税を行います。一定の要件を満たした場合、申告期限は1か月延長可能です。個人事業者の場合は、原則として、課税期間の翌年1月1日から3月31日までに確定申告と納税を行います。

なお、法人および個人事業主は前の課税期間に納めた消費税額（地方消費税を含まない）が48万円を超える場合は、中間申告が必要になります。

7 インボイス制度

1 インボイス制度の概要

インボイス制度とは消費税の仕入税額控除の方式のことで、適格請求書のことをインボイスといいます。必要事項が記載された適格請求書（インボイス）を受け取った場合のみ、消費税の仕入税額控除を行えるようになります。仕入税額控除とは、消費税を算出する際に課税売上の消費税額から課税仕入れの消費税額を差し引くことをいいます。仕入税額控除の適用を受けるには、条件を満たした帳簿と請求書を保存する必要があります。

2 インボイスの発行

インボイスを発行できるのは、適格請求書発行事業者に

限られます。適格請求書発行事業者になるためには、登録申請書を税務署に提出し、登録を受ける必要があります。また、現行の請求書の記載事項に加え、登録番号や適用税率（10％・８％）および消費税額などを記載することが必要です。

3　インボイス制度における売手と買手

（1）売手

売手である登録事業者は、買手である取引相手（課税事業者）から求められたときは、インボイスを交付しなければなりません。また、交付したインボイスの写し（請求書の写しや電子データ）を**７年間**保存しておく必要があります。

（2）買手

買手は仕入税額控除の適用を受けるために、原則として、取引相手（売手）である登録事業者から交付を受けたインボイスを**７年間**保存する必要があります。

4　経過措置

インボイス制度は始まってから６年間は経過措置が設けられています。その間は仕入先がインボイスの発行者ではない場合でも、課税事業者は仕入税額のうち一定割合を控除できます。2023年10月１日から2026年９月30日までは80％、2026年10月１日から2029年９月30日までは50％控除できます。

経過措置の期間と控除率

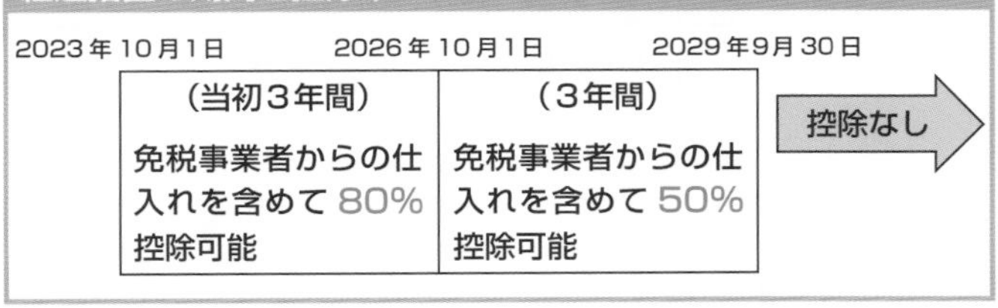

また、中小事業者については、2029年９月末まで１万円未満の課税仕入れについて、インボイスの保存がなくても帳簿のみで仕入税額控除が可能になります。

実技試験対策 扶養親族の所得控除

実技試験では、扶養親族の所得控除に関する問題が頻繁に出題されます。

＜資料＞

氏　名	続　柄	年　齢	職　業	2024年の所得
田中一郎	本人（世帯主）	45歳	会社員	給与収入1,155万円
明子	妻	43歳	パート	パート収入100万円
健二	長男	21歳	大学生	なし
愛	長女	15歳	高校生	なし
敏子	母	73歳	無職	不動産所得60万円 年金額0円（公的年金等控除後）

※家族は全員、田中一郎さんと同居し、生計を一にしている
※障害者または特別障害者に該当する者はいない

＜資料＞給与所得控除額

給与収入金額	控除額
162万5,000円以下	55万円
162万円5,000円超180万円以下	収入金額×40%－10万円
180万円超360万円以下	収入金額×30%＋8万円
360万円超660万円以下	収入金額×20%＋44万円
660万円超850万円以下	収入金額×10%＋110万円
850万円超	195万円

＜資料＞配偶者控除の額

納税者の合計所得金額	控除額	
	配偶者控除	老人控除配偶者
900万円以下	38万円	48万円
900万円超950万円以下	26万円	32万円
950万円超1,000万円以下	13万円	16万円

<資料から読み取れること>

①田中さんの合計所得金額は、1,155万円（給与収入）から給与所得控除額の195万円を差引いた960万円である。

なお、田中さんの給与収入は850万円以上で、23歳未満の扶養親族がいるので、所得金額調整控除が適用される。田中さんの給与収入は1,155万円で、1,000万円を超えているので、所得金額調整控除（1,000万円－850万円）×10%＝15万円が給与所得控除後の金額である960万円から差し引かれる。結果的に田中さんの所得金額調整控除後の合計所得金額は945万円となる。

②妻の明子さんのパート収入は100万円（所得金額は45万円）、田中さんの合計所得金額は945万円なので、明子さんは配偶者控除の対象となる。控除額は資料より26万円。

③長男の健二さんは、19歳以上23歳未満で所得金額が48万円以下なので、特定扶養親族として、63万円が控除される。

④長女の愛さんは15歳なので、扶養控除の対象にならない。

⑤母の敏子さんが同居老親等の老人扶養親族（70歳以上が対象）として扶養控除の対象となるのは、所得金額が48万円以下であることが要件。このケースでは敏子さんに不動産所得が60万円あるので、扶養控除の対象ではない。なお、敏子さんが要件を満たしている場合、同居の老人扶養親族にあたるのでは58万円が控除される。

確認問題　本番レベルの問題にチャレンジしましょう。

□□□問1　所得税では、課税対象となる所得を10種類に区分し、それぞれの所得の種類ごとに定められた計算方法により所得の金額を計算する。
p271

□□□問2　所得税は、個人や個人事業主が1月1日から12月31日までの暦年単位で得た所得に対して課される。
p269

□□□問3　所得税では、会社員の通勤手当のうち月額10万円を限度として非課税となっている。
p270

□□□問4　個人による不動産の貸付けが事業的規模である場合、その賃貸収入による所得は、事業所得に該当する。
p280

□□□問5　退職一時金を受け取った退職者が、「退職所得の受給に関する申告書」を提出している場合、所得税および復興特別所得税として、退職一時金の支給額の20.42%が源泉徴収される。
p285

□□□問6　個人事業主が事業資金で購入した株式について、配当金を受け取ったことによる所得は、配当所得となる。
p275

□□□問7　配当所得において、配当控除の適用を受けようとする個人は、申告分離課税を選択する必要がある。
p275

□□□問8　収入のない個人が金地金やゴルフ会員権を売却したことによる所得は、譲渡所得となる。
p282

□□□問9　死亡退職金のうち、退職者の死亡後3年経過後に支給が確定したものは、受け取った遺族の一時所得となる。
p285

□□□問10　不動産所得の金額の計算上生じた損失額のうち、不動産所得を生ずべき土地の取得に要した負債の利子に相当する部分の金額は、所得税の計算上損益通算の対象となる。
p290

□□□問11　ゴルフ会員権を譲渡したことにより生じた損失の金額は、所得税の計算上、損益通算の対象となる。
p291

□□□問12 納税者が自己の負担すべき社会保険料を支払った場合には、支払った社会保険料の金額の多寡にかかわらず、その年中に支払った金額の全額を、社会保険料控除として控除することができる。
p296

□□□問13 納税者が自己と生計を一にする配偶者のために支払った医療費の金額は、当該納税者の医療費控除の対象となる。
p294

□□□問14 医師等による診療等を受けるために電車、バス等の公共交通機関を利用した場合に支払った通院費は、医療費控除の対象とならない。
p294

□□□問15 収入のない配偶者を有する納税者は、配偶者控除と配偶者特別控除を重複して適用を受けることができる。
p298

□□□問16 納税者本人と生計を一にする16歳未満の扶養親族に対する扶養控除の額は、38万円である。
p299

□□□問17 合計所得金額が2,000万円を超える者は、基礎控除の適用を受けることはできない。
p317

□□□問18 給与所得者が住宅ローン控除の適用を受けようとする場合、最初の年度分については年末調整の対象者であっても確定申告しなければならない。
p306

□□□問19 住宅ローン控除の対象となる家屋は、店舗併用住宅の場合、床面積の90％以上が自己の居住用であることが要件となっている。
p305

□□□問20 1月16日以後新たに業務を開始した者が、その年分から青色申告制度の適用を受けようとする場合、その業務を開始した日から3か月以内に、「所得税の青色申告承認申請書」を納税地の所轄税務署長に提出し、その承認を受けなければならない。
p313

□□□問21 法人が減価償却費として損金経理した金額のうち、償却限度額に達するまでの金額は、その全額を損金の額に算入することができる。
p326

□□□問22 役員が会社に無利息で金銭の貸付けを行った場合、原則として、通常収受すべき利息に相当する金額が、その役員の雑所得の収入金額に算入される。
p328

□□□問23 役員が所有する土地を会社に譲渡し、その譲渡価額が時価の2分の1未満であるとき、会社においては適正な時価により譲渡所得の金額が計算される。

p328

□□□問24 自己資本利益率（ROE）は、自己資本に対する当期純利益の割合を示したものであり、一般に、この数値が低い方が企業の収益力が高いと判断される。

p332

□□□問25 損益分岐点比率は、実際の売上高に対する損益分岐点売上高の割合を示したものであり、一般に、この数値が低い方が企業の収益性が高いと判断される。

p336

□□□問26 消費税の簡易課税制度の適用を受けることができるのは、基準期間における課税売上高が5,000万円以下の事業者である。

p341

□□□問27 消費税の課税事業者である個人は、原則として、その年の翌年1月1日から3月15日までに、消費税の確定申告書を納税地の所轄税務署長に提出しなければならない。

p342

解答：

1 ○	2 ○	3 ×	4 ×	5 ×	6 ○
7 ×	8 ○	9 ○	10 ×	11 ×	12 ○
13 ○	14 ×	15 ×	16 ×	17 ×	18 ○
19 ×	20 ×	21 ○	22 ×	23 ○	24 ×
25 ○	26 ○	27 ×			

5章 不動産

学科試験対策

不動産や不動産取引等に関する法律面を中心に出題されています。特に**不動産の登記**、**不動産の取引**、**借地借家法**、**建築基準法**、**都市計画法**からは毎回出題されています。その他、**不動産に関する税制**（取得時、保有時、譲渡時）の問題も要注意です。税制では**不動産の譲渡**に関する出題が最も多いので、しっかり確認しておきましょう。

実技試験対策

建蔽率や**容積率**の計算問題、居住用財産を譲渡した場合等の税制について、押さえておきましょう。その他、登記記録に関する問題や不動産広告の内容を読み取る問題も出題されています。

重要度 ★★★

1 不動産の登記

学習項目
- 不動産登記の表題部と権利部の記載内容および登記の効力
- 登記簿の申請と閲覧のポイント

1 不動産登記制度

不動産の登記とは、法務局（登記所）にある不動産登記記録（登記簿）に、不動産に関する権利関係（所有者や債権者）や土地の種類などを記載して、公示することをいいます。

1 不動産登記 重要

登記記録（登記簿）は**一筆（いっぴつ）の土地**または**1個の建物**ごとに作成される電磁的記録です。

不動産の登記記録は、表題部と権利部（甲区、乙区）に分かれて作成されます。表題部は**登記義務**があり（表題登記）、所有権を取得してから**1か月**以内に取得者が申請しなければなりません。権利部については、**登記義務はない**ため、登記の名義と真の権利関係が一致しない場合もあります。

不動産の登記記録 重要

表題部	不動産の物理的な概要を表示する	土地	所在・地番・地目（田畑、宅地など）・地積（面積）
		建物	所在・家屋番号・種類・構造・床面積など
権利部	甲区	**所有権**に関する事項を表示する	所有権保存登記、仮登記、所有権移転登記、**差押え**など
	乙区	**所有権以外の権利**に関する事項を表示する	**抵当権**、**地上権**、賃借権など

用語

一筆の土地
一筆の土地とは独立した1個の土地のこと。なお、一筆とは、登記上の土地の個数を表す単位。

ココが出る
権利部の甲区には所有権に関する事項が、乙区には所有権以外の権利に関する事項が表示されています。

用語

抵当権
金融機関が不動産を担保に融資するとき、借り手がローンを返済できなくなった場合に優先的に貸したお金を回収できる権利のこと。なお、1つの不動産に**複数の抵当権を設定できる**

用語

地上権
他人の所有する土地を使用する権利

（土地）— 所在など状況を表示　　**【不動産登記事項証明書】**　　現在の所有者を表示

【表題部】（土地の表示）			調製　平成○○年○月○日	地図番号	（余白）
【不動産番号】	1234567890123				
【所在】	○○県△△市□□町○○○－○		（余白）		
【①地番】	【②地目】	【③地積】　㎡	【原因及びその日付】		【登記の日付】
7777番7	宅地	100 00	7777番1から分筆		平成○○年○月○日

【権利部（甲区）】（所有権に関する事項）				
【順位番号】	【登記の目的】	【受付年月日・受付番号】	【原因】	【権利者その他の事項】
1	所有権移転	平成○○年○月○日 第○○○○号	平成○○年○月○日売買	所有者　~~○○県△△市□□町○○○－○~~ 東　京一郎

【権利部（乙区）】（所有権以外の権利に関する事項）				
【順位番号】	【登記の目的】	【受付年月日・受付番号】	【原因】	【権利者その他の事項】
1	抵当権設定	平成○○年○月○日	平成○○年○月○日	債権額　金○○○○万円 利息　年○．○% 損害金　年○○%　年365日日割計算 債務者　○○市○○丁目○番○号 ○○　○○ 抵当権者　○○県○○市○丁目○番○号 株式会社　○○○○

所有権以外の権利事項を表示　　所有権に関する事項を表示　　所有者名

不動産登記の追加ポイント　重要

- 表題部の土地の地番、建物の家屋番号は、土地の場所や権利の範囲を表すため、市区町村が定める**住居表示**の住居番号と一致しているとは限らない
- 一戸建ての場合、建物とその敷地は別々に登記記録が作成される。マンションでは、建物と敷地（土地）は一緒に登記される
- 登記記録の権利部には登記義務がないので、土地上に建物がある場合、借地権設定の登記がなくても借地権が設定されていることもある

2　本登記と仮登記　重要

登記には、**本登記**と**仮登記**があります。

本登記は、登記本来の**対抗力**という法的な効力を発生させる登記のことで、所有権保存登記・所有権移転登記・抵当権設定登記などがあります。

一方、仮登記とは、本登記を行うのに必要な手続き上の要

間違えやすいポイント！

【所有権保存登記と所有権移転登記】

所有権保存登記は家を建てたり、新しく買ったときに所有者を明らかにするために行い、所有権移転登記は家を売買した場合など所有権が移ったときに行います。

件が整っていない場合に、将来行う本登記のために登記記録上の**順位を保全**しておく（本登記の順位を決める）ことを目的とした予備的な登記のことです。仮登記には**対抗力**はありませんが、後に仮登記に基づいて所有権移転登記などの本登記を行う場合には、本登記の順位は**仮登記の順位**によります。民法上、売主が複数の相手に同じ物件を譲渡すること（二重譲渡という）は可能ですが、取得者側は、**先に登記した方**が所有権を取得します。

ココが出る
不動産登記には**公信力がない**点がよく問われています。

不動産登記の効力 重要

対抗力	・正当な自分の権利（所有権や抵当権）を**第三者に主張できること** ・不動産の登記を行えば、自分の所有権を主張できる（前の所有者が二重譲渡した場合、購入者は先に登記した方が優先して所有権を取得する） ・**仮登記**では所有権等を第三者に対抗できない
公信力（こうしんりょく）	・事実と異なる権利関係が公示されている場合に、その公示を信じて取引した者が保護される効力のこと ・不動産登記には**公信力がなく**、登記記録を正しいものと信用し、本当の所有者でない者と取引した者は**法的に保護されない**

間違えやすいポイント！
仮登記には対抗力がないので、仮登記された後でも、抵当権設定登記や所有権移転登記は可能です。

3 登記記録の閲覧と申請

法務局（登記所）の登記事務は電子化されているので、以前のように登記簿を書面として閲覧できません。現在では登記簿の代わりに**登記事項要約書**（登記内容のポイントをまとめたもの）が交付されます。また、従来の登記簿謄本や抄本の代わりに**登記事項証明書**（登記されている内容を証明するもの＝登記記録）が交付されます。

なお、**登記事項証明書**は、法務局（登記所）で申請書に記入し、手数料を払えば**誰でも**自由に請求できます。

ココが出る
登記事項証明書の請求は法務局での直接請求や郵送による方法以外に**オンライン請求**も可能です。ただし、受取方法は法務局の**窓口**か郵送になります。

4 登記の抹消

登記記録の内容は抹消できます。その場合、利害関係のある者（利害関係者）の承諾が必要です。また、設定された抵当権を抹消するには抵当権抹消登記が必要になります。

2 不動産関係の調査資料と設置場所

不動産関係の調査資料と、それらの設置場所は以下のとおりです。

調査資料と設置場所

登記所（法務局）	登記事項証明書、**地図**、**公図**、地積測量図
市区町村役場 （都市計画課）	**固定資産課税台帳、都市計画図**

登記所（法務局）で閲覧できる不動産の調査資料

地図	・区画と地番を明らかにしたもので、**精度が高い** ・すべての登記所に備えられてはいないので、地図の代わりに**公図**が備えられている
公図	・地図に準ずる図面で、地図と比べて**精度が低く**、古い ・土地の地番が表示されており、おおまかな土地の位置や形状を表しているので、現状と大きく異なることもある
地積測量図	・土地の形状や面積の測定結果を示した図面 ・**すべての土地**について登記所に備えられているわけではない

重要度 ★★

2 不動産の価格と投資分析

学習項目

- 不動産の４つの価格
- 不動産の３つの鑑定評価方法

ココが出る

不動産の４つの価格の違いを押さえておきましょう。基準日は基準地標準価格のみ**7月1日**で、他はすべて1月1日です。

1 不動産の価格 重要

不動産価格には、実際の取引価格（時価＝実勢価格）以外に、公示価格、基準地標準価格、相続税評価額（路線価）、固定資産税評価額などがあります。なお、評価額は固定資産税評価額のみ**3年**ごとに見直し（評価替え）になります。

不動産の４つの価格

	公示価格	基準地標準価格	相続税評価額（路線価）	固定資産税評価額
所管（発表機関）	**国土交通省**	**都道府県（知事）**	**国税庁**	**市区町村**
利用目的	・**一般の土地取引**の指標 ・公共事業用地取得の価格の基準	一般の土地取引の売買の目安	相続税、贈与税の算出基準	**固定資産税、不動産取得税、都市計画税**等の算出基準
評価の基準日	**毎年 1月1日**	**毎年 7月1日**	**毎年 1月1日**	**1月1日（3年ごとに見直し）**
発表時期	**3月下旬**	**9月下旬**	**7月上旬**	**4月上旬**
評価水準	—	公示価格と同じ（100%）	公示価格の**80%**程度	公示価格の**70%**程度
特徴	通常の土地取引に最も影響力が大きい（1㎡あたりの更地価格を表記）	**公示価格の**補完的価格	評価方法には**路線価方式**と、**倍率方式**の2つがある	一般に公開はされず、土地の所有者、借地人、借家人は**固定資産課税台帳**を閲覧可能

2 不動産の鑑定評価方法

不動産の価格は、それが正常な価格であるかの判断が難しいため、通常、不動産鑑定士に評価を依頼します。

不動産鑑定士は下記の3つの鑑定評価方法を併用して土地の評価額を算出します。

1 不動産の鑑定評価方法 重要

不動産の鑑定評価方法

<table>
<tr><td>原価法</td><td colspan="2">評価すべき不動産をその時点で新しく購入したとした場合の価格（再調達原価）に基づいて試算し、時間の経過（築年数）による価値の低下（不動産の劣化など）を差し引いて不動産価格を計算する方法（減価修正を行って計算する）</td></tr>
<tr><td>取引事例比較法</td><td colspan="2">評価すべき不動産と条件の近い物件の取引事例を集め、それとの比較によって評価する方法。鑑定基準では、売り急いだ物件は補正を加えて算出し、投機的な物件（売買目的の物件）などは除外する</td></tr>
<tr><td rowspan="3">収益還元法（かんげんほう）</td><td colspan="2">不動産が将来生み出す賃貸収入などの収益を、現在価値に割り戻して求める方法（将来の純収益が現在の価値ではいくらになるかを計算し、合計する）
収益還元法には以下の２種類がある</td></tr>
<tr><td>直接還元法</td><td>一定時期の純収益を還元利回り（一定の利回り）によって割り戻して価格を求める方法
・直接還元法による価格＝(総収入－必要経費)÷還元利回り</td></tr>
<tr><td>DCF法</td><td>不動産から将来的に継続して生まれる各期の純収益(賃貸収益)と保有期間終了後のその不動産価格（売却価格－売却費用）を求め、現在価値に割り戻した金額を合計して、評価額を求める方法。ＤＣＦ法にはＮＰＶ法とＩＲＲ法がある</td></tr>
</table>

参照

路線価方式
倍率方式
☞6章12

ココが出る

相続税評価額（路線価）の評価水準は、公示価格の**80%**、固定資産税評価額は公示価格の**70%**程度です。

ココが出る

原価法は通常、造成住宅や建物に適用します。**既成の市街地**の土地等では、再調達原価が算定困難なため、**適用できない**ことが多いです。

ココが出る

収益還元法は、**賃貸用不動産**や**事業用不動産**などの価格を求める場合に有効ですが、自己の居住しているマンションの賃料を想定する場合にも適用できます。収益を目的としない**公共**または**公益**の目的となる不動産の場合は通常、適用できません。

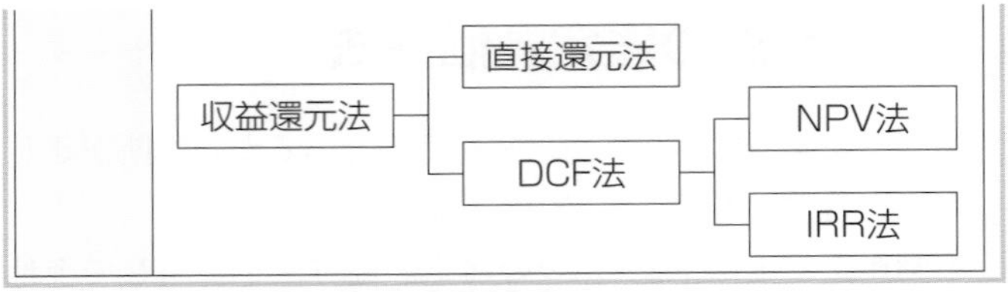

【直接還元法による不動産の評価額】

ケース

次の場合の直接還元法による不動産の評価額はいくらか。

- 不動産からの総収入（年間）　1,000万円
- 必要経費（年間）　500万円
- 還元利回り　5％

解　答

直接還元法による価格

＝(総収入－必要経費)÷還元利回り　より

(1,000万円－500万円)÷5％＝1億円

ココが出る

不動産等の投資対象に対するリスク分析を行い、投資対象の経済的・法律的・物理的な側面について専門家による詳細な調査を行うことをデュー・デリジェンスといいます。

2　不動産の投資分析手法（ＤＣＦ法）重要

不動産投資が有効かどうかの投資分析を行う一般的な手法として、収益還元法の１つである**ＤＣＦ法**（ディスカウンテッド・キャッシュフロー法）が用いられています。

ＤＣＦ法には**ＮＰＶ法**と**ＩＲＲ法**の２種類があります。

ココが出る

NPV法およびIRR法については、「どのような場合に投資する価値があるのか」という点がよく出題されます。

ＤＣＦ法の分類

ＮＰＶ法 (正味現在価値法)	・投資期間中の不動産の賃料などの**収益の現在価値の合計**から**投資額の現在価値の合計**を差し引いて、投資をすべきかどうかを判定する方法 ・差額が**プラス**であれば、その不動産は投資価値があるとみなされる

ＩＲＲ法 （内部 収益率法）	・不動産から得られる**内部収益率**と投資家が期待する収益率（期待収益率）を比較して、投資をすべきかどうかを判定する方法 ・**内部収益率**が投資家の**期待収益率**よりも**上回れば**採算が取れる有効な投資とみなされる

【ＤＣＦ法による不動産の評価額】

ケース

次の場合のＤＣＦ法による不動産の評価額はいくらか。

・不動産からの収入（毎期）　500万円
・所有期間（3年）経過後の不動産価格　6,000万円
・割引率　3%

解　答

まず、1年目から3年目までの各期の収入と不動産価格を**割引率**で割って、**現在価値**に割り戻し、算出した金額を合計する。

投資期間	1年目	2年目	3年目	売却価格
収益	500万円	500万円	500万円	6,000万円
計算方法	500 ÷1.03	500 ÷$(1.03)^2$	500 ÷$(1.03)^3$	6,000 ÷$(1.03)^3$
現在価値	485万円	471万円	457万円	5,490万円

※現在価値は千円以下切り捨て

評価額＝485万円＋471万円＋457万円＋5,490万円
　　　＝6,903万円

3　不動産の投資判断 計算

不動産事業の採算性をみる指標には、**表面利回り（単純利回り）**、**NOI利回り（純利回り）**、**キャッシュ・オン・キャッシュ**（自己資金に対する収益力）などがあります。

用語

内部収益率
投資期間中の収益の現在価値の合計と、保有期間終了後の不動産価格の現在価値の合計が、初期投資額と等しくなる割引率

ココが出る

投資家の不動産収益について、借入金の利子より投資家の期待する収益（不動産の収益率）の方が高ければ、借入金により投資を行うことで、自己資金に対する投資利回りをより上昇させることができます。このような効果を**レバレッジ効果**といいます。

用語

キャッシュ・オン・キャッシュ
投資した自己資金の額に対する費用を差し引いた手取額の割合を表したもの

ココが出る

NOI利回り（純利回り）の出題が多くなっています。

①表面利回り（単純利回り）（%）

$$=\frac{\text{年間収入の合計額}}{\text{総投資金額（自己資金＋借入金）}}\times 100$$

②NOI利回り（純利回り）（%）

$$=\frac{\text{年間収入の合計額}-\text{諸経費}}{\text{総投資金額（自己資金＋借入金）}}\times 100$$

③キャッシュ・オン・キャッシュ（自己資金に対する収益力）（%）

$$=\frac{\text{収入}-\text{支出}}{\text{自己資金}}\times 100=\frac{\text{現金手取額}}{\text{自己資金}}\times 100$$

ケース

取得した不動産5,000万円、賃貸収入（年）500万円、年間経費100万円、自己資金2,000万円、銀行借入3,000万円（年間借入金返済額200万円）の場合の、表面利回りとNOI利回り、およびキャッシュ・オン・キャッシュはいくらか。

解答

●表面利回り（単純利回り）

$$=\frac{\text{500万円}}{\text{2,000万円}+\text{3,000万円}}\times 100=10\%$$

●NOI利回り（純利回り）

$$=\frac{\text{500万円}-\text{100万円}}{\text{2,000万円}+\text{3,000万円}}\times 100=8\%$$

●キャッシュ・オン・キャッシュ

$$=\frac{\text{500万円}-\text{100万円}-\text{200万円}}{\text{2,000万円}}\times 100=10\%$$

重要度 ★★★

3 不動産の取引

学習項目
- 3つの媒介契約
- 手付金の性格
- 契約不適合責任
- クーリング・オフ

1 宅地建物取引業法

1 宅地建物取引業の基本

宅地建物取引業とは、以下の取引を**不特定多数**の者に対して、**反復継続**して行うことをいいます。

宅地建物取引業の内容

- 自らが土地や建物の売買や交換を行う
- 第三者が土地や建物の売買・交換・貸借を行う場合にその代理をする
- 他人間の土地や建物の売買・交換・貸借の媒介（ばいかい）（仲介）を行う　など

2 宅地建物取引業者（不動産業者）

不動産の取引を業として行う者を**宅地建物取引業者**といい、宅地建物取引業の免許を受けることが必要です。

また、宅地建物取引業を営むためには事務所に**5人に1人**の割合で**宅地建物取引士**を置かなければなりません。

不動産の売主や買主などが宅地建物取引業者に仲介を依頼する場合は、媒介契約を結ぶ必要があります。

なお、不動産取引に関する重要事項説明書（35条書面）および契約をしたときに交付する書面である契約締結時交付書面（37条書面）への宅地建物取引士の押印義務は廃止されました。記名（電子署名）は必要です。また、これらの書面の交付については、相手方の承諾を得た上で、電磁的記録による方法（メールやWEBからダウンロード）による交付が可能になっています。

間違えやすいポイント！

保有する建物を自らが**貸主**となって他人に**賃貸**する場合は宅地建物取引業にはあたりませんので宅建業の免許は不要です。

間違えやすいポイント！

不動産の売買契約や賃貸借契約は当事者間の合意による諾成契約なので、契約書がなくても契約は有効です。

ココが出る

宅地建物取引業の免許には2つあり、1つの都道府県のみに事務所を置く場合は都道府県知事の免許、2つ以上の都道府県に事務所を置く場合は国土交通大臣の免許が必要です。

宅地建物取引士の業務内容

- 宅地建物取引士は原則、**売買契約の成立前**に取引士証を提示し、宅地建物取引業法第35条に規定する「重要事項説明書（35条書面）」を交付して説明する
- 「重要事項説明書」へ記名する
- 契約を締結したときに交付する書面（37条書面）に記名する

間違えやすいポイント!

専任媒介契約、専属専任媒介契約で**3か月**を超える契約を結んだ場合でも、**契約の有効期間**は**3か月**になります。契約は無効にはなりません。

3 媒介契約 重要

媒介契約には3種類あり、いずれも**書面**で契約を行います（媒介契約書はWEBからダウンロードするなどの電磁的交付も可能）。一般媒介契約と専任媒介契約では、自分で取引の相手を見つけること（自己発見という）も可能です。

なお、専任媒介契約では**2週間に1回**以上、専属専任媒介契約では**1週間に1回**以上、宅地建物取引業者は業務の進捗状況を依頼者へ報告しなければなりません。

媒介契約の種類と概要 重要

		一般媒介契約	専任媒介契約	専属専任媒介契約
依頼方法	業者	複数の業者に**依頼可能**	複数の業者に**依頼不可**	複数の業者に**依頼不可**
	自己発見	**可能**	**可能**	**不可**
契約期間（有効期間）		特になし（自由）	**3か月以内**	**3か月以内**
依頼者への報告義務		なし	**2週間に1回以上**	**1週間に1回以上**
指定流通機構への物件情報の登録		なし	契約日の翌日から7営業日以内	契約日の翌日から5営業日以内

4 報酬の限度額

宅地建物取引業者の受け取る報酬（仲介手数料） ※空家の売買は除く

	売買代金	報酬限度額（別途、消費税がかかる）
売買・交換の媒介の場合	200万円以下の場合	売買代金×5％

	200万円超 400万円以下	売買代金×4%+20,000円
	400万円超	売買代金×3%+60,000円
売買・交換の代理の場合	限度額は媒介の場合の金額の**2倍**まで	
賃貸借の媒介・代理の場合	貸主と借主の双方からあわせて賃借料の**1か月分+消費税以内** (貸主と借主の各々から1か月分+消費税の仲介手数料を受け取れるわけではない)	

宅地建物取引業者が、不動産物件の売買等を行う場合、依頼者の一方から受け取ることができる報酬の限度額は前記の表のように定められています。なお、宅地建物取引業者が不動産物件の**売主**になる場合は、仲介手数料は**受領できません**。

2 売買契約に関する留意事項

1 建物の床面積の表示 重要

一般的にマンションなどの区分建物の場合、パンフレットなどの床面積は、壁の厚さの中心で測った**壁芯面積**(へきしんめんせき)で表示されています。また、登記されている面積は壁の内側で測った**内法面積**(うちのりめんせき)で表示されています。このため、パンフレットに掲載されている面積(壁芯面積)の方が大きくなります。一方、一戸建て等の建物の登記記録では、床面積は**壁芯面積**で表示されています。

なお、土地の売買契約では「土地の登記記録の面積と実測面積が違っていた場合、売買代金を調整できますが、その差に基づいて売買代金を調整しない」とする特約は有効です。

用語(前ページ)

指定流通機構
不動産物件の売買が正確かつ迅速に成立することを目的に設立された、国土交通大臣が指定する不動産流通機構で、レインズと呼ばれる。業者は、**専任媒介契約**及び**専属専任媒介契約**の場合、物件情報を一定期間内に指定流通機構に**登録する**義務があります。

ココが出る

不動産の売買において、**土地**には消費税は課されませんが、**建物**の売買には課税されます。ただし、個人が**居住用住宅**(投資用マンション等は除く)を売却する場合には消費税は課されません。

区分建物の床面積の表示

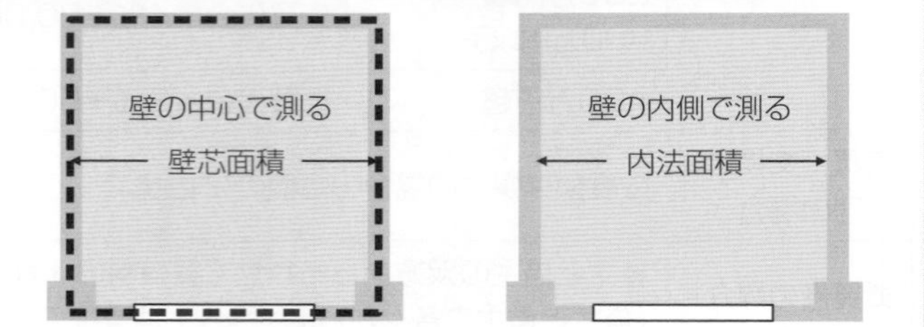

2　手付金

手付金とは、売主と買主の間の契約成立を確認するために、買主から売主に支払われるお金（解約手付）で、申込金などとは異なり、代金の一部に相当します。

手付金のポイント　重要

- 相手方が契約の履行に着手するまでは、買主は手付金を放棄することで、売主はその倍額を買主に払う（提供する）ことで、契約を解除できる
- 宅地建物取引業者が売主で、宅地建物取引業者以外が買主の場合、売買代金の2割を超える手付金を受け取ることはできない
- 宅地建物取引業者は、手付金を貸し付けたり、手付金を分割払いや後払いにして、契約を勧誘することはできない

3　契約不適合責任（瑕疵担保責任）

民法上、**契約不適合責任**（瑕疵担保責任）とは、契約の目的物の種類や品質などに契約内容に適合しない箇所（瑕疵）があった場合、売主が買主に対して負う責任（物件の修復、損害賠償、契約の解除）のことです。売主は契約内容に不適合な箇所（瑕疵）があったことについて、原則として、過失があったかどうかに関係なく賠償責任を負うとされています（**無過失責任**）。

契約内容に不適合があった場合、買主には以下の権利が生じます。

間違えやすいポイント！

建物の登記されている床面積は、区分建物以外（一戸建てなど）は**壁芯面積**、区分建物は**内法面積**で表示します。両方とも部屋等を真上から見たときの面積で計算します（これを**水平投影面積**という）。

用語

契約の履行の着手
売主は物件の引渡しや所有権の移転登記をすること、買主は代金の全部または一部の支払いをすること

間違えやすいポイント！

解約手付が交付された場合の契約解除は、相手方が契約の履行に着手するまでであれば相手方の承諾がなくても可能です。相手方が契約の履行に着手した後では、買主は手付金を放棄しても、売主は手付金の倍額を支払っても、契約は解除できません。

間違えやすいポイント！

不動産の売買契約を媒介した宅建業者が契約不適合責任（瑕疵担保責任）を負うことはありません。

買主の権利

追完請求権	物件の補修や契約内容にあった物件（代替物）を要求することができる
代金減額請求権	補修や代替物の引渡しがない場合、代金の減額を請求できる
契約解除	契約を解除することができる
損害賠償請求	売主に原因がある場合、損害賠償請求できる

契約不適合責任のポイント 重要

- 原則、買主は目的物の種類や品質に関して、契約に不適合な箇所があった場合に、不適合な箇所があったことを知った日から1年以内に売主に契約内容に適合していないことを通知することで、売主の責任を追及することが可能になる。ただし、売主が契約内容に不適合があることを事前に知っていた場合や重大な過失により知らなかった場合は、売主への通知に関する期間の制限がなくなり、1年を経過した後の通知も有効となる
- 宅建業者が売主となる場合、契約不適合責任を免責する特約は無効になる

ココが出る

「住宅品質確保促進法」では、新築住宅の構造耐力上主要な部分や雨水の浸入を防止する部分については、引渡しから**10年間**は売主等は無償補修などの責任を負います。

4 危険負担

危険負担とは、買主と売主のどちらの責任でもなく、債務を履行することができなくなった場合に、どちらが債務を負担するか（どちらの責任とするか）ということです。

例えば、建物の**引渡しまでの間**に天災などの不可抗力で建物が損壊した場合、従来、民法では契約は有効とされ、特約がない場合、買主は売買代金を支払う必要がありました。しかし、民法の改正により、売主・買主の双方に責任がない場合であっても、買主が目的を達成できない場合には、特約がなくても買主は契約を解除できます（代金の支払いを拒むことができる）。結果的に建物等を引き渡すまでの間に、売

ココが出る

未成年者が法定代理人（親など）の同意なしに行った不動産の売買契約は、クーリング・オフに関係なく、**法定代理人**または**未成年者本人**は取り消すことができます。ただし、未成年者が自ら成年者であると相手方をだます行為があった場合は、取消しできません。

主にも買主にも責任がない自然災害等により建物が損壊したケースでは、買主は債務の履行（代金の支払い）を拒否でき、契約を解除できます。

5　不動産広告

不動産広告に関する注意点として、次のような点が挙げられます。

①取引に際し著しく不利な条件がある場合はそれを明示する

②最寄駅からの時間は、道路距離80mを徒歩１分に換算して表示する（１分未満の端数は切り上げて１分とする）。したがって、最寄駅から徒歩５分となっている場合、物件までの道路距離は320m～400m（最長で80m × ５分）の間となる

③パンフレットに表記されている専有部分の床面積は壁の中心で測った壁芯面積である

④専有面積にバルコニーの面積は含まれない（共用部分となる）

⑤「新築」と表示できるのは、建築後1年未満で、誰も住んだことのない物件に限られる

6　クーリング・オフ

間違えやすいポイント！

買主が宅建業者の場合や売主が宅建業者でない場合には、不動産売買契約のクーリング・オフは認められません。また、すでに物件の引渡しが終了し、代金を全額支払った場合もクーリング・オフはできません。

宅地建物取引業者（宅建業者）自ら売主として一般の個人の買主と土地・建物の売買契約を締結する場合、買主は原則として、クーリング・オフに関する書面を受け取ってから８日以内であれば書面で契約を解除できます。

クーリング・オフに関する書面による告知が宅建業者からなかった場合、建物等の引渡しを受け、代金を全額支払う前であれば、いつでもクーリング・オフできます。

クーリング・オフができない場合

- クーリング・オフに関する書面を受け取ってから8日を経過した場合
- 買主（一般の個人）が宅建業者の事務所内で契約等をした場合

重要度 ★★★

4 借地借家法

学習項目

- 普通借地権および3種類の定期借地権のポイント
- 普通借家権・定期借家権のポイント

1 借地権

借地借家法は、土地や建物を借りる者の保護を目的とし、土地や建物の貸し借りについて定めた法律です。借地権は普通借地権と定期借地権に大きく分けられます。

1 普通借地権（普通借地契約）

普通借地権とは、建物の所有を目的に土地を借りる権利のことです。青空駐車場や資材置き場など建物の所有を目的としていない場合は、借地借家法は適用されません。地主（借地権設定者）に正当な事由がない限り、建物がある場合には借地人（借地権者）が望めば同一条件で契約が更新されます。借地人が借地上の建物と借地権を第三者に譲渡するときは、原則として地主の承諾が必要です。

普通借地権（普通借地契約）の概要 重要

存続期間（そんぞくきかん）	当初は**30年**（期間の定めのない場合や30年より短い期間を定めた場合の存続期間は**30年**） ※地主と借地人が合意した場合、30年を超える期間を定めることも可能
契約方式	**書面の必要なし（口頭でも可能）**
利用目的	建物の用途は制限なし（居住用でも事業用でもよい）
更新期間	・期間満了時に**建物がある場合**、原則、**同一条件で更新される**（建物がない場合、更新はない） ・最初の更新期間は**20年以上**、２回目以後は**10年以上**の単位で更新される
中途解約	特約がなければ中途解約はできない
特徴	更新しない場合は借地人には、地主に対して**建物の買取を請求する権利（建物買取請求権）**がある

ココが出る

借地権について登記していなくても、**借地上の建物の登記**を行えば、借地権についても第三者に対して対抗する（自分の権利を主張できる）ことができます。（例）地主が代わった場合に、借地人が建物を登記していれば、借地権を登記していなくてもその土地を継続して借りることができます。

用語

建物買取請求権
契約の更新がない場合に地主に対して、借地人が借地上の建物の時価での買取を求める権利

間違えやすいポイント！

借地人の**債務不履行**により契約解除になった場合は、建物買取請求は認められません。

普通借地権の存続期間と更新期間

当初の存続期間（最短30年）	1回目の更新（最短20年）	2回目の更新（最短10年）	3回目の更新（最短10年）	→

※なお、存続期間とは権利が有効とされる期間のことです。

ココが出る
3つの定期借地権の存続期間、契約方式、利用目的を中心に覚えておきましょう。利用目的は、事業用定期借地権のみ、事業用に限定されています。

2 定期借地権（定期借地契約）

定期借地権とは、定められた契約期間で借地契約が終了し、その後は契約の**更新がない**借地権のことです。定期借地権には、**一般定期借地権**、**建物譲渡特約付借地権**、**事業用定期借地権**の３種類があります。存続期間が満了した場合、原則、更地で返還します。

定期借地権の種類と概要 重要

	一般定期借地権	建物譲渡特約付借地権	事業用定期借地権
存続期間	50年以上	30年以上	10年以上50年未満※2
契約方式	書面（公正証書以外でもよい）※1	定めなし（書面の必要なし）	**必ず公正証書**
利用目的	制限なし（居住用も事業用も可能）	制限なし（居住用も事業も可能）	**事業用のみ**（社宅を含め**居住用建物**は不可）
特徴	・契約の更新はない ・**建物買取請求権がない**	・契約の更新はない ・終了時に地主が借地人から建物を買い取る	・契約の更新はない ・建物買取請求権がない
返還方法	原則、更地にて返還	建物を譲渡し、土地を地主に返還	更地にて返還

※1一般定期借地権の契約は公正証書などの書面による方式以外に、電磁的記録による方法も可能

※2事業用定期借地権の存続期間は、10年以上～30年未満（事業用借地権）と30年以上～50年未満（事業用定期借地権）がある

2 借家権

借家権とは、他人の建物を借りる権利のことで**普通借家権**と**定期借家権**があります。

1 普通借家権（普通借家契約）

普通借家権は、建物の賃借権のことです。用途は原則として限定されていません。

普通借家権（普通借家契約）の概要 重要

契約と存続期間	・契約は**口頭でも書面**でも可能（電磁的記録による契約も可能） ・期間は**1年以上**（1年未満の期間を定めると**期間の定めのない契約**となる）
契約の更新	通常契約期間が終了しても、賃貸人（大家）が**正当な事由**で拒絶しなければ、同一条件で**自動更新される**
中途解約	・**賃貸人**（大家）が契約を解約するには、**期間満了の1年から6か月前**までに**正当な拒絶事由**をもって通知しなければならない（正当な事由である場合、6か月経過後に契約は終了する） ・賃借人（借主）は**3か月前**までに申し入れすれば、正当な理由がなくても契約を解約できる
使用の継続	賃貸借の終了後、賃借人（借主）が使用を継続している場合で、賃貸人（大家）が異議を述べない場合には、継続して使用できる（これまでと同一の条件で契約が更新される）

（1）造作買取請求権（ぞうさくかいとり）

造作買取請求権とは、賃貸人（大家）の同意を得て賃借人（借主）が建物に取り付けた造作物（エアコンやインターネット機器等）を契約期間満了時に賃貸人に時価で買い取るよう

間違えやすいポイント！

定期借地権の契約方式については、事業用定期借地権以外の契約については、電磁的記録により契約が可能ですが、事業用定期借地権については必ず**公正証書**で契約します。

ココが出る

建物譲渡特約付借地権では、期間満了後も借地人が建物を使用している場合、期間の定めのない賃借契約として使用することが可能です。

間違えやすいポイント！

①親が自分の土地を子どもに無償で貸し付けるなど（**使用貸借**）の場合は、借地借家法は適用されません。
②建物がない駐車場や中古車展示場など臨時の施設や一時的な使用については、建物の所有を目的としないので、借地借家法は適用されません。

に請求できる権利のことをいいます。なお、普通借家契約では、契約時に賃貸人が賃借人に造作買取請求権を放棄させる旨の特約を付けることが可能です。

（2）原状回復義務

原状回復義務とは、借主が、契約終了時に部屋などを契約時の状態に戻して貸主に返還すべき義務のことです。借主は、通常の使用による住居の損耗（時間の経過による冷蔵庫の後ろの壁の汚れなどの経年変化）については原則として原状回復義務を負いませんが、故意・過失による損耗については原状回復義務を負います。

普通借家権のポイント 重要

- 賃借人（借主）は**建物の引渡し**を受けていれば（入居していれば）、建物の賃借権を登記していなくても賃借権を第三者（新しい大家）に対抗できる（そのまま住み続けることができる）
- 賃貸人（大家）は建物の使用等に必要な修繕義務を負い、賃借人（借主）が修繕費を支払った場合は賃貸人（大家）にその費用を請求できる
- 普通借家契約では、借主に不利になるような特約（賃料を値下げしないなど）は無効となる。一方、**定期借家契約**の場合は、建物の賃料の増減に関する特約は、借主に不利になる場合であっても有効

2　定期借家権（定期借家契約）

定期借家権とは、契約期間の満了時に**更新がなく**、一定期間で契約が終了する建物の賃貸借契約です。

定期借家権（定期借家契約）の概要 重要

契約と存続期間	・**書面**または電磁的記録により契約を行う（公正証書でなくてもよい） ・存続期間の制限はなく自由で、**1年未満**も可能 ・賃貸人（大家）は賃借人（借主）に対し、契約の更新がなく期間満了により賃貸借が満了することを、あらかじめ書面等を交付し説明しなければならない
契約の更新	・期間満了により更新しない ・存続期間が**1年**以上の場合は、期間満了の1年から**6か月前**までに「期間満了により契約が終了する」旨の通知が必要。賃貸人（大家）がこの通知を怠った場合、賃借人（借主）は現在の借家条件で建物を使用し続けることが可能
中途解約	原則、中途解約はできない 例外 居住用（賃貸部分の床面積が**200㎡未満**の場合）に限り、転勤等のやむを得ない事情であれば、**1か月前**までであれば賃借人（借主）からの中途解約は可能
利用目的	特に制限はなく、居住用や**事業用**でも可能

3　賃料の増減額請求

定期借家契約において、その賃料が、近隣の同種の建物の賃料に比較して不相当となっても、賃貸借期間中は**減額**しないとする特約は有効です。一方、普通借家契約では**無効**です。なお、賃料を**増額**しない旨の特約は定期借家契約・普通借家契約ともに**有効**です。

間違えやすいポイント！

定期借家権では、期間満了の1年から6か月前までに「期間満了により契約が終了する」旨の通知を行えば、賃貸人（大家）側から**正当な事由がなくても**契約を終了させることができます。

間違えやすいポイント！

普通借家権・定期借家権では、契約時に賃貸人（大家）が賃借人（借主）に**造作買取請求権を放棄させる旨の特約**を付けることは可能です。注意しましょう。

ココが出る

定期借家契約において、賃借人は、その建物の賃借権の登記をしていなくても、建物の引渡しを受けていれば、その建物の権利を取得した者に対して建物の賃借権を対抗することができます。

重要度 ★★

5 都市計画法

学習項目
- 都市計画法の概要（市街化区域と市街化調整区域の違い）
- 開発許可制度の内容

1 都市計画法

ココが出る
都市計画区域は**都道府県知事**が指定しますが、都市計画区域が2つ以上の都道府県にわたる場合は**国土交通大臣**が指定します。

都市計画法とは、健康で文化的な生活ができるように、計画的な市街地開発の基本的なあり方を定めた法律です。都市計画法によって、国土は都市計画区域、準都市計画区域とそれ以外の区域に分けられています。

1 都市計画区域

都市計画区域とは、健全で秩序ある都市として総合的に整備や開発などを行う必要がある区域のことです。

国土の分類

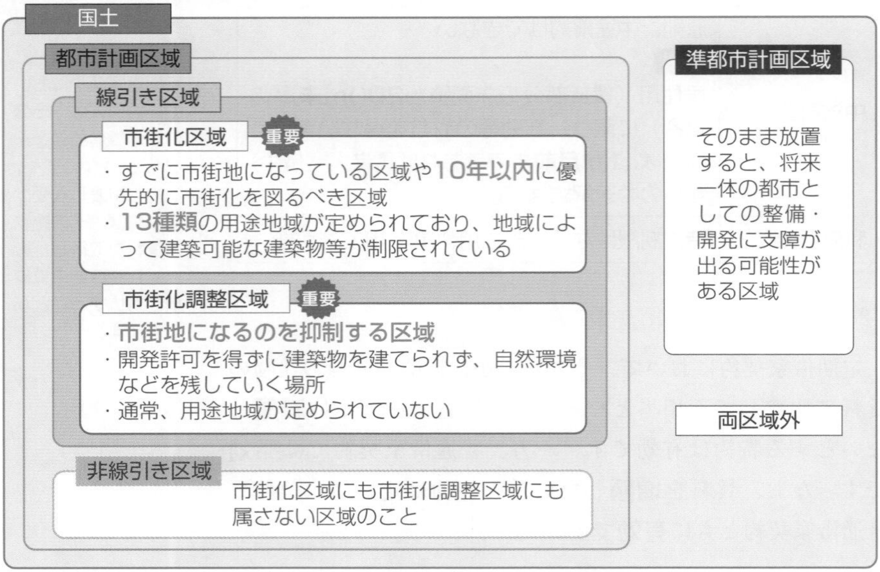

国土
都市計画区域
線引き区域
市街化区域
重要
・すでに市街地になっている区域や10年以内に優先的に市街化を図るべき区域
・13種類の用途地域が定められており、地域によって建築可能な建築物等が制限されている
市街化調整区域
重要
・市街地になるのを抑制する区域
・開発許可を得ずに建築物を建てられず、自然環境などを残していく場所
・通常、用途地域が定められていない
非線引き区域
市街化区域にも市街化調整区域にも属さない区域のこと
準都市計画区域
そのまま放置すると、将来一体の都市としての整備・開発に支障が出る可能性がある区域
両区域外

なお、都市計画区域の中には、**市街化区域**と**市街化調整区域**に線引き（区域区分）されている**線引き区域**と、線引きされていない**非線引き区域**があります。政令指定都市では必ず区域区分を定める（市街化区域または市街化調整区域に区分する）こととされています。

2 準都市計画区域

現状のままでは将来的に都市としての整備・開発などに支障が生じる可能性がある区域として、都道府県が指定する区域のことです。

3 用途地域

建築物の用途が制限される地域のことで、住居系、商業系、工業系併せて**13種類**の用途地域があります。

用途地域では、建築基準法等によって建築物の用途の他にも、容積率、建蔽（べい）率、高さ制限などの規制があります。

2 開発許可制度

都市計画区域内等で**開発行為**を行う場合、事前に**都道府県知事**の許可が必要です。ただし、市街地再開発事業および**土地区画整理事業**として行う開発行為については、都道府県知事の許可は**不要**です。

ココが出る

市街化区域では用途地域が定められています。通常、市街化調整区域では定められていません。

ココが出る

準都市計画区域は、都市計画区域と異なり、**市街化区域**と**市街化調整区域**の区分はありません。

参照

用途地域

☞**5章6**

用語

開発行為

主に建築物、または特定工作物（ゴルフコースおよび野球場、テニスコート、陸上競技場、遊園地、動物園など）を建設する目的で土地を整理したり、造成することをいう（土地の区画形質の変更を行うこと）

用語

土地区画整理事業

道路や公園などをつくり、住みやすい環境を整備すること

区域別の都道府県知事の許可の有無

区域	許可の内容
市街化区域内 重要	・**1,000㎡以上**（3大都市圏の既成市街地等は**500㎡**以上）の開発行為は許可が**必要**
・都市計画区域の非線引き区域 ・準都市計画区域	・**3,000㎡以上**の開発行為は許可が**必要**
市街化調整区域（市街化区域外）	・原則、都道府県知事の**許可が必要** ・ただし、農業・林業・漁業用の施設（畜舎、サイロなど）や、農林漁業を営む者の住居を建築するための開発行為は**許可が不要**

開発許可制度のその他のポイント

- 開発許可を受けた土地であっても、原則として建築物を建築する場合には**建築基準法**の**建築確認**が必要
- 開発許可を受けた土地であっても、開発行為の工事完了の**公告**（工事が終了したことの宣言）があるまでは、原則として建築物の建築はできない
- 開発行為の工事完了の公告がある前でも、その土地を譲渡することはできる

重要度 ★★★

6 建築基準法

学習項目
- 用途地域の用途制限
- 建蔽率と容積率の基本と計算

1 用途制限

建築基準法とは、建築物の敷地、構造や用途に関する基準を定めている法律です。建築基準法では、各用途地域に建築できる建物を以下のように制限しています。

用途地域（13種類）の用途制限の例 重要

○建築可能、×建築不可、△制限あり

用途地域＼建物の用途	住居系								商業系		工業系		
	第一種低層住居専用地域	第二種低層住居専用地域	田園住居地域	第一種中高層住居専用地域	第二種中高層住居専用地域	第一種住居地域	第二種住居地域	準住居地域	近隣商業地域	商業地域	準工業地域	工業地域	工業専用地域
神社・教会・寺院・診療所・公衆浴場・保育所	○	○	○	○	○	○	○	○	○	○	○	○	○
住宅・老人ホーム・図書館	○	○	○	○	○	○	○	○	○	○	○	○	×
幼稚園・小学校・中学校・高等学校	○	○	○	○	○	○	○	○	○	○	○	×	×
大学・各種専門学校等・病院	×	×	×	○	○	○	○	○	○	○	○	×	×
カラオケボックス・パチンコ店	×	×	×	×	×	×	○	○	○	○	○	○	○
ナイトクラブ・キャバレー	×	×	×	×	×	×	×	×	×	○	○	×	×
ホテル・旅館	×	×	×	×	×	△	○	○	○	○	○	×	×

○…特定行政庁の許可がなくても建築可能

△…ホテル・旅館を第一種住居地域に建てる場合、3,000㎡以下の場合は可能

ココが出る

住宅は工業専用地域のみ、建築できません。また、工業専用地域、工業地域では、学校は建築できません。覚えておきましょう。

用途制限のポイント 重要

- 建築物が２つ以上の用途地域にまたがる場合は、面積が過半を占める用途地域の制限が適用される
- 神社・教会・寺院・診療所・公衆浴場・保育所はすべての地域で建設可能
- 現在、床面積が１万㎡を超える大規模集客施設（ショッピングモールなど）の建設は都市計画法により近隣商業地域、商業地域、準工業地域に限定されている

2 道路に関する制限

1 建築基準法上の道路 重要

【原則】

建築基準法上の道路とは、幅員（ふくいん）（道路の幅）が4m以上（特定行政庁が指定する区域では6m以上）ある道路のことをいいます。

【例外（２項道路（にこうどうろ））】

建築基準法が適用された際にすでに建築物が立ち並んでいた幅員４ｍ未満の道路で、特定行政庁が指定した道路（２項道路という）も例外として建築基準法上の道路に含まれます。

この場合、原則として道路の中心線から水平距離で２ｍずつ両側の敷地の方に後退した線が、道路と敷地の境界線とみなされます。この敷地の後退部分をセットバックといい、その部分は道路とみなされます。

ココが出る

２項道路では、道路の中心から、原則両側に２ｍ後退した部分が道路と敷地の境界線となり、後退した部分（セットバック部分）には、建物を建築できず、建蔽率や容積率を算定する際の敷地面積に算入することもできません。

【幅員３mの道路のセットバックの例】

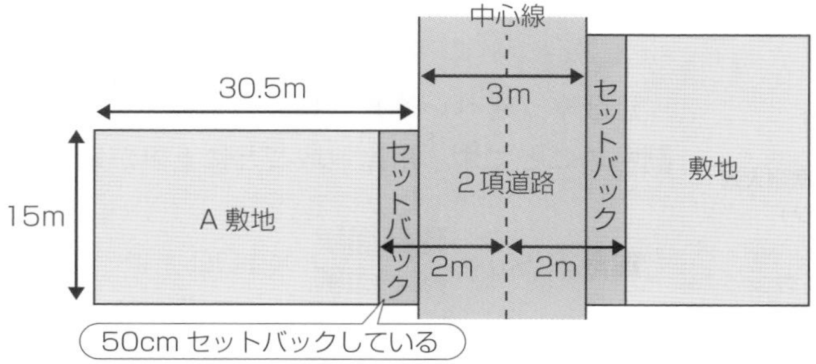

２項道路に接する場合の敷地と道路の境界線は、図のように道路の中心から水平距離で**２m**の線になる。建物を再建築する場合、A敷地の面積は、セットバック部分の50cmを除いた15m×(30.5m−0.5m)＝450㎡になる。

【敷地の反対側が河川やがけの場合のセットバックの例】

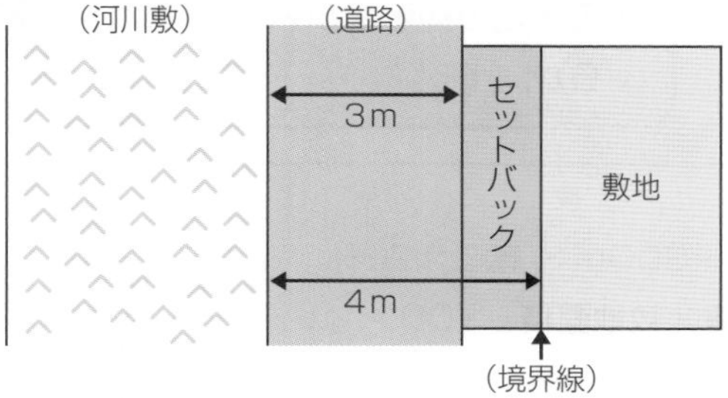

この場合、河川敷側へはセットバックできないので、河川側から４m（このケースでは敷地側に１mセットバック）のところが道路と敷地の境界線になる。

2 接道義務

建築物の敷地は、原則として幅員**４m以上の道路**（自動車専用道路は除く）に**２m以上**接していなければならないとされています。これを**接道義務**といいます。

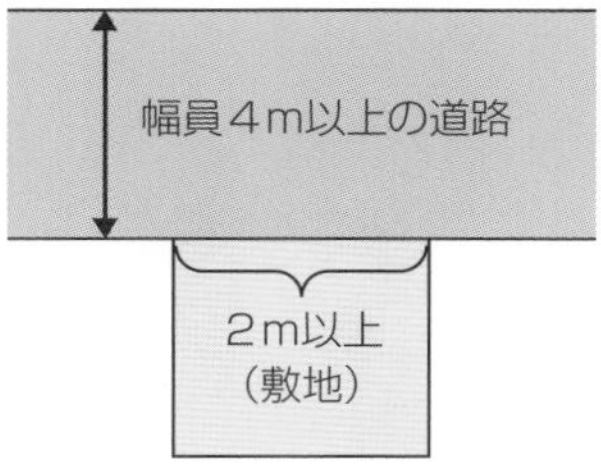

ココが出る

建築物の周囲に広い空地がある場合や利用者が少数であるなど、特定行政庁が安全に支障がないと認めた場合は、接道義務は適用されません。

3 建蔽率（けんぺいりつ） 計算

1 建蔽率とは

建蔽率（建ぺい率）とは、敷地面積に対する**建築面積の割合**のことです。用途地域ごとに上限が定められています。

建蔽率(%)＝建築面積／敷地面積×100

最大建築面積＝敷地面積×建蔽率

ケース

敷地面積が300㎡の土地に、建築面積210㎡の建物を建てた場合の建蔽率はいくらか。また、敷地面積が300㎡の土地の建蔽率が70%であれば、最大建築面積はいくらか。

解　答

建蔽率＝210㎡÷300㎡×100＝70%

建築面積＝建蔽率×敷地面積÷100

＝70%×300㎡＝210㎡

∴最大建築面積は210㎡

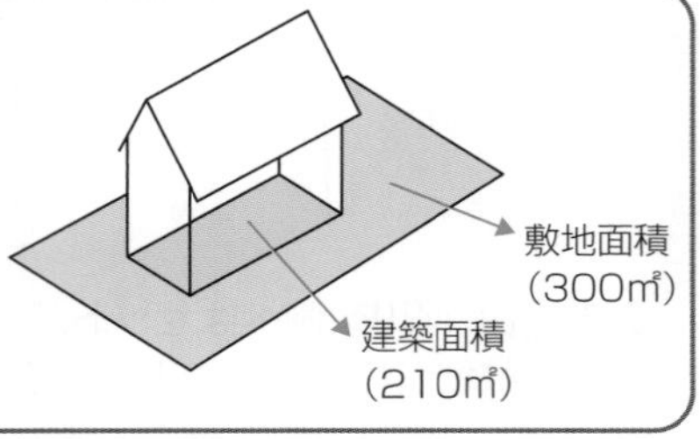

用語

耐火建築物と準耐火建築物（次ページ）

- 耐火建築物とは耐火構造（鉄筋コンクリート造り等）になっており、防火に関する基準（延焼と倒壊の防止）を満たしている建物
- 準耐火建築物とは壁や柱などの主要構造部に耐火建築に準ずる耐火性能があると認められる建物

2 建蔽率の上限と緩和 重要

建蔽率は、用途地域ごとに上限が定められていますが、以下の場合は上限が緩和（加算）されます。

建蔽率が緩和される場合

10%または20%緩和	**特定行政庁**が指定する**角地**にある建築物の場合	10%加算
	防火地域内で**耐火建築物**を建てる場合、または**準防火地域**内で耐火建築物や**準耐火建築物**を建てる場合	10%加算
	上記の両方に該当する場合	合計**20%**加算
制限がなくなる	近隣商業地域や商業地域内など建蔽率が80%の地域の防火地域内で耐火建築物を建てる場合	建蔽率が100%になる

3 敷地が建蔽率の異なる地域にわたる場合 計算

建物の敷地が**建蔽率の異なる地域**にわたっている場合には、それぞれの建蔽率とそれぞれの地域に属する面積の**加重平均（按分計算）**で求めます。

ケース

建蔽率の異なる土地(300㎡・建蔽率60％と、200㎡・建蔽率50%）にわたって建物を建築する場合の建蔽率と最大建築面積はいくらか。

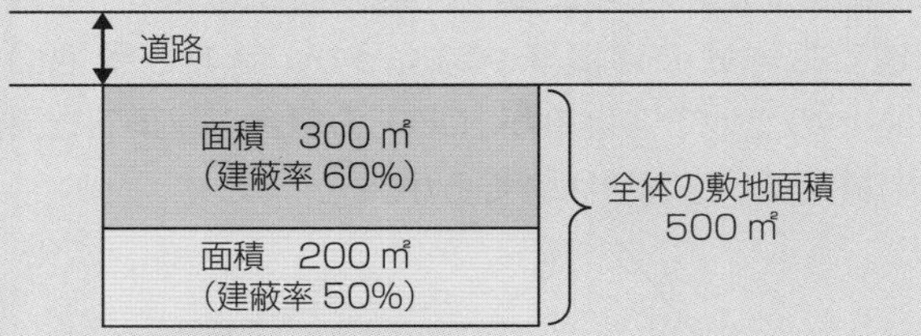

用語

防火地域と準防火地域

- 防火地域は主に住宅密集地や商業地などの市街地の中心部で、建築できる建物に制限がある地域のこと
- 準防火地域は、一般的には防火地域の周辺地域のことで、防火地域よりは規制が緩やか
- なお、都市計画区域内においては、用途地域の内外を問わず、防火地域や準防火地域を指定することができる

間違えやすいポイント！

敷地が防火地域内と地域外にわたる場合には、敷地内の建物の全部が**耐火建築物**であれば、その敷地内はすべて**防火地域内**にあるものとして**建蔽率**が緩和されます。

解答

建蔽率60%の土地　300㎡×60%＝180㎡……①
建蔽率50%の土地　200㎡×50%＝100㎡……②

最大建築面積　①＋②＝180㎡＋100㎡＝280㎡
建蔽率　（180㎡＋100㎡）÷（300㎡＋200㎡）×100＝56%

4 容積率 計算

1 容積率とは

容積率とは、敷地面積に対する建築物の**延べ面積**（＝**延べ床面積**）の割合をいい、用途地域ごとに上限が定められています（指定容積率という）。

間違えやすいポイント！

建蔽率は一定の条件に該当すれば上限が緩和されますが、**容積率**は特定行政庁の指定する角地に建物がある場合や防火地域内で耐火建築物を建てる場合などでも緩和されることはありません。注意しましょう！

容積率(%)＝$\frac{\text{建築物の延べ床面積}}{\text{敷地面積}}$×100

最大延べ床面積＝敷地面積×容積率

ケース

敷地面積が300㎡の土地に、延べ床面積600㎡の建物を建てた場合の容積率はいくらか。また、敷地面積300㎡の土地で容積率が200%の場合、建築できる建物の最大延べ床面積はいくらか。

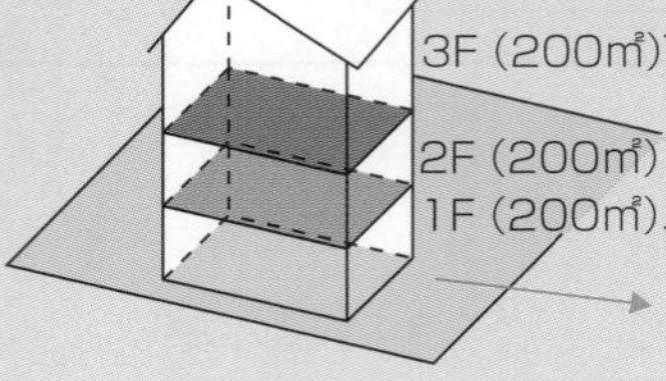

間違えやすいポイント！

共同住宅の共用の**廊下、階段**および**エレベーターの昇降路**の床面積は、容積率を算出する際の延べ床面積には算入しません。

解　答

容積率＝建築物の延べ床面積÷敷地面積×100

　＝600㎡÷300㎡×100＝200%

最大延べ床面積＝容積率×敷地面積

　＝200%×300㎡＝600㎡

2　前面道路の幅員による容積率の制限 重要

敷地が接する前面道路の幅員が**12m未満**である場合には、用途地域ごとに定められている容積率（指定容積率）と、以下の計算で求められる数値の**少ない方**（制限の厳しい方）**の容積率**を用います。

※前面道路の幅員が12m以上ある場合は、指定容積率を用います。

住居系用途地域の場合
…**前面道路の幅員×10分の4**

住居系用途地域以外の場合
…**前面道路の幅員×10分の6**

間違えやすいポイント！

・敷地が2つの道路に接している場合、幅**の広い方**が前面道路になります。

・幅員4m未満の2項道路の場合、セットバックした部分も含めて、その道路の幅員とみなされます。

ケース

以下の敷地に建物を建てる場合の最大延べ床面積はいくらか。

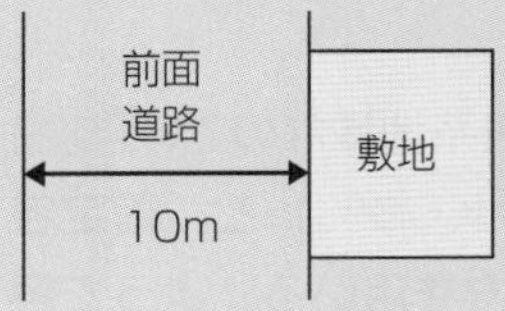

第二種住居地域で指定容積率　300%
敷地面積　200㎡

解　答

前面道路の幅員（10m）に住居系用途地域の乗率（10分の4）を掛けると、

$$10m \times \frac{4}{10} \times 100 = 400\%$$

指定容積率の300%の方が少ないので、300%が適用される。したがって、最大延べ床面積は

300%×200㎡÷100＝600㎡

3　敷地が容積率の異なる地域にわたる場合 計算

建物の敷地が容積率の異なる地域にわたっている場合には、加重平均（按分計算）して求めます。

ケース

容積率の異なる以下の土地にわたって建物を建築する場合の、容積率の上限と最大延べ床面積はいくらか。

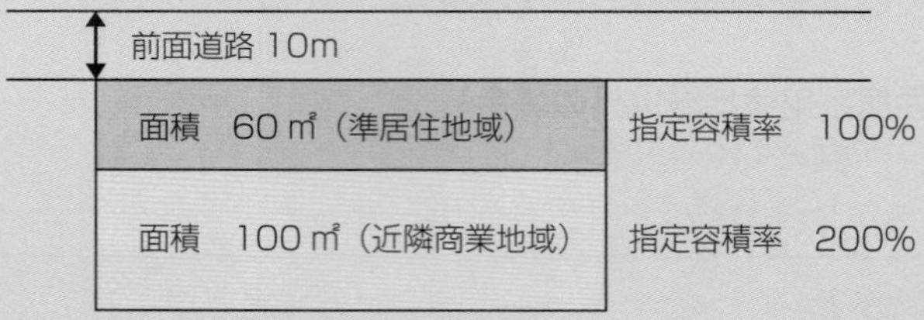

解　答

【準居住地域】

指定容積率が100%の土地は住居系地域なので、「前面道路の幅員10m×$\frac{4}{10}$×100＝400%」と、指定容積率の100%を比較して少ない方を用いる。よって容積率は100%になる。

60㎡×100%＝60㎡……①

【近隣商業地域】

指定容積率が200%の土地は商業系地域（住居系以外）なので、「前面道路の幅員10m×$\frac{6}{10}$×100＝600%」と、指定容積率の200%を比較して少ない方を用いる。よって容積率は200%になる。

100㎡×200%＝200㎡……②

【最大延べ床面積】

①＋②＝60㎡+200㎡＝260㎡

【容積率】

260㎡÷(60㎡＋100㎡)×100＝162.5%

4　容積率の面積不算入

以下の部分は、建築物の延べ床面積に算入しないで計算することができます。

延べ床面積に不算入となる部分

共同住宅の共用廊下・階段部分	すべて不算入
エレベーターの昇降路部分	すべて不算入
住宅の地階（地下室）	最大で延べ床面積の**3分の1**まで不算入

5 建築基準法のその他のポイント

間違えやすいポイント！

規制等が異なる地域にわたり建物を建築する場合に、以下の点に注意しましょう。

①用途制限の異なる地域にわたって建物を建てる場合は、**面積が過半**を占める方の用途制限が適用される

②建蔽率・容積率が異なる地域にわたって建物を建てる場合は、**加重平均**して求める

③防火地域と準防火地域にわたって建物を建てる場合には、**厳しい方の規制（防火地域）**が適用される

1 防火地域内・準防火地域内で建築物を建てる場合の制限

(1) 防火地域内の制限

防火地域内で建築物を建てる場合、原則、耐火建築物等または準耐火建築物等としなければなりません。また、防火地域と準防火地域にわたり建物を建てる場合、建物の全部について**防火地域**（規制が厳しい方）の規制が適用されます。

防火地域内の建築物の制限

階数 （地下を含む）	延べ床面積 100㎡以下	延べ床面積 100㎡超
2階以下	耐火建築物等または準耐火建築物等	耐火建築物等
3階以上	耐火建築物等	耐火建築物等

(2) 準防火地域内の制限

準防火地域内で建築物を建てる場合、4階以上（地下を除く）の建物または延べ床面積が1,500㎡を超える建物は耐火建築物等にしなければなりません。

2 高さ制限と日影（にちえい（ひかげ））規制 重要

(1) 高さ制限（絶対高さ制限）

第一種低層住居専用地域、第二種低層住居専用地域および田園住居地域内では、原則として**10m**または**12m**のうち都市計画で定めた高さを超えて建物を建築してはなりません。

(2) 日影規制

日影規制とは、中高層の建物により生じる日影を一定の時間内に抑え、周辺の居住環境を保護するものです。住居系用途地域、近隣商業地域、準工業地域内では日影規制が適用され、**商業地域、工業地域、工業専用地域**では適用されません。

ココが出る

高さ制限、日影規制、北側斜線制限等の各斜線制限は、どこの用途地域で適用されるのかを確認しておきましょう。

3 斜線制限

（1）北側斜線制限

北側斜線制限とは、北側にある建物の日照を確保するため、一定の基準を定めて建物の高さを制限したものです。北側斜線制限は住居系の５つの用途地域（**第一種・第二種低層住居専用地域、田園住居地域、第一種・第二種中高層住居専用地域**）に適用されます。

（2）隣地斜線制限

隣地斜線制限とは、建物の間の空間を確保し、隣家の日照や風通しを妨げないための制限です。建物の高さが**20m**もしくは**31m**を超える部分について適用されますが、**高さ制限**のある地域（第一種低層住居専用地域、第二種低層住居専用地域、田園住居地域）では適用されません。

【隣地斜線制限のイメージ】

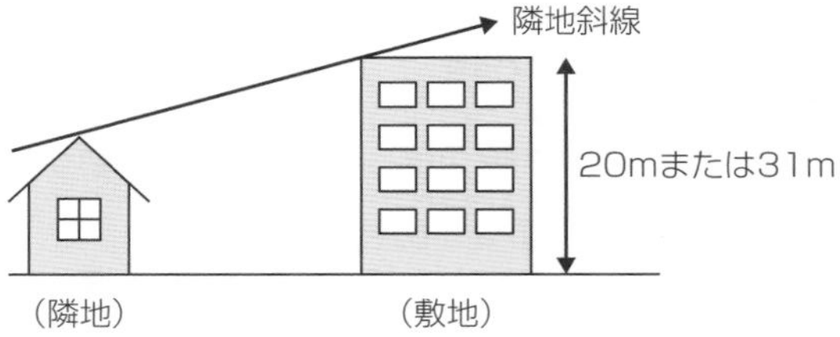

（3）道路斜線制限

道路斜線制限とは、建物と建物の間の空間を確保して、道路の採光や風通しを確保することなどを目的に建築物の高さを制限するものです。敷地の前面道路の向こうの端からから敷地に向かって、地域ごとに規定された勾配で斜線を引き、その斜線を超えて建築物を建てることはできません。道路斜線制限は**すべての用途地域**で適用されます。

重要度 ★

7 国土利用計画法と農地法

学習項目

- 国土利用計画法の概要
- 農地等の権利の移動や転用の場合の規制

1 国土利用計画法

国土利用計画法とは、総合的・計画的な土地利用を図るために、「国土の利用計画」や「土地取引の規制」を目的とした法律です。国土利用計画法では、土地取引を行う場合に届出制と許可制を設けています。

国土利用計画法と土地取引

注視区域・監視区域内で土地取引等を行う場合	**事前届出制** 買主と売主の両方が契約締結前に都道府県知事に**届出**をする必要がある
規制区域内で土地取引等を行う場合	**許可制** 買主と売主の両方が契約締結前に都道府県知事の**許可**を受ける必要がある
上記以外の場所で土地取引等を行う場合	**事後届出制** 原則として、買主（権利取得者）が契約締結日から２週間以内に都道府県知事に届出を行う

用語

注視区域
地価が一定期間内に相当な程度以上に上昇している、または上昇するおそれがある区域

用語

監視区域
地価が急激に上昇している、または急激に上昇するおそれがある区域

用語

規制区域
投機的取引（土地の売買によって利益を得ることのみを目的とする取引）が相当範囲にわたり集中して行われ、またはそのおそれがあり、地価が急激に上昇、または上昇するおそれがある区域

2 農地法

農地や採草放牧地（さいそうほうぼくち）（牧場など）などの売買や転用を行う場合、原則、農業委員会や都道府県知事の許可が必要になります。許可がない場合、契約は無効となり、罰則も課せられます。農地に該当するかどうかは登記記録の**地目**（土地の種類）ではなく、**現況**（現状が農地かどうか）で判断されます。

農地法と農地の取引

農地法上の分類	概要	許可権者
権利の移動（3条）	農地や採草放牧地を売買すること	農業委員会
転用（4条）	農地を農地以外の宅地等にすること	都道府県知事
転用目的での権利の移動（5条）	農地を宅地等にする目的で売買すること	

※採草放牧地は農地法第4条の規制を受けない

市街化区域内の特例

重要

- 市街化区域内で農地の転用や転用目的の権利の移動を行う場合、あらかじめ農業委員会への届出を行えば、都道府県知事の許可は不要

農地・採草放牧地の贈与と相続

- 相続により農地等を取得した場合、農業委員会への届出が必要。贈与により取得する場合はあらかじめ農業委員会の許可が必要

間違えやすいポイント！

権利の移動は農地や採草放牧地をそのままの用途で売買することをいいます。なお、農地以外の土地を取得して、農地にする場合は「権利の移動」にあたりません。

重要度 ★★

8 区分所有法

学習項目

- 区分所有法と敷地利用権のポイント
- 区分所有者の集会による決議

1 区分所有法

区分所有法とは、１棟のマンションやアパートなどの各部屋の所有者（区分所有者）に対する、その建物の使用や管理に関して定めた法律です。

１棟の建物のうち、独立して住居、店舗、事務所等に使用する目的の建物を区分所有建物（いわゆる分譲マンションなど）といいます。区分所有建物は**専有部分**（住居、店舗、事務所など）と**共用部分**（廊下、階段、エレベーターなど）からなっています。共用部分には法定共用部分と規約共用部分があります。なお、共用部分の持分（所有割合）は、各区分所有者の**専有部分の床面積**の割合によります（その割合により管理費を負担する）。ただし、規約（規則を書面にしたもの）で別途、定める（別段の定めとする）ことは可能です。

ココが出る
エレベーター・階段・廊下等の共用部分の持分割合は、各区分所有者が所有する**専有部分の床面積の割合**で決まります。ただし、必要に応じて規約で別に定めることも可能です。

共用部分の概要

- 法定共用部分とは、階段や廊下、エレベーターなど法律上共用部分とされるもの
- 規約共用部分とは、本来は専有部分であるが、規約により共用部分（管理人室、集会所など）としているもの居住用部分も規約で共用部分とすることができる
- 規約共用部分は、登記しないと共用部分であることを第三者に対抗できない
- 不動産（区分所有建物）が共有されている場合、各共有者は自己が有している持分のみを第三者に譲渡するときには、他の共有者の同意がなくても売却可能

2 敷地利用権

敷地利用権とは、住居、店舗、事務所などの専有部分を所有するために、建物の敷地を利用する権利のことをいいます。原則として、規約で別段の定めがない限り区分所有者は専有部分と専有部分にかかる敷地利用権とを**切り離して**別々に処分することはできません（分離処分の禁止という）。つまり、マンションの部屋を売らずに、敷地の利用権だけを売ることはできません。

ココが出る
敷地利用権を専有部分と切り離して処分できるかどうかはよく出題されるポイントです。規約に定めた場合を除いて別々には処分できないので注意しましょう。

3 区分所有者の集会による決議

マンション等の**管理組合**では、各区分所有者の意思決定は集会の決議により行われます。

区分所有者の定数と議決権の割合 重要

普通決議	過半数で決定する	
特別決議	**4分の3以上**で決定	・**規約の設定や変更・廃止**を行う場合 ・**共用部分**を**変更**する場合（エレベーターの設置など、形状の著しい変更を伴う場合） ・管理組合を法人化する場合
	5分の4以上で決定	・**建替え**を行う場合

※規約の設定や変更・廃止については、区分所有者の定数を**過半数**まで緩和できる（議決権の割合は4分の3から緩和できない）
※耐震改修工事により共用部分を変更する場合は、**普通決議（過半数）**で変更可能となっている

集会の決議は、原則として**区分所有者の定数**（頭数）と**専有部分の床面積の保有割合**から算出する**議決権**に基づきます（**規約**で決議の条件を変更することも可能）。議決には、区分所有者数と議決権の各過半数で決定する**普通決**

用語
管理組合
区分所有者が全員で建物や敷地の管理を行うためにつくる団体。**区分所有者は必ず、管理組合に加入しなければならず**、マンションを売却しないかぎり脱退できない

用語
規約
区分所有者が建物や敷地の使用等について自主的に定める規則。区分所有法では、建物や敷地などの管理や使用方法等について規約で定めることができる。規約の内容は、規約の設定後に区分所有権を取得した人に対しても、有効である

議と、区分所有者の利害に大きな影響をおよぼす事項を決定する**特別決議**があります。

なお、区分所有建物の管理者は、少なくとも**年1回以上**は集会を招集しなければなりません。集会を招集する場合には、開催日の少なくとも**1週間前**（建替え決議は2か月前）までに、各区分所有者に集会の招集を通知する必要があります。

補足

区分所有法については、2024年中に改正される可能性があります。建替え決議等の議決権割合が緩和(引き下げ)されます。具体的な改正内容および施行日等については弊社ウェブサイト上の「法改正情報」にて掲載します。

ココが出る

規約に別段の定めがない限り、管理者の選任や解任は集会の決議より行います。

その他のポイント

- 区分所有法に定める建替え決議がなされた場合、決議の賛成者は反対する者に対して、区分所有建物と敷地利用権を時価で売り渡すことを請求できる
- 専有部分の占有者である賃借人（分譲マンションを借りている者）やその家族等は、**建物や敷地および付属している施設の使用**について、区分所有者と同じく規約や集会決議に従わなければならない。ただし、建物の使用以外のこと（管理費や修繕積立金）については、規約や集会決議に従う必要はない

区分所有建物

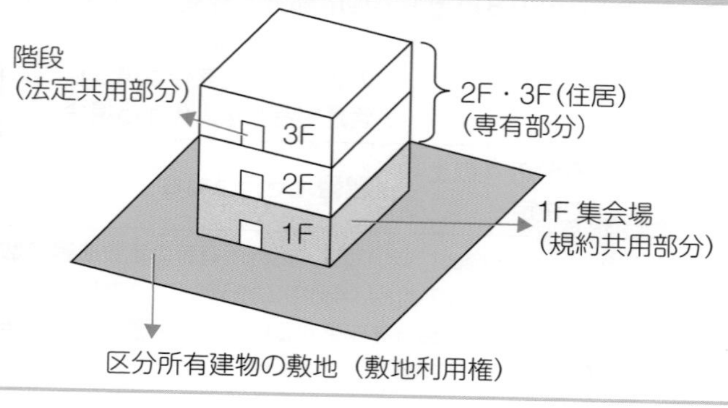

重要度 ★★

9 不動産取得時の税金

学習項目
- 不動産取得税
- 印紙税
- 登録免許税

1 不動産取得税

1 不動産取得税の概要

不動産取得税とは、土地・建物を取得した者に対して不動産がある**都道府県**が課税する**地方税**です。普通徴収（納税者に納税通知書が送られてくる形式）により納税します。

不動産取得税の概要 重要

納税義務者	・不動産を取得した個人や法人
課税される場合	・不動産の売買・交換・**贈与**・新築・増改築（**登記**の有無にかかわらず課税される）
課税されない場合	・**相続**や**遺贈**および**法人の合併**等による不動産の取得 ・取得した土地の課税標準価格が**10万円**未満 ・取得した新築家屋または増改築の価格が**23万円**未満
課税標準額	・**固定資産税評価額** ・**宅地**を取得した場合の課税標準額は、固定資産税評価額の**2分の1**に軽減される
税率	・標準税率は**4％** ・**土地**や**住宅**を取得した場合は**3％**に軽減

2 課税標準の特例

一定の条件を満たす新築住宅や中古住宅を取得した場合、課税標準額から一定額が差し引かれる特例があります。

間違えやすいポイント！
相続や**遺贈**、**法人の合併**により不動産を取得した場合には、不動産取得税は課されませんが、**贈与**により取得した場合は課されるので注意しましょう。
また、**普通借地権**や**定期借地権**を取得した場合には、不動産取得税は課されません。

参照
遺贈
☞6章8

用語
課税標準額
課税の対象となる金額（何に対して税金がかかるのかを示している）
課税標準額×税率
＝不動産取得税

課税標準の特例 重要

新築住宅 （自宅・貸家ともに可）	・固定資産税評価額から最高1,200万円（長期優良住宅は1,300万円）を控除できる 不動産取得税＝ （固定資産税評価額－1,200万円）×3% 《条件》 ・床面積が、50㎡以上（賃貸アパート等の場合は40㎡以上）240㎡以下
中古住宅 （自宅のみで、貸家は不可）	・築年数に応じて100万円～1,200万円を固定資産税評価額から控除できる 《条件》 ・床面積が、50㎡以上240㎡以下 ・1982年1月1日以後に新築されたもの

2 印紙税

印紙税とは、契約書や領収書などの課税文書に印紙を貼付して消印することで国に納める税金（国税）のことです。

印紙税の概要

納税義務者	・課税文書の作成者 ・契約書を売主と買主の両方が所有する場合、両方が印紙税を支払う
課税対象	以下のような不動産関連の課税文書 ・不動産売買契約書 ・土地の賃貸借契約書 ・消費貸借に関する契約書 例外 建物の賃貸借契約書、不動産の媒介契約書、国や地方公共団体等が作成した文書などの場合は、印紙税は課税されない
課税額	課税文書に記載されている金額に応じて納税額が決められている
納税方法	課税文書に納税金額に応じた収入印紙を貼付し、印紙に消印をして納税する

ココが出る

土地を取得した場合、所有権移転登記をしていない場合でも、不動産取得税や固定資産税が課されます。

間違えやすいポイント！

電磁的記録で作成された文書には印紙税は課税されません。

間違えやすいポイント！

印紙税を納付しなかった場合、過怠税が課されますが、契約書の内容や効果については影響はなく、有効です。

間違えやすいポイント！

過怠税の額は印紙の額面金額の２倍（本来の印紙税と合わせて計３倍）となっています。ただし、税務調査が入る前に自主的に申告した場合は、本来の税額の1.1倍になります。また、印紙に消印しなかった場合には、印紙の額面金額と同額の過怠税が課されます。

3 登録免許税

登録免許税は、土地・建物を取得して法務局で登記するときに個人や法人に課税される**国税**です。

登録免許税の概要

<table>
<tr><td>納税義務者</td><td colspan="3">・登記を行う者
・所有権移転登記の場合、通常、登記権利者（買主）と登記義務者（売主）の両方が納税義務者となる（実務上は買主が全額負担するのが一般的）</td></tr>
<tr><td>課税標準額</td><td colspan="3">固定資産税評価額（または債権金額）</td></tr>
<tr><td rowspan="5">税率</td><td colspan="2">登記事項</td><td>標準税率 / 軽減税率</td></tr>
<tr><td rowspan="2">住宅用家屋の場合</td><td>所有権保存登記</td><td>0.4% / 0.15%</td></tr>
<tr><td>所有権移転登記</td><td>2.0% / 0.3%</td></tr>
<tr><td>土地の売買の場合</td><td>所有権移転登記</td><td>2.0% / 1.5%</td></tr>
<tr><td colspan="3">※上記の家屋の所有権移転登記の税率は売買による移転登記の場合。贈与による移転の場合は2%、相続・遺贈による場合や法人の合併による場合は0.4%
※住宅用家屋の軽減税率は、床面積が50㎡以上240㎡以下で、住宅の新築または取得後１年以内に登記した場合に適用される</td></tr>
</table>

不動産取得税・登録免許税の課税の有無

税金	相続・遺贈の場合	贈与の場合	法人の合併による場合
不動産取得税	非課税	課税	非課税
登録免許税	課税	課税	課税

ココが出る

登録免許税は、権利部の登記を行う者が納付しますが、登記記録の表題部を作成するための登記（**表題登記**）には課税されません。

間違えやすいポイント！

登録免許税の課税標準額は実際の取引価格ではなく、**固定資産税評価額**です。

ココが出る

相続、遺贈により取得した不動産や法人の合併による取得のときにも登録免許税が課されます。その際の税率は**0.4%**です。贈与の場合は2%です。

ココが出る

抵当権設定登記をするときの登録免許税の課税標準は、原則、その不動産の**債権金額**（借入額）です。

重要度 ★★

10 不動産保有時の税金

学習項目
- 固定資産税（新築住宅や住宅用地の場合）
- 都市計画税の軽減特例

1 固定資産税

1 固定資産税の概要

固定資産税は、土地・建物を所有している場合に、取得した翌年度から課税される地方税で、**市区町村**が課税します。

ココが出る
年の途中で固定資産を売却した場合でも、原則として、1月1日現在で固定資産課税台帳に記載されている者が固定資産税を全額支払います。したがって年の途中で売却しても税金の還付を受けることはできません。なお、実務上は売主と買主の間で所有期間に応じて、按分して負担することもできます。

固定資産税の概要 重要

納税義務者	毎年**1月1日**現在の固定資産の所有者（**固定資産課税台帳**に登録されている者）
課税標準額	原則、固定資産税評価額（**3年ごと**に見直し）
標準税率	**1.4%**（条例により変更可能）
納期	原則、**都市計画税**とあわせて年4回に分割して納付する（第1期に全額納付することも可能）

2 特例

住宅用地については課税標準の特例措置があります。

住宅用地の課税標準の特例 重要

	課税標準額	
小規模住宅用地（200㎡以下の部分）	固定資産税評価額×**6分の1**	住宅1戸の用地につき**200㎡**以下の部分について、課税標準である固定資産税評価額が**6分の1**に軽減 ・固定資産税評価額×6分の1×1.4%
一般住宅用地（200㎡超の部分）	固定資産税評価額×**3分の1**	住宅1戸の用地につき**200㎡**超の部分について、課税標準額である固定資産税評価額が**3分の1**に軽減（土地が家屋の床面積の**10倍**を超える場合は、**10倍**までの面積について軽減される） ・固定資産税評価額×3分の1×1.4%

例えば、500㎡の宅地の場合、200㎡までの部分は固定資産税評価額が6分の1に、残り300㎡の部分については3分の1に軽減されます。

500㎡の宅地の固定資産税

計算

$$=（200㎡×\frac{1}{6}+300㎡×\frac{1}{3}）×1.4\%$$

新築住宅で、一定の要件に該当する場合は、固定資産税が**2分の1**になる減額措置があります。

新築住宅の減額特例

	固定資産税の減額措置
新築住宅 （戸建住宅）	・床面積**120㎡**以下の住宅部分について、税額が**3年間2分の1**に減額 （認定長期優良住宅は**5年**）
新築中高層耐火・準耐火建築物 （3階建て以上のマンション）	・床面積**120㎡**以下の住宅部分について、税額が**5年間2分の1**に減額 （認定長期優良住宅は**7年**）

減額措置の対象となる要件

①店舗併用住宅の場合、居住用部分の割合が**2分の1**以上であること
②居住用部分の床面積が50㎡以上（賃貸の場合40㎡以上）280㎡以下であること

2 都市計画税

1 都市計画税の概要

都市計画税とは、公園や道路等の計画事業などの費用にあてるため、市区町村が課税する**地方税**です。

補足

登記簿上の所有者が死亡した場合、相続登記がされるまでの間、市区町村はその不動産を使用している者を所有者とみなして固定資産課税台帳に登録し、固定資産を課税できるようになりました。

間違えやすいポイント！

都市計画税は**市街化調整区域内**の土地建物の所有者には課税されません。

都市計画税の概要

納税義務者	原則、1月1日現在の**市街化区域内**の土地や建物の所有者。**固定資産税**とあわせて納付する。
課税標準額	**固定資産税評価額**
税率	**0.3%**が上限（0.3%以内の範囲で各市区町村の条例で定める）

2　住宅用地の課税標準の特例

住宅用地については、課税標準の特例が適用され、税額が減額されます。特例の対象となる土地の面積の上限は、家屋の床面積の**10倍**までです。

軽減特例

	課税標準
小規模住宅用地 （200㎡以下の部分）	固定資産税評価額×**3分の1** ・固定資産税評価額×3分の1×0.3%（上限） ＝都市計画税
一般住宅用地 （200㎡超で床面積の10倍までの部分）	固定資産税評価額×**3分の2** ・固定資産税評価額×3分の2×0.3%（上限） ＝都市計画税

重要度 ★★★

11 不動産譲渡時の税金

学習項目

- 長期譲渡所得と短期譲渡所得の違い
- 不動産の取得日と譲渡日の考え方

1 譲渡所得

個人が土地・建物などを譲渡した場合は譲渡所得になり、所得税や住民税が課されます。譲渡所得は通常、総合課税の対象ですが、不動産の譲渡所得は他の所得とは区分して税金が計算される**分離課税**（申告分離課税）です。

2 長期譲渡所得と短期譲渡所得

不動産の譲渡所得は、所有期間により長期譲渡所得と短期譲渡所得に分かれ、税率が異なります。

長期譲渡所得と短期譲渡所得 重要

	条件 （譲渡した年の1月1日時点）	税率
長期譲渡所得	所有期間が**5年超**の場合	**20.315%** （所得税15.315%、住民税5%）
短期譲渡所得	所有期間が**5年以下**の場合	**39.63%** （所得税30.63%、住民税9%）

ケース

2019年の1月7日に取得した不動産を、2024年10月24日に譲渡した場合、実際の保有期間は5年を超えているが、2024年の1月1日時点では5年未満なので、短期譲渡所得となる。

間違えやすいポイント！

不動産の場合、長期譲渡所得になるのか短期譲渡所得になるのかの基準である**所有期間**は、譲渡した日ではなく、譲渡した年の**1月1日**時点で判断します。

間違えやすいポイント！

長期譲渡所得と短期譲渡所得の両方の所得がある場合には、まず**短期譲渡所得**から差し引き、控除しきれない場合に長期譲渡所得から差し引きます。

3 不動産の取得日と譲渡日

土地や建物の取得日と譲渡日は、以下のとおりです。

不動産の取得日と譲渡日

取得日	原則、資産の引渡しを受けた日 例外 ・契約の効力発生日とすることも可能 ・相続や贈与により取得した場合、**被相続人**（亡くなった者）、**贈与者**（贈与をした者）が取得した日
譲渡日	原則、資産を引き渡した日 例外 契約の効力発生日とすることも可能

4 譲渡所得の計算

1 譲渡所得の基本的な計算 重要

譲渡所得の金額は以下の計算式で算出されます。

計算

譲渡所得の金額
＝譲渡収入金額－（取得費＋譲渡費用）

2 概算取得費 重要

取得費が不明な場合や実際の取得費が譲渡収入金額の５％以下の場合は、概算取得費として**譲渡収入金額×５％**を取得費とすることができます。

譲渡所得のその他のポイント 重要

- 相続や遺贈によって取得した資産（一定の不動産や株式等）を相続税の申告書提出期限の翌日から**3年**以内に譲渡した場合には、譲渡所得の計算上、相続税の一定金額を譲渡した資産の取得費に加算できる（**相続税の取得費加算**）

間違えやすいポイント！

相続や贈与により取得した不動産を譲渡した場合の譲渡所得を計算する際の取得日は、原則として、被相続人（亡くなった者）や贈与した者が取得した日がそのまま取得日となるので注意しましょう。
（例）
父親が４年前に取得した土地を贈与により取得し、その３年後に譲渡した場合、所有期間は７年間となり、長期譲渡所得になります。

用語

取得費
取得金額に購入時の**仲介手数料、印紙税、登録免許税、不動産取得税**等を加えて、その金額から**減価償却費相当額**を差し引いたもの

用語

譲渡費用
譲渡する際に支出した**仲介手数料や印紙税、**登記費用、**賃借人への立退料、建物の取壊し費用、売却のための広告費**等

ココが出る

譲渡した土地等の維持管理費（**都市計画税や固定資産税**等）は譲渡費用に含みません。

3　特別控除

一定の居住用財産を譲渡した場合や土地・建物を収用事業のために譲渡した場合、特別控除として以下の金額が控除されます。長期譲渡・**短期譲渡**を問わず対象になります。

譲渡の種類と控除

譲渡の種類	控除額
収用事業のための譲渡	5,000万円
居住用財産の譲渡	3,000万円

したがって、特別控除がある場合の譲渡所得の金額は、以下の計算式で算出します。

譲渡所得の金額
＝譲渡収入金額－（取得費＋譲渡費用）－特別控除

用語

収用事業のための譲渡
公共の利益を目的として国や都道府県等が行う公共事業などのために、国などに財産を譲渡すること

重要度 ★★★

12 居住用財産の譲渡の特例

学習項目

- 3,000万円特別控除
- 居住用財産の譲渡による軽減税率の特例
- 特定の居住用財産の買換え特例や譲渡損失の損益通算と繰越控除

1 3,000万円特別控除 重要

個人が居住していた一定の居住用財産を譲渡した場合には、その譲渡益から最高**3,000万円**を控除できます（譲渡益が3,000万円に満たない場合はその金額）。これを、「**居住用財産を譲渡した場合の3,000万円の特別控除の特例**」（以下、3,000万円特別控除）といいます。

ココが出る

3,000万円特別控除は出題頻度が高くなっています。特にこの適用を受けるためには、譲渡した居住用財産の**所有期間**や譲渡した者の所得要件に関する制限があるかどうかが問われます。

3,000万円特別控除のポイント

- 現に自分が**居住している家屋とその敷地**の譲渡であること。店舗併用住宅の場合、居住用部分のみが控除の対象となる。ただし、居住用部分の割合が**90%**以上あれば全体が居住用とみなされる
- 過去に自分が居住していた家屋とその敷地の場合、居住しなくなってから**3年**を経過した年の12月31日までの譲渡であること（居住していた**期間**や**保有期間**に制限はなく、短期譲渡でも長期譲渡でも適用可）
- 譲渡した者に対する所得要件はなく、他の要件を満たしていれば、所得がいくらであっても最高3,000万円まで控除を受けることができる
- 住宅を譲渡し、3,000万円の特別控除の適用を受け、新たに住宅を取得した場合、新たに取得した住宅については、**住宅ローン控除**の適用を受けることはできない
- 住宅と宅地が夫婦の共有名義となっているような場合、共有者それぞれが**最高3,000万円**まで控除を受

けられる（合計6,000万円まで控除できる）
- 3,000万円特別控除の適用を受けるためには、結果的に譲渡所得がなく、課税されない場合でも確定申告は必要

夫婦の共有名義となっている場合

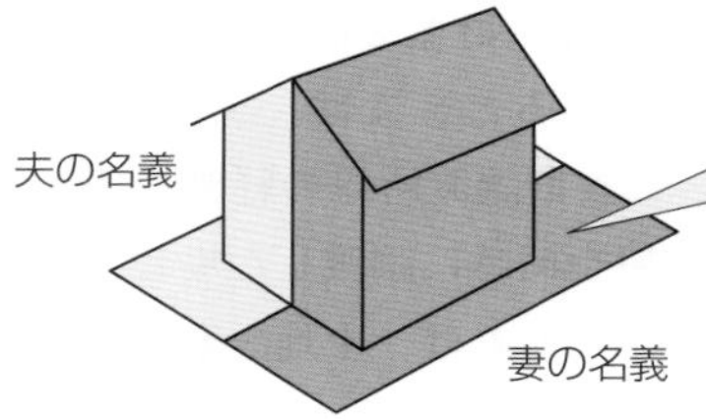

例えば家屋や家屋とその敷地が夫婦の共有名義となっている場合には、夫と妻が各3,000万円控除できる（合計6,000万円まで控除できる）

3,000万円特別控除が適用されない場合

- 特別関係者（配偶者、直系血族、同一生計の親族等）への譲渡の場合
- 前年、前々年にこの特例の適用を受けている場合（この特例は３年に１回しか適用できない）
- 譲渡した年、前年、前々年に居住用財産の買換え特例や、譲渡損失の繰越控除等の特例の適用を受けている場合

【3,000万円特別控除の計算】

ケース

3,000万円特別控除の要件を満たしている場合、以下の場合の課税譲渡所得金額はいくらか。

・居住用不動産の売却価額　8,000万円
・取得費　1,800万円
・譲渡費用　300万円

解　答

8,000万円－（1,800万円＋300万円）－3,000万円
＝2,900万円

間違えやすいポイント！

譲渡益が3,000万円未満の場合、譲渡益を上限に控除されます。

※上記の金額が譲渡した年の1月1日において所有期間が10年を超えていれば、さらに居住用財産の譲渡による軽減税率の特例を適用できる（下記参照）

2 居住用財産の譲渡による軽減税率の特例 重要

個人が居住していた一定の居住用財産を譲渡した場合で、その所有期間が10年を超えているときには、3,000万円特別控除後の金額に、さらに長期譲渡所得の軽減税率が適用されます。なお、土地と家屋を同時に譲渡した場合、いずれか一方の所有期間が10年以下であれば、土地・家屋ともに軽減税率の特例は適用されません。

ココが出る
3,000万円の特別控除と長期譲渡所得の軽減税率は要件を満たしていれば併用（両方とも同時に適用可能）できます。

税率

課税長期譲渡所得	軽減税率
6,000万円以下の部分	14%（所得税10%、住民税4%）
6,000万円超の部分	20%（所得税15%、住民税5%）

※別途、所得税には復興税が2.1%付加され、6,000万円以下の部分は14.21%、6,000万円超の部分は20.315%となる

居住用財産の譲渡による軽減税率の特例のポイント

- 居住用財産を譲渡した年の1月1日における家と土地の両方の所有期間が10年を超えていること
- 居住しなくなってから3年を経過する年の12月31日までの譲渡であること
- 住宅を譲渡し、軽減税率の適用を受け、新たに住宅を取得した場合、新たに取得した住宅については、住宅ローン控除の適用を受けることはできない
- 特別関係者（配偶者や直系血族など）への譲渡ではないこと
- 前年、前々年にこの軽減税率の適用を受けていないこと
- この特例の適用を受けるためには確定申告が必要

【軽減税率の特例の計算】

ケース

以下のような居住用財産を譲渡して軽減税率の適用を受ける場合、譲渡所得に対する税額（所得税・住民税の合計）はいくらか。

※3,000万円の特別控除の要件は満たしている

※復興税は考慮しない

・所有期間12年、譲渡収入金額３億円、取得費8,000万円、譲渡費用1,000万円

解　答

【譲渡益】

３億円－（8,000万円＋1,000万円）

－3,000万円（特別控除）

＝１億8,000万円

【税額】

１億8,000万円のうち、6,000万円以下の部分には14%、残り１億2,000万円には20%課税される。

・6,000万円×14%＝840万円

・１億2,000万円×20%＝2,400万円

合計3,240万円

3 特定居住用財産の買換え特例

個人が、所有期間10年を超える居住用財産を譲渡して新しく居住用財産を購入する場合、一定要件のもと、譲渡益に対する課税を将来に繰り延べる（課税されるのを先延ばしにする）ことができます。

譲渡した財産の価額よりも取得した居住用財産の取得価額の方が高い場合には譲渡がなかったものとされ、また、取得した居住用財産の取得価額の方が低い場合には、その差額分

が譲渡益とされ課税されます。

ケース

①譲渡資産の譲渡価額≦買換え資産の取得価額

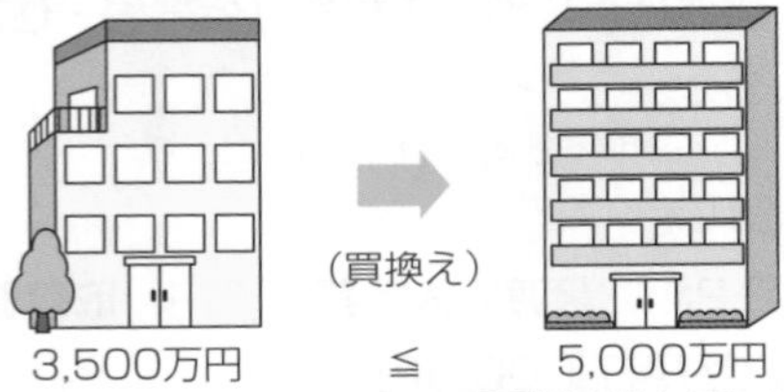

譲渡はなかったとみなされ、課税は繰り延べられる

②譲渡資産の譲渡価額＞買換え資産の取得価額

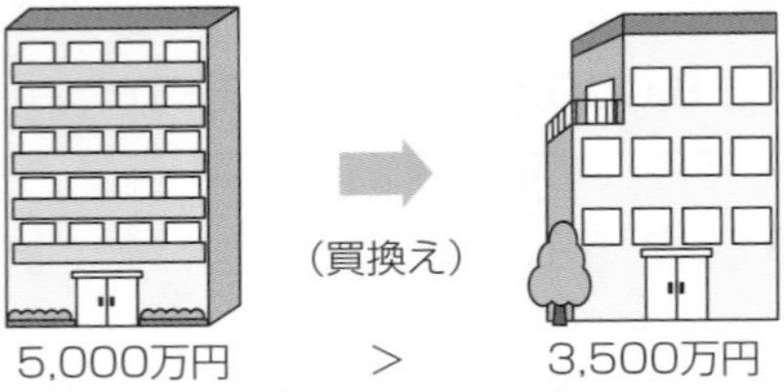

差額分（1,500万円）が譲渡益とみなされ課税される

特定居住用財産の買換え特例のポイント

①譲渡する居住用財産の要件
- 譲渡した年の１月１日における所有期間が10年を超えていること
- 譲渡者の居住期間が合計で10年以上であること
- 譲渡資産の売却額が１億円以下であること
- 特別関係者（配偶者や直系血族など）への譲渡でないこと
- 2025年12月31日までの譲渡であること

②取得する居住用財産の要件
- 建物の床面積が50㎡以上で、土地の敷地面積が500㎡以下であること
- 中古住宅は築25年以内であること（ただし、一定の耐震性があれば築年数の制限はなし）
- 譲渡した年の前年から譲渡した翌年までの３年間

に買換え資産を取得し、取得した年の翌年末までに居住する見込みがあること

その他のポイント

- この買換え特例と、3,000万円特別控除および居住用財産の譲渡による軽減税率の特例とは併用できず、どちらか一方を選択
- この特例を受けることで譲渡所得がなくなる場合でも確定申告は必要
- 買換え資産は、譲渡した資産の取得費は引き継ぐが、取得時期は引き継がない（取得日が新しい日になる）

間違えやすいポイント!

居住用財産を譲渡し、損失が発生している場合、買換えをしなくても損益通算や繰越控除は適用されます。

4 居住用財産の買換えの譲渡損失の損益通算と繰越控除

個人が、所有期間が５年を超える居住用財産を譲渡して新しく居住用財産を購入し、譲渡した資産に損失が生じているときには、その他の所得と損益通算することができます。さらに通算しきれない場合には、その金額を譲渡損失として翌年以後３年間にわたって繰越控除できます。

居住用財産の買換えの譲渡損失の損益通算と繰越控除のポイント

- 譲渡した年の１月１日における所有期間が５年を超えていること
- 2025年12月31日までの譲渡であること
- 特別関係者（配偶者や直系血族など）への譲渡でないこと
- 取得日の翌年12月31日までに居住する、または居住する見込みであること
- 取得した居住用財産に控除を受ける年の年末時点で償還期間10年以上の住宅ローンがあること
- 控除対象者が操越控除する年の合計所得金額が3,000万円以下であること
- 要件を満たしていれば、住宅ローン控除との併用可能

補足

被相続人が老人ホームに入所したことで空き家となった場合は、①被相続人が介護認定を受けていること、②相続開始直前まで老人ホームに入所していたこと等の要件を満たしていれば、3,000万円特別控除が適用されます。

5 空き家に係る譲渡所得の特別控除の特例

相続の開始があった日から3年を経過する年の12月31日までに、被相続人が居住していた家屋（一定の耐震基準を満たしている家または耐震リフォームしたもの）やその敷地を相続した相続人が、その家屋または家屋を撤去した土地（更地）を譲渡した場合、譲渡所得から最高3,000万円を控除できます。なお、対象となる相続人が３人以上いる場合、特別控除額は１人あたり最高2,000万円までになります。

特別控除の要件

- 1981年5月31日以前に建築された家屋（一定の耐震基準を満たした家屋）であること（譲渡した年の翌年２月15日までに新耐震基準に適合するようリフォームした場合や建物を除去して更地にして譲渡した場合も適用される）
- 区分所有建物登記がされている建物でないこと（分譲マンションなどでないこと）
- 相続時に、被相続人以外に居住者がいなかったこと
- 相続してから譲渡するときまで、事業、貸付、居住等で使用されていないこと（空き家のままであること）
- 譲渡価額が１億円以下であること
- 2027年12月31日までの譲渡であること

相続した家（空き家）と特別控除

6 低未利用土地の長期譲渡所得の特別控除

都市計画区域内にある低未利用土地（誰も住んでいない建物や事業用に使用されていない土地など）を譲渡した場合に、その譲渡益から100万円を控除することができます。

低未利用土地を譲渡した場合の特別控除の要件

- 譲渡価額が建物も含めて800万円以下であること
- 所有期間が譲渡した年の１月１日現在、５年を超えていること
- 低未利用土地であることおよび譲渡後の土地の利用方法について、市区町村長の確認を得ていること

7 不動産取引と消費税

個人の行う不動産取引は、消費税がかかるものとかからないものに分かれます。

不動産取引に対する消費税

	課税される場合	課税されない場合（非課税）
土地	１か月未満の短期貸付けをした場合の賃料	売買した場合
建物	・居住用建物の１か月未満の短期貸付けをした場合の賃料 ・事業用建物を売買した場合や貸付けをした場合の賃料	・居住用建物を譲渡した場合 ・居住用建物を貸した場合の賃料

※不動産会社から個人が住宅を買った場合、消費税が課税される

ココが出る

土地の売買については、個人でも業者でも消費税は課税されませんが、１か月未満の短期貸付の場合や、青空駐車場等施設の利用のために土地を使用させる場合は、消費税が課税されます。

重要度 ★★★

13 不動産の有効活用と証券化

学習項目
- 事業方式による不動産の有効活用の方法
- 不動産の有効活用

1 事業方式による不動産の有効活用の方法

ココが出る
不動産の有効活用はかなり出題頻度が高い項目です。しっかり学習しましょう。

土地を活用する方法として、以下のようなものがあります。

自己建設方式 重要

内容	土地所有者が**自分の土地を保有したまま**、自らが有効活用の企画や**資金調達**、建築、運営管理を行い、賃貸事業などを行う方法
特徴	・コストは安いが、リスクは高い ・ノウハウが必要
資金負担者	**土地所有者**

土地信託方式 重要

内容	・土地所有者が土地を**信託銀行**に預けて、配当金等の受益権を得る方式。信託銀行が企画立案、運営管理を行う ・信託終了後、土地・建物は土地所有者に戻る
特徴	専門知識がなくても有効活用できる
資金負担者	資金調達は信託銀行

補足
土地信託方式には、賃貸事業からの配当収入を受け取ることを目的とする**賃貸型土地信託**と、分譲マンションなどを建設し売却することを目的とする**処分型土地信託**があります。なお、土地信託方式では、信託期間中の土地や建物は信託銀行名義となっています。

事業受託方式 重要

内容	土地所有者は自分の土地を保有したまま、**デベロッパー**（開発業者）に企画立案、建物の建築、運営管理を一括して委託し、賃貸事業を行う
特徴	・建物は土地所有者の名義 ・専門知識がなくても有効活用できる
資金負担者	**土地所有者**

等価交換方式 重要

内容	土地所有者が土地を出資（譲渡）し、**デベロッパー**が自らの資金で建物を建てる。**建築費用**と**土地代の出資割合**に応じて、土地所有者とデベロッパーが完成した建物を所有する方式
特徴	・土地の全部または一部を売却して建物に買い換えるので、借入金（資金負担）が**不要**であり、リスクが比較的少ないが、**減価償却費**はあまり計上できない ・土地の全部を譲渡する**全部譲渡方式**と一部のみ譲渡する**部分譲渡方式**がある ※全部譲渡方式はデベロッパーに土地全部を譲渡し、その後、出資した金額に応じて土地と建物を購入する方式 ※部分譲渡方式は土地所有者がデベロッパーから取得する建物の代金に相当する部分の土地だけを売却する方式
資金負担者	デベロッパー

間違えやすいポイント！
借地権や**底地**も等価交換方式の対象です。

定期借地権方式 重要

内容	土地の所有者が定期借地権を設定した土地を貸し地代を受け取る方式。開発事業はデベロッパーが行う
特徴	・土地の名義は土地所有者 ・借地上の建物は土地の借主（借地権者）の名義 ・土地所有者にとっては**資金負担がなく**、安定的な収益が見込めるが、土地を他のものへ転用することは困難になる ・契約終了時に土地は更地で返還される ・収入は、通常、他の方法より低くなる
資金負担者	借地人

間違えやすいポイント！
定期借地権方式では、土地所有者が貸付けるのは土地のみです。借地上の建物は借主が建築します。

建設協力金方式 重要

内容	土地所有者が、建物等の借主（テナント）から建設資金の全部または一部を借りて事業用建物を建築する方式（建物はテナントのニーズに合わせる）
特徴	・郊外のロードサイド店舗に多い ・開発事業は土地所有者が行う ・建設した店舗の固定資産税は土地所有者が支払う
資金負担者	テナント（土地所有者が一部を負担する場合もある）

2 不動産の活用方法

1 アパートやマンションの経営

アパートやマンションの経営は、駅に近いなどの立地条件に大きく左右されます。長期的に安定収入が期待できる、専門性を必要としないなどのメリットがある半面、空室率や管理コストなどが問題点として挙げられます。

2 オフィスビルの経営

オフィスビルの経営は対象が法人客となるため、景気の変動や立地条件にも影響されます。通常、賃貸マンションより収益性は高いですが、初期費用が多くかかります。

賃貸オフィスや賃貸マンションなどを経営する場合、「**レンタブル比**」がポイントになります。

レンタブル比とは、賃貸物件の経営において、延べ床面積に対する賃貸が可能な専有面積の占める割合のことをいいます。共用階段、廊下、エレベーターなどは収益の対象ではないので専有面積には含まれません。賃貸オフィスなどでは、通常、レンタブル比が大きい（賃貸可能な面積が大きい）ほど収益性は高くなります。

ココが出る

建設協力金方式では、土地所有者に相続が発生した場合、その土地は**貸家建付地**、建物は貸家として相続税の対象となります。

参照

貸家建付地
☞**6章12**

補足

賃貸マンション経営において不動産業者が賃貸マンションオーナーから全戸を借り上げ、居住者に「転貸」することを、一般に**サブリース方式**といいます。一定期間の賃料収入の安定確保を目的としています。

ココが出る

ワンルームマンションは、一般にファミリータイプのマンションと比べて1㎡あたりの、賃料単価（家賃）や建築費が**割高**となります。また、デメリットとして転売がしにくい点が挙げられます。

3　駐車場経営

駐車場を経営する場合、青空駐車場と立体駐車場、月極駐車場と時間貸駐車場などの選択肢があります。駐車場の経営を行う場合、借地権や借家権などの適用を受けないなどのメリットがあります。一方、固定資産税などの減税措置がなく、また、相続税評価額も高くなります。

ココが出る
青空駐車場は、設備費や管理費は少ないですが、その土地に賃貸マンションを建てる場合に比べて、総収入は一般的に少なくなります。

4　リバースモーゲージ

リバースモーゲージとは、自宅などの不動産を担保に融資を受け、死亡したときにその不動産を売却して借入金を一括返済する仕組みのことです。

金融機関の実施しているリバースモーゲージには、利用者が死亡し、担保物件の売却代金により借入金を返済した後も債務が残った場合に、利用者の相続人がその返済義務を負う「リコース型」と、返済義務を負わない「ノンリコース型」があります。

リバースモーゲージの概要

- 自宅などの不動産を担保に、融資を受けられる
- 本人の死亡後、担保となっている不動産を処分することで、元利一括返済が可能
- 借りた資金の使い道や対象となる不動産に制限がある
- この融資を受けるには、原則、家族の同意が必要

3　マスターリース契約とサブリース契約

1　マスターリース契約

建物の所有者と不動産会社（サブリース業者）との間における不動産の賃貸借契約のことをいいます。通常、不動産会社が所有者から建物を一棟丸ごと借り上げ、不動産会社が管理・運営し、建物の所有者に賃料を支払う仕組みです。

2　サブリース契約

不動産会社（サブリース業者）がアパート等の賃貸住宅を所有者から一括借り上げし、その不動産について入居者と賃貸借契約を結ぶ契約のことです。サブリース契約は不動産会社と入居者との間の契約になります。不動産会社は入居者から家賃を受け取り、その一部を保証賃料として建物の所有者に支払います。

マスターリース契約とサブリース契約のメリット

- 不動産の管理や入居者との対応は不動産会社が行うので管理の手間が省ける
- 不動産所有者は、ある程度安定した賃料収入が保証される

実技試験対策①建蔽率の計算

実技試験では、異なる用途地域に建物を建築するときの建蔽率と容積率の問題が出題されます。

下記の土地は、住居地域と商業地域にまたがる土地で、特定行政庁が指定する角地にある。この土地に建物（耐火建築物）を建築する場合、建物の建築面積の最高限度はいくらか。

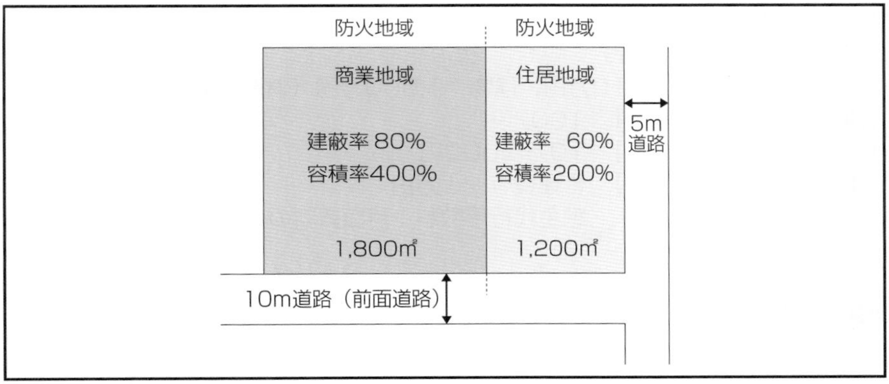

〈住居地域の建蔽率〉

防火地域内に耐火建築物を建てる場合は、建蔽率は緩和され、10％が加算されます。さらに、特定行政庁が指定する角地なので10％が加算されます。合計20％が加算され、建蔽率は80％になります。

〈商業地域の建蔽率〉

建蔽率の制限が80％とされている地域内で、かつ、防火地域内に耐火建築物を建てる場合は、建蔽率の制限がなくなり、100％になります。

敷地が、建蔽率の制限が異なる地域にわたる場合は、それぞれの用途地域に属している敷地の面積で按分（加重平均）して求めます。

《住居地域》1,200㎡×80％＝960㎡

《商業地域》1,800㎡×100％＝1,800㎡

《最大建築面積》960㎡＋1,800㎡＝2,760㎡　　解答：2,760㎡

実技試験対策②不動産広告の読み取り

実技試験では、不動産広告の内容を読み取って解答する問題がよく出題されます。ここでは日本ＦＰ協会で過去に出題された形式をもとに、資料の読み取り方のポイントを紹介します。

〔投資用不動産情報〕

パークホーム○○501号室

【所在地】 東京都□□区○○町２－１１　××駅△△駅から徒歩８分
【専有面積】 31.65㎡
【価格】 2,310万円
（土地：810万円、建物：1,500万円（消費税込み）
【仲介手数料等取得費用】 100万円
【予想賃料（月額）】 10万5,000円
【運営コスト（月額）】 管理費等：１万円
家主代行手数料：月額賃料の５％

※借入金はなく、減価償却費は考慮しない

〈上記の不動産情報から読み取れること〉

①駅からこの物件までの道路距離は「徒歩８分」となっています。１分を80ｍとして計算（１分未満は１分に切上げ）するので、道路距離は80ｍ×８分＝約640ｍ（560ｍ～640ｍ）と考えられます。

②NOI利回り（純利回り）

$$\text{NOI利回り} = \frac{\text{年間収入の合計額} - \text{諸経費}}{\text{購入金額（自己資金＋借入金）}} \times 100$$

《収入金額》　10万5,000円（予想賃料）×12か月＝126万円
《諸経費》　・管理費等　１万円
・家主代行手数料　10万5,000円×５％＝5,250円
・合計　（１万円＋5,250円）×12か月＝18万3,000円
《純利益》　126万円－18万3,000円＝107万7,000円
《総投資金額》　2,310万円（物件価格）＋100万円（仲介手数料等取得費用）
＝2,410万円
《NOI利回り》　107万7,000円÷2,410万円×100＝4.468…
≒4.47％（小数点第３位を四捨五入）

確認問題　本番レベルの問題にチャレンジしましょう。

□□□**問1**　抵当権の設定を目的とする登記では、抵当権者の氏名などは、不動産の登記記録の権利部の甲区に記載される。
p351

□□□**問2**　不動産登記には公信力がないため、実際の権利関係を反映しない登記を信用して取引した者は法的に保護されない。
p352

□□□**問3**　不動産の登記事項証明書の交付を請求することができるのは、当該不動産に利害関係を有する者に限られる。
p352

□□□**問4**　固定資産税評価額の評価水準は公示価格の70％程度で、３年に１度評価替えが行われる。
p356

□□□**問5**　不動産の価格を求める鑑定評価の基本的な手法は、原価法、取引事例比較法および収益還元法に大別され、鑑定評価に当たっては、対象不動産に係る市場の特性等を考慮し、これらのうち最も適した１つの手法に限定して適用することとされている。
p355

□□□**問6**　基準地標準価格は、毎年７月１日を価格判定の基準日とし、都道府県から９月下旬ごろに発表される。
p354

□□□**問7**　不動産の売買契約において、買主が、契約の目的物の種類や品質に関して契約の内容に適合しないことを知った時から１年以内にその旨を売主に通知しなかったときは、原則、契約の解除をすることができない。
p363

□□□**問8**　買主が売主に解約手付を交付した後、売買代金の一部を支払った場合、売主は手付金の倍額を買主に提供しても、契約を解除することができない。
p362

□□□**問9**　専任媒介契約の有効期間は、３か月を超えることができず、これより長い期間を定めたときは、その契約は無効となる。
p360

□□□**問10**　普通借地権の存続期間が満了した時点で借地上に建物が存在しない場合、借地権者が借地権設定者に契約の更新を請求したときは、従前の契約と同一の条件で契約は更新されたものとみなす。
p365

□□□**問11**　事業用定期借地権の契約を締結する場合、必ず公正証書で行わなければならない。
p366

□□□問12 普通借家契約において存続期間を１年未満に定めた場合、期間の定めのない契約となる。

p367

□□□問13 定期借家契約を締結するときは、賃貸人は、あらかじめ、賃借人に対し、契約の更新がなく期間満了により賃貸借が終了することについて、その旨を記載した書面（電子書面を含む）を交付して説明しなければならない。

p369

□□□問14 建築基準法上、建築物の敷地が２つの異なる用途地域にわたる場合、その敷地の全部について、敷地の過半の属する用途地域の建築物の用途に関する規定が適用される。

p374

□□□問15 建築物の敷地は、原則として、建築基準法に規定する幅員４m以上の道路に２m以上接していなければならない。

p375

□□□問16 建築基準法上、防火地域内に耐火建築物を建てる場合、容積率が10%緩和される。

p378

□□□問17 建築基準法上、近隣商業地域（建蔽率80%）の防火地域内に耐火建築物を建てる場合、建蔽率の制限はなくなる。

p377

□□□問18 建物の区分所有法上、共用部分に対する区分所有者の共有部分の持分は、規約に別段の定めがない限り、各区分所有者が有する専有部分の床面積の割合による。

p386

□□□問19 建物の区分所有者の集会決議において、規約を変更するためには、区分所有者および議決権の各４分の３以上の多数による集会の決議が必要となる。

p387

□□□問20 住宅用地に係る固定資産税の課税標準については、住宅１戸当たり400㎡以下の部分について課税標準となるべき価格の６分の１相当額に軽減する特例がある。

p394

□□□問21 土地の譲渡に係る所得については、その土地を譲渡した日における所有期間が５年以下の場合には短期譲渡所得に区分される。

p395

□□□問22 個人が土地を譲渡した場合における譲渡所得の金額の計算において、取得費が不明または実際の取得費が譲渡収入金額の５%相当額を下回る場合、譲渡収入金額の５%相当額を取得費とすることができる。

p396

□□□問23 居住用財産を譲渡した場合の3,000万円特別控除は、譲渡した居住用財産の所有期間が、譲渡した日の属する年の1月1日において10年を超えていなければ、適用を受けることができない。

p398

□□□問24 居住用財産を譲渡した場合の3,000万円特別控除と居住用財産の譲渡による軽減税率の特例は、要件を満たしていれば重複して適用を受けることができる。

p400

□□□問25 不動産の有効活用の手法である建設協力金方式は、土地所有者が、建設する建物を貸し付ける予定のテナント等から建設資金の全部または一部を借り受け、ビルや店舗等を建設する方式である。

p408

□□□問26 不動産の有効活用の手法である事業受託方式は、土地の有効活用の企画や当該土地上に建設された建物の管理・運営等をデベロッパーに任せ、建設資金の調達は土地所有者が行う方式である。

p406

解答：

1 ×	2 ○	3 ×	4 ○	5 ×	6 ○
7 ○	8 ○	9 ×	10 ×	11 ○	12 ○
13 ○	14 ○	15 ○	16 ×	17 ○	18 ○
19 ○	20 ×	21 ×	22 ○	23 ×	24 ○
25 ○	26 ○				

6章 相続・事業承継

学科試験対策

贈与関連から２～３割、**相続関連**から７～８割出題されます。贈与については、贈与の種類、申告方法および**贈与税の配偶者控除**が重要です。相続関連では、**法定相続人と法定相続分**および**遺産分割の方法**、**土地の相続税評価額の計算式**、**相続税の計算**もできるようにしておきましょう。また、成年後見制度に関する出題も多くなると予想されます。

実技試験対策

親族関係図を用いて**相続分を計算する問題**は毎回出題されています。また、各相続人の相続税を計算する問題や、宅地上の権利の評価額の問題、**小規模宅地等の相続税の課税価格の特例**の計算問題は解けるようにしておきましょう。

重要度 ★★

1 贈与税の基本

学習項目
- 贈与の概要
- 贈与の種類
- みなし贈与財産と非課税財産

1 贈与の概要 重要

贈与とは、当事者の一方が自己の財産を無償で相手方に与える意思表示をし、相手方がこれを**受諾する**ことによって成立する契約をいいます（**諾成契約**（だくせい）という）。

贈与契約には**口頭**と**書面**による場合があり、それぞれのポイントは以下のとおりです。

ココが出る
贈与契約の履行とは、受贈者（相手方）に実際に財産が引き渡された場合をいいます。したがって、口頭による贈与の場合であっても、既に贈与しているものは取消しできません。

贈与契約のポイント

	贈与契約の履行前	贈与契約の履行後
口頭による贈与契約	いつでも一方的に取消し可能	**取消し不可**
書面による贈与契約	書面が存在する以上、契約成立後は契約を撤回できない（**相手方が承諾した場合のみ**撤回できる）	
夫婦間の贈与契約	婚姻期間中であれば、書面による贈与の場合でも、第三者の権利を侵害しなければ、どちらか一方から取消し可能	

2 贈与の種類 重要

贈与には以下の4種類があります。

贈与の種類

	定義
単純贈与	・贈与ごとにその都度契約を結ぶ贈与

負担付贈与	・受贈者に一定の負担（債務）を負わせる贈与 ・贈与財産の価格（時価）から**負担額**を控除した価格に贈与税がかかる ・受贈者が催告しても**債務を履行**（債務の返済）しない場合、**贈与者**は贈与契約を解除できる ケース 3,000万円の土地を贈与する代わりに2,000万円の借入金を負担させる（差額の1,000万円に贈与税がかかる）
死因贈与	・贈与者の死亡によって効力を生ずる贈与（生前に**受贈者も合意**していること） ・死因贈与により財産を取得した場合は、贈与税ではなく**相続税**の課税対象となる ケース 私が死んだらこの国債を贈与する
定期贈与	・定期的に行う贈与 ・贈与者または受贈者の一方が死亡した場合、それ以後の契約は効力を失う ケース 毎年500万円ずつ10年間贈与する

3 贈与税の納税義務者

贈与税の納税義務者は、原則として、贈与によって財産を取得した個人です。

贈与税の納税義務者と課税の対象となる財産

納税義務者		課税対象財産
居住無制限納税義務者	贈与により財産を取得した個人で、取得時に**国内に住所がある者**	贈与により取得した**国内外すべての財産**

なお、日本国内に住所がある者から国内外の財産を取得した場合、取得した者が**日本国籍**であるか、**国外**に住所があるかにかかわらず、贈与により取得した**国内外すべての財産**に贈与税が課されます。

また、原則として贈与者か受贈者のどちらかが**過去10年**

用語

贈与者
贈与する人

用語

受贈者
贈与財産をもらう人

間違えやすいポイント！

死因贈与により財産を取得した場合は、贈与税ではなく、**相続税**の対象となります。なお、贈与者は遺言（いごん）で死因贈与を撤回できます。死因贈与は書面によるものであっても、贈与者はいつでも撤回できます。

ココが出る

贈与した財産に瑕疵（住宅等の財産に欠陥があること）があっても贈与した者がこれを知らなかった場合、**負担付贈与の場合を除き**、贈与者がその瑕疵に対する責任を負うことはありません。なお、負担付贈与の場合、贈与者は責任を負います。

の間に日本に住んでいたことがある場合は、国外にある財産を取得しても贈与税が課されます。

間違えやすいポイント！

個人から法人への贈与は、個人が時価で譲渡したものとみなされ、所得税が課税されます。法人は受贈益になり、法人税の対象になります。法人から個人への贈与の場合は、個人が従業員であれば給与とみなされます。

4 贈与税の課税財産の種類

贈与税が課税される財産は、本来の贈与財産とみなし贈与財産に分けられます。

贈与税の課税財産の種類

本来の贈与財産	実際に贈与により取得した経済的価値のある財産 例 現金、預金、有価証券、土地・建物、貴金属など
みなし贈与財産	本来の贈与により取得した財産ではないが、実質的には贈与と同様のものとみなして課税される財産 例 ・生命保険で保険料負担者以外の者が満期保険金を受け取った場合は、保険料を負担した者からの贈与とみなされる ・個人の間で時価よりも著しく低い価額で財産の譲渡が行われた場合は、譲渡価額と時価との差額が贈与とみなされる ・債務（借金）の免除を受けたことによる経済的利益は贈与とみなされる（返済が困難だとみなされた場合は除く）

ココが出る

扶養義務者（親）が学費や生活費にあてるために子に仕送りをした場合、通常必要な範囲であれば贈与税は課されませんが、子がその資金で資産運用などを行った場合は、課税されることもあります。

5 贈与税が非課税になるケース（贈与税の非課税財産）重要

以下の場合、贈与税は課税されません。

①法人から個人への贈与財産⇒受贈者である個人の給与所得となり、所得税・住民税が課される（法人と個人の間に雇用関係がなければ、一時所得となる）
②扶養義務者間（親子間など）における通常必要な範囲での生活費・教育費の援助
③社交上必要と認められる香典・祝物・お見舞金など⇒社会通念上相当と認められる範囲を超えている場合は、贈与税が課される場合もある

④離婚に伴う慰謝料や財産分与（婚姻中に夫婦で築いた財産の範囲）を受けた場合
⑤相続や遺贈（いぞう）により財産を取得した者が、亡くなった者から相続のあった年にすでに贈与を受けていた財産
⇒この場合は、相続税の課税対象
⑥特定障害者扶養信託契約に基づき、特定障害者（障害者の中でも特に重度の障害がある者）が受け取る信託財産（上限6,000万円まで非課税）
⑦贈与により取得した財産で、公益事業用に使用することが確実なもの

6 贈与税と土地の利用に関する権利

土地の利用に関する権利は税法上、**使用貸借（しようたいしゃく）**と賃貸借（ちんたいしゃく）に区分され、税制などの取扱いが異なります。

贈与税と土地の利用に関する権利

使用貸借	無償で土地を貸す契約のことで、使用貸借の価額はゼロとみなされ、贈与税は課税されない
賃貸借	土地を借りて利用する場合、通常、権利金の支払いが必要だが、権利金の授受がない場合や、権利金の額が借地権の価額よりも少ない場合には、土地を借りている者に贈与税が課される

なお、親が不動産の名義を無償で子の名義に変更した場合、贈与税が課されます。

間違えやすいポイント！

④「離婚に伴う慰謝料には贈与税が課されない」および⑤「相続により財産を取得した者が同じ年に被相続人（亡くなった者）から贈与を受けていた場合は、贈与税ではなく相続税の対象になる」の2点は特に注意しておきましょう。

用語

使用貸借
例えば子どもが親から土地を無償で借りて自分の居住用の家を建てた場合など。この場合、土地の使用権の価額はゼロとして取り扱われるので、借り手側の子どもは贈与税を支払う必要はない

重要度 ★★★

2 贈与税の申告と納付

学習項目
- 贈与税の計算・申告期限・納付
- 配偶者への居住用財産の贈与の特例
- 相続時精算課税制度

1 贈与税の課税制度

贈与税の課税制度には、暦年(れきねん)課税と相続時精算課税があります。受贈者は１人の贈与者につき、どちらか１つの制度しか選択することができません。

間違えやすいポイント！
父母の両方から各200万円（計400万円）贈与された場合でも、受贈者である子の基礎控除額は110万円です。父母それぞれに対して110万円の基礎控除が適用される訳ではありません。

ココが出る
贈与財産の評価額は、受贈者が贈与を受けたときの時価で評価されます。

補足
贈与税や相続税の申告は電子申告・納税システム（e-Tax）でも可能です。

2 暦年(れきねん)課税制度（暦年贈与） 重要 計算

1 贈与税の計算

暦年贈与は、１人の受贈者が**1月1日から12月31日**の１年間を単位として、その間に受け取った贈与財産の合計額から基礎控除額（**110万円**）を差し引いた残りの額に対して課税する制度です。**受贈者**１人あたりの贈与財産の合計額が**110万円**以下であれば、贈与税は課されないので、贈与税の**申告**は**不要**です。

110万円の基礎控除後の贈与額に対して、**超過累進税率**による税率を乗じて贈与税額を算出します。

> **贈与税額＝（贈与税の課税価格－110万円）×税率**

2 贈与税の申告

贈与税の申告と納税は、翌年の**2月1日から3月15日まで**です。申告書の提出先は、**受贈者**の居住地を管轄する税務署長です。

3 贈与税の納付方法

1 納付方法

贈与税は、申告書の提出期限の**3月15日**までに**金銭で一括納付**する必要があります。

2 延納

納付期限までに金銭で一括納付できない場合は、**延納**（年賦、つまり分割して納める）することができますが、以下の要件を満たす必要があります。なお、延納期間は**最長5年**で、この期間中に贈与税をすべて納付する必要があります。

延納の要件

- 申告期限までに申請し、税務署長の許可を得ること
- 納付期限までに金銭による一括納付ができないこと
- 贈与税額が**10万円**を超えていること
- 担保を提供すること（ただし、延納期間が**3年以内**で、なおかつ延納税額が**100万円以下**の場合は不要）

3 贈与税の税率

贈与者の違いによって贈与税率が異なります。

贈与税の速算表

一般の贈与（一般税率）			直系尊属からの贈与（特例税率）		
課税価格（基礎控除後）	税率	控除額	課税価格（基礎控除後）	特例税率	控除額
200万円以下	10%	―	200万円以下	10%	―
300万円以下	15%	10万円	400万円以下	15%	10万円
400万円以下	20%	25万円	600万円以下	20%	30万円
600万円以下	30%	65万円	1,000万円以下	30%	90万円
1,000万円以下	40%	125万円	1,500万円以下	40%	190万円
1,500万円以下	45%	175万円	3,000万円以下	45%	265万円
3,000万円以下	50%	250万円	4,500万円以下	50%	415万円
3,000万円超	55%	400万円	4,500万円超	55%	640万円

間違えやすいポイント！

贈与税では**物納**は認められていません。

ココが出る

延納するときは、延納した期間に応じて**利子税**を支払う必要があります。

ココが出る

贈与税を延納するときの担保は、贈与により取得した財産以外の**自己の固有財産**でも可能です。

間違えやすいポイント！

受贈者が贈与税を納付しないとき、贈与者は贈与した財産額を限度に、連帯して贈与税を納付する義務を負います。なお、受贈者の配偶者には連帯納付義務はありません。

直系尊属（父母や祖父母など）から贈与（特例贈与という）を受けた場合に特例税率が適用され、税率が軽減されます。なお、特例税率が適用されるのは、原則、贈与を受けた年の1月1日時点で18歳以上の者（子や孫など）に限られます。

4 贈与税の配偶者控除の特例 重要

婚姻期間20年以上（贈与日において20年以上）の夫婦間で居住用不動産やその敷地（借地権も含む）、または居住用不動産の購入資金の贈与があった場合、最高2,000万円を課税価格から控除できます。これは基礎控除の110万円とは別枠なので、合計2,110万円までの贈与については課税されないことになります。

> **贈与税額＝{課税価格－基礎控除額(110万円)**
> **－2,000万円(上限)}×税率**

贈与税の配偶者控除の特例の適用要件

①婚姻期間が贈与日において20年以上の夫婦間の贈与であること（1年未満は切捨て）
②過去において、同一配偶者からこの特例による贈与を受けていないこと（同一夫婦間では一生に1度のみ）
③贈与されるのは、国内にある居住用不動産、または居住用不動産を取得するための金銭であること（事業用は不可。店舗併用住宅の場合は居住用部分の割合が90%以上であれば、適用可能）
④贈与を受けた翌年3月15日までにその居住用不動産に居住し、その後も居住する見込みであること
⑤この適用を受けて納付税額がゼロになる場合でも贈与税の申告が必要

間違えやすいポイント！

贈与税の配偶者控除の特例は、居住用不動産だけでなく、敷地やその購入資金の贈与も対象になるので注意しましょう。

間違えやすいポイント！

店舗併用住宅の贈与の場合は、居住用部分が90%以上であれば、贈与税の配偶者控除の特例の適用を受けることができます。

ココが出る

贈与税の配偶者控除の特例は、再婚した場合、その夫婦間で新たに適用を受けることができます。

ココが出る

贈与税の配偶者控除の特例の適用を受けて取得した居住用不動産の場合でも、不動産取得税はかかります。

贈与税の配偶者控除の特例のポイント

- この適用を受けて3年以内に贈与者が死亡した場合でも、2,000万円までは相続税の生前贈与加算の対象にはならない
- 贈与者が贈与した年に死亡した場合でも贈与税の配偶者控除の特例の適用は可能
- 贈与を受けた居住用財産の価格が2,000万円以下であっても、残りの控除額を他の財産から控除することや翌年以降に繰り越すことはできない

参照

生前贈与加算

☞6章9

ケース

妻が夫から以下の贈与を受け、贈与税の配偶者控除の特例の適用を受けた場合、課税価格から控除できる金額は最高でいくらか？　※その他の贈与はない

贈与財産	贈与時の相続税評価額
居住用家屋とその敷地	1,800万円
株式	200万円
預金	300万円

解答

贈与税の配偶者控除の特例は、居住用不動産とその敷地の贈与について、2,000万円までは控除できる。したがって、居住用家屋とその敷地（1,800万円）については、全額控除の対象。株式や預金は暦年贈与の対象となるので、110万円までは控除できる。
したがって、控除額の上限は1,800万円＋110万円＝1,910万円となる。

ココが出る

相続・遺贈により財産を取得していない個人であっても、相続時精算課税制度の適用を受けて取得した財産があれば、**特定納税義務者**として相続税の納税義務者になります。

用語

代襲相続人
本来相続人になるはずの子や兄弟姉妹が先に死亡している場合、すでに亡くなっている者に代わって、その子どもが相続人になる。これを代襲相続といい、代襲相続する者を代襲相続人という

間違えやすいポイント！

父（母）からの贈与については**相続時精算課税制度**を適用し、母（父）からの贈与については**暦年課税制度**を適用することができます。
一方、相続時精算課税制度を選択した者からの贈与については、暦年課税制度の基礎控除をあわせて適用することはできないので注意しましょう。

5 相続時精算課税 重要

相続時精算課税制度とは、相続税と贈与税を一体化して課税する制度です。生前に贈与を行い、相続が発生した時点で、贈与財産と相続財産を合算して税金を再計算し、すでに納めた贈与税相当額は相続税額から控除される仕組みです。

相続時精算課税の概要

対象者	・贈与者は贈与があった年の**1月1日**現在、**60歳以上の父母または祖父母** ・受贈者は贈与があった年の**1月1日**現在、**18歳以上**の子である**推定相続人**（**代襲相続人**（だいしゅう）を含む）と18歳以上の孫
手続きなど	・受贈者は、贈与を受けた翌年2月1日から3月15日までに、相続時精算課税選択届出書を提出する ・一度選択すると**取消しや**同じ贈与者に対して**暦年課税の適用や変更は不可**
対象財産	・贈与財産の種類や金額に制限はなく、贈与回数や贈与期間にも制限がない
基礎控除	・2024年1月より**110万円**の基礎控除が新設され、毎年110万円までの贈与が**非課税**になり、**申告**も不要 ・また、基礎控除の対象額は相続財産に加算されないため、相続税もかからない
税金の計算	・この制度を選択した贈与者からの贈与財産の累計額が**2,500万円**（毎年の110万円の基礎控除額は除く）までは贈与税はかからない。2,500万円を越える金額に一律**20%**の贈与税がかかる ケース 相続時精算課税制度を適用して、3,000万円の贈与を受けた場合の税額 (3,000万円－110万円－2,500万円)×20%＝78万円 ・計算上、贈与税額がゼロになっても、この制度の適用を受けるためには**申告が必要**

相続発生時の対応	・受贈者は、贈与者からの贈与財産と相続財産を合算して算出した相続税額から、すでに納付した贈与税額を控除する ・相続財産と合算する贈与財産の価額は、原則、**贈与時の価額**（ただし、土地や建物が災害により被害を受けた場合は再計算される） ・相続税額よりすでに支払った贈与税額の方が多い場合、申告することで差額は還付される
暦年贈与との関係	・暦年贈与の110万円の非課税とは別枠となるが、同一の贈与者については相続時精算課税と暦年贈与の適用を同時に受けることはできない

相続時精算課税を適用した贈与の状況

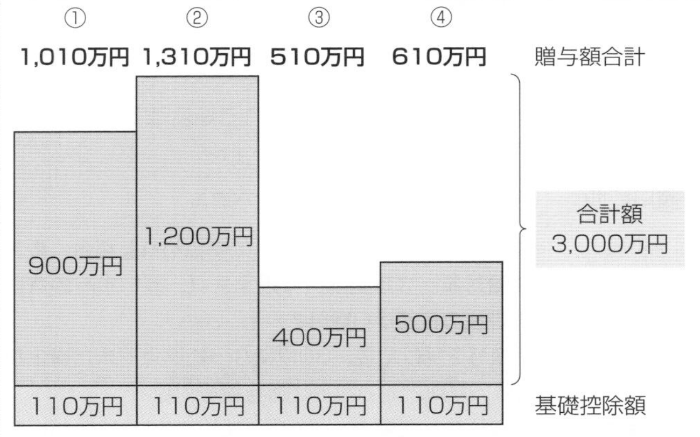

上記の①～④において、毎年110万円を超える部分の贈与の合計額が2,500万円を超えた場合、贈与税が20％課税されます。毎年の基礎控除の110万円を除いた①～④の贈与額の合計額が3,000万円となるので、2,500万円を超える500万円に対して20％（100万円）課税されます。

ココが出る

相続時精算課税制度を使って贈与した**2,500万円**（年110万円までの基礎控除は除く）までの財産については、贈与税はかかりません。2,500万円を超える金額に対しては**20％**の贈与税がかかります。

間違えやすいポイント！

相続時精算課税を適用した場合、贈与者が亡くなったときに相続や遺贈により財産を取得しなかった場合でも、贈与を受けたときの時価で相続税が課税されます。

ココが出る

教育資金の贈与の対象に**通学定期券代**と**留学渡航費**なども含まれます。

6 教育資金の一括贈与の非課税

「教育資金の一括贈与に係る贈与税の非課税措置」は、一定の孫や子等の受贈者に対して、直系尊属（父母や祖父母等）が教育資金を贈与し、金融機関に信託した場合に、拠出された金銭等のうち、一定額までを非課税とする制度です。制度の適用を受けるためには、受贈者は教育費の領収書等を金融機関に提出する必要があります。

教育資金の一括贈与の非課税の概要

贈与者	父母や祖父母等の直系尊属
受贈者	**30歳未満**（贈与契約日に）の子や孫 ※前年の合計所得金額が**1,000万円**を超えている者は対象外
非課税金額	学校（海外も含む）に支払われる場合、1人あたり**1,500万円** 学校以外の塾等に支払われる場合は1,500万円のうち、**500万円**までが上限
適用期間	**2026年３月31日**までの贈与

※23歳以上の受贈者については、学校以外に支払われる場合、教育訓練給付金の支給対象となる受講費に限定され、習い事等の費用は500万円の非課税の範囲から除外される

※教育資金の一括贈与を受けた後、30歳になった時点でまだ資金が残っている場合は、原則、その資金は**贈与税**の対象

※贈与者が贈与後に死亡した場合、その死亡日における残額が相続税の対象となり、受贈者が**子以外**の場合には、相続税の**２割加算**の対象となる。ただし、死亡日において以下のいずれかに該当する場合は、相続税の対象にはならない。なお、相続税の課税価格の合計が５億円を超える場合は以下の３つに該当する場合であっても相続税の対象になる

- 受贈者が23歳未満である
- 受贈者が学校等に在学している
- 受贈者が雇用保険の教育訓練給付の支給対象となる教育訓練を受講している

間違えやすいポイント！

「教育資金の一括贈与」および「結婚・子育て資金の一括贈与」については、契約終了時の贈与税率は受贈者の年齢に関係なく**一般税率**が適用されます。要件を満たしていても特例税率は適用されません。

7 結婚・子育て資金の一括贈与の非課税

「直系尊属から結婚・子育て資金の一括贈与を受けた場合の贈与税の非課税措置」は、父母や祖父母が子や孫に対して、契約した信託銀行等の口座に子育て資金や結婚資金を一括贈与した場合、一定額までが非課税になる制度です。なお、この非課税制度は暦年課税（年110万円までの贈与税の非課税制度）、相続時精算課税、**直系尊属からの住宅取得等資金贈与**の非課税措置、**直系尊属からの教育資金の一括贈与**の非課税措置等と併用可能です。

結婚・子育て資金の一括贈与の非課税の概要

贈与者	父母や祖父母等の直系尊属
受贈者	18歳以上50歳未満の子や孫 ※前年の合計所得金額が**1,000万円**を超えている者は対象外
非課税金額	子育てに使用する場合、１人あたり**1,000万円** 結婚資金に使用する場合、１人あたり**300万円**
適用期間	2025年３月31日までの贈与が対象

※子育てと結婚資金の両方に使用する場合でも、上限は1,000万円
※子や孫が50歳になった時点で残っている資金は贈与税の対象になる
※適用期間中に贈与者が死亡した場合、その時点での残額は相続税の対象になる。（受贈者が子以外の場合は相続税の２割加算の対象になる）

8 住宅取得等資金の贈与の非課税

「直系尊属から住宅取得等資金の贈与を受けた場合の非課税措置」は、父母や祖父母など**自身の直系尊属**から住宅購入資金や新築住宅を建てるための**土地**の取得資金の贈与を受けた場合、一定額までが非課税になる制度です。贈与を受けた翌年の**３月15日**までに住宅等を購入していることが要件です。なお、贈与された資金を住宅ローンの返済にあてる

ココが出る

父母等の直系尊属から住宅取得資金の贈与の非課税の適用を受け、贈与された資金については、その後、直系尊属が原則**７年以内**に死亡しても、相続財産に**加算されません**。

場合は適用されません。

直系尊属から住宅取得等資金の贈与を受けた場合の非課税

贈与者	父母、祖父母等の直系尊属（配偶者の父母等は対象外）	
受贈者	贈与を受けた年の１月１日現在で18歳以上の者（ただし、その年の合計所得金額が2,000万円以下の者のみ）	
住宅の要件と所得制限	合計所得金額1,000万円以下	床面積40㎡以上240㎡以下で２分の１以上が居住用
	合計所得金額1,000万円超2,000万円以下	床面積50㎡以上240㎡以下で２分の１以上が居住用
適用期間	2026年12月31日までの住宅の取得	
非課税限度額	一般住宅	500万円
	省エネ等住宅	1,000万円

※中古住宅を取得する場合、一定の耐震基準を満たしていることが条件

※贈与者である父母や祖父母に対する年齢制限はない（60歳未満であっても贈与可能）

補足

叔父や叔母および配偶者の父母などは民法上、直系尊属ではありません。

この非課税制度は、暦年課税制度や相続時精算課税制度および結婚・子育て資金の一括贈与のいずれもあわせて適用を受けることができます。

重要度 ★

3 相続の基本

学習項目
- 相続開始の概念
- 民法上の養子と親族
- 相続税の納税義務者

1 相続の基本

1 相続の開始

相続とは、被相続人（亡くなった者）が死亡時点で持っていたすべての財産（権利と義務）を一定範囲の親族が引き継ぐことをいいます。

相続は人の死亡により開始します。行方不明で生死が不明の場合は、失踪宣告（しっそうせんこく）によって死亡とみなされ、相続が開始します。失踪宣告には普通失踪と特別失踪があります。

失踪宣告の種類

普通失踪	７年間、行方がわからず生死が不明の場合、請求を受けた家庭裁判所が宣告して死亡とみなす
特別失踪	災害や大事故に巻き込まれるなどして、その後も１年以上消息不明の場合、家庭裁判所が宣告して死亡とみなす

2 相続開始の場所

相続が開始する場所は、死亡時の被相続人（亡くなった者）の住所地です。相続税の申告書はこの住所地の税務署長に提出します。

3　民法上の成人年齢の引下げ

成人年齢が18歳に引き下げられ、親の同意がなくても、不動産契約、クレジットカード申込み、ローン契約、保険契約や証券口座の開設などが18歳で可能になりました。また、婚姻可能な年齢が男女とも18歳に統一されました。国民年金の加入年齢は20歳のままです。

2　民法上の養子と親族

民法上、養子には普通養子（普通養子縁組）と特別養子（特別養子縁組）があります。

1　普通養子縁組

普通養子縁組は、実親との親子関係はそのままで、新たに養親との親子関係を結ぶ養子縁組です。実親が亡くなった場合にも養親が亡くなった場合にも４人から相続することができます。養親と養子の同意があれば成立するので、実親の同意は不要です。

なお、未成年（配偶者の連れ子は除く）を養子にする場合、家庭裁判所の許可が必要です。

●養親になるための要件

養親とは、養子縁組によって親になる者のことです。普通養子縁組では養親になることができるのは、20歳以上で、養子より年長者（養子の方が年下）であることが要件です。成人年齢は18歳ですが、養親には20歳以上でないとなることができません。

ココが出る

普通養子縁組と特別養子縁組の違いを確認しておきましょう。特別養子縁組は実の父母との親族関係がなくなります。

2　特別養子縁組

特別養子縁組は、実親との親子関係が終了し、養親（ようしん）との親子関係のみが存続します。そのため、養親が亡くなった場合のみ相続でき、実親が亡くなっても相続できません。養子となる者は15歳未満の者で、原則、実の父母の同意が必要です。

●**養親になるための要件**

夫婦共同で養子縁組を行うので、配偶者がいない者は養親になることはできません。また、養親の年齢は25歳以上でなければなりませんが、夫婦のどちらかが25歳以上であれば、一方は20歳以上であれば可能です。

3 民法上の親族

民法上の親族とは、**6親等内の血族**、**配偶者**及び**3親等内の姻族**(いんぞく)のことをいいます。

3親等内の親族には相互に扶養義務があります。また、配偶者が死亡した場合でも義理の父母との姻族関係は継続しており、姻族関係を終了させるには**姻族関係終了届**を提出しなければなりません。

> **用語**
>
> **姻族**
> 配偶者側の家族のこと。自分と血のつながりがある家族は血族という

> **補足**
>
> **親等の数え方**
> 血族の親等は、本人を「0」として、親や子供の世代を経るごとに1つずつ増えていきます。姻族の親等は、本人の配偶者を「0」として、親や子供の世代を経るごとに親等が1つずつ増えていきます。
> 本人からみて、配偶者の親は1親等、配偶者の祖父母や兄弟姉妹は2親等になります。

3 相続税の納税義務者

贈与税と同様、無制限納税義務者と制限納税義務者に分けられます。

相続税の納税義務者と課税の対象となる財産

納税義務者		課税対象財産
居住無制限納税義務者	相続・遺贈(いぞう)により財産を取得した時に**国内**に住所がある者	相続・遺贈により取得した**国内外すべての**財産

なお、日本国内に住所がある者から財産を取得した場合、取得した者が**日本国籍**であるか、**国外**に住所があるかにかかわらず、相続・遺贈により取得した**国内外すべての**財産に相続税が課されます。原則として相続人か被相続人のどちらかが過去**10年**の間に日本に住んでいたことがある場合は、国外にある財産であっても、相続税が課されます。

親等の数え方

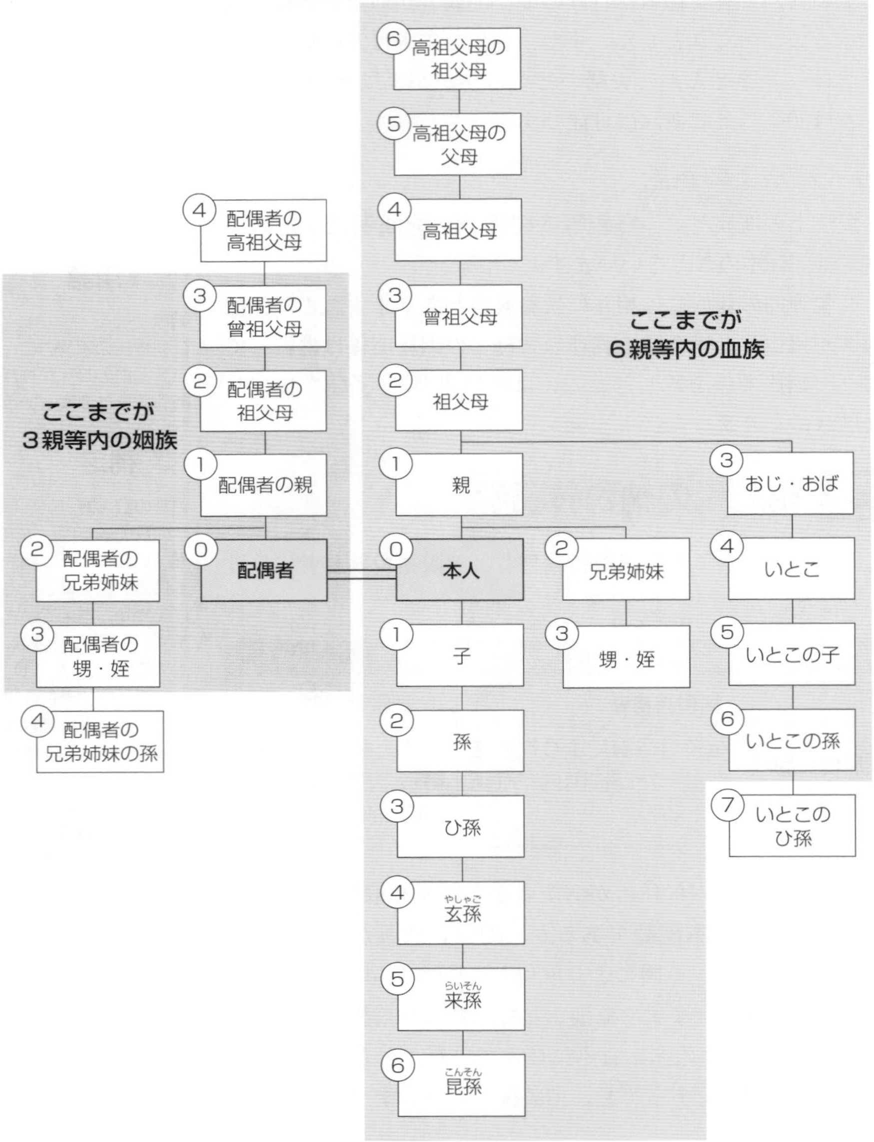

※民法上の親族とは、6親等内の血族、配偶者および3親等内の姻族のこと

重要度 ★★★

4 相続人と相続分

学習項目
- 相続順位、代襲相続、法定相続分の計算
- 特別寄与料制度と配偶者居住権

1 相続人

1 相続人の範囲と順位 重要

民法で定める相続人は**法定相続人**と呼ばれ、以下の者が該当します。相続にあたって優先順位があり、順位が上の者が相続した場合、原則として下位の者は相続できません。

相続順位

常に相続人となる者	配偶者 ・正式な婚姻関係のある者のみ
第1順位	子（養子、非嫡出子（ひちゃくしゅつし）、胎児を含む） ・実子と養子の相続分（相続する割合）は同じ ・非嫡出子の相続分は嫡出子と同じ
第2順位	直系尊属 ・第1順位の子がいない場合は父母が、父母がいなければ祖父母が相続人になる
第3順位	兄弟姉妹 ・第1順位の子も第2順位の父母などもいない場合に相続人になる

2 相続欠格（けっかく）と相続廃除（はいじょ）

法定相続人であっても、相続欠格や相続廃除にあたる場合には、相続できなくなることがあります。

欠格と廃除

欠格	被相続人を殺害したり、強迫や詐欺により遺言を書かせたりした場合などに相続権を失うこと

用語

非嫡出子
正式な婚姻関係のない男女間に生まれた子。非嫡出子が相続するには**認知**が必要。なお、相続の順位は嫡出子と同じ

用語

直系尊属（そんぞく）
本人の父母や祖父母など。本人の子、孫、曾（ひ）孫などは**直系卑属（ひぞく）**という

間違えやすいポイント！
相続開始時に胎児であった場合でも相続権がありますが、死産だった場合、相続権はなくなります。

ココが出る
遺言書を偽造、破棄、隠匿（いんとく）した場合、欠格事由にあたります。

廃除	被相続人を虐待・侮辱していた者を、被相続人が家庭裁判所に申し立てて相続権を喪失させること

2 代襲相続

相続人となるべき者が、相続開始時にすでに死亡している場合や相続欠格・相続廃除になっている場合、その者に子（直系卑属）がいれば、その子がその者に代わって相続人になります（代襲相続人という）。

代襲相続のポイント 重要

- 代襲相続人は本来の相続人の相続権をすべて引き継ぐ
- 相続放棄した者の子は、代襲相続人にはなれない
- 被相続人の子が既に死亡している場合は、被相続人の孫が代襲相続する。子の場合は限りなく下へ代襲相続が可能（子→孫→曾孫……）
- 兄弟姉妹の場合は、その者の子（被相続人の甥と姪）までしか代襲相続できない

3 指定相続分と法定相続分

遺言による相続分（相続できる割合）を指定相続分といいます。遺言による相続分の指定がないときなどは、民法に定められた相続分が適用されます。これを法定相続分といいます。なお、民法上、配偶者は常に相続人になります。他の相続人は優先順位が高い者のみが以下の割合で相続します。

法定相続分の分割割合 重要

配偶者	他の相続人		
2分の1	第1順位	子	2分の1
3分の2	第2順位	直系尊属	3分の1
4分の3	第3順位	兄弟姉妹	4分の1

ココが出る

事故などで親子が同時に死亡した場合、同時に死亡した者の間での相続は発生しません（例えば、親Aと子Bが同時に死亡した場合、Bの子のCがAの財産を代襲相続することになる）。

ココが出る

法定相続分の考え方

- 配偶者と子が相続人の場合、相続分は配偶者2分の1、子2分の1
- 配偶者と直系尊属である父が相続人の場合、相続分は配偶者3分の2、父3分の1
- 配偶者と兄が相続人の場合、相続分は配偶者4分の3、兄4分の1
- 配偶者がおらず子と父母等の直系尊属または兄弟姉妹がいる場合、父母や兄弟姉妹に相続分はなく、子が全部

ココが出る

「相続人が配偶者と直系尊属のみの場合」、「相続人が配偶者と兄弟姉妹のみの場合」の法定相続分がよく出題されています。

法定相続人と法定相続分のポイント 重要

- 配偶者は常に相続人となるが、内縁の配偶者（内縁の妻）には相続分はなく、正式な婚姻関係のある者のみが法定相続人になる
- 実子と養子の相続分は同じ
（養子には普通養子縁組と特別養子縁組がある）
- 非嫡出子の相続分は、嫡出子と同じ
- 兄弟姉妹が亡くなった場合で、父母のどちらか一方のみを同じくする兄弟姉妹（半血兄弟姉妹、異父異母兄弟）が相続する場合の相続分は、父母ともに同じ兄弟姉妹（全血兄弟姉妹）の2分の1
- 相続開始時に胎児であった者も、死産でなければ相続権がある
- 代襲相続すると、相続人の相続権をそのまま引き継ぐことになるので、本来の相続人と同じ相続分になる
- 相続放棄した場合は、民法上は最初から相続人でなかったことになる

4 法定相続分の計算 重要 計算

非嫡出子がいる場合

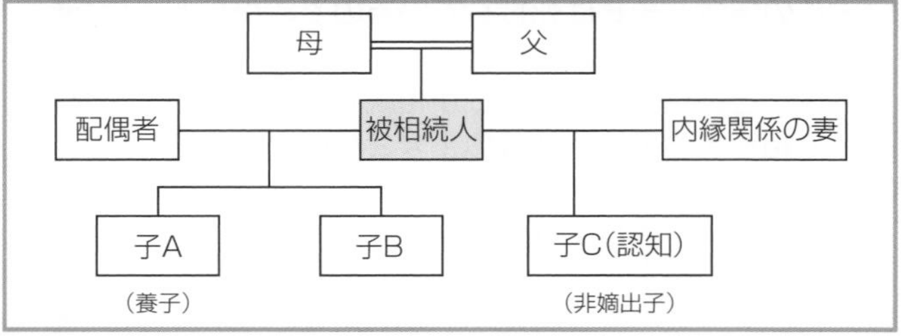

＜考え方＞
・配偶者は常に相続人
・第１順位の子がいるので、父母には法定相続分はない
・配偶者と子が相続人なので、配偶者と子の相続分は各２分の１
・子は３人おり、子Ａは養子だが、実子と相続分は同じ
・非嫡出子である子Ｃの相続分も嫡出子（子A、子B）と同じなので、子Ａ、子Ｂ、子Ｃは各２分の１×３分

の１＝６分の１
・相続分は配偶者：２分の１、子Ａ：６分の１、子Ｂ：６分の１、子Ｃ：６分の１

代襲相続人がいる場合

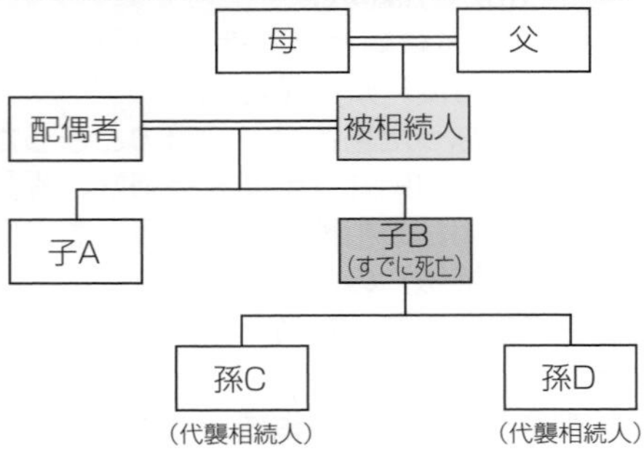

<考え方>
・配偶者は常に相続人
・第１順位の子がいるので、父母には法定相続分はない
・配偶者と子が相続人となるので各２分の１
・子Ａ、子Ｂ（生きていると考える）は、２分の１×２分の１＝各４分の１
・この場合、子Ｂは死亡しているので、孫Ｃと孫Ｄが代襲相続する
・孫Ｃと孫Ｄは、本来子Ｂが相続できた４分の１を２人で相続するので、４分の１×２分の１＝８分の１
・相続分は配偶者：２分の１、子Ａ：４分の１、孫Ｃ：８分の１、孫Ｄ：８分の１

ココが出る

相続人である兄弟姉妹が亡くなっている場合、その者の子（被相続人の甥や姪）までは代襲相続人になります。

配偶者と兄弟姉妹が相続人の場合

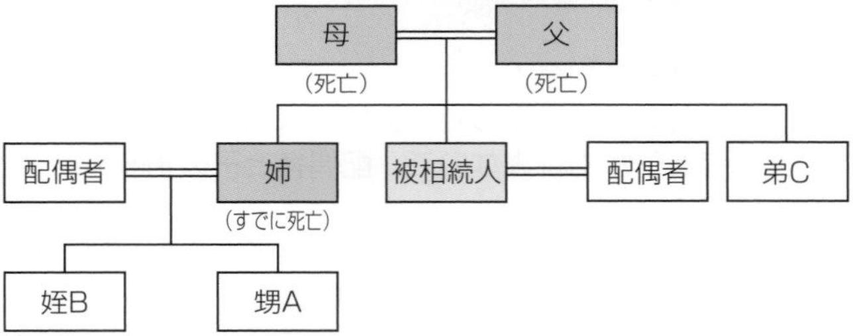

＜考え方＞
・被相続人には子も父母もいないので配偶者と第３順位の弟Ｃ、および姉（死亡）の子である甥Ａと姪Ｂ（代襲相続人）が相続する
・配偶者と兄弟姉妹が相続人なので、配偶者は４分の３、残り４分の１を弟Ｃと甥Ａ姪Ｂで相続するので、弟Ｃは４分の１×２分の１で８分の１、代襲相続人である甥Ａと姪Ｂは姉が相続できた８分の１を２人で相続するので、８分の１×２分の１で各16分の１

相続放棄者がいる場合

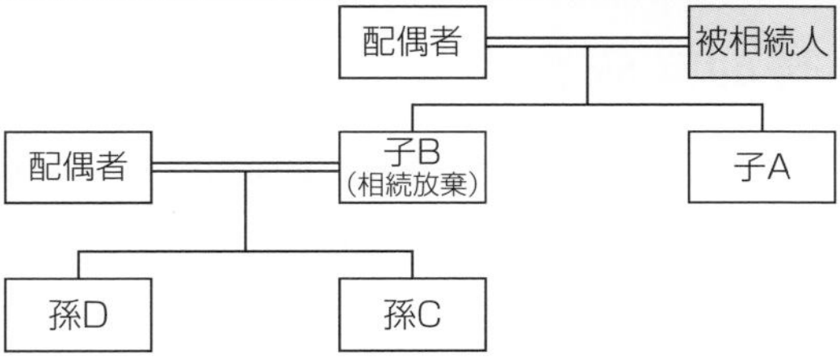

＜考え方＞
・配偶者と子Ａと子Ｂが相続人になるが、子Ｂは相続放棄しているので、相続人でなかったことになる。したがって、孫Ｃ、孫Ｄは代襲相続人ではない
・配偶者と子Ａの２人が相続人になるので、配偶者：２分の１、子Ａ：２分の１

二重身分である者がいる場合

代襲相続人である者（孫など）が、被相続人の普通養子にもなっている場合は、代襲相続人としての相続分と養子としての相続分の両方を相続します。これを二重身分といいます。

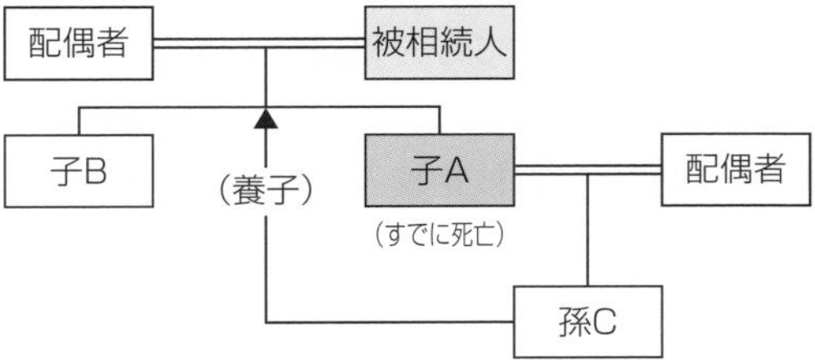

間違えやすいポイント！

欠格者、廃除者の子は**代襲相続人**になれますが、相続を**放棄した者**の子は代襲相続人になれませんので注意しましょう。

参照

相続の放棄
☞**6章5**

＜考え方＞
・配偶者と子B、および被相続人の養子になっている孫Cが相続人
・孫Cは、すでに死亡している子Aの代襲相続人にもなるため、養子としての相続分と代襲相続人としての相続分の両方を相続する
・配偶者の相続分：2分の1、結果的に子が3人いるのと同じになるので、子B：2分の1×3分の1＝6分の1、孫C：6分の1（養子分）＋6分の1（代襲相続分）＝3分の1

5 特別受益者

特別受益者とは、複数の相続人（共同相続人）のうち被相続人から生前にマイホーム資金や開業資金などの贈与を受けた者、その他生活資金の贈与を受けた者をいいます。

ココが出る
特別受益者が受けた贈与分を特別受益財産として被相続人の遺産に加えた合計額を相続財産とみなして、相続分を計算します。特別受益者はその相続分からすでに贈与された分が差し引かれます。

6 寄与分（きよぶん）

共同相続人のうち、被相続人の事業に非常に貢献度が高い者や、被相続人を非常によく看護や介護した者など、特別に寄与した者がいる場合は、その相続人は遺産の中から相続分の上乗せとして寄与分を受け取ることができます。

補足
相続開始から10年経過した後に遺産分割を行う場合、原則、特別受益や寄与分などは認められず法定相続分によって分割することになります。

7 特別寄与料制度

寄与分は、相続人にのみ認められており、相続人ではない親族（例えば相続人の配偶者）が無償で被相続人（例えば義理の父）の看護などをしても、相続発生時に寄与分の対象ではありませんでした。

特別寄与料制度とは、被相続人に対して無償で看護などをしたことで、被相続人に特別の寄与があった法定相続人ではない親族（特別寄与者という）が、相続人に対して**金銭（特別寄与料）**を請求できる制度です。

ココが出る
相続財産から寄与分を控除した金額を新たな相続財産として、相続分を計算します。寄与分の金額について協議が調わないときは、**家庭裁判所**が定めます。

(1) 特別寄与料

特別寄与料は、各相続人が各自の法定相続分または指定相続分に応じて負担します。

(2) 特別寄与料に対する税金

特別寄与者	遺贈により取得したものとみなされ、相続税が課税される
特別寄与料を支払う相続人	支払った特別寄与料の額を各相続人の課税価格から債務控除できる

(3) 請求期限

特別寄与者が相続の開始があったことを知ってから6か月以内に請求する必要があります。相続の開始があったことを知らなかった場合でも、相続開始から1年以内に請求しなければなりません。

(4) 申告期限

特別寄与者は、特別寄与料の額を知った日の翌日から原則10か月以内に相続税の申告を行わなければなりません。

8 配偶者居住権

配偶者居住権とは、被相続人の持家に住んでいる配偶者が、被相続人の死亡後もその家に居住することができる権利のことで、配偶者居住権と配偶者短期居住権があります。家屋にのみ適用され、宅地には適用されません。つまり、自宅の建物に関する権利を「住む権利」と「所有する権利」に分けて、配偶者は「住む権利」を相続します。なお、配偶者居住権に基づき敷地を利用する権利を敷地利用権といいます。

(1) 配偶者居住権

● 配偶者居住権とは

相続開始時に被相続人の持家に住んでいた配偶者が、原

間違えやすいポイント!
特別寄与料制度は、親族以外の者や内縁の妻などは対象外です。

間違えやすいポイント!
配偶者居住権は居住権を取得した配偶者が亡くなったときに消滅するので、相続税の対象になりません。

則として一生涯、その家に住むことができる権利のことです。配偶者居住権を利用すれば、配偶者は家を相続せずに、配偶者居住権を相続し登記することで、その家に住み続けることができます。配偶者居住権は被相続人からの遺言や遺産分割協議により配偶者が取得することができます。

配偶者居住権のイメージ

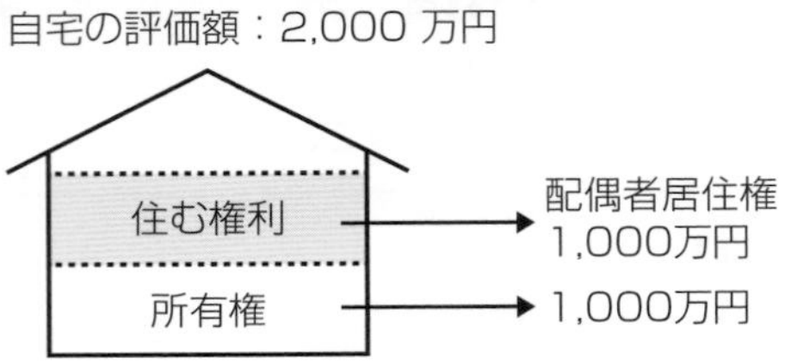

● 配偶者居住権に対する税金

配偶者居住権は権利を取得した配偶者の特別受益財産となり相続税の対象となります。一方、配偶者居住権を取得した配偶者が亡くなった場合、配偶者居住権は消滅するので、相続税の対象になりません。

(2) 配偶者短期居住権

● 配偶者短期居住権とは

相続開始時に被相続人の持家に住んでいた配偶者が遺産分割協議が成立するまで（最低**6か月間**)、その家に無償で住むことができる権利のことです。

配偶者が配偶者居住権を取得すると、配偶者短期居住権は消滅します。

● 配偶者居住権との違い

配偶者短期居住権は、相続が開始すると自動的に配偶者に権利が発生します。したがって登記する必要はありません。また、相続財産に含まれないため、相続税の課税価格を算出するときに、遺産分割の対象になりません。

ココが出る

配偶者居住権のポイント

- 家に住むことができる権利のみを相続すること
- 相続発生時に配偶者がその家に住んでいること
- 登記しないと効力が発生しないこと
- 相続発生時に家が配偶者以外の者との共有名義でないこと
- 配偶者居住権を取得した配偶者が亡くなると、配偶者居住権は消滅すること

間違えやすいポイント!

配偶者居住権を取得した配偶者は、原則、一生涯その家に住むことができますが、遺産分割協議や遺言により、存続期間を一定年数に制限することも可能です。例えば20年に制限された場合、20年後には配偶者居住権は消滅し、延長されません。

ケース

配偶者と子1人が相続人の場合：相続財産は2,000万円の自宅と現金3,000万円

〈配偶者居住権を1,000万円として設定した場合〉

配偶者は配偶者居住権を1,000万円と現金1,500万円（合計2,500万円）を相続することができ、自宅に住み続けることもできる。子は家の所有権1,000万円と現金1,500万円を相続する。

〈配偶者居住権がない場合〉

相続財産の合計額は5,000万円なので、相続分は配偶者2分の1（2,500万円）、子2分の1（2,500万円）となる。配偶者が自宅を相続すると、現金は残りの500万円のみを相続することになり、生活費が不足する。

9 夫婦間で贈与された居住用不動産の遺産分割時の特例

民法上、婚姻期間が**20年**以上の夫婦間で、居住用の不動産の贈与や遺贈があった場合、その不動産については、特別受益の対象とならず、遺産分割の対象から除外できます。この特例により、配偶者が受け取る財産は増加します。

ケース

〈住居（2,000万円）、預貯金（3,000万円）を配偶者と子1人が相続する場合〉

生前贈与によって配偶者に住居が贈与されていた場合、住居は特別受益の対象とならず、遺産分割の対象外となる。結果的に預貯金の3,000万円のみを配偶者と子で分割する（各1,500万円）ことになる。したがって、配偶者は、住居を保有しながら、預貯金1,500万円を得ることができる。

10 成年後見制度(せいねんこうけんせいど) 重要

認知症などの理由で判断能力の不十分な人は、財産を管理したり、日常生活で契約を結んだりといったことが難しい場合があります。また、きちんと判断できずに自分に不利益な契約を結んでしまうおそれもあります。このような人（被後見人）を保護・支援するのが成年後見制度で、**法定後見制度**と**任意後見制度**があります。なお、成年後見人は被後見人の行った法律行為について、**日用品の購入**などの日常生活に関する行為以外の行為（不動産の売買契約など）については取り消すことができます。

成年後見制度

法定後見制度	・すでに本人に**判断能力がない**場合に対応する制度 ・「**後見**」・「**保佐**」・「**補助**」の３つの制度があり、本人の判断能力の程度に応じて選べる ・**家庭裁判所**が**成年後見人**や**保佐人**、**補助人**を選任する ・後見開始の審判（精神上の障害がある者を保護するための手続き）がされたときは、その内容が登記される
任意後見制度	・まだ**判断能力が十分にあるうち**に、将来、認知症などで判断能力が低下した場合に備え、信頼できる人と財産管理の方法などについて**公正証書**で契約を結ぶ制度。財産管理などの契約を行う者を任意後見人（任意後見受任者）といい、利用者が選任する ・任意後見人（任意後見受任者）には原則、配偶者や親族だけでなく、弁護士やＦＰなど誰でもなることができる（任意後見人になるための**資格は不要**）

※任意後見受任者とは、後見が開始したときに任意後見人になる人のことをいう

重要度 ★★

5 相続の承認と放棄

学習項目

- 相続の承認（単純承認と限定承認の違い）
- 相続の放棄

相続人は、被相続人（亡くなった者）の財産や債務を相続するかどうかを自由に決めることができます。その方法には、「**相続の承認**」と「**相続の放棄**」があります。

用語

積極財産
不動産や預貯金、有価証券など

相続の承認と放棄の要点 重要

相続の承認	単純承認	・被相続人の財産上の権利・義務（**積極財産**と**消極財産**）を全部受け継ぐ方法 ・相続の開始（被相続人の死亡）があったことを知った日から**3か月以内**に**相続の放棄**や**限定承認**をしなければ、**単純承認**したことになる ・相続放棄をする前に、原則として相続人が相続財産の**全部または一部を処分**した場合は、**単純承認**したものとみなされる ・限定承認や相続放棄をした後でも、相続財産の全部または一部を隠したり、勝手に処分した場合は、単純承認したものとみなされる
	限定承認	・相続人は相続した資産（積極財産）の範囲でのみ債務（消極財産）を支払う義務を負う。債務が資産より多くても、相続人の財産から返済する必要はない ・相続の開始を知った日から**3か月以内**に、**相続人が全員**で共同して**家庭裁判所**へ限定承認申述書を提出することが必要

相続の放棄	・相続人が相続を拒否すること ・被相続人の**生前**に相続放棄はできない ・相続財産は受け継げないが、債務を返済する必要もない。したがって、被相続人に未納の所得税等があった場合、相続放棄した相続人は納付義務を負わない ・限定承認と同様、相続の開始があったことを知った日から**3か月以内**に家庭裁判所へ相続放棄の申述書を提出しなければならないが、**全相続人が共同**で行う必要はなく、**単独**でも放棄できる ・相続を放棄した者の子（被相続人の孫など）は**代襲相続人**にはなれない ・放棄すると民法上、相続開始時から相続人でなかったとみなされる

限定承認と相続の放棄の手続きの違い

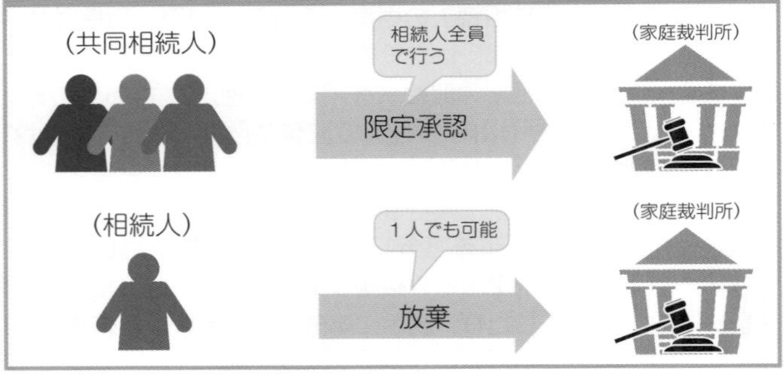

限定承認をする場合は、相続人全員が共同して行う必要がありますが、相続の放棄の場合は単独で行えます。

用語（前ページ）

消極財産
借金や債務など

ココが出る

相続財産がプラスかマイナスかが不明の場合は**限定承認**が有効です。

間違えやすいポイント！

相続の放棄をしても、生命保険金を受け取ることはできますが、放棄した者には**生命保険等の非課税**の適用はありません。

重要度 ★

6 遺産分割

学習項目

▶ 遺産分割の方法と遺産分割協議書

1 遺産分割

1 遺産分割の種類

遺産分割には、**指定分割**（遺言による分割）や**協議分割**（共同相続人の協議による分割）などがあります。なお、遺産分割の期限は定められていないので、相続人はいつでも分割の請求を行うことができます。また、被相続人は遺言で**5年**を超えない期間を定めて、遺産分割を禁止することができます。

間違えやすいポイント!

遺産分割が終わっていない場合でも、**法定相続分**で遺産分割があったものとして、相続開始の翌日から**10か月以内**に相続税の申告を行わなければなりません。

遺産分割の種類

指定分割	・遺言により分割すること ・遺産の**全部または一部**について行うことが可能 ・原則として、協議分割より指定分割が優先される
協議分割	・共同相続人全員の参加と**合意**により分割すること ・遺言があっても、共同相続人全員の合意があれば遺言と異なる**協議分割**も可能 ・協議成立後、**相続人全員**の**署名**・**押印**により**遺産分割協議書**を作成する
調停分割	・協議がととのわない場合に、共同相続人の申立てにより、**家庭裁判所**の調停によって分割する
審判分割	・家庭裁判所の調停によっても分割協議が成立しない場合に、**家庭裁判所**の審判により分割する

2 遺産分割の方法

遺産の分割は、遺産の種類・性質や各相続人の年齢・職業・心身の状態・生活状況などの事情を考慮して行うこととされています。2023年4月1日以後、相続開始から10年経過しても遺産分割協議の合意または遺産分割の申し立てがない場合、原則、法定相続分で分割することになります。

遺産を分割する方法には以下のようなものがあります。

遺産分割の方法

現物分割	・個別の財産ごとに取得する者を決めて分割する方法 例 A土地は長男、B土地は次男、預金は長女
換価分割	・相続財産の**一部**または**全部**を売却して、その代金を分割する方法 ※売却時に所得税が課されることがある
代償分割（だいしょうぶんかつ） 重要	・特定の相続人が財産を取得して、代わりに自分の**固有財産**（代償財産という）を他の相続人に支払う方法 ・受け取った代償財産は、贈与税ではなく**相続税**の対象となる 例 長男が事業を相続する場合に、自社株を全部相続する代わりに、自分の財産を他の相続人に支払う ・相続財産の大半が不動産や自社株など、分割が困難な場合で、その相続財産を特定の相続人に相続させる場合などに利用する ・代償財産として支払った財産が土地や家屋などの場合、**時価で譲渡**したものとみなされ、代償分割した者（長男）に対して所得税・住民税が課されることがある（この場合、**譲渡所得**になる）

3 遺産分割協議書

遺産分割が成立した場合、その後のトラブル防止のために**遺産分割協議書**を作成しておく必要があります。遺産分割協議書には**定められた書式や作成の期限はありません**が、相続人全員の自署、実印での押印、印鑑証明書が必要です。なお、**代償分割**を行った場合は、その旨を遺産分割協議書に明記する必要があります。

ココが出る

死亡保険金は、原則、保険金受取人の固有の財産とみなされ、民法上、原則として**遺産分割協議**の対象になりません。

一部の遺産について、遺産分割協議が成立していない場合、その遺産を除いて遺産分割協議書を作成できます。

なお、遺産分割協議が成立した後であっても、共同相続人全員の合意があれば協議内容を取消しできます。

間違えやすいポイント!

換価分割や代償分割などの遺産分割の方法を決定する場合、家庭裁判所への申立てなどは不要です。

重要度 ★★★

7 遺言と遺留分

学習項目
- 遺言の種類と概要
- 遺留分の考え方

1 遺言とは

遺言とは、死後の財産処分などのための最後の意思表示であり、遺言者の死亡と同時に効力が発生する**法律行為**です。

遺言のポイント 重要

- 遺言は**満15歳以上**で意思能力を有する者であればできる（満15歳以上であれば法定代理人の同意は不要）
- 遺言はいつでも、全部または一部を自由に撤回できる
- 遺言は相手方のない単独行為である（**夫婦共同の遺言などは認められない**）
- 特定の財産（一部の財産）のみに関する遺言も可能（全ての財産について遺言で受取人を指定する必要はない）

間違えやすいポイント！
複数の遺言書が存在する場合は、**最も日付の新しいもの**が有効となり、古い遺言書の内容で新しい遺言書の内容と異なる部分は、撤回されたとみなされます。

2 遺言の種類と方式

遺言には、普通方式と特別方式がありますが、普通方式の遺言が一般的です。

1 普通方式の遺言の種類

普通方式の遺言には次の３種類があります。

普通方式の遺言 重要

種類	自筆証書遺言	公正証書遺言	秘密証書遺言
作成方法	・本人が本文、日付、氏名を自書し、押印（氏名は原則、通称でも可能） ・パソコン・テープレコーダーなどで作成したものや代筆は原則、不可	本人が口述して公証人が筆記する	・本人が作成し署名・押印して封印し、公証人の前で本人が住所氏名を記入、公証人が日付を記入する ・パソコンなどでも可能
証人	不要	２人以上の立会いが必要	２人以上の立会いが必要
検認	原則、必要	不要	必要

※相続により財産を取得する相続人（推定相続人）やその利害関係者（配偶者や親族）、未成年者などは、遺言の証人にはなることができない（利害関係者でなければ、ＦＰは証人になることができる）

※公正証書遺言の作成費用は、相続財産の額により異なる

※遺言書の押印は実印でなくてもよい

2　自筆証書遺言の方式の緩和

●財産目録の作成

従来、財産目録も自書で作成しなければなりませんでしたが、財産目録を別紙として添付する場合、財産目録についてはパソコンや代筆での作成が可能です。その場合、財産目録への署名および押印は必要です。なお、本文はこれまでどおり自書する必要があります。

●法務局での保管（自筆証書遺言保管制度）

自筆証書遺言は法務局で保管できます。この場合、家庭裁判所の検認は不要です。

3　家庭裁判所による検認 重要

検認とは、遺言書の偽造や変造を防止するために家庭裁判所が行う証拠保全の手続きのことです。相続人の立会いのも

と、家庭裁判所で遺言書を開封することで相続人に遺言書があることやその内容を知らせる行為で、遺言書の有効・無効を家庭裁判所が判断する手続きではありません。

●検認が必要な場合

秘密証書遺言や**自筆証書遺言**（法務局で保管している場合は除く）は検認が必要です。公正証書遺言は公証役場に遺言書が保管されており、偽造や変動リスクがないので検認は**不要**です。

●検認前に遺言書を開封した場合

検認を受ける前に相続人が遺言書を開封した場合でも遺言自体は**有効**です。

ココが出る

遺言を撤回する場合、同じ方式で撤回する必要はなく、公正証書遺言を自筆証書遺言で撤回できます。

4　遺言の撤回

遺言の撤回は、いつでも何度でも可能で、全部の撤回も一部のみの撤回も可能です。また、遺言をした後に、遺言内容にかかわるような行為や財産の処分などを遺言者がしたとき、**遺言と異なる（抵触する）部分**については、**遺言が撤回**されたとみなされます。

なお、２回目（後）に行った遺言を撤回しても１回目（先）の遺言は復活せず、新たに遺言書を作成する必要があります。

間違えやすいポイント！

兄弟姉妹は遺留分権利者ではないので、注意しましょう。

3　遺留分

間違えやすいポイント！

遺留分権利者は、被相続人の**生前に**家庭裁判所の許可を得て、遺留分を**放棄**することができます。なお、相続の放棄は被相続人の生前に行うことはできません。

1　遺留分の定義

民法では、遺言の内容に関係なく、一定の相続人が遺産の一定割合を取得することを保証する制度が設けられています。この制度のことを**遺留分**といいます。

遺留分を有する者を**遺留分権利者**といい、**配偶者**、**子**（**代襲相続人**を含む）、**直系尊属**（父母など）が該当します。

2　遺留分の割合 計算

主張できる遺留分の割合は以下のようになっています。遺留分権利者が複数いる場合、相続できる割合は、以下の遺留分割合に各自の**法定相続分**を乗じた割合になります。

遺留分割合

- 直系尊属だけが相続人である場合
  ……財産の**3分の1**
- 上記以外の場合（配偶者のみ・子のみ・配偶者と子・配偶者と直系尊属が相続人である場合）
  ……財産の**2分の1**
- 兄弟姉妹
  ……**なし**

3　遺留分侵害額請求権（遺留分減殺請求権）

遺言などで遺留分が侵害された場合に、遺留分を請求する権利を**遺留分侵害額請求権**といいます。遺留分権利者は遺留分を侵害されている金額（遺留分侵害額）を**金銭**で支払うよう請求できます（金銭以外での支払いは不可）。遺留分侵害額請求権は、原則として、相続が開始され、遺留分が侵されたことを知った日から**1年以内**、または、時効により相続開始から**10年**を経過すると権利は消滅します。

また、他の相続人が被相続人の生前に多額の贈与を受けていた特別受益者であった場合、遺留分の算定にあたって基礎とされる特別受益の範囲は、相続開始前から「**10年**以内」の贈与に限定されます。したがって、10年より前に特別受益の対象となる贈与があった場合、遺留分侵害請求権の対象に含めることはできません。

遺留分侵害額請求は、裁判で請求する必要はなく、遺留分を侵害する者に郵便等で意思表示すれば足ります。

ココが出る
相続人の遺留分を侵害する内容の遺言であっても、**遺言の効力は無効ではありません**。したがって、遺留分を侵害された者は、遺留分侵害額請求をする必要があります。

遺留分割合の計算例　（例）遺留分の対象となる相続財産が9,000万円の場合

<table>
<tr><th colspan="2">法定相続人のパターン</th><th>各人の遺留分</th></tr>
<tr><td colspan="2">配偶者のみ</td><td>9,000万円×２分の１（遺留分割合）＝4,500万円</td></tr>
<tr><td colspan="2">子のみ</td><td>9,000万円×２分の１（遺留分割合）＝4,500万円</td></tr>
<tr><td rowspan="2">配偶者と子</td><td>配偶者</td><td>9,000万円×２分の１（遺留分割合）×２分の１（法定相続分）＝2,250万円</td></tr>
<tr><td>子
（３人）</td><td>9,000万円×２分の１（遺留分割合）×６分の１（法定相続分）＝750万円（子１人あたり）</td></tr>
<tr><td rowspan="2">配偶者と
直系尊属</td><td>配偶者</td><td>9,000万円×２分の１（遺留分割合）×３分の２（法定相続分）＝3,000万円</td></tr>
<tr><td>母</td><td>9,000万円×２分の１（遺留分割合）×３分の１（法定相続分）＝1,500万円</td></tr>
<tr><td colspan="2">父または母のみ</td><td>9,000万円×３分の１（遺留分割合）＝3,000万円</td></tr>
<tr><td rowspan="2">配偶者と
兄弟姉妹</td><td>配偶者</td><td>9,000万円×２分の１（遺留分割合）＝4,500万円</td></tr>
<tr><td>兄弟姉妹</td><td>なし</td></tr>
<tr><td colspan="2">兄弟姉妹のみ</td><td>なし</td></tr>
</table>

※遺留分の対象となる財産に、相続開始の**10年**より前に贈与された財産は含まれない

重要度 ★

8 遺贈と死因贈与

学習項目
- 遺贈のポイント
- 死因贈与のポイント

1 遺贈(いぞう)

遺贈とは、被相続人の遺言により財産を特定の者（相続人や相続人以外の第三者でもよい）に一方的に贈与する単独行為をいいます。遺贈による財産は**相続税**の対象です。遺贈により財産を取得する者を**受遺者**(じゅいしゃ)といいます。

2 死因贈与

死因贈与とは、被相続人の死亡により財産を取得することを相手方もあらかじめ合意している契約で、死因贈与による財産は**相続税**の対象です。

なお、死因贈与の契約は遺言で取り消すことができます。

死因贈与のイメージ

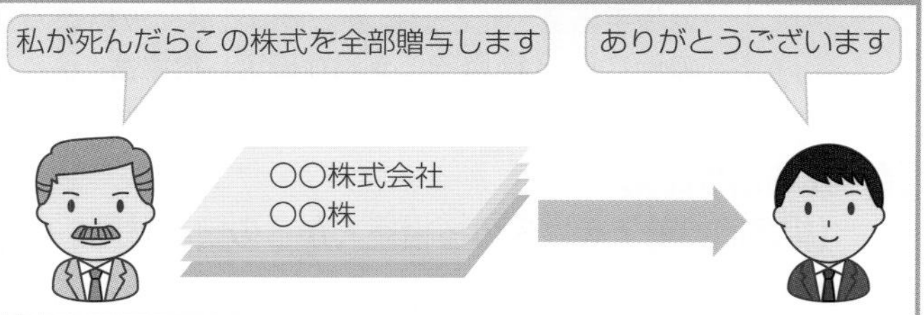

間違えやすいポイント！
遺贈の場合は、**代襲相続**はできないので、受遺者が被相続人よりも先に死亡していた場合にはその遺贈は無効です。

ココが出る
遺贈は、遺言を行う者の**一方的**な行為（相手方が合意しているかどうかは無関係）なのに対し、死因贈与は、あらかじめ受贈者も**合意**している贈与契約です。

間違えやすいポイント！
遺贈と死因贈与との違いを明確にしておきましょう。

重要度 ★★★

9 相続税の仕組み

学習項目
- 相続財産の範囲
- 相続税の非課税財産
- 債務控除と葬儀費用

1 相続財産

1 相続税の課税財産の種類

相続税の課税対象となる資産には、本来の相続財産とみなし相続財産があります。

相続税の課税財産

本来の相続財産	・相続や遺贈により取得した財産で、金銭で見積もることができる経済的な価値のある財産 ケース 預貯金や株式、債券、売掛金など
みなし相続財産	・実質的に相続財産とみなして相続税の課税対象としているもの ケース 生命保険金、退職手当金など ・生命保険金については、契約者（保険料負担者）と被保険者が被相続人で、その保険金の受取人が相続人である場合 ・退職手当金・死亡退職金については、被相続人の死亡後３年以内に支給が確定した場合

2 生前贈与加算（相続開始前７年以内の被相続人からの贈与財産） 重要

相続開始前７年以内に被相続人から贈与を受けた財産（生前贈与財産）については、相続時に相続税の課税財産に**贈与時の価額**で加算し相続税を計算します。支払済の贈与税額は、相続税額から差し引きます。なお、**相続時精算課税制度**の適用を受けた（毎年の110万円の基礎控除を除く）

間違えやすいポイント！

被相続人の死亡後**３年を経過後**に確定した退職手当金等は、遺族の一時所得として**所得税**の対象になります（死亡後３年以内に確定した場合は、相続税の対象）。

間違えやすいポイント！

被相続人が購入していた不動産で、被相続人への所有権移転登記がされていない不動産を相続した場合でも、相続税の課税対象になります。

間違えやすいポイント！

対人賠償保険の保険金を遺族が受けとった場合は、**非課税**となり、相続税の対象外です。

財産については、**贈与された時期を問わず、贈与時の価額**で相続財産に加算されます。

相続開始前7年以内の贈与財産であっても相続財産に加算されない財産

重要

- **贈与税の配偶者控除**の特例の適用を受けた財産（上限**2,000万円**まで）
- 直系尊属から住宅取得資金の贈与を受けた資金
- 教育資金、結婚・子育て資金の一括贈与を受けた資金
- 相続時精算課税の適用を受けた110万円までの基礎控除の額

相続開始前7年以内の贈与財産の追加ポイント

重要

- 生前贈与加算があるのは、相続や遺贈により財産を取得した者のみで、相続や遺贈により財産を取得しない者であれば、相続時精算課税制度の適用を受けた財産を除き、7年以内の贈与であっても相続財産に加算されない
- **相続開始の年**に、被相続人から贈与を受けていた財産は、贈与税ではなく、当初から**相続税**の課税対象

【生前贈与加算の改正】

生前贈与を相続財産として加算する期間が3年から順次**7年**に延長されました。なお、延長された4年間（相続開始前3年超7年以内）の贈与については、合計**100万円**までは相続財産に加算されません。ただし、2027年1月以後の相続から順次1年ずつ加算され、2031年1月に相続が発生した場合、7年前の2024年1月以後の贈与財産が相続財産に加算され、相続税が計算されます。2026年12月以前に相続があった場合、相続財産に加算される贈与期間は従来通り3年間のままです。

間違えやすいポイント！

相続時精算課税を適用した場合の110万円の基礎控除部分は、相続開始前7年以内の贈与であっても相続財産に加算されません。一方、暦年贈与の場合、110万円の基礎控除を含めて相続財産に加算されます。

ココが出る

相続開始の年に被相続人から贈与を受けている場合に、贈与税の対象となるのか、相続税の対象となるのかの問題がよく出題されますので注意しましょう。

【生前贈与加算の改正概要】

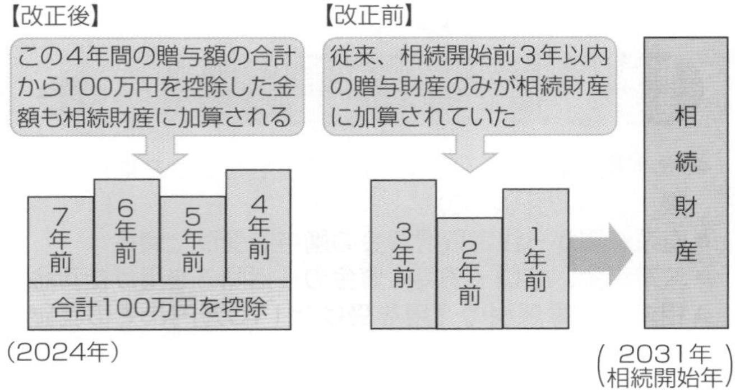

補足

遺産分割前に払戻された預貯金は、その相続人が遺産分割により取得したものとみなされ、相続分から差し引かれます。

3 預貯金の遺産分割前の払戻し

被相続人の預貯金を、遺産分割が終了する前であっても、1金融機関あたり**150万円**を上限として、預金額の**3分の1**×各相続人の法定相続分の額まで払い戻し、葬儀費用等に充てることができるようになりました。

> **ケース**
> 預金額が1,200万ある場合で、法定相続人が配偶者と子2人（AとB）の場合。子Aが引き出せる金額は、子Aの法定相続分が4分の1なので、100万円（1,200万円×3分の1×4分の1）まで。

2 相続税の非課税財産 重要

相続税が非課税になる財産として、**墓地**、**墓石**、**仏壇**、**仏具**等や**香典**および相続税の申告期限までに国などに寄付した相続財産等があります。

ココが出る

受け取った死亡保険金の額が非課税限度額以内であれば申告不要です。

1 生命保険金の非課税金額 計算

相続人が被相続人の死亡により取得した生命保険金等の死亡保険金のうち、次の額が非課税になります。

死亡保険金の非課税限度額
＝500万円×法定相続人の数

法定相続人の数についてのポイント 重要

- 相続を放棄した者がいても、相続税法では放棄はなかったものとし、法定相続人に含めて数える
- 代襲相続人は実子として法定相続人に含める

養子がいる場合の法定相続人の考え方 重要

- 実子と養子がいる場合……養子が何人いても１人を法定相続人とする
- 実子がいない場合…養子が何人いても２人までを法定相続人とする
- 特別養子縁組をした養子は実子として扱う
- 再婚の場合、配偶者の実子で被相続人の養子となった者は実子として扱う

【生命保険金の非課税金額の計算】 計算

複数の者が死亡保険金を受け取った場合で、死亡保険金の総額が非課税限度額を超える場合には、以下の方法により各人の非課税限度額を計算します。

$$(500万円\times 法定相続人の数)\times \frac{その相続人が受け取った生命保険金の額}{すべての相続人が受け取った生命保険金の合計額^{※}}$$

※放棄者分は除く

ココが出る

生命保険の非課税枠などを計算するときの法定相続人の数について、相続の放棄者がいる場合や養子が複数いる場合がよく出題されます。数え方をしっかり覚えておきましょう。

間違えやすいポイント！

相続を放棄した場合の考え方

相続を放棄した場合、民法では最初から相続人でなかったものとみなされますが、相続税法では相続人とみなして非課税金額等を計算するときの法定相続人に含めます。

ケース

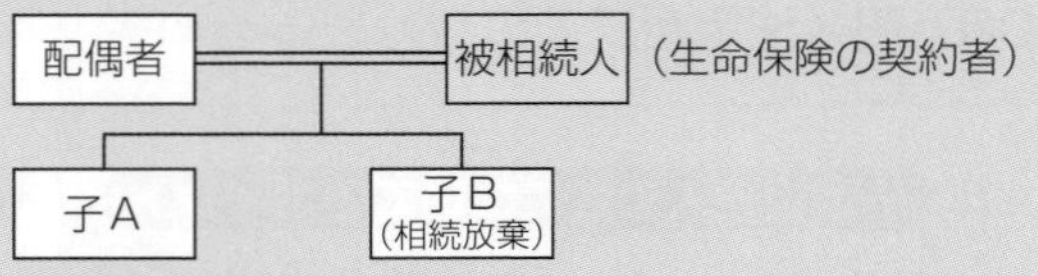

〈受け取った生命保険金〉

・配偶者　2,000万円　・子A　500万円

・子B　500万円

各自の生命保険金に適用される非課税金額はいくらか。

間違えやすいポイント！

相続を放棄している者および相続人以外の者でも死亡保険金は受け取れますが、保険金に対する**非課税金額**の適用はありません。したがって、生命保険金の非課税金額の計算式の分母の「すべての相続人が受け取った生命保険金の合計額」には、相続を放棄した者の金額は含みません。注意しましょう。

解　答

相続放棄した子Bも法定相続人の数に含めるので法定相続人は3人。

【非課税金額の合計】　500万円×3人＝1,500万円

【配偶者の非課税金額】

$$1{,}500\text{万円} \times \frac{2{,}000\text{万円}}{2{,}000\text{万円（配偶者）} + 500\text{万円（子A）}}$$

＝1,200万円

【子Aの非課税金額】

$$1{,}500\text{万円} \times \frac{500\text{万円}}{2{,}000\text{万円} + 500\text{万円}} = 300\text{万円}$$

【子Bの非課税金額】　なし

※分母の「生命保険の合計額」の中には相続を放棄した子Bの生命保険金の額は含めない

間違えやすいポイント！

被相続人の死亡後3年経過後に支給が確定した退職金については、受け取った遺族の**一時所得**になるので、死亡退職金の非課税は適用されません。

2　死亡退職金の非課税金額 計算

死亡退職金についても、生命保険と同額までは非課税になります。被相続人の死亡後3年以内に支払いが確定した退職金も同様です。

【死亡退職金の非課税金額】

500万円×法定相続人の数（死亡保険金の場合と同じ）

3 弔慰金（ちょういきん）

被相続人の死亡により被相続人の勤務先から相続人が受け取る**弔慰金**についても、一定額が非課税です。

【弔慰金の非課税金額】 重要

- 業務上の死亡の場合
  …死亡時の給与（賞与を除く）×36か月（3年）
- 業務外の死亡の場合
  …死亡時の給与（賞与を除く）×6か月

用語

弔慰金
一般的に、死者に対する弔いと遺族を慰めるために贈られる金銭。なお、弔慰金は非課税金額を超える部分は退職手当金とみなされる（みなし相続財産となり、相続税の対象となる）

3 相続税の債務控除と葬儀費用

相続や遺贈により財産を取得した者が、被相続人の借金や一定の未払金、葬儀費用を負担した場合、相続税を計算する際に財産価額から控除（債務控除）することができます。

原則として、債務控除の対象になるのは、被相続人が亡くなったときに確定している債務です。

相続税の債務控除の対象 重要

	控除できるもの	控除できないもの
債務	・借入金 ・不動産等の購入代金の未払金 ・未払いの医療費 ・未払いの所得税、住民税等の税金 ・事業上の債務	・被相続人が生前に購入した墓地、墓石や仏壇の未払金 ・遺言執行費用 ・税理士や弁護士に対する相続関連費用等
葬儀費用	・通夜（つや）、仮葬儀（そうぎ）、本葬儀、埋葬、火葬、納骨等に要した費用 ・お寺へのお布施、戒名料	・香典返しの費用 ・初七日、四十九日等の法要費用

※被相続人が住宅購入時に団体信用保険に加入していた場合、亡くなったときの金融機関の住宅ローンの残高は、債務控除の対象にならない

重要度 ★★★

10 相続税の計算

学習項目

- 相続税の計算の流れの理解
- 相続税の基礎控除の考え方
- 相続税の配偶者の税額軽減

1 相続税の計算手順

相続税の計算は、大きく分けて以下のような3ステップにより計算されます。

(第1ステップ) 課税遺産 総額を計算	相続、遺贈、死因贈与で取得した財産	本来の相続財産を合計する
	＋ みなし相続財産	みなし相続財産を加算する
	＋ 相続開始前3年以内の贈与財産	相続開始前3年以内に贈与された財産を加算する
	＋ 相続時精算課税を選択した贈与財産	相続時精算課税による贈与財産を加算する
	－ 非課税財産	税法上課税されない財産を控除する
	－ 債務、葬儀費用等	負担した借金や葬儀での費用等を控除する
	↓ 課税価格	
	－ 基礎控除	基礎控除額を控除する
	↓ 課税遺産総額	課税価格の総額から基礎控除額を控除した額
(第2ステップ) 相続税の 総額を計算	↓ 課税遺産総額を一旦法定相続分で按分する	
	↓ それぞれの法定相続人の税額を計算して合計する	
	↓ 相続税の総額	
(第3ステップ) 各相続人の 税額を計算	↓ 相続税の総額を各相続人が取得した課税価格の割合で振り分ける	
	↓ 相続人ごとの控除額と加算額を計算する	2割加算と各税額控除
	↓ 各相続人の税額	

2 相続税の計算のポイント

1 相続税の基礎控除

相続税の基礎控除額は法定相続人の数で決まります。課税価格が基礎控除額以下である場合は相続税は課されず、相続税の**申告書の提出**は不要です。

重要 計算

相続税の基礎控除額
＝3,000万円＋600万円×法定相続人の数※
※法定相続人の数については、死亡保険金の場合と同じ

参照
法定相続人の数
☞6章9

2 相続税の総額の計算

課税価格の総額から**基礎控除額**を控除して、**課税遺産総額**を計算します。その金額を、法定相続人が仮に法定相続分どおりに相続したとして、各相続人別の課税対象額を計算します。各相続人の課税対象額に、対応する相続税率を掛けて計算し、相続人全員の相続税額を合計します。

相続税の速算表

課税対象額	税率	控除額
1,000万円以下	10%	—
1,000万円超3,000万円以下	15%	50万円
3,000万円超5,000万円以下	20%	200万円
5,000万円超1億円以下	30%	700万円
1億円超2億円以下	40%	1,700万円
2億円超3億円以下	45%	2,700万円
3億円超6億円以下	50%	4,200万円
6億円超	55%	7,200万円

ココが出る

相続または遺贈により取得した不動産や株式などの財産を、相続開始のあった日の翌日から相続税の申告期限の翌日以後**3年**を経過する日までに譲渡した場合に、相続税額のうち一定金額を譲渡した資産の取得費に加算して所得税を軽減することができます。これを「**相続税の取得費加算の特例**」といいます。なお、この特例と「空き家を譲渡した場合の3,000万円の控除の特例」は重複して適用を受けることはできません。

間違えやすいポイント!

代襲相続人は２割加算の対象外ですが、兄弟姉妹の場合は、相続税の２割加算の対象となるので注意しましょう。また、孫を自分の養子（孫養子）にした場合、２割加算の対象になります。

3 相続税の２割加算

相続・遺贈により財産を取得した者が、配偶者および被相続人の一親等の血族（子・父母）以外の兄弟姉妹などの場合には、その相続税額に20%相当額を加算します。

なお、代襲相続人である孫などは子の地位をそのまま承継するので、２割加算の対象になりません。

4 税額控除

税額控除とは、相続税額から直接、一定額を控除できる制度のことで、６種類あります。

(1) 贈与税額控除

相続・遺贈により財産を取得した者が、相続開始前３年以内に被相続人より贈与を受けていた場合に、すでに支払った贈与税額および相続時精算課税により支払った贈与税額を、相続税額から控除することができます。

ココが出る

配偶者の税額軽減の考え方

例えば、相続人が配偶者と子で、相続税の課税価格の合計額が10億円の場合、配偶者は、取得した財産が法定相続分である2分の1の5億円までは税金がかかりません。

また、相続税の課税価格の合計額が３億円の場合は、２分の１の１億5,000万円でなく、１億6,000万円まで相続税がかかりません。

さらに、相続財産の額にかかわらず、法定相続人が配偶者だけの場合は、相続税はかかりません。

(2) 配偶者の税額軽減の特例 重要

被相続人の配偶者が相続または遺贈により実際に取得した財産が１億6,000万円までか、それを超えても法定相続分相当額までであれば、相続税は課されません。

配偶者の税額軽減額

$$=\text{相続税総額}\times\frac{\text{下記の①②のうち少ない金額}}{\text{相続税の課税価格の合計額}}$$

①相続税の課税価格の合計額×法定相続分
（１億6,000万円未満の場合は１億6,000万円）
②配偶者の取得した財産の課税価格

配偶者の税額軽減の特例の適用要件 重要

- 法律上の婚姻関係があること（婚姻期間に関する規定はなく婚姻期間が１年未満でも適用可能）
- 申告期限までに遺産分割が決まり、配偶者の相続財産が確定していること

- 申告期限までに遺産分割が確定しない場合は、申告期限後３年以内に遺産分割が行われること
- 配偶者は相続を放棄していても、生命保険金を受け取った場合、税額軽減の特例の適用を受けられる
- 税額軽減によって納付税額が算出されない（ゼロになる）場合であっても、相続税の申告をする必要がある

（3）未成年者控除

相続・遺贈により財産を取得した者が法定相続人で、かつ18歳未満（既婚者も含む）である場合は、その者の税額から「その者が18歳になるまでの年数×10万円」が控除できます。

未成年者控除額＝（18歳－相続時の年齢）×10万円

（4）障害者控除

相続・遺贈により財産を取得した者が法定相続人で、かつ障害者である場合は、その者の税額から「その者が85歳になるまでの年数×10万円」（特別障害者は20万円）が控除できます。

障害者控除額＝（85歳－相続時の年齢）×10万円（特別障害者は20万円）

（5）相次相続控除（そうじそうぞくこうじょ）

10年以内に２回以上相続が発生し、２回とも相続税が課された場合、１回目の相続税の一定額を２回目の相続税から控除できます。

（6）外国税額控除

相続・遺贈により外国の財産を取得した場合で、その外国の相続税に相当する税金を課されている場合は、二重課税の防止のため、その税額相当額を日本での相続税額から控除できます。

間違えやすいポイント！

未成年者控除、障害者控除において、控除対象者の年齢に端数がある場合は１年として計算します。
（例）18歳まで４年３か月ある場合は５年とみなされます。結果、５年×10万円＝50万円が控除されます。

ココが出る

未成年者控除や障害者控除において、控除しきれない金額がある場合は、その扶養義務者の相続税額から控除できます。

【相続税の計算例】 重要

ケース

〈設定条件〉

- 相続人は配偶者および子Ａ、子Ｂの２人
- 課税相続財産の額　　１億2,000万円
- 配偶者の相続額　　　　6,000万円
- 子Ａ、子Ｂの相続額　　各3,000万円

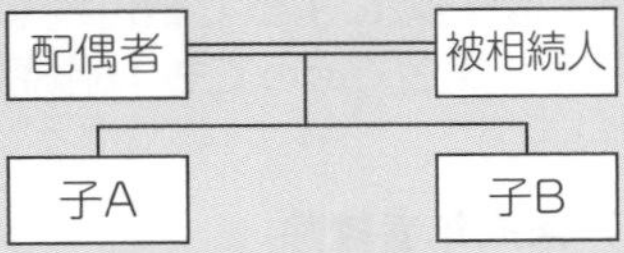

①まず、相続税の基礎控除額を計算し、課税相続財産の額から差し引き、課税遺産総額を計算する

基礎控除額＝3,000万円＋600万円×３人（法定相続人の数）
＝4,800万円

課税遺産総額＝１億2,000万円−4,800万円＝7,200万円

②各自が法定相続分で相続した場合の各自の課税遺産額を計算する

（配偶者）　7,200万円×２分の１＝3,600万円

（子Ａ・子Ｂ）　7,200万円×２分の１×２分の１＝各1,800万円

③各自の課税遺産額に相続税率を掛けて相続税額を計算し合計する

【相続税の速算表】より

（配偶者）　3,600万円×20%−200万円＝520万円

（子Ａ・子Ｂ）　1,800万円×15%−50万円＝各220万円

（合計）　520万円＋220万円＋220万円＝960万円

④各相続人が実際に取得した相続分に応じて、③の相続税額を按分する

（配偶者）　$960\text{万円}\times\frac{6{,}000\text{万円}}{1\text{億}2{,}000\text{万円}}=480\text{万円}$

（子Ａ・子Ｂ）　$960\text{万円}\times\frac{3{,}000\text{万円}}{1\text{億}2{,}000\text{万円}}=\text{各}240\text{万円}$

配偶者の相続税は480万円、子Ａと子Ｂの相続税は各240万円となる。さらに、この金額から配偶者の税額軽減や各税額控除を受けることができる。

重要度 ★★

11 相続税の申告と納付

学習項目
- 相続税の申告期限
- 延納と物納のポイント
- 準確定申告の申告期限

1 相続税の申告 重要

相続税は、相続の開始（被相続人の死亡）があったことを知った日の翌日から10か月以内に、被相続人の死亡時の住所地を管轄する税務署長に申告書を提出し、金銭で一括して納付するのが原則です。

原則として納付税額がゼロの者は申告は不要ですが、以下の場合はゼロであっても申告書の提出が必要です。

申告が必要な場合

- 配偶者の税額軽減の特例の適用を受ける場合
- 小規模宅地等の相続税の課税価格の特例の適用を受ける場合　など

なお、提出した申告書の申告税額を修正する場合は、以下のような手続きを行います。

- 申告額よりも相続税額が増える場合（申告漏れ）→修正申告
- 申告額よりも相続税額が減る場合　→更正の請求

2 相続税の納付方法

金銭での一括納付が困難な場合には、不足分について延納（えんのう）や物納（ぶつのう）による方法が認められています。

1 延納

延納とは、年賦（ねんぷ）で納付する方法です。延納期間は5年

ココが出る
遺産分割が終了していなくても、法定相続分で相続したものとして10か月以内に申告する必要があります。

間違えやすいポイント！
相続税の申告は、被相続人の住所地の税務署、贈与税の申告は贈与された受贈者の住所地の税務署に行います。

参照
小規模宅地等の相続税の課税価格の特例
☞6章12

用語
年賦
毎年一定額を分割で支払うこと

から20年で、延納期間中は一定の利子税がかかります。

延納申請中や延納中であっても、金銭での一括納付への変更が可能です。また、延納が困難になった場合には、申告期限から10年以内に限り、金銭での納付が困難な部分のみ物納への変更が可能です。

延納の要件 重要

- 金銭で一括して納付することが困難であること
- 相続税額が10万円を超えること
- 担保を提供すること（ただし、延納税額が100万円未満で、かつ、延納期間が3年以下の場合は不要）
- 申告期限までに延納申告書を提出し、税務署長の許可を得ること

ココが出る
延納期間が最高の20年になるのは、原則として、相続した財産のうち、75%以上が不動産であった場合などです。

ココが出る
延納の担保は相続財産でも相続財産以外の財産（自己の固有財産）でも可能です。

間違えやすいポイント！
相続税の納付は延納と物納の選択制ではなく、延納できない場合に限り物納が可能です。

間違えやすいポイント！
相続前3年以内に贈与された財産は物納できますが、相続時精算課税制度を適用した財産は物納できません。

2 物納

物納とは、相続・遺贈により取得した財産によって納税する方法です。なお、贈与税では物納は認められません。

（1）物納の要件と適格財産

物納の要件 重要

- 延納によっても金銭で一括納付できない場合に限り、その不足額のみ物納可能
- 原則として、物納適格財産であること
- 申告期限までに物納申請書を提出し、税務署長の許可を得ること

物納は、相続・遺贈により取得した相続財産で国内にある次のものに限られ、第1順位のものから順次物納します。

物納適格財産

第1順位	①国債、地方債、不動産、船舶および上場株式・社債・証券投資信託など
	②不動産および上場株式のうち物納劣後財産に該当するもの
第2順位	①非上場の社債・株式・証券投資信託など
	②非上場株式のうち物納劣後財産に該当するもの
第3順位	動産

（2）物納財産の収納価額

物納財産を税務署（国）が引き取る価額（収納価額）は、原則として**相続税評価額**です。また、小規模宅地等の評価減の特例を適用した土地を物納する場合は、**特例適用後の低い評価額**で収納されます。

（3）超過物納

相続税額より物納する財産の方が多い場合を超過物納といい、相続税額を超える部分は**金銭で還付**されますが、還付金は譲渡所得とみなされ**所得税・住民税**がかかります。

物納の制限

- 申請者が相続する財産で、日本国内にある財産のみ
- 共有財産については、共有者全員が持分の全部を物納する場合のみ認められる
- 質権、抵当権の担保になっている財産は原則として物納できない

3 被相続人の所得税の準確定申告 重要

被相続人が亡くなるまでの間に一定額以上の所得があった場合、相続人は相続の開始があったことを知った日の翌日から**4か月以内**に被相続人の所得について確定申告をしなければなりません。これを**準確定申告**といいます。

相続関連の手続きの期限（まとめ）

①相続の放棄や限定承認は、相続の開始を知った日から**3か月以内**
②準確定申告は、相続の開始があったことを知った日の翌日から**4か月以内**
③相続税の申告書の提出期限は、相続の開始があったことを知った日の翌日から**10か月以内**（相続税の納付期限も同じ）

間違えやすいポイント！

相続税では物納は可能ですが、贈与税では物納はできません。

ココが出る

物納の許可を受けた不動産が貸宅地など一定の要件を満たす場合は、物納許可後**1年以内**に限り、金銭一括納付か延納に変更できます（**物納の撤回**）。

ココが出る

物納可能な財産がない場合に限り、**物納劣後財産**（ぶつのうれつございさん）（接道義務を満たしていない土地や、地上権などが設定されている土地）での物納が認められています。

重要度 ★★★

12 相続財産（不動産）の評価

学習項目
- 路線価方式による宅地の評価と計算
- 宅地上の権利の評価（貸家建付地等について）
- 小規模宅地等の相続税の課税価格の特例

1 宅地の評価

1 評価単位

宅地や宅地上の権利の価額は、1画地ごとに評価します。登記上の一筆（一個の土地）ごとの評価ではありません。

用語

1画地
宅地を利用する場合の単位。
利用単位ごとの評価なので、登記上の二筆以上の土地をまとめて1画地として評価することも、一筆の土地を2つ以上に分けて、それぞれ1画地として評価することもある

2 評価方式

宅地の評価方式には、路線価方式と倍率方式があります。宅地の所在地により国税庁が指定した方式を用います。

宅地の評価方式

路線価方式（1㎡あたり千円単位で表示）	市街地にある宅地を評価する方式で、宅地が接する道路に付けられた路線価を基準に、宅地の位置・形状等により調整
倍率方式	原則として、路線価が定められていない地域にある宅地を評価する方法で、固定資産税評価額に地域ごとに国税庁の定める倍率を掛けて評価額を算出

間違えやすいポイント！

路線価とは、路線に面している標準的な宅地の1㎡あたりの価額で、1坪あたりの価額ではありません。

3 路線価方式による評価

宅地が接する道路に付けられた路線価を基準にして、「奥行価格補正率」、「側方路線影響加算率」、「二方路線（にほうろせん）影響加算率」などの調整率を用いて評価します。

（1） 1つの道路にのみ面している宅地の評価

評価額＝路線価×奥行価格補正率×地積（面積）

ケース

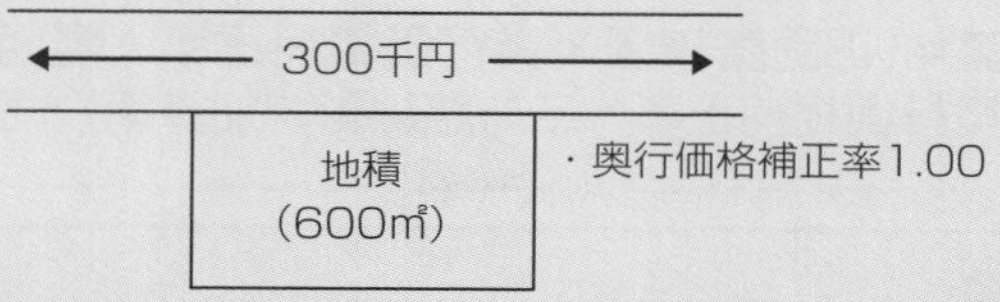

評価額＝30万円×1.00×600㎡＝１億8,000万円

(2) 角地で２つの道路に面している宅地の評価（宅地の正面と側方に道路がある）

評価額＝(正面路線価×奥行価格補正率＋側方路線価×奥行価格補正率×側方路線影響加算率)×面積

ケース

角地で２つの道路に面している宅地の路線価方式による相続税評価額を計算しなさい。※普通住宅地域

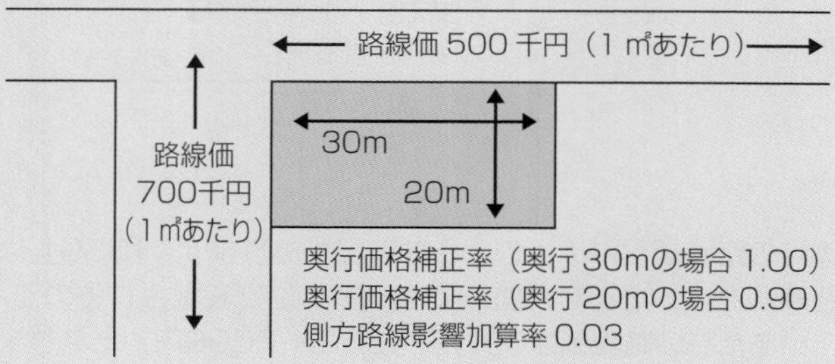

解　答

各路線価に奥行価格補正率を掛けて、価額が高い方が正面路線価、もう一方が側方路線価とみなされる。

・70万円×1.00＝70万円
・50万円×0.90＝45万円

正面路線価は70万円になるので、

評価額＝(70万円×1.00＋50万円×0.90×0.03)×600㎡＝４億2,810万円

ココが出る

２つの路線価のうち、奥行価格補正率を掛けた後の路線価の高い方を**正面路線価**といいます。なお、奥行価格補正率は、宅地の奥行きが長すぎても短すぎても利用しづらいため数値は小さくなります。

ココが出る

路線価方式の場合、形がいびつで利用しづらい土地を評価する場合は、不整形地補正率で補正して評価します。

補足

相続税評価額を算出する場合に、その土地の間口が狭い場合や、奥行きが長い場合、評価額が下がります。その際に使用する補正率が間口狭小補正率や奥行長大補正率です。

・間口狭小補正率は、間口の狭い宅地を評価する際に、その宅地の路線価に乗じて算出する
・奥行長大補正率は、間口に対して奥行きが２倍以上ある場合に、その宅地の路線価に乗じて算出する

(3) 正面と裏面に道路がある宅地の評価

評価額＝（正面路線価×奥行価格補正率＋裏面路線価×奥行価格補正率×二方路線影響加算率）×面積

ケース

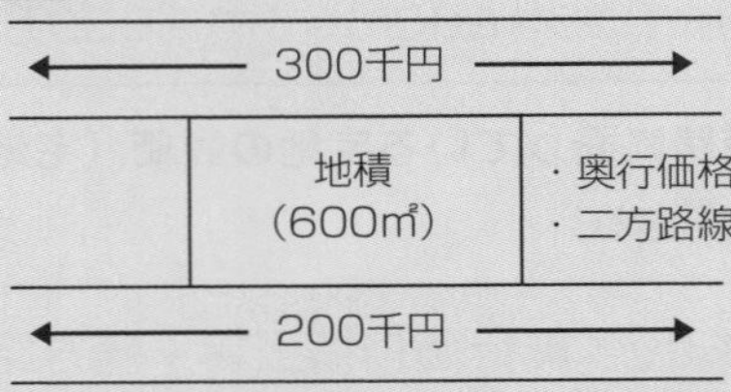

評価額＝（30万円×1.00＋20万円×1.00×0.03）×600㎡＝１億8,360万円

実際の路線価の表記

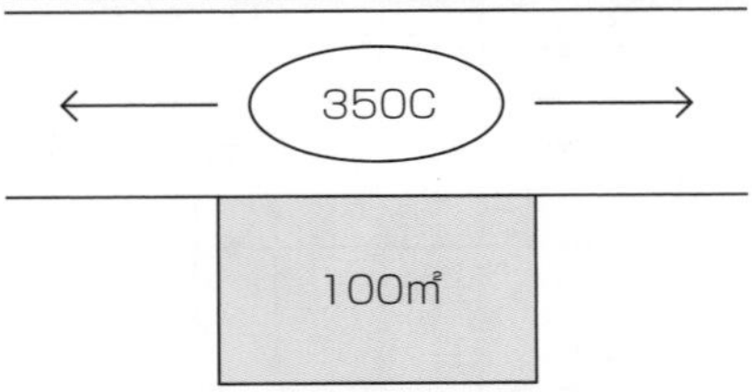

実際の路線価図には上のような表記があります。「350」は路線価を表しており、路線価は千円単位で表記されるので、１㎡あたりの路線価は35万円（350×1,000円）となります。また、アルファベット表記は**借地権割合**を表しています。

借地権割合は、Ａ＝90％、Ｂ＝80％、Ｃ＝70％、Ｄ＝60％、Ｅ＝50％……を意味します。

補足

以下のような道路に面した宅地を準角地といいます。

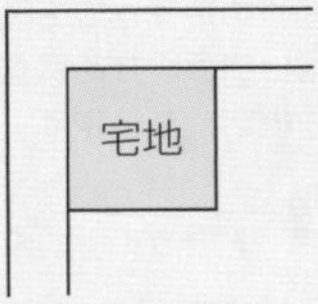

用語

借地権割合

その土地の更地の評価額に対する借地権価額の割合のことで、国税庁が地域ごとに決定している。なお、借地権割合がC（70％）の場合は、借地人の権利が70％、地主の権利が残りの30％であることを示している

2 宅地上の権利の評価 重要 計算

宅地の権利と評価額

	権利の形態	評価額
自用地	自分が自由にできる土地（更地）	路線価方式または倍率方式で評価
借地権 （普通借地権）	建物の所有を目的に、地主から土地を借りて使用する権利のこと	**評価額＝自用地評価額 ×借地権割合**
貸宅地 （底地権）	他人に貸している土地 （借地権が設定されている宅地）	**評価額＝自用地評価額 ×（１－借地権割合）**
貸家建付地	宅地の所有者が建物を建てて他人に貸し付けている場合の宅地 （賃貸アパートなど）	**評価額＝自用地評価額×（１－借地権割合×借家権割合×賃貸割合）**

※賃貸アパートが空き家となっている場合の土地の評価は自用地評価額

ケース1 貸宅地（底地権）の評価額

（Aさんの土地をBさんが建物を所有する目的で借りている状況）

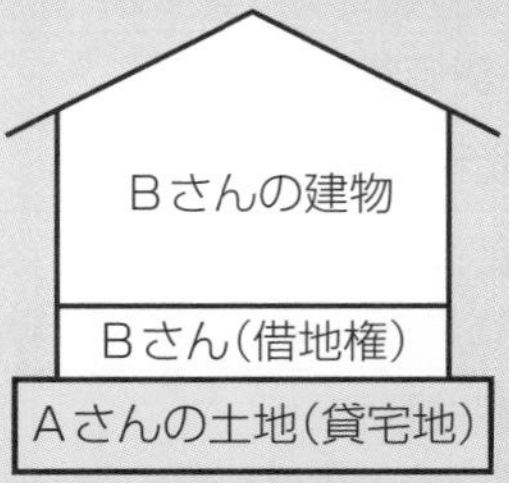

・自用地評価額　5,000万円
・借地権割合　70%

・（Aさん）貸宅地の評価額
5,000万円×（１－0.7）
＝1,500万円
・（Bさん）借地権の評価額
5,000万円×0.7＝3,500万円

ケース2 貸家建付地の評価額

（Aさんの土地にAさんがアパートを建てて、賃貸している状況）

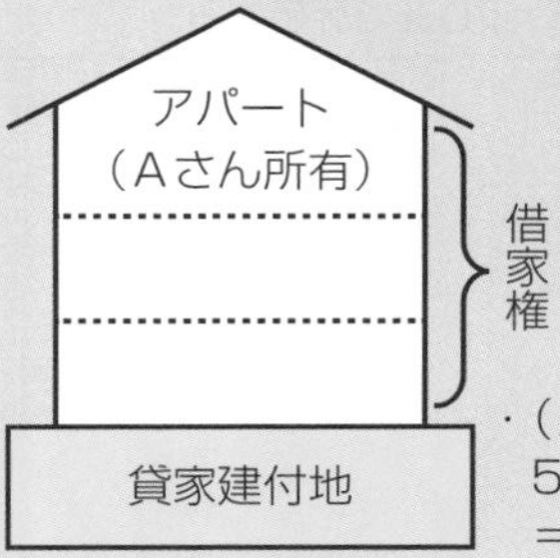

・自用地評価額　5,000万円
・借地権割合　70%
・借家権割合　30%
・賃貸割合（満室）　100%

・（Aさん）貸家建付地の評価額
5,000万円×（１－0.7×0.3×１）
＝3,950万円

用語

借家権割合
所有している家屋を他人に貸し付けている場合で、借家人がいる家屋を相続時に評価する際に適用される割合。国税庁が決定している

用語

賃貸割合
貸家の中で実際に賃貸されている割合。満室であれば賃貸割合は100%になる

ココが出る
貸家建付地の評価額の計算問題の出題頻度が高くなっています。必ず計算式を覚えておきましょう。

その他の宅地の評価

- 使用貸借（無償で貸している宅地など）されている宅地の評価額は減額されず、自用地として評価する。なお、借主側の宅地の使用権の価額はゼロになる
- 所有する宅地を青空駐車場にしている場合は、自用地として評価する
- 宅地の所有者のみが通行している私道は、自用地として評価する
- 不特定多数の者が通行している私道の場合は評価しない（相続税評価額はゼロ）

3 建物の評価

建物の評価は、自用家屋と貸家および借家権の場合で以下のように評価額が異なります。

建物の権利と評価額

	権利の形態	評価額
自用家屋	自宅、事務所、店舗など	評価額＝固定資産税評価額×1.0
貸家 重要	アパートなどの貸付を行っている建物	評価額＝固定資産税評価額×（1－借家権割合×賃貸割合）
借家権	アパート等を借りている人の権利	評価額＝固定資産税評価額×借家権割合×賃貸割合

※借家権を評価する場合、借家権割合は一律30%と決められている
※借家権が権利金などの名称で取引される慣行のない地域では、借家権は評価しない
※電気やガスなどの家屋と構造上一体となっている設備は、家屋の価額に含めて評価する。また、建設中の家屋の評価額は、それまでに要した建築費用の現価×70%で評価する

なお、2024年1月以後、区分所有建物（分譲マンションなど）については、以下の方法で評価されます。ただし、2階建ての集合住宅や二世帯住宅、事業用のテナント物件などは除かれます。

区分所有建物の評価額

建物	自用家屋の評価額×区分所有補正率
土地	自用地評価額×区分所有補正率

4 小規模宅地等の相続税の課税価格の特例

小規模宅地等の相続税の課税価格の特例とは、相続や遺贈により取得した宅地等について、被相続人の居住用や事業用建物等があった場合に、一定の面積まで、通常の相続税評価額から一定割合を減額する制度のことです。

1 小規模宅地等の対象面積と減額割合

宅地等の区分によって、相続税評価額の減額される割合と対象面積が決まっています。

小規模宅地等の種類（対象面積と減額割合）重要

区分と要件	対象面積	減額割合
特定居住用宅地等 ・被相続人が住んでいた宅地で、取得者が配偶者等の親族の場合	330㎡	80%
特定事業用宅地等 ・被相続人の事業用の宅地で、取得者が一定の親族である場合 （ただし、相続税の申告期限まで事業を継続しない場合は除く）	400㎡	80%
貸付事業用宅地等 ・賃貸マンションなどの貸付用の宅地 （ただし、相続税の申告期限までに譲渡した場合は除く）	200㎡	50%

間違えやすいポイント！

贈与により取得した宅地は、この小規模宅地の特例の対象外です。

補足

特定同族会社事業用宅地等については、400㎡までにつき相続税評価額が80%減額されます。特定同族会社事業用宅地等以外に特定事業用宅地等もある場合はあわせて400㎡までとなります。

ココが出る

特定事業用宅地等と特定居住用宅地等の両方について適用を受ける場合、最大730㎡（400㎡＋330㎡）まで適用できます。なお、特定居住用宅地等または特定事業用宅地等と貸付事業用宅地等を同時に相続する場合、対象面積は調整されます。

間違えやすいポイント！

青空駐車場は小規模宅地等の課税価格の特例の対象となりませんが、立体駐車場は対象です。

特例を受けられる者　重要

- 被相続人の居住用宅地を**配偶者**が取得した場合は、無条件で**特定居住用宅地等**とみなされる。配偶者以外の同居または非同居の親族が取得した場合は、**相続税の申告期限まで保有**している等の一定の条件を満たしていれば、特定居住用宅地等の特例が適用される
- 被相続人と別居していた親族の場合は、原則、相続開始前３年以内に自己または配偶者の所有する家屋に住んだことがないことが要件

その他の要件等　重要

- 相続税の申告期限までに宅地の遺産分割が確定していること（遺産分割が確定していない場合、原則、「小規模宅地等の相続税の課税価格の特例」は適用されない）。確定していない場合は、分割見込書を税務署に提出し、相続税の申告期限後**３年以内**に遺産分割が行われれば、適用を受けることができる。
- この制度を適用した結果、納付税額がゼロになっても相続税の**申告が必要**

2　減額される金額の計算方法　計算

相続税の課税価格に算入される金額は、相続税評価額から以下の計算式で算出した額を差し引いた金額です。

(1) 特定居住用宅地等である場合

$$\text{宅地等の相続税評価額} \times \frac{\text{分母のうち}330\text{㎡までの部分}}{\text{その宅地等の総面積}} \times 80\%$$

(2) 特定事業用宅地等である場合

$$\text{宅地等の相続税評価額} \times \frac{\text{分母のうち}400\text{㎡までの部分}}{\text{その宅地等の総面積}} \times 80\%$$

間違えやすいポイント！

家屋に配偶者居住権が設定されていても、その宅地については条件を満たしていれば小規模宅地等の特例の適用を受けられます。

(3) 貸付事業用の宅地等の場合

$$宅地等の相続税評価額 \times \frac{分母のうち200m^2までの部分}{その宅地等の総面積} \times 50\%$$

ケース

自用地評価額１億円（500㎡）の特定居住用宅地等について、小規模宅地等の相続税の課税価格の特例の適用を受けた場合、相続税の課税価格はいくらになるか。

解 答

特定居住用宅地等なので、500㎡のうち330㎡までの部分について、80%減額される。

【減額される金額】

$$1億円 \times \frac{330m^2}{500m^2} \times 80\% = 5,280万円$$

【相続税の課税価格】 １億円－5,280万円=4,720万円

5 相続登記の義務化

2024年４月１日より、不動産の相続があった場合の相続登記が義務化されました。相続登記とは、被相続人から相続した不動産の名義を相続人の名義に変更することをいいます。

不動産を相続した相続人は、相続の開始があったことを知り、かつ所有権を取得したことを知った日から**3年**以内に名義変更の登記をしなければなりません。正当な理由なく、手続きをしなかった場合は10万円以下の過料の対象になります。

重要度 ★

13 金融資産等の財産の評価

学習項目

- 上場株式等の相続税評価
- ゴルフ会員権等その他金融資産の相続税評価

1 上場株式等の相続税評価 重要

上場株式等（ＥＴＦなどの上場投資信託、J-REITを含む）の相続税評価については、**課税時期の終値**（相続発生日の最終価格）および**課税時期以前３か月間**の各月の終値の平均の中で最も**低い価格**で評価します。以下のような場合は、「課税時期の属する月（６月）の毎日の最終価格の月平均額」の1,480円が評価額となります。

＜被相続人の死亡日　6月20日＞

課税時期の最終価格（6月20日）	1,500円
課税時期の属する月の毎日の最終価格の月平均額（6月の最終価格の月平均）	1,480円
課税時期の属する月の前月の毎日の最終価格の月平均額（5月の最終価格の月平均）	1,580円
課税時期の属する月の前々月の毎日の最終価格の月平均額（4月の最終価格の月平均）	1,520円

ココが出る

課税時期に取引所で値段が付いていない場合（最終価格がないとき）は、原則として**課税時期に最も近い日の最終価格**で評価します。

補足

新NISA口座（旧NISAを含む）を開設している者が亡くなった場合、被相続人と**同じ金融機関**の相続人の**課税口座**（一般口座や特定口座）に金融資産は移管されます。相続人が新NISA口座（旧NISAを含む）を開設していても新NISA口座には移管されません。

用語

預託金
ゴルフ会員権を取得するためにゴルフ場に無利子で預ける金銭

2 ゴルフ会員権の相続税評価

【ゴルフ会員権の相続税評価（取引相場がある場合）】
課税時期の通常取引価額×70%
なお、**預託金**がある場合には上記の額に預託金を加算した金額となる

3 その他の財産の相続税評価

その他の財産の相続税評価

預貯金の評価	**預貯金の預入高**＋源泉徴収（復興税を含む）後の経過利子 ※ただし、普通預金等で経過利子が少ないものは、**預入高**で評価
公社債の評価	●利付債（上場債）の場合： **課税時期の最終価額**＋源泉徴収（復興税を含む）後の経過利子 ●利付債（上場債以外）の場合： **発行価額**+源泉徴収（復興税を含む）後の経過利子 ●個人向け国債の場合：課税時期の**中途換金価額**
投資信託の評価（公募型）（上場投資信託は除く）	原則、課税時期の**基準価額**（解約価額） （解約手数料や信託財産留保額は差し引く）
生命保険契約に関する権利の評価 重要	原則、課税時期の**解約返戻金相当額**
個人年金保険契約に関する権利の評価 重要	●保険金を支払う事由が発生していない場合： 課税時期の**解約返戻金相当額** ●保険金を支払う事由が発生している場合： （以下の３つの内、最も**高い金額**で評価する） ①解約返戻金相当額 ②一時金として受取った場合の一時金相当額 ③予定利率をもとに算出した金額

※外貨建ての財産や海外にある財産の相続税の評価額は、課税時期のTTB（**対顧客電信買相場**）で円換算した価額で評価する

6章

相続・事業承継■13 金融資産等の財産の評価

重要度 ★

14 取引相場のない株式（自社株）の評価

学習項目
- 類似業種比準方式の計算式と考え方
- 純資産価額方式、配当還元方式の考え方

1 取引相場のない株式の評価方法

取引相場のない株式とは、取引所に上場していない株式（非上場株式）のことをいいます。

上場株式の場合は、取引所において価格が明確になっていますが、上場していない株式の場合は、その株式の取得者や会社の規模によって評価方法が異なってきます。

まず、株主を**同族株主**等と**同族株主等以外の株主**に区分し、同族株主等が取得する株式は**原則的評価方式**、同族株主等以外の株主が取得する株式は**特例的評価方式**（配当還元方式）で評価します。

取引相場のない株式の評価方法 重要

取得者	評価方式	具体的な種類
同族株主等	原則的評価方式	①類似業種比準方式（るいじぎょうしゅひじゅんほうしき） ②純資産価額方式 ③類似業種比準方式と純資産価額方式の併用方式
同族株主等以外の株主	特例的評価方式	配当還元方式（はいとうかんげん）

2 会社の規模の判定

原則的評価方式による場合は、その会社の規模を**従業員数**、**総資産額**、**取引金額**により大会社・中会社・小会社に

用語

同族株主
経営権（一定数以上の議決権）を持っている一定範囲の親族等の株主

用語

同族株主等以外の株主
一般的に経営権のない株主のこと

ココが出る

会社の規模（大・中・小）の区分方法の例
①従業員数**70人**以上は大会社
②従業員数70人未満の会社は「直前期末以前1年間における取引金額」や「直前期末における総資産価額および従業員数」を判定基準として、業種による区分によって判定

区分し、どれに該当するかで評価方式が決まります。同族株主が取得した場合、原則として、大会社は**類似業種比準方式**（3 －1）で評価しますが、純資産価額の方が低い場合は純資産価額方式を選択してもよいことになっています。中会社は原則、類似業種比準方式と純資産価額方式の**併用方式**（3 －4）、小会社は原則、**純資産価額方式**ですが、併用方式で評価した方が低い場合は併用方式（3 －2）で評価します。なお、中会社はさらに大・中・小に区分されます。

会社の規模による株式の評価方法

会社の規模	原則的評価方式 （①と②の低い方を選択）	特例的評価方式 （同族株主等以外）
大会社	①類似業種比準価額 ②純資産価額	**配当還元価額** （ただし、原則的評価方式の方が低いときは原則的評価方式による）
中会社（大）	①類似業種比準価額×0.9＋純資産価額×0.1 ②純資産価額	
中会社（中）	①類似業種比準価額×0.75＋純資産価額×0.25 ②純資産価額	
中会社（小）	①類似業種比準価額×0.6＋純資産価額×0.4 ②純資産価額	
小会社	①純資産価額 ②類似業種比準価額×0.5＋純資産価額×0.5	

3 株式の評価方式

1 類似業種比準方式 計算

事業内容が類似する上場会社の株価をベースに類似業種の連結決算に基づく「**1株あたりの配当金額**」、「**1株あたりの利益金額**」、「**1株あたりの純資産価額**」の３つの要素と比較して取引相場のない株式を評価する方法です。

ココが出る

類似業種比準価額を算出する際の類似業種の株価は、評価する月、前月、2か月前、前年及び2年前の各平均のうち、最も安い値段で評価します。

用語

帳簿価額
一般的に帳簿に記載されている価額。有価証券などの場合、取得価額が帳簿価額になっていることが多い

用語

含み益
株式等を取得したときより値上がりし、利益が出ている状態のこと

ココが出る

純資産価額方式では、土地や株式の含み益が多い会社ほど評価額が高くなります。

ココが出る

通常、純資産価額方式で評価するよりも類似業種比準方式の方が評価額は低くなる傾向があります。

類似業種比準方式の計算式

$$1株あたり評価額 = A \times \left\{ \frac{\frac{b}{B} + \frac{c}{C} + \frac{d}{D}}{3} \right\} \times 斟酌率 \times \frac{1株あたりの資本金額}{50円}$$

斟酌率（しんしゃくりつ）：大会社＝0.7、中会社＝0.6、小会社＝0.5

A＝類似業種の株価
B＝課税時期の類似業種の1株あたりの年配当金額
C＝課税時期の類似業種の1株あたりの年利益金額
D＝課税時期の類似業種の1株あたりの純資産価額（帳簿価額）
b＝評価会社の1株あたりの年配当金額
c＝評価会社の1株あたりの年利益金額
d＝評価会社の1株あたりの純資産価額（帳簿価額）

類似業種比準方式のポイント

- 一般的に、収益が高く、配当が多い会社ほど評価額は高くなる
- 純資産価額は帳簿価額を用いるため、含み益があっても株価には反映されない

2 純資産価額方式

会社を解散した場合に株主に払い戻される金額を算出し、それを基に株式を評価する方式です。

純資産価額方式の計算式

1株あたりの評価額

$$= \frac{(A-B) - \{(A-B) - (C-D)\} \times 法人税額等相当額}{発行済株式数}$$

A＝相続税評価額による総資産額
B＝相続税評価額による負債額
C＝帳簿価額による総資産額
D＝帳簿価額による負債額

3　配当還元方式

配当還元方式とは、過去２年間の平均配当金を割引率（10%）で割戻して株価を評価する方法です。同族株主等以外の株主が取得する株式の評価に適用します。

配当還元方式の計算式

$$1株あたりの評価額=\frac{その株式の年配当金額}{10\%}\times\frac{その株式の1株あたりの資本金額}{50円}$$

4　併用方式

併用方式とは、類似業種比準方式と純資産価額方式で算出した各評価額を一定の割合で加重平均して株式の評価額を求める方式です。中会社は併用方式で評価しますが、純資産価額方式の方が低い場合は、純資産価額方式を選択できます。

4　特定評価会社の評価

次のような会社（特定評価会社という）の株式の評価方式は、会社の規模に関係なく、原則として純資産価額方式です。

ココが出る

土地保有特定会社、株式保有特定会社、開業後３年未満の会社の場合でも、同族株主等以外の株主が取得する株式は配当還元方式で評価します。

特定評価会社の種類と評価方法

土地保有特定会社	相続税評価ベースで、総資産に対する土地や借地権等の割合が一定割合以上（大会社の場合、70%以上、中会社は90%以上）の会社
株式保有特定会社	相続税評価ベースで、総資産に対する株式等（新株予約権付社債を含む）の保有割合が一定割合以上（会社の規模に関係なく50%以上）の会社
開業後３年未満の会社等	開業後３年未満の会社や、類似業種比準方式の３要素がすべて直前期でゼロの会社
開業前・休業中・清算中の会社	同族株主等が取得する株式だけでなく、同族株主以外の株主が取得する株式も純資産価額方式で評価

重要度 ★★★

15 事業承継対策と相続対策

学習項目

▶ 自社株対策のポイント

1 事業承継対策の目的

事業承継対策とは、中小企業の経営者の死亡に伴う後継者への事業の円滑な承継を図ることをいいます。

事業承継対策の目的は、自社株を後継者へスムーズに引き渡すことや経営権の確保などです。

2 事業承継対策の具体例

1 自社株の評価額の引き下げ

事業承継を行う場合、後継者が納税資金に苦労しないように、自社株の相続税評価額の引き下げ対策も必要になります。

次の対策を実施することで会社の利益や資産が減れば、評価会社の年利益金額や純資産価額が減少し、自社株式の評価額は下がります。

類似業種比準価額の引き下げ

- 特別配当や記念配当の活用
- 高収益部門の分離
- 役員退職金の支給　など

純資産価額の引き下げ

- 自社株の時価評価額よりも相続税の評価額が低い資産（不動産等）の購入
- 高収益部門の分離
- 役員退職金の支給　など

間違えやすいポイント！

役員退職金の支給は、会社の利益金額を減らすことになるので、類似業種比準方式による自社株評価を下げる効果があります。同時に、会社の純資産価額も減少するため、純資産価額方式による自社株評価を下げる効果もあります。

株数の削減

- 従業員持株会を設立し、オーナーの保有する株式の一定割合を持株会に譲渡する（配当還元方式で譲渡できるので、一般的には利益が圧縮できる）
- 株式の買入消却（自社株買い）

2 生命保険の活用

契約者および保険金の受取人を法人とすることで、後継者が相続した自社株を法人が買い取るための資金とすることができます。また、被保険者を経営者等とする保険（**長期平準定期保険**や**逓増定期保険**など）の保険金を役員の死亡退職金の原資として活用することもできます。

3 相続対策 重要

相続対策としては、通常、「遺産分割対策」、「納税資金対策」、「節税対策」、「財産移転対策」などがあります。

1 遺産分割対策

遺産分割対策としては、遺言書の作成が一般的です。その他、代償分割を利用するなどの方法があります。

また、被相続人が生前に相続人と相談し、家庭裁判所に遺留分の放棄をすることを申し立てることも遺産分割対策として効果があります。

2 納税資金対策

納税資金を準備することは非常に重要です。一般的には、生命保険の活用による対策が考えられます。

①生命保険の契約者、被保険者を被相続人に、保険金受取人を相続人にすることで、相続人に保険金が支払われ、生命保険金の非課税制度（500万円×法定相続人の数）を活用できます。

②生前に保険料相当額を相続人に贈与し、契約者および保険金の受取人を相続人、被保険者を被相続人とする生命保険に加入することで、相続人の受け取った保険金は一時所得になります。これは減税効果があるとともに、受け取った保険金は納税資金としても活用できます。
資産のほとんどが事業用資産や自社株の場合、代償分割の資金として活用することもできます。

③配偶者を被保険者、長男等の子どもを保険金受取人とする契約の生命保険に加入することで、配偶者が亡くなった場合の二次相続の納税資金対策にもなります。

補足

その他に、相続人が相続した自社株の一部を会社が買い取ることも、相続人の納税資金を準備するうえで有効な手段です。

3 節税対策

節税対策としては、不動産などの相続財産の評価を下げる対策が考えられます。具体的には以下のような例があります。

相続財産の評価を下げる対策

- 自分の土地にアパートを建て更地を貸家建付地にして、評価額を下げる
- 自分の土地に借地権を設定して貸宅地にして、評価額を下げる
- 土地の利用形態を変更し、区画を分けて、小規模宅地の評価減の適用を受ける
- 現金から土地・建物、ゴルフ会員権等の財産に切り替える

4 財産移転対策

財産移転対策としては、生前贈与の活用が考えられます。具体的には、暦年課税制度の活用によって毎年110万円までの贈与財産が非課税になり、効果的に財産を移転することができます。また、教育資金の贈与、配偶者への居住用財産の贈与の特例や相続時精算課税制度を活用することで、相続財産を減らすことができます。

ココが出る

相続時精算課税の対象となる資産は、相続時には贈与時の価格で評価されるので、**値上がりが期待できる資産**を贈与すると効果的です。

5　非上場株式等にかかる相続税・贈与税の納税猶予制度

（1）非上場株式等にかかる贈与税の納税猶予制度

非上場株式等にかかる贈与税の納税猶予制度とは、**経済産業大臣**の認定を受けた非上場会社の代表権を有していた者（贈与時に代表権がない者でもよい）から、その会社の非上場株式等の全部または一部（贈与前からすでに経営承継受贈者が保有していたものも含めて、株式等の全株）の贈与を受けた場合には、その贈与された全株に対する**贈与税の全額**について納税が猶予されます。その後、贈与者が死亡した場合や会社が倒産した場合には猶予された税額は免除され、株式等は**贈与時の時価**で相続したことになります（**相続税の課税対象**になる）。

なお、**相続時精算課税**による贈与と併用可能になっています。

（2）非上場株式等にかかる相続税の納税猶予制度

中小企業基本法で定める中小企業の非上場株式等にかかる相続税の納税猶予制度は、後継者が相続等により、**経済産業大臣**の認定を受けた非上場会社の議決権のある株式等を取得した場合に適用されます。

その後継者の納付すべき相続税額のうち、その会社の発行済株式等の総数の**全株**に対する相続税を**全額**猶予する制度です。その後、相続した後継者が死亡した場合や会社が倒産した場合は、相続税の**全額**が**免除**されます。

（3）非上場株式等にかかる相続税の納税猶予制度の緩和

非上場株式等の贈与税の納税猶予を受けた者が死亡した場合、贈与税の納税猶予は免除され、相続税の納税猶予の適用を受けることになります。

これまで、贈与の時点では中小企業であった会社が、相続時に、**中小企業者**や**非上場株式**でなくなっていたときは、

ココが出る

非上場株式の相続税・贈与税の納税猶予制度と小規模宅地等の相続税の特例は併用できます。

ココが出る

非上場株式の相続税・贈与税の猶予制度を適用する場合の後継者の要件が改正され、**親族以外の者**（3人まで）も可能です。

納税猶予を継続できませんでした。

既に贈与税の納税猶予制度を受けている場合、中小企業者や非上場株式でなくなった場合でも、引き続き、納税猶予の適用を受けられます。

6 中小企業における経営の承継の円滑化に関する法律による「遺留分に関する民法の特例」

相続人が複数いる場合、後継者に自社の株式を集中して相続させようとしても、他の相続人から遺留分を求められ、結果的に自社株式が他の相続人にも分散してしまい、事業承継がスムーズに行かないことがあります。事業承継をスムーズにするため、経営承継円滑化法では、「**遺留分に関する民法の特例**」を規定しています。

この特例により、現在の経営者から後継者に贈与等された自社株式について、以下の制度を選択適用できます（両方を組み合わせることも可能）。

ココが出る

「遺留分に関する民法の特例」の適用を受けられる要件

- 遺留分がある後継者（推定相続人を含む）と現経営者の**全員の書面による合意**があること
- 後継者が**経済産業大臣の確認**と**家庭裁判所の許可**を受けること
- 上場株式でないこと

除外合意と固定合意 重要

- 後継者が贈与により取得した株式は遺留分を算定する際の基礎財産から除外できる（**除外合意**）
- 遺留分を算定する基礎財産に算入する価額を**合意時の時価**に固定することができる（**固定合意**）

7 個人事業主の事業用資産にかかる相続税・贈与税の納税猶予制度

青色申告の承認を受けていた個人事業主から事業用の土地・建物や一定の減価償却資産（特定事業用資産）を相続や贈与で取得し、事業を継続する場合、都道府県知事の確認を受けることで、贈与税および相続税が**全額猶予されます**。猶予期間は2019年から10年間となっています。

なお、この制度を利用した場合、「**特定事業宅地等にかかる小規模宅地等の課税価格の特例**」は適用できません。

実技試験対策 相続税の計算

実技試験では、親族関係図を用いた相続税の基礎控除額と相続税の計算問題が頻繁に出題されます。

＜Aさんの親族関係図＞

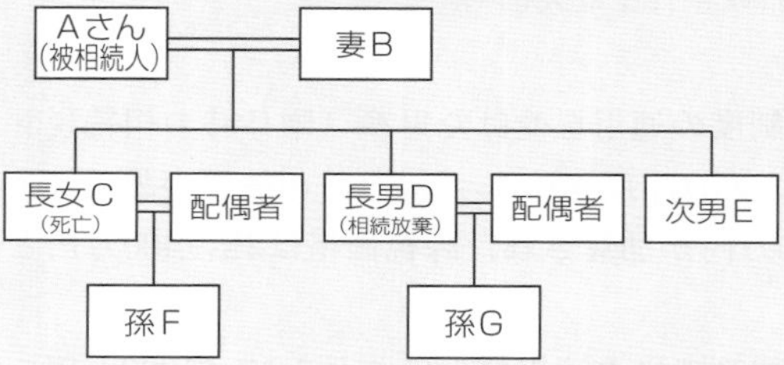

＜Aさんの財産(相続税評価額)＞

預貯金	1億1,400万円
有価証券	5,000万円
自宅の家屋	1,000万円
自宅の敷地(240㎡)	9,000万円

※自宅の敷地については、小規模宅地等の相続税の特例適用後の価格

※次男Eさんは、相続開始2年前にAさんより住宅取得資金として500万円の贈与を受け、「直系尊属からの住宅取得等資金の贈与の非課税」の適用を受けている

※上記以外の条件は考慮せず、各問に従うこと

課税価格の合計額		（　①　）円
	遺産に係る基礎控除額	（　②　）万円
課税遺産総額		2億1,000万円
	相続税の総額の基となる税額	
	妻Bさんの税額	（　③　）万円
	⋮	⋮
相続税の総額		（　④　）万円

＜相続税の速算表＞

課税対象額	税　率	控除額
1,000万円以下	10%	―
1,000万円超　3,000万円以下	15%	50万円
3,000万円超　5,000万円以下	20%	200万円
5,000万円超　1億円以下	30%	700万円
1億円超　2億円以下	40%	1,700万円
2億円超　3億円以下	45%	2,700万円
3億円超　6億円以下	50%	4,200万円
6億円超	55%	7,200万円

①相続税の対象となる課税価格の合計額

1億1,400万円（預貯金）＋5,000万円（有価証券）＋1,000万円（自宅の家屋）＋9,000万円（自宅の敷地）＝2億6,400万円 … ①

※次男Eさんが贈与された住宅取得資金の500万円については、「直系尊属からの住宅取得等資金の贈与の非課税」の適用を受けているので、相続開始前３年以内の贈与であっても、相続財産に加算されません。

仮に孫Ｆさんに相続時精算課税制度の適用を受けた財産（贈与時の相続税評価額3,000万円、相続時の評価額3,500万円）があった場合、相続税の課税価格に贈与時の課税価格である3,000万円が加算され、課税価格は2億9,400万円となります。

※この場合、孫Ｆさんは相続時精算課税の適用を受けたときに（3,000万円－2,500万円）×20％＝100万円の贈与税を既に支払っているので、最終的には、孫Ｆさんの相続税額から100万円が控除されます。

※既に支払った贈与税額の方が多い場合、申告することで還付されます。

②相続税の基礎控除額の考え方

相続税の基礎控除額＝3,000万円＋600万円×法定相続人の数で算出します。

なお、法定相続人の数には相続を放棄している者も含めるので、長男Ｄさんも含みます。したがって、この事例では、妻Ｂさん、長女Ｃさんの代襲相続人である孫Ｆさん、長男Ｄさん、次男Ｅさんの４人が法定相続人となります。

相続税の基礎控除額＝3,000万円＋600万円×４人＝5,400万円 … ②

課税遺産総額は課税価格の合計額（2億6,400万円）から基礎控除額（5,400万円）を差引いた2億1,000万円になります。

③・④相続税の計算方法

長男Ｄさんは、実際には相続を放棄しているのでＡさんの財産は相続しません。しかし、相続税を計算する上では、税法上、相続放棄はなかったものと考えます。したがって、この場合は、妻Ｂさん、孫Ｆさん、長男Ｄさん、次男Ｅさんの４人を相続人として計算します。

なお、孫Ｆさんは長女Ｃさんの代襲相続人なので、相続分は長女Ｃさんと同じです。結果的に配偶者（妻Ｂさん）と子３人が相続人となることと同じなので、それぞれの相続分は配偶者（妻Ｂさん）２分の１、孫Ｆさんと長男Ｄさん、次男Ｅさんは各６分の１（２分の１×３分の１）になります。

各自が法定相続分で相続したものとして、相続税額を計算します。

《妻Ｂさんの相続税③》　２億1,000万円（課税遺産総額）×2分の1＝1億500万円
１億500万円×40％－1,700万円＝2,500万円 … ③

《孫Ｆさんの相続分》　２億1,000万円（課税遺産総額）×6分の1＝3,500万円
3,500万円×20％－200万円＝500万円

《長男Ｄさんの相続税》　２億1,000万円（課税遺産総額）×6分の1＝3,500万円
3,500万円×20％－200万円＝500万円

《次男Ｅさんの相続税》
２億1,000万円（課税遺産総額）×6分の1＝3,500万円
3,500万円×20％－200万円＝500万円

《相続税の総額④》　2,500万円＋500万円＋500万円＋500万円＝4,000万円 … ④

また、妻Bさんは配偶者の税額軽減を適用すれば、法定相続分か、1億6,000万円まで相続税はかかりません。したがって、その場合、妻Bさんは2,500万円を納める必要はありません。

確認問題 本番レベルの問題にチャレンジしましょう。

□□□問1 民法上、贈与は、当事者の一方がある財産を無償で相手方に与える意思を表示し、相手方が受諾をすることにより効力が生じる。
p418

□□□問2 負担付贈与では、受贈者がその負担である義務を履行しない場合において、贈与者が相当の期間を定めてその履行の催告をし、その期間内に履行がない場合であっても、贈与者は、当該贈与の契約の解除をすることができない。
p419

□□□問3 離婚による財産分与により財産を取得した場合、その価額が社会通念上相当な範囲内であったとしても、その取得した財産は、原則として贈与により取得したものとみなされ、贈与税の課税対象となる。
p421

□□□問4 贈与税の申告書の提出は、原則として、贈与を受けた年の翌年の２月16日から３月15日までの間に行わなければならない。
p423

□□□問5 贈与税の申告書の提出先は、原則として、贈与者の住所地の所轄税務署長である。
p422

□□□問6 子が同一年中に父と母のそれぞれから贈与を受けた場合、同年分の子の暦年課税による贈与税額の計算上、課税価格から控除する基礎控除額は、最高で220万円である。
p422

□□□問7 贈与税の配偶者控除の特例の適用を受ける場合、贈与税額の計算上、課税価格から配偶者控除額として最高2,500万円を控除することができる。
p424

□□□問8 贈与税の配偶者控除の特例の適用を受けることにより納付すべき贈与税額が算出されない場合であっても、当該控除の適用を受けるためには、贈与税の申告書を提出する必要がある。
p424

□□□問9 相続時精算課税の適用を受ける場合、110万円の基礎控除額を除いて、累計で2,500万円までの贈与に対しては贈与税がかからず、2,500万円を超える部分については一律20％で課税される。
p426

□□□問10 普通養子縁組が成立した場合であっても、養子と実方の父母との親族関係は終了しない。
p432

□□□問11 相続開始時に胎児であった場合、すでに生まれたものとみなされ相続権があるが、その後、死産となった場合には、相続人とならない。

p435

□□□問12 被相続人の子が相続開始以前に廃除により相続権を失っているときは、その相続権を失った者に子がいても、その子（被相続人の孫）は代襲相続人とならない。

p436

□□□問13 相続人が被相続人の長男および孫（相続開始時においてすでに死亡している長女の代襲相続人）の合計２人である場合、長男および孫の法定相続分はそれぞれ２分の１である。

p437

□□□問14 相続人は、相続の開始があったことを知った日から３か月以内に相続の放棄や限定承認をしなければ単純承認したことになる。

p445

□□□問15 被相続人の生前に相続を放棄することはできない。

p446

□□□問16 遺言者が自筆証書遺言を作成し、財産目録を添付する場合、所定の要件を満たせば、その目録は自書することを要しない。

p451

□□□問17 自筆証書遺言は、法務局で保管する場合、家庭裁判所の検認が必要である。

p451

□□□問18 遺留分権利者には、配偶者、子（代襲相続人を含む）、直系尊属、兄弟姉妹が該当する。

p452

□□□問19 被相続人に支給されるべきであった退職手当金で、被相続人の死亡後３年以内に支給が確定したものは、相続税の課税対象となる。

p456

□□□問20 被相続人が生前に購入した墓碑の購入代金で、相続開始時点で未払いのものを相続人が負担した場合、相続税の課税価格の計算上、相続財産の価額から債務控除することができる。

p461

□□□問21 相続税の計算における遺産に係る基礎控除額を計算する場合において、法定相続人が相続の放棄をした場合、その放棄をした者の人数を「法定相続人の数」に含めずに計算する。

p459,463

□□□問22 相続税の計算をする場合、すでに死亡している被相続人の子を代襲して相続人となった被相続人の孫は、相続税額の２割加算の対象とならない。
p464

□□□問23 相続税額の計算における土地の評価において、自己が所有する土地の上に店舗用建物を建築し、当該建物を第三者に賃貸していた場合、この土地は貸家建付地として評価する。
p476

□□□問24 相続税額の計算における貸宅地の評価額は「自用地評価額×（1－借地権割合）」の算式によって評価する。
p473

□□□問25 相続税額の計算における貸家の評価額は、「固定資産税評価額（自用家屋としての評価額）×借家権割合×賃貸割合」の算式によって評価する。
p474

□□□問26 小規模宅地等の相続税の課税価格の特例では、特定居住用宅地等については、400㎡を上限に相続税評価額が80％減額となる。
p475

□□□問27 上場株式の相続税評価については、その株式が上場されている金融商品取引所の公表する課税時期の最終価格と、その課税時期の属する月以前３か月間の毎日の最終価格の各月ごとの平均額のうちいずれか高い価額によって評価する。
p478

解答：

1 ○	2 ×	3 ×	4 ×	5 ×	6 ×
7 ×	8 ○	9 ○	10 ○	11 ○	12 ×
13 ○	14 ○	15 ○	16 ○	17 ×	18 ×
19 ○	20 ×	21 ×	22 ○	23 ○	24 ○
25 ×	26 ×	27 ×			

索　引

数字

欧文

あ

か

索引

さ

た

な

は

編者紹介

フィナンシャル バンク インスティチュート 株式会社

日本唯一の金融・証券関連ノウハウ・コンサルティング集団。全国の証券会社・金融機関において、金融商品販売研修および金融関連資格取得研修（証券外務員およびFP）なども行う。合格に必要な知識をわかりやすく、ポイントをついた講義には定評があり、高い合格率を誇る。「難しいことをわかりやすく、わかりやすいことをより楽しく、楽しいことをより深く伝える」ことをモットーに活動中。

http://www.f-bank.co.jp/

うかる！ FP2級・AFP 王道テキスト 2024－2025年版

2024年５月24日　１刷

編　者　フィナンシャル バンク インスティチュート株式会社

発行者　中川ヒロミ

発　行　株式会社日経BP
日本経済新聞出版

発　売　株式会社日経BPマーケティング
〒105-8308 東京都港区虎ノ門4-3-12

装　幀　斉藤よしのぶ

ＤＴＰ　マーリンクレイン

印刷・製本　シナノ印刷

ISBN978-4-296-12006-2